国家出版基金项目

总主编　洪银兴

现代经济学大典

［财政学分册］

A Dictionary of Modern Economics

主编　贾　康　高培勇

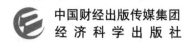
中国财经出版传媒集团
经济科学出版社

图书在版编目（CIP）数据

现代经济学大典．财政学分册/贾康，高培勇主编．
—北京：经济科学出版社，2016.7
ISBN 978 - 7 - 5141 - 7107 - 5

Ⅰ.①现⋯ Ⅱ.①贾⋯②高⋯ Ⅲ.①经济学 - 研究 -
中国②财政学 - 研究 - 中国 Ⅳ.①F120.2

中国版本图书馆 CIP 数据核字（2016）第 168796 号

责任编辑：于海汛
责任校对：靳玉环
责任印制：李　鹏

现代经济学大典

（财政学分册）

主编　贾　康　高培勇

经济科学出版社出版、发行　新华书店经销

社址：北京市海淀区阜成路甲 28 号　邮编：100142

总编部电话：010 - 88191217　发行部电话：010 - 88191522

网址：www. esp. com. cn

电子邮件：esp@ esp. com. cn

天猫网店：经济科学出版社旗舰店

网址：http://jjkxcbs. tmall. com

北京中科印刷有限公司印装

787 × 1092　16 开　29. 25 印张　510000 字

2016 年 8 月第 1 版　2016 年 8 月第 1 次印刷

ISBN 978 - 7 - 5141 - 7107 - 5　定价：159. 00 元

《现代经济学大典》编委会

出 版 说 明

　　波澜壮阔的中国改革与发展，使我国快速跃升为世界第二大经济体，彻底改变了十几亿中国人的命运，深刻影响了世界经济的格局和未来，从而被世人称为"中国奇迹"。

　　"中国奇迹"，是中国共产党领导全国人民在前无古人的伟大改革与发展实践中探索中国特色社会主义道路的结果，创新中国特色社会主义理论的结果，构建中国特色社会主义制度的结果，坚定了我们的道路自信、理论自信和制度自信。

　　正因为有了这种自信，我们以中国改革与发展的实践为背景，以中国经济学的理论发展为线索，以解读中国奇迹之"谜"为己任，编写这部《现代经济学大典》（以下简称《大典》）。

　　《大典》的定位是对中国改革与发展的成功实践做出理论总结和概念提炼；特色是突出反映中国改革与发展30多年来中国经济学的研究成果；目的是把中国经济学推向世界，让中国道路、中国理论、中国制度以中国话语为世界所知、所享。

　　总结30多年来中国改革与发展的成功经验，其中最重要的一条就是实事求是、解放思想、创新发展。可以说，改革开放以来是中国的经济学理论创新最多、发展最快、成果最丰富的时期。中国改革与发展的实践提出经济学理论创新的问题和需求，而经济学的每一个理论创新又进一步推动中国改革与发展实践的不断深化。根植于中国广袤大地上的经济学创新，一是马克思主义经济学中国化的理论成果，因而《大典》在词条选择上力求体现开拓当代中国马克思主义经济学新境界，在阐述上力求继承与发展的结合；二是对中国改革与发展实践经验提炼和总结的理论成果，因而《大典》在词条选择上力求充分彰显中国特色，在阐述上力求理论与实践的结合；三是借鉴吸收国外经济学的科学成果，因而《大典》在词条选择上力求反映经济学的一般概念和规律，在阐述上力求中国化与国际化的统一。

《大典》的宗旨是展示当代中国经济学研究进展和理论创新。记录和总结中国经济学家的理论贡献，重点不在"引进来"，而在"走出去"，因此，《大典》没有安排专门的西方经济学专题。这种安排的客观依据是，中国改革与发展，不是在西方经济学的理论指导下取得成功的。当然，不排除在相关学科中充分吸收国外经济学的范畴。《大典》展示的中国经济学研究成果表明，中国特色的社会主义经济理论、经济制度、发展道路是中国经济成功之源。基于这种考虑，《大典》在词条的选择阐述上，力图在反映中国改革与发展的辉煌历程和经济学领域的丰硕成果基础上，建立中国特色、中国风格、中国气派的经济学学术话语体系。

中国改革与发展只有进行时，没有完成时。实践在发展，经济理论也随之不断创新。《大典》的编纂在 2010 年起步，编纂期间，党的十八大、十八届三中、四中全会和习近平总书记的系列重要讲话，把中国经济学的理论创新推到了新的高度。同时，中国经济发展进入"新常态"。《大典》的编纂不仅总结过去经济学的创新，还要跟踪中国改革与发展新阶段的新特点，特别是要反映党的十八大、十八届三中、四中全会和习近平总书记系列讲话的新精神、新理论。为此，《大典》不仅通过增加新词条的方式，而且还在已有的词条中融入了体现党的十八大以来新发展的经济思想，尤其是习近平总书记系列重要讲话的精神。这就保证了《大典》能够全面、准确、及时反映当前中国经济学各领域研究的最前沿的学术水平。

现在已经出版的各类经济学辞典有很多，《大典》的出版不只是新增加一本经济学辞典,而是要有特色。《大典》之所以要取名为大典,就是要体现大典的含义:一是"典籍"。《大典》囊括了经济学各个学科,涉及理论经济学和应用经济学两个一级学科门类的14个学科或领域,涵盖了中国经济学发展的各重要领域。当然,限于篇幅,所选的词条不可能求全,一些常识性的、内容没有发生根本变化的词条没有选入。同时,为避免重复,不同学科或领域交叉共有的词条只在一处出现。二是"成书"。《大典》对各个词条不是一般的名词解释,而是要突出"论"。尤其是对改革开放以来出现的新概念,以及反映经济学创新的概念作为学术论文来写。系统介绍其创新发展的来龙去脉,按照理论渊源、演变及评论逐步展开。以历史和发展的视角对已有经济思想和理论进行深入挖掘和论述。每个词条后面都提供参考和延伸阅读的书目。从一定意义上说,《大典》是现代经济学的百科全书。三是"工具"。《大典》的写作努力做到专业性与通俗性相结合、理论性与知识性相结合,既能满足专业人士的学术研究需要,又能满足社会大众普及经济学知识的需要。

《大典》的编委会成员都是伴随着中国改革与发展成长起来的新一代经济学家。改革开放开始时他们都是风华正茂的年轻经济学者,他们亲身参与了中国改革与发展各个阶段的经济研究,对中国改革与发展和经济学创新有着切身感受和感悟。成立《大典》编委会时,他们都是处于经济学教学科研第一线的各个领域学科带头人,其中许多人分别是国务院学位委员会经济学科评议组成员、中国社会科学院学部委员、教育部社会科学委员会经济学部委员、教育部高等学校经济学学科教学指导委员会委员,以及教育部长江学者特聘教授等。出版社聘请他们直接主持并亲自撰写相关词条,目的是要使《大典》更具权威性,打造一部影响力大、综合水平高的传世之作。

尽管我们做了很多努力,力求实现上述初衷,但限于水平,编写这样一部工程浩大的经典之作,肯定还有许多不足和缺憾,欢迎读者批评指正。

本书为 2010 年国家出版基金项目成果，其编撰得到了国家新闻出版广电总局、财政部、国家统计局的领导，以及教育部中国特色社会主义经济建设协同创新中心的高度重视和大力支持，在此一并表示衷心感谢。

经济科学出版社
2015 年 10 月

目　　录

基本财政概念

1

公共支出

公共收入

预算管理

政府间财政关系

财政政策

基本财政概念

财政学
Public Finance

财政学是一门关于政府部门收支活动的科学。或者说，财政学的研究对象是政府部门收支活动的规律性。

作为国家治理的基础和重要支柱，财政是一个跨越经济、政治、社会、文化和生态文明等多个学科和多个领域的综合性范畴。所以，尽管现实中人们往往将财政学视为经济学的一个分支，但站在国家治理的总体角度，它实质上是一门跨越经济学、政治学、法学和公共管理学等多个学科的交叉学科。

从学科发展史上看，作为经济学的财政学始于亚当·斯密1776年出版的《国富论》（《国民财富的性质和原因研究》）。该书第五篇《论君主的收入》构建了财政学的基本框架。

财政学最初重点研究的是财政收入（即政府融资），特别是税收问题，而很少对财政支出进行经济分析。随着奥地利和意大利财政学者对公共物品理论研究成果的引入，财政学发生了很大的变化。公共物品理论成为现代财政学的核心理论，财政支出的经济分析内容大幅度增加。随着公共选择理论的发展，财政决策的经济分析也得到了加强。除财政收入、财政支出、公债、财政管理等财政学的传统研究领域外，财政政策研究则随着经济理论发展而变得日益重要起来。先是边际革命大大增强了财政学的微观经济分析内容，后是宏观经济分析的兴起，使得财政学中财政政策的内容大幅度增加。随着经济研究方法的发展，财政学研究中大量运用数量分析方法。近年来，行为经济学和实验经济学等对于非理性行为的研究，对财政学产生了越来越大的影响。

财政学与公共经济学有着密切关系。许多学者经常将财政学等同于公共经济学。但严格说来，二者还是有区别的。公共经济学是经济学的一个分支学科，是用经济学方法研究公共部门问题。财政学的跨学科特征，决定了它可以用经济学之外的其他方法进行研究。公共经济学也包含了一些财政学难以涵盖的内容，如公共规制等。

作为经济学的财政学有三条主线索：效率、公平和稳定，对应财政的三大功能，即资源配置、收入分配和经济稳定。

财政学的分支学科包括财政经济学、财政管理学、财政社会学、政府预算、财政制度学、财政史学、比较财政学、税收经济学、税收制度、比较税制、税务管理、财政法学、公共投资学、国有资产管理学、公共定价、政府采购、社会保障（社会保险）学、财政政策学、公债经济学、地方财政学，等等。

中国自 20 世纪初期起引入财政学，先是通盘引进，后一些学者立足中国国情，撰写了一批有影响的财政学教科书和财政学论著。何廉和李锐合著的《财政学》就是第一部与中国国情结合的财政学教科书。1949 年之后，中国财政学者以马克思主义政治经济学为基础，构建了社会主义财政学。财政学者围绕国家职能，对财政定义、财政本质、财政职能、财政属性等进行了深入的研究，形成了国家分配论、价值分配论、剩余产品价值决定论、再生产理论、社会共同需要论等多个学术流派。20 世纪 90 年代之后，随着社会主义市场经济体制改革目标的确立，以市场经济体制为背景，根植于中国国情，在广泛借鉴一切人类社会文明成果的基础上，探索构建中国特色社会主义财政学，就成为中国财政学界的一件重要任务。

中共十八届三中全会站在新的历史起点上，将财政融入国家治理体系并以其基础和重要支柱加以定位，从根本上摆正了财政与财税体制的位置。它不仅标志着中国特色社会主义财政基础理论建设的创新，而且，以此为转折点，将中国特色社会主义财政学学科体系建设推上了一个新的更高的平台。

参考文献：

高培勇：《"一体两翼"：新形势下的财政学科建设方向——兼论财政学科和公共管理学科的融合》，载于《财贸经济》2002 年第 12 期。

高培勇：《论国家治理现代化框架下的财政基础理论建设》，载于《中国社会科学》2014 年第 12 期。

何廉、李锐：《财政学》，商务印书馆 1935 年版。

马寅初：《财政学与中国财政》，商务印书馆 2001 年版。

《社会主义财政学》编写组：《社会主义财政学》，第二次修订本，中国财政经济出版社 1987 年版。

王传纶、高培勇：《当代西方财政经济理论》，商务印书馆 1995 年版。

杨志勇：《财政学科建设刍议：结合中国现实的研究》，载于《财贸经济》2007 年第 12 期。

张馨、杨志勇、郝联峰、袁东：《当代财政与财政学主流》，东北财经大学
　　出版社 2000 年版。

张馨：《公共财政论纲》，经济科学出版社 1999 年版。

（高培勇　杨志勇）

规范财政学
Normative Public Finance

　　规范财政学是研究财政经济活动中政府的"目标应该是什么"、"应该
如何选择以最优的方式实现这些目标"等价值判断问题的财政学分支。它
以财政活动的价值判断为核心，其主要特点是通过确定最优准则，将最优准
则与现有的财政经济活动所处的状态相比较，从而判断现实财政经济状态是
否符合最优准则。如果不一致，偏离的方向是什么，偏离程度如何调整。

　　规范财政学的分析范式是：第一，考虑政府财政应该做哪些事情，覆盖
哪些领域。例如，政府在某个时期是否应该实行积极财政政策，政府投资于
哪些领域才更能符合公众利益。第二，设定一个最优准则和评价标准，说明
什么是较好的状态和不好的状态。第三，未来应该如何调整才能使得现实状
态与最优准则相一致。

　　在运用规范分析方法研究财政问题时，应当根据具体财政问题的变化而
采取不同的研究思路。以税制改革为例，在规范分析方法应用于税制改革
时，应该首先明确税制的效率和公平标准，来分析和判断现行税制是否符合
效率和公平准则，然后根据准则来探讨现有税制该如何调整，按照什么速度
调整。

　　规范财政学的研究应该与实证财政研究方法相结合，使价值判断具有坚
实的事实基础。一方面，在利用规范研究方法研究财政问题时，需要利用实
证财政研究方法来分析财政经济研究对象与所确定最优准则之间的关联程
度；另一方面，在利用实证研究方法分析某些财政经济问题时，需要利用规
范研究方法中的最优准则来验证分析结果的客观性。

参考文献：

樊丽明、李齐云、陈东：《公共经济学》，高等教育出版社 2012 年版。

郭庆旺、赵志耘：《公共经济学》，高等教育出版社 2010 年版。

蒋洪：《公共经济学》，高等教育出版社 2010 年版。

［美］萨缪尔森、［美］诺德豪斯：《经济学》，商务印书馆2013年版。
余永定、张宇燕、郑秉文：《西方经济学》，经济科学出版社1997年版。

（蒋震）

实证财政学
Positive Public Finance

实证财政学旨在用实证研究方法来研究财政问题。在分析财政理论和实际问题时，这种方法对财政问题的固有特征进行描述，不带有任何对财政活动的先验价值判断，只是研究财政活动中各个主体之间的相互联系，在作出与财政行为相关的若干假设前提下，分析和预测经济主体从事财政活动的经济后果。

实证财政学的特点就是通过对客观存在的财政经济现象，通过一定科学方法进行分析，来精确描述财政经济活动的本质，它对经济已经产生或者在未来的一段时期内会产生何种影响，揭示和回答各个财政变量之间的因果关系。由于财政学的内容涵盖了多个领域，实证财政学也涵盖了财政收支、政府间财政关系等多个方面。故而，实证财政学的重点在于说明和分析财政活动的"来龙去脉"，进而描述财政活动的真实面目。

实证财政学的分析内容包括以下几个方面：第一，回答财政学领域的"是什么"。这个方面指的是弄清政府财政活动的事实，确认政府做了什么。通过调查和搜集财政经济数据，来反映财政活动如何展开。例如，地方政府年度财政收入和财政支出规模是多少，政府在某一年度的财政支出都花在了哪些领域，各级政府之间政府事权、财权之间的划分状况究竟是什么，等等。第二，回答财政学领域的"怎么样"。这个方面的实证财政研究围绕政府财政活动究竟发挥了哪些效果而展开。当然，由于效果发挥有一定的时滞，需要在未来一段时间之间观察和收集数据。例如，政府的事权和财权划分会对经济社会产生什么样的影响，政府的积极财政政策究竟怎样拉动了消费需求。第三，回答财政学领域的"为什么"。实证财政理论需要解决政府财政活动为什么会发生，即什么原因促使政府采取某些财政措施。例如，为什么政府需要提供某些公共服务，"土地财政"是如何产生的，等等。

实证财政学的分析方法包括两种：一是财政理论实证分析。这种方法较为抽象，它通过在一些基本假定的前提下，通过逻辑推理方法得出一些结论。由于这种分析方法以逻辑抽象作为分析基础，因此它不具备定量化分析的效果和精确性，只能指明财政经济活动的大体发展方向。例如，在分析商品税负提高对居民消费需求的影响时，理论实证分析采取无差异曲线的分析方法，通过对消费者既定预算约束条件的最优行为选择的分析，通过增税前和增税后的行为选择，从而分析消费者的最优消费组合变动，在其他条件不变的情况下，可以描述税制改革措施对消费需求的影响作用。但这种分析无法精确描述增税对消费需求的精确影响数量，这需要经验实证分析的方法进行辅助研究。二是经验实证分析。这种分析方法是以观察到的事实和搜集到的数据为分析基础，采取一定的数量模型研究方法来精确描述财政经济变量之间的关系。它虽然能够比理论实证研究方法更精确，但是也有一定的局限性。在样本选择和方法选择时，往往存在一定的局限性，可能会造成研究结果无法全面反映客观过程。理论实证研究方法和经验实证研究方法要相互配合来使用，才能精确描述财政活动中各个主体之间的相互联系。

规范财政学和实证财政学的二分法，来自于经济学划分为规范经济学和实证经济学的传统，这种划分有时候显得过于简单。现实中经验判断和实证分析往往是交织在一起的，实证分析的结果影响价值判断，价值判断则影响了人们对于实证分析问题的选择。大部分财政问题分析兼有价值判断和实证分析，二者密不可分。

参考文献：

樊丽明、李齐云、陈东：《公共经济学》，高等教育出版社 2012 年版。
郭庆旺、赵志耘：《公共经济学》，高等教育出版社 2010 年版。
蒋洪：《公共经济学》，高等教育出版社 2010 年版。
［美］萨缪尔森、［美］诺德豪斯：《经济学》，商务印书馆 2013 年版。
余永定、张宇燕、郑秉文：《西方经济学》，经济科学出版社 1997 年版。

（蒋震）

公共经济学
Public Sector Economics

公共经济学，又称"公共部门经济学"，与财政学存在密切联系。现实中，公共经济学常被视为现代财政学，但二者并非完全一致。因为，对公共部门和公共资源配置的研究已经远远超出了经济学的范围。公共经济学与许多学科有着密切的关系，但从根本上说，公共经济学是经济学的一个分支学科，是用经济学的方法研究公共部门活动的一个分支学科。

　　财政学在研究公共部门时，和公共经济学有一定的交叉。财政学主要涉及财政收支问题，但公共经济学还包括公共规制问题。按照马斯格雷夫的理解，从经济学视角研究财政问题，可以有资源配置、收入分配和经济稳定三大分支。无疑，从这三个方面研究财政学的内容，即财政经济学，都属于公共经济学的内容。财政经济学是公共经济学中发展较为成熟的部分。但财政学中有一些内容，则是公共经济学所无法涵盖的。财政管理是公共管理的重要组成部分。财政管理学，是公共管理学的一个分支，不属于公共经济学的分支。财政社会学专门研究财政对国家和社会制度的影响，公共经济学也无法将之涵盖其中。财政学所涉及的大量财税制度，政府预算制度与管理，也是通常意义上的公共经济学所无法包括的内容。财政学涉及企业税制问题，说明财政学与工商管理学科之间存在密切的关系，同样也是公共经济学所无法涵盖的。通过企业税制、纳税筹划等课程，财政学与会计学之间建立了较为紧密的联系。从企业角度研究政府财政，探讨政府财政与企业的关系，可以视为财政学的分支，也可以视为工商管理学科和政府管理学科的分支。

　　传统财政学主要研究税收问题，而很少对公共支出进行经济分析；公共物品理论和公共选择理论的发展对公共经济学的形成和发展起到了重要作用。财政学不再局限于政府收支活动研究，而是深入分析政府收支活动对资源配置、收入分配与经济稳定的影响。财政学研究的重点不再是公共融资活动，而是政府活动的经济影响。特别是，现代市场经济演变为私人经济与公共经济的混合经济，为公共经济学的兴起提供了最为直接的现实支持。公共经济学研究通常从市场失灵开始，引出政府经济活动，在分析政府干预有效性的同时，也重视政府失灵的研究，特别是关于公共部门决策的研究。

　　亨德逊（W. L. Henderson）和卡梅隆（H. A. Cameron）1969 年的《公共经济》（*The Public Economy*）一书，立足于公共需要的自愿交换论，并试图去说明公共物品的需求与定价是经由政治程序确定的，是市场机制行为的一种转变和表现。此后，相同或相似书名的财政学教科书接连问世，它们都不仅是书名上的变更，而且在相当程度上还反映了财政学实质内容的转变，反映了关于财政与政府关系看法的变更。1972 年，《公共经济学学报》（*Journal of Public Economics*）的创刊，可以视为公共经济学形成的一个重要标志。

　　在西方，公共经济学于 20 世纪 60 年代和 70 年代获得了迅速的发展。有些学者认为传统财政学仅研究税收问题，公共经济学则将政府收支融为一体进行研究（Brown and Jackson，1990）。如今，公共经济学已经作为经济学的一个大类，得到广泛的关注和研究。各国已有大量以"公共经济学"或"公共部门经济学"的教材著作问世。

在苏联、东欧国家和改革开放之前的中国，实行的是计划经济体制，这与西方国家所实行的市场经济体制有着根本性区别。在计划经济下，私人范畴和私人部门被否定，从而作为其对立物的公共范畴和公共部门也不存在了，存在的只是国家统揽和控制一切的国家经济。相反，在市场经济下，有着独立的私人范畴和私人部门，从而相应地在另一面形成了公共范畴和公共部门。中国从计划经济向着市场经济的伟大变革过程，也就是企业和私人范畴、企业部门逐步形成的过程，同时也就是公共范畴和公共部门作用不断凸显的过程。30 多年的市场化方向改革，使中国初步建立了社会主义市场经济体制，也初步形成了中国的公共经济。中国公共经济学正在这样的基础之上起步。相应地，更多地基于中国财政实践来发展公共经济学，正成为中国公共经济研究的重要课题。

参考文献：

张馨：《公共财政论纲》，经济科学出版社 1999 年版。

杨志勇、张馨：《公共经济学》，清华大学出版社 2008 年版。

高培勇：《公共经济学》，中国人民大学出版社 2008 年版。

Harvey S. Rosen, and Ted Gayer, *Public Finance*, 9th ed., McGraw-Hill, 2010.

C. V. Brown, and P. M. Jackson, *Public Sector Economics*, 4th ed., Blackwell, 1990.

Joseph E. Stiglitz, *Economics of the Public Sector*, 3rd ed., Norton, 2000.

Jonathan Gruber, *Public Finance and Public Policy*, 3rd ed., Worth, 2010.

（杨志勇）

国家分配论
Fiscal Theory Focusing on State-dominating National Income Distribution

国家分配论是一种以马克思主义政治经济学为基础，对"财政本质"进行概括的财政学基础理论。该理论认为，财政即国家财政，是以国家为主体的财政，体现了财政分配关系。国家财政是一个历史的范畴，是随着社会生产的发展，人类社会分裂为对立阶级，出现了国家之后才产生的。国家是阶级国家，因此，财政的本质和阶级国家的职能有着密切的关系。以此为基础的财政学理论，强调阶级分析在财政学研究中的重要性。

国家分配论区分"财政一般"和"财政特殊"。前者是对各个时期各种社会形态的财政本质所作的概括；后者则是对特定阶段财政本质的概括。从"财政一般"来看，财政是国家分配的主体；财政分配的客体是一部分社会产品或国民收入，主要是剩余产品；在自然经济中，分配是实物的分配；在商品货币关系中，分配是价值的分配；财政分配的目的，是满足国家实现其职能的需要。关于社会主义财政本质的认识，则属于"财政特殊"的内容。社会主义国家财政是以生产资料公有制为基础的社会主义国家为了实现其职能而直接对一部分社会产品和国民收入（主要是剩余产品）进行的分配和再分配。

国家分配论是新中国成立后第一个形成的有影响力的财政学流派。丁方、罗毅在1951年出版的《新财政学教程》就提出"国家分配论"。尹文敬1953年出版的《国家财政学》对国家分配论有了较大的发展。1953年前后，叶振鹏指出，关于财政本质是货币关系的提法是错误的，财政本质应是一种分配关系（张馨，1989）。1957年，许廷星《关于财政学的对象问题》在质疑货币关系论的基础之上，提出了较为系统的国家分配论观点。他认为，财政学的对象是国家关于社会产品或国民收入分配与再分配过程中的分配关系，也就是人类社会各个发展阶段中国家对社会的物质资料的分配关系。在他看来，货币关系只是货币职能的表现形式，不能反映财政的本质，财政本身是一种分配关系，必须从再生产的分配关系入手研究财政的本质。再生产的分配关系包括两类：一类是以生产资料所有者为主体的分配；另一类是以国家为主体的分配。前者是经济属性的分配，后者是财政属性的分配。他认为，财政是以国家为主体的一种分配关系。财政的本质是国家凭借其主权，参与社会产品和国民收入分配过程所形成的分配关系。财政学的研究对象正是这种以国家为主体的财政属性的分配关系。

王传纶（1958）将财政的特殊本质职能归结为国家对社会产品的分配。胡鉴美（1962）明确指出，财政，作为一个经济范畴，其本质是国家为实现其职能，参与一部分社会产品的分配，而与有关方面发生的分配关系。邓子基（1962）指出，财政本质是人类社会各个不同社会形态国家为实现其职能并为其为主体无偿地参与一部分社会产品或国民收入的分配所形成的一种分配关系，简称为财政分配关系。

1964 年，财政部在辽宁旅大市召开第一次全国财政理论讨论会，是国家分配论最终确立其主流地位的标志。1964 年中国人民大学财政教研室编著的《财政学》（初稿）是以国家分配论为基础的一本重要的财政学教科书。国家分配论是该书的基础理论。

国家分配论是在不断吸收和借鉴其他理论的基础之上得到不断发展的。在传统中国财政学界那里，如何理解财政本质，是一个决定着"什么是财政"的基础理论问题。基于对财政本质认识的不同，传统财政学形成了多个流派。"国家分配论"是其中影响最大，且自 20 世纪 60 年代起就长期占据财政学主流地位的流派。70 年代末和 80 年代，最具影响力的财政学教科书莫过于《社会主义财政学》编写组编著的《社会主义财政学》。该教科书就是以国家分配论为基础编写的。有影响的以国家分配论为基础的财政学教科书还有许毅和陈宝森合著的《财政学》、邓子基的《财政学》、许廷星等编著的《财政学原论》。1991 年，陈共主编的《财政学》也明确立足国家分配论（陈共主编，1991）。

自社会主义市场经济体制改革目标确定之后，国家分配论不断受到其他财政学流派、特别是公共财政论的挑战。国家分配论者希冀通过强调国家的阶级性与公共性是并行不悖的思路，力图涵盖公共财政论，但由于国家分配论和公共财政论有着较大的差异，这种努力还只是在进行之中。

参考文献：

陈共：《财政学》，四川人民出版社 1991 年版。

邓子基：《财政学原理》，经济科学出版社 1989 年版。

邓子基：《略论财政本质》，载于《厦门大学学报（社会科学版）》1962 年第 3 期。

胡鉴美：《试论财政的本质与范围问题》，载于《学术月刊》1962 年第 2 期。

《社会主义财政学》编写组：《社会主义财政学》，中国财政经济出版社 1980 年版。

《社会主义财政学》编写组：《社会主义财政学》修订本，中国财政经济出版社 1982 年版。

《社会主义财政学》编写组：《社会主义财政学》第二次修订本，中国财政经济出版社 1987 年版。

王传纶：《对"财政学"对财政学对象问题的探讨》，载于《教学与研究》
　1958 年第 7 期。

许廷星、谭本源、刘邦驰：《财政学原论》，重庆大学出版社 1986 年版。

许廷星：《关于财政学的对象问题》，重庆人民出版社 1957 年版。

许毅、陈宝森：《财政学》，中国财政经济出版社 1984 年版。

叶振鹏：《社会主义国家财政的本质与职能》，载于《中央财政金融学院学
　报》1982 年第 4 期。

张馨：《公共财政论纲》，经济科学出版社 1999 年版。

（杨志勇）

剩余产品分配论
Distribution Theory of Surplus Products

1949 年新中国成立后，与整个社会意识形态的转向相一致，中国财政学研究表现出与西方财政学决裂的特征。当时财政学研究的直接目标是在马克思主义指导下，建构不同于西方财政学体系的马克思主义财政学。此后，从 20 世纪 50 年代到 60 年代，不同理论流派相继形成。"剩余产品分配论"学派即萌芽于这一时期。

"剩余产品分配论"认为，社会主义财政是剩余产品价值（社会纯收入）的生产、分配和使用，是剩余产品价值的运动过程，由剩余产品形成的社会共同需要则是财政关系的经济实质。这一学说主要从经济意义上论证了财政活动的本质和界限。

中国社会科学院王绍飞研究员被公认为"剩余产品分配论"学派的创始人和主要代表。

20 世纪 80 年代初，王绍飞曾表示，早在 60 年代初，他就想以马克思主义的剩余劳动与剩余产品理论为基础，建立社会主义财政学的理论体系。这主要有两方面的原因：一是由于当时受到某些社会现象的刺激。如 1958 年的"大跃进"、"大炼钢铁"等，不讲劳动效果、不计工本；以后又大肆批判"利润挂帅"，造成企业大面积亏损，国家财政产生严重困难。种种怪象不断使他经常想到马克思主义的剩余劳动和剩余产品理论的重要性。二是受孙冶方同志的启示。1958 年以后，王绍飞在孙冶方的直接指导下研究社会主义财政和流通问题，孙冶方曾多次表示，"财政部是管 M（剩余价值）的"，"财政学的核心是研究 M"。当时的经济现实也表明，财政状况的好坏

是以国家可分配的剩余产品量为转移的，归国家分配的剩余产品价值（其表现形式是盈利）多，财政状况就好，反之，财政状况就恶化。新中国成立以来多次"扭亏增盈"的运动，反复证明了这是无可辩驳的真理，证明了孙冶方的观点的正确。因此，王绍飞想以马克思主义的剩余劳动与剩余产品理论为基础撰写一部财政学著作。只是当时由于客观社会条件限制，未能完成。一直到80年代初，他才将自己的观点比较系统地加以整理，完成专著《财政学新论》并出版。

在此前发表的《关于财政学的几个问题》一文中，王绍飞针对财政学的研究对象，已经明确提出，财政学是一门经济科学，它的研究对象是客观存在的财政关系，即社会对剩余产品的分配过程，而不是上层建筑，也不是经济基础和上层建筑的混合体。财政关系作为客观存在的剩余产品的分配过程，是社会再生产的一个不可缺少的组成部分。不管人们是否意识到它，它都要按照社会再生产的客观需要不断地进行分配和再分配；没有剩余产品的分配，社会再生产就不能进行。但是，在这个客观过程中，剩余产品在各个经济主体之间的分配比例和分配形式却是可以改变的。财政学把剩余产品的分配过程作为研究对象，就是要揭示剩余产品分配的客观规律性和剩余产品的分配过程在社会再生产中的地位和作用，探索剩余产品的分配比例和分配形式如何才能促进社会生产力的发展，有利于国民经济的综合平衡，从而提高社会再生产的经济效益。

1984年5月，王绍飞出版第一部个人专著《财政学新论》，以"剩余产品价值决定论"为线索贯穿全书。他在财政学界的重要地位得以确立，从而也站在本学科的研究前沿。《财政学新论》曾获中国财政学会全国财政理论研究成果优秀奖，全书是以马克思的剩余产品理论为基础建立财政学理论体系的一次尝试。全书共分九章，分别探讨了财政关系的形成与发展过程，财政在社会再生产过程中的地位和作用，财政收入的经济内容和数量界限，财政支出的数量界线和支出结构，财政平衡的构成及其在国民经济综合平衡中的作用，财政效果，财政体制和财政发展战略等主要问题。

王绍飞也是对经济体制改革较早提出重要意见的学者之一，他主张按照经济核算的原则实行资金全面有偿使用、改变流动资金的无偿拨款、实行基本建设投资贷款制和企业资金的付息制度。针对改革中出现的新情况、新问题，他于1989年再度推出专著《改革财政学》，提出一些引起普遍重视的、富有创见的观点，并对《财政学新论》一书中的若干观点作了修正。有学者认为，如果《财政学新论》尚是以研究财政原理为主，那么，《改革财政学》则是要把《财政学新论》中提出的基本观点和商品经济理论衔接起来，它集中反映了作者研究经济改革，特别是财政体制改革的理念及理论观点的深化。

《改革财政学》内容丰富，颇多新意，全书共分四篇十三章。第一篇"财政关系的产生和发展"主要涉及财政关系的客观性质、商品经济中的财政关系、社会主义初级阶段的财政关系以及财政关系和社会再生产等。在该篇中，作者运用马克思主义基本原理，着重研究了财政关系的一些基本理论问题。第二篇"财政分配的经济分析"主要是关于财政收入、财政支出的经济分析以及财政政策的选择等内容。在论述财政政策的选择时，作者对西方财政理论进行了恰如其分的评价，并结合我国国情，对均衡财政和非均衡财政、紧缩财政政策和扩张财政政策以及补偿性理财方式提出了自己的观点，分析了资本主义国家奉行赤字财政政策带来的副作用和我国有关财政赤字理论和实践的矛盾，并指出从中国实际出发所应选择的财政政策措施。第三篇"财政体制"主要从广义角度探索各个财政主体在财政分配中的地位、作用及其相互关系。第四篇"财政的经济效益"从剖析含义入手，研究了财政经济效益的特点和判断财政经济效益的主要标志，提出了衡量财政经济效益的原则和具体方法，对提高财政经济效益的主要途径作了必要的阐述和说明。

总体看来，《改革财政学》具有如下显著特点：其一，密切联系社会主义初级阶段改革实际，具有强烈的改革意识和时代感，反映了我国经济体制新旧交替时期财政分配的特征，对改革时期财政理论和实践中出现的各种新问题作了深刻分析和研究，具有很强的实践性。其二，在内容构成和篇章结构上，增加了商品经济中的财政关系、社会主义初级阶段的财政关系、财政政策的选择、国家信用体制、财政的经济效益等内容，突破了传统财政学"收、支、平、管"的结构，扩大了财政理论的研究视野，使财政学和现实经济运行的联系更加紧密。其三，在研究方法上，把实证性研究和规范性研究结合起来，充分体现了作者实事求是的学术作风。

王绍飞在财政经济理论方面的主要贡献，大致体现在：（1）经济核算理论。早在20世纪70年代，王绍飞就指出：在商品经济继续存在的社会主义社会，企业盈利是物质生产领域劳动者为社会创造的剩余产品的货币表现，是国家为保证社会共同需要集中剩余产品的一种形式。（2）剩余产品理论。剩余产品是推动人类社会走向文明的物质基础，在社会主义制度下也必然存在；必要劳动与剩余劳动、必要产品和剩余产品的客观界限是党和国家制定经济政策、进行综合平衡的主要依据之一。（3）财政理论与制度建设。他以科学的认识阐释剩余产品、社会共同需要与财政关系三者之间的关系，认为在社会生产力不断发展的过程中，随着剩余产品的产生逐渐形成了财政关系，由剩余产品形成的社会共同需要是财政关系的经济实质，财政关系随着剩余产品的增长而不断发展（所以，财政关系是社会生产力发展的结果和客观需要，不是由国家权力决定的），精心构建了以马克思主义的剩余劳动与剩余产品理论为基础的社会主义财政学理论体系。在王绍飞的众多贡献中，对财政理论的贡献最为突出，因而他被财政学界公认为"剩余产品价值分配论"学派的创始人和主要代表。

"剩余产品分配论"学派是在改革开放的过程中，围绕解释和指导中国经济发展实践而逐渐形成的一个财政学理论学术流派。在 20 世纪 80 年代、90 年代，"剩余产品分配论"均曾引起不同程度的讨论，赞同及持不同观点者均有之。该学派自创始人王绍飞耕耘不辍以来，追随者刘溶沧、李茂生、马国强等人薪火相传，在中国财政学界曾有广泛影响，在今天仍具有很强的实践意义。

参考文献：

王绍飞：《财政学新论》，中国财政经济出版社 1984 年版。

王绍飞：《改革财政学》，中国财政经济出版社 1989 年版。

王绍飞：《中国社会科学院学者文选：王绍飞集》，中国社会科学出版社 2002 年版。

王雅龄：《剩余产品分配论的财政思想和实践意义》，载于《西部论丛》 2009 年第 2 期。

（范建鏋）

社会共同需要论
Theory of Social Common Demand

"社会共同需要论"是在与占据我国财政学主流学派地位的"国家分配论"的学术论争中逐步脱颖而出的一个财政学理论流派。其理论体系与系统观点主要体现于中国社会科学院何振一研究员所著的《理论财政学》一书之中。

何振一的研究开创了一个财政关系定性分析与定量分析相结合的、全新的中国特色的财政学科新体系，亦即财政学界后来将其称为"社会共同需要论"的新流派。

"社会共同需要论"理论于 1980 年在北戴河召开的全国财政基础理论高层研讨会上初露头角，会议结束后在《简报》中给这个新理论命名为"社会共同需要论"。此后，何振一多年潜心研究，在持赞同意见的学者积极参与研究、持不赞同意见学者的诚恳批评与帮助下，终于构造起财政一般理论的初步体系，于 1987 年推出《理论财政学》一书，2005 年该书出版第二版。在发展"社会共同需要论"理论体系上，持相同观点的学者从不同角度对理论体系的形成做出重要贡献，不少持国家分配论观点的学者从自己的研究视角出发，也有间接贡献。

中国财政学研究在"文革"期间整体上陷入停顿状态，1979 年之后重现活跃势头，一个突出表现是，占主流地位的"国家分配论"与其他理论流派的论争不断涌现。这一时期，"社会共同需要论"等理论对"国家分配论"提出了挑战。"社会共同需要论"强调剩余产品与财政产生之间的关系，强调财政活动是为了满足社会共同需要，这与"国家分配论"强调国家与财政的本质联系以及财政是为了实现国家的职能而存在的观点截然不同。在这次论争过程中，"社会共同需要论"得到了很大发展，影响力上升，赞同者甚众，特别是许多中青年学者对这一理论观点情有独钟。由此也逐步奠定了"社会共同需要论"的学术地位。

"社会共同需要论"理论是以唯物史观为指导，以人类社会财政一般为研究对象的理论体系。它改变了学者们过去只研究财政个别而不研究财政一般的理论思路。《理论财政学》一书以"社会共同需要论"为主线，从人类社会再生产发展的历史全过程这一广阔视野出发，对财政运行的一般规律及各个历史阶段上的财政特性，展开了系统的、创造性的探索。全书剖析了社会共同需要的内涵与本质，认为社会共同需要是社会共同事务需要的简称，是社会的再生产发展过程内在产生的一个客观范畴。社会共同需要并不是从来就有的，它是一个历史范畴。如果将生产单位和消费单位的需要归结为社会基本单位的需要的话，可以称之为社会个别需要，那么，可以将社会共同需要称为社会一般需要。社会共同需要与社会个别需要是有区别的，是两个不同的经济范畴。社会共同需要并不是社会个别需要的集合或加总，而是有其特定内涵的。其内涵就是：维持社会正常存在和发展所必须由社会统一实施的事务需要，其本质则是社会与社会成员之间在社会再生产过程中的分工关系。

14

社会共同需要具有三个重要特征：一是个人或社会基本单位无力从事，只能由社会力量方能实现的事务；二是对个人或社会基本单位无直接利益或利益极少而不愿办，又是社会存在与发展所必需的事务；三是唯有以社会为主体去举办，方能有效地协调相关社会成员各个方面利益的事务。这三点既是区分社会再生产者诸多事务中哪些属于社会共同需要事务的标准，也是界定财政职能范围的依据。

在界说"社会共同需要"这一重要范畴的基础上，《理论财政学》一书从四个领域展开了论述，全书由财政本质论篇、财政分配客观数量界限论篇、财政职能实现形态研究篇及财政效果研究篇等组成。首篇主要是对财政基础理论的各个主要范畴进行了全新的再探索；第二篇系统地剖析了财政分配存在客观数量界限的因由，并从理论和方法相结合上，具体地研究了财政分配总量与个量的客观数量界限；第三篇对财政分配及宏观调节两大职能的运行规律及其实现的路径，进行了全方位的剖析；第四篇对财政效果进行了较为全面系统的理论探索，并给出了一系列的评价方式和方法。

关于国家与财政的关系，"社会共同需要论"认为，财政不是国家产生的。在阶级社会中，国家是社会共同事务职能的执行者，国家成了财政分配关系中占支配地位的主体，因而人们把阶级社会的财政称为国家财政。那么，能不能根据这一点而得出国家财政是由国家产生的结论呢？"社会共同需要论"认为，不能这样理解。既然财政不是国家产生的，那么，财政的阶级性又是如何出现的呢？"社会共同需要论"认为，财政分配作为生产关系总体的有机组成部分，属于经济基础范畴，在阶级社会中，它本身就具有鲜明的阶级性，根本不需要上层建筑给它从外部打上阶级的烙印。在私有制下，财政作为社会再生产分配过程的一个特殊组成部分，它本身就具有鲜明的阶级性，至于财政分配中的阶级斗争，不是国家决定的，它根源于财政分配中的阶级性，根源于各个阶级都有着不同的经济利益。

"社会共同需要论"进而认为，国家职能并不是财政研究的出发点。不从国家职能出发研究财政，而是把财政放在社会再生产总体中进行研究，把财政看成是社会再生产的重要组成部分，作为社会自身存在和发展的需要进行研究，则是马克思为财政理论研究留下的宝贵财产。

"社会共同需要论"还认为，财政研究不能仅是质的分析，还必须有量的研究。认识事物的质，也是认识事物量的基础和前提。离开对质的正确认识，就无从正确认识量的规定性。质与量的研究应做到有机统一。在这方面，《理论财政学》一书（第二篇）专门对财政分配客观数量界限论展开了深入的探讨，这可以说是“社会共同需要论”在质的分析与量的研究相结合方面的一个重要特色。

“社会共同需要论”自提出之后，由于它构建的理论体系相对完整，分析视角相对于其他学派更注重研究财政一般问题，更由于它对“社会共同需要”这一范畴做出了比较清晰的界定，因而获得了不少认同。

但是，对这一理论学派的诘难，也未曾停止过，其中一个重要方面即来自对财政起源和财政本质的不同看法以及由此引发的学术争鸣。对财政起源及财政本质的分析，历来有不同观点，学界迄今亦未见有一致看法。在各学派研究财政问题的侧重点有所不同的背景下，“社会共同需要论”与“国家分配论”、“公共财政论”三个理论流派的研究成果，从不同角度看，已初步覆盖了财政一般与财政个别有机结合的完整学科体系，但是，各自的研究成果远未臻完善之境，如果能够彼此融合，互相借鉴，必然有望开创新的研究局面。

此外，也应该看到，虽然“社会共同需要论”受到质疑，这一学派试图不断完善自身理论体系的努力也值得肯定。2011 年 11 月召开的社会共同需要理论研讨会，可以看作是其最新一次的努力。

参考文献：

何振一：《理论财政学》，中国财政经济出版社 1987 年第一版，2005 年第二版。

李俊生、王雍君等：《社会共同需要：财政活动的起点与归宿》，中国财政经济出版社 2011 年版。

李俊生：《财政效率论》，东北财经大学出版社 1994 年版。

吴德明：《财政是为了实现国家职能的需要而存在的——与申长平同志商榷》，载于《山西财经大学学报》1984 年第 1 期。

邓子基：《财政理论在改革争鸣中不断发展》，载于《中国财政》2008 年第 8 期。

许方元：《也谈财政的起源——同何振一同志商榷》，载于《财贸经济》1982 年第 10 期。

（范建鏋）

社会集中分配论
Theory of Social Collective Distribution

　　"社会集中分配论"是由财政部财政科学研究所贾康研究员在20世纪90年代首先提出，并力图在理论研讨和财政改革发展的实践中不断加以完善的一个理论流派。迄今为止，这一理论的框架仍处于不断完善之中，它引起了财政学界的一定关注。集中阐释这一理论框架的文献，首推贾康1998年发表的《从"国家分配论"到"社会集中分配论"》。

　　财政起源和财政本质问题是构建整个财政理论体系大厦的基石，长期以来一直吸引着财政理论研究者的目光。其原因在于，这一问题不仅决定着财政理论的内容、框架和体系，而且从根本上支撑和制约理论对财政实践活动的指导作用。贾康在其《从"国家分配论"到"社会集中分配论"》一文中，总结了"国家分配论"以及其他各种较具影响力的理论流派的主要观点，并在此基础上创造性地提出了"社会集中分配论"的基本主张和逻辑体系，意在实现财政基础理论对人类社会各财政形态的贯通式覆盖，并在共性框架下更为严谨地说明"国家财政"的个性与历史趋向。

　　"社会集中分配论"的提出，有其社会实践背景和理论背景。从根本上看，源于财政改革实践和财政理论创新的内在需求。

　　从财政改革实践这一层面考察，迄今为止的我国经济改革历程可划为两个阶段：一是自1978~1992年，以发展社会主义商品经济为主要目标，本质上属于计划经济体制转轨时期的改革；二是从1993年起的阶段，以建立社会主义市场经济体制为目标模式，属于体制质变的改革。财政体制改革作为经济体制改革的重要组成部分，以上述目标为取向，存在着一个转型的过程。"社会集中分配论"即产生于市场型财政模式和体制的探索阶段。与社会主义市场经济体制框架相适应。1998年12月召开的全国财政工作会议，提出建立公共财政框架的目标要求，财政模式的建立于是有了清晰目标。恰在这一时期，贾康开始系统发表关于"社会集中分配论"的相关论述，研究"社会集中分配论"在新的经济社会条件下的外化形式。其后又提出了包括公共财政概念、内涵、基本特征和基本框架在内的公共财政模式，从而不断丰富"社会集中分配论"的理论体系。

　　"社会集中分配论"体系的构建采取唯物史观的立场和研究方法，从社会集中分配最基本的事实出发，以求探究财政本质问题。贾康认为，"唯物史观，在我们作深入探讨以求正确认识财政本质的时候，应当成为理论的基础，逻辑体系的开端，解剖问题的指南"，否则就不能真正建立起系统阐述财政本质的理论架构。

"社会集中分配论"采取了从历史到现实、从现象到本质、再从本质到外化及其实践形式的逻辑思路。与马克思理论的观点一致，"社会集中分配论"以人类的需要为研究的逻辑起点，认为人的需要是理解人的活动和人类社会历史的一个关键范畴。在人类社会之初，人的需要即大致可以分为个人需要、群体需要和社会共同需要，并且更多地表现为三者之间的统一性。为了满足社会共同需要，一旦有了剩余产品，在经济前提和政治前提具备的条件下，就有了原始财政。随着其后国家的产生，原始财政也进入奴隶制国家财政、封建制国家财政、资本主义国家财政和社会主义国家财政等不同的形态。在对诸种表现形式各异的财政现象进行概括和抽象的基础上，"社会集中分配论"提出了理论的核心内容——财政的本质。

研究财政的本质，旨在更好地理解财政本质外化后所呈现出来的财政发挥其功能作用的动态过程，主要表现为财政收支与管理对于经济与社会中所有关联事物的影响。在研究财政职能作用时，采用了先一般共性、后具体特定的逻辑思路，即先在最一般的共性层次上概括财政职能作用的基准方向或主要线索，然后再探讨具体、特定环境下的财政职能作用。在第一次外化基础上，"社会集中分配论"将重点放在了研究本质外化的实践表现形式上。这是财政职能作用在实践中的具体表现形式，也是财政本质在财政实践中的终端反映。本质外化的实践表现形式主要包括：财政模式的选择、财政制度的变革、财政政策的运用，等等。可以认为，在财政模式的选择上，"社会集中分配论"提出和发展了自己的公共财政观及其实践要求，如其后关于公共财政"否定之否定"历史轨迹的分析。

以上大体就是"社会集中分配论"的逻辑思路。与此相应，可定义或讨论社会集中分配的最基本范畴——财政，以及社会集中分配的多重属性——经济属性与政治属性。

社会集中分配的最基本范畴——财政范畴——有广义、狭义之分。贾康认为，"广义财政在现象形态上指的是人类社会发展各阶段以社会性的权力中心为主体的理财活动，包括国家出现之前的原始财政、国家出现之后的国家财政，以及将来国家消亡之后公共权力中心的财政；狭义财政在现象形态上可以特指人类社会某个具体发展阶段上的以社会权力中心为主体的理财活动——由于我们现在处于国家作为社会权力中心的社会，所以今天通常所说的财政，即为国家财政（或国家各级政府的财政）。"至于社会集中分配的多重属性——经济属性、政治属性、社会属性和伦理道德属性，则可以做如下理解：一方面，社会生产的发展水平和状况决定了社会集中分配的具体内容和数量、方式，另一方面，社会集中分配带来社会资源的流动和配置，故而，经济的属性是第一位的，但是，社会集中分配亦是一种以社会权力中心为主体的分配，如果无权力中心，即使存在剩余产品，也有"财"无"政"。此外，随着人类需要的层次性演进，各阶段社会的发展任务和面临问题也不一样，社会权力中心所践行的基本伦理道德观也必然有所差异。

对于财政本质的探讨，是"社会集中分配论"理论的核心部分。在从历史到现时，从现象到内部联系的分析考察基础上，"社会集中分配论"提出了自己的财政本质观：即财政的本质，是在其种种繁复纷纭的现象形态后面掩盖着的某种带有集中性特征的分配关系，是一个客观经济范畴。这种带有集中性的分配关系，是生产资料所有制起决定性作用的广义社会生产关系的一个组成部分，即生产、分配、交换、消费四个环节构成的广义生产关系链条中分配环节的一个组成部分，它内在于社会再生产之中。当生产力发展到一定水平后，由集中性的分配来配置社会总产品中剩余产品的或大或小的一部分，成为总体社会再生产及人类社会生活的客观必要，于是这种集中性的分配关系便产生、形成了。这一财政本质论，既坚持了"国家分配论"的基本内核——把对财政本质的认识最终落在分配关系上，又吸收了其他流派的合理内容，使"国家分配论"在新的历史条件下得到了进一步的发展。这一本质论的提出，标志着"社会集中分配论"的基本形成。

"社会集中分配论"做出了大胆的理论尝试，构建起一个具有丰富内涵的理论框架，它试图突破既有"国家分配论"的不足，同时又意欲吸纳其余理论流派的合理、科学内容，为己所用。尽管其"综合"仍有未尽如人意之处，但突破已有理论约束的努力无疑是值得肯定的。

虽然在试图对各种财政理论流派"大综合"的进程中，由于受自身庞大理论体系的限制，一些论述也存在力有未逮之处，但这些并不妨碍这一学说所闪现的理论创新光芒。它仍在演进之中，尚未充分定型，相对而言，关于它的讨论也不够充分，这是它目前的不足，却也是它未来发展的潜力所在。

参考文献：

贾康：《财政本质与财政调控》，经济科学出版社 1998 年版。

贾康：《从"国家分配论"到"社会集中分配论"》上，载于《财政研究》

1998 年第 4 期。

贾康：《从"国家分配论"到"社会集中分配论"》下，载于《财政研究》
　　1998 年第 5 期。

贾康、叶青：《否定之否定：人类社会公共财政发展的历史轨迹》，载于
　　《财政研究》2002 年第 8 期。

冯俏斌：《私人产权与公共财政》，中国财政经济出版社 2005 年版。

陈龙：《需要、利益和财政本质——"社会集中分配论"基本问题研究》，
　　载于《财政研究》2009 年第 7 期。

陈龙：《从"社会集中分配论"的逻辑体系看未来财政研究的方向》，载于
　　《财政研究》2010 年第 9 期。

陈龙：《"社会集中分配论"研究：兼论人本发展视角下公共财政的发展与
　　转型》，经济科学出版社 2010 年版。

（范建鏋）

再生产前提论

Fiscal Theory Focusing on the Relationship between Production and Fiscal Distribution

　　再生产前提论是对马克思主义财政分配与社会再生产关系的讨论。马克思在《政治经济学批判》的导言中指出："一定的生产决定一定的消费、分配、交换和这些不同要素相互间的一定关系"（《马克思恩格斯全集》第 12卷，人民出版社 1998 年版，第 749 页）。就中国而言，财政作为分配的范畴表，现为国家对一部分社会产品价值的分配。如果将简单再生产延伸到扩大再生产领域，财政的再分配地位和作用则进一步凸显出来。因为，在资本主义社会，生产要素的分配主要掌握在生产资料所有者——资本家的手中，财政在扩大再生产当中的作用是间接的和辅助的，即使在凯恩斯主义干预经济下的资本主义国家，财政对生产的作用也仅仅是相对大一些。而在社会主义公有制国家，特别是我国计划经济时期，全民所有制的国有企业占主导地位，社会主义扩大再生产所需的生产资料，绝大部分依靠国家财政基本建设投资来统筹规划安排。因此，社会主义再生产中，财政资金作为生产要素的分配形式而"包含在生产过程本身中并且决定生产的结构"（《马克思恩格斯全集》第 12 卷，人民出版社 1998 年版，第 746 页）。

　　学说的由来与辨析：在 20 世纪 80 年代，侯梦蟾和陈共等学者运用马克

思主义再生产理论，结合中国实践，对再生产视角下的财政学进行了较为全面的诠释与分析。这些研究提倡以再生产为前提建立财政学，为的是把财政理论研究从以国家为前提转到以再生产为前提的轨道上来，克服那时财政学所存在的弊病与不足。

"再生产前提论"肯定了财政是一个分配问题。财政是由于国家的产生而从社会再生产中分离出来的，在它的发展过程中也始终和国家直接关联，所以财政区别于其他分配环节的基本特征，是以国家为主导的分配活动和分配关系。然而，需要明确的是，由于国家产生使财政从社会再生产中分离出来，这种"分离"并没有也不能改变财政是经济的内在因素这个原有性质，因而财政仍是再生产的一个特殊环节，仍是一个经济问题。从根本上说，决定财政的产生和发展的不是国家，而是经济条件，即各社会现存的生产力和生产关系。在生产力低下的原始社会，无所谓国家，也无所谓财政。由于社会分工、产品交换和商品生产的发展，当劳动力能够提供维持本身需要以外的剩余产品时，才产生了阶级，产生了国家，从而产生了财政。

再生产前提论的理论内涵：按社会总资金运动过程建立财政学体系，从内容和形式上改变过去按财政收支过程建立的财政学体系。下面是采用马克思关于货币资金运动公式的解释。

$$G - W \left< \begin{matrix} A \\ Pm \end{matrix} \cdots P \cdots W'(W+w) - G'(G+g) \right.$$

财政属于宏观经济范畴，是社会总资金运动的一个环节，但它在社会总资金中又是属于货币资金范畴，所以我们在这里采用货币资金运动的公式。这个公式更适于说明财政收支的来源和归宿以及财政在社会再生产中的地位与作用。

假定一个国营企业，建厂的货币资金全部由国家拨给。企业拿到的货币资金，其中一部分用于购置生产设备和原材料，一部分用于支付工资，于是货币资金转化为生产资金。企业开工生产以后，资金不断消耗，以不同方式逐渐加入产品价值，构成产品成本。当形成产成品离开生产过程时，生产资金又转化为商品资金。商品资金不仅包含资金消耗的价值（即成本），而且包含剩余产品价值（即盈利）。财政收入就是来自补偿成本以后的盈利。这里说明，基层企业是财政工作的基础，是财政工作的立足点，在理论上，资金周转过程中形成的资金（占用）、成本、盈利等范畴，是财政收支理论的基础。当然，财政学不是从企业管理角度研究资金、成本、盈利问题，而是从宏观角度，就是从比例关系、利益关系和经济效果几方面研究资金、成本和盈利问题。

同资金、成本、盈利直接相联系的有一个价格问题。资金的占用数量就是作用于再生产过程中的商品物资的价格的总和，而成本和盈利则是商品价格的组成部分。所以价格的变动必然触及资金、成本、盈利的量以及成本和盈利的比例的变动。还有一个工资问题。对财政来说，工资属于成本的一个要素，调高工资则成本上升，盈利下降，国家收入减少。当然工资形式——计件工资或是计时工资与财政是无关的，而工资水平及其在国民收入中的比重，则应同价格一样构成社会主义财政的因素。

马克思分析社会总资本运动，是以公式中的 W′–G′ 作为研究对象，财政收支就是发生在这个阶段。"社会总产品的分配（一方面分为个人消费基金，另一方面分为再生产基金），同任何单个商品资本的产品的特殊分配一样，已经包含在资本的循环中。"（《马克思恩格斯全集》第 24 卷，人民出版社 1998 年版，第 109 页）

先看财政收入怎样形成。财政收入是生产过程创造的剩余产品价值，从和资金的关系来看，企业上交的税利则是来自资金增值的结果——盈利，这说明增加财政收入的根本途径是增加生产和降低成本，特别是从经济效果的角度看，降低成本是增加财政收入的根本途径。财政收入又是通过流通的第一阶段（卖）最终实现了剩余产品价值，是商品资金（W′）完成向货币资金（G′）的转化带来的盈利。如果由于比例失调、产品质量低劣和货不对路等原因，使商品销售受阻，资金周转停止，即使生产增加，成本降低，实际的财政收入却可能是减少。因此，生产部门将尚未最终实现的商品转移给商业部门而上交的财政收入，还只能看作可能的财政收入，只有商品最后卖掉了才成为真实收入，一旦商品长期积压在商业部门，就会成为无可靠商品保证的虚假收入。

再看财政支出怎样实现。财政支出无非用于两个方面：一是用于追加投资，如基本建设拨款、增拨流动资金和增加储备等，形成扩大再生产基金。二是用于社会消费，如科学、文教、卫生、国防、行政等支出，形成机关团体收入或个人收入。扩大再生产基金是用于购买生产资料或支付工资，同企业原有的补偿基金（G）一并重新投入生产过程，开始新的扩大了的资金周转。社会消费基金则作为一次性消费价值最终消费掉，不再参加资金周转。那么，是否可以认为，社会消费基金不再参加资金周转而排除在社会总资金运动之外呢？显然这样的理解存在一定的问题。一方面，从它的来源看，也是来自盈利，是和资金一起流通的。另一方面，从它的实现过程（g－W）来看，一方是团体或个人购买商品，属于收入运动，但另一方则是商店出售商品，仍属于资金运动。正如马克思指出的："产业资本的总和运动，既是补偿生产资本的那部分产品的运动，又是形成剩余产品的那部分产品（通常部分作为收入花掉，部分要用作积累要素）的运动。只要剩余价值作为收入花掉已包含在这个循环中，个人的消费也就包含在这个循环中了。"

从表达式看出，财政收支既然发生在 W′－G′ 阶段，那么财政问题最终必然归结为社会再生产或社会产品（W′）的实现问题。所以财政理论应视为马克思主义实现论的组成部分。实现问题基本是两大问题：一是比例；二是平衡。比例协调，才有平衡，比例失调，就失去平衡，因而这里的关键是协调宏观经济的数量关系问题，即财政占国民收入的比重，基建拨款占财政支出的比重，生产性支出与非生产性支出的比例，基建拨款与增拨流动资金的比例，基建投资在各部门分配的比例，新建投资与更新改造资金的比例，等等。既是由现存的生产结构和产品结构决定的，又会反过来影响甚至决定消费与积累的比例以及生产结构和产品结构。平衡问题对财政来说包括两方面内容：一方面是属于价值分配内部的各类货币购买力的平衡，即预算收支平衡以及预算收支与信贷收支的综合平衡。另一方面是属于价值与使用价值平衡的货币的购买力与商品供应的平衡，即财政信贷的综合平衡与物资供求平衡的相互关系。与财政收支直接相关的，有一个中央与地方之间的相互关系问题，即预算体制。与资金、成本、盈利直接相关的，有一个资金、成本、盈利在国家与企业之间的相互关系问题，即企业财务体制。

再生产前提论的争鸣：在对"再生产前提论"的探讨当中，有学者认为这一理论强调从社会再生产出发，以社会再生产为前提认识财政的本质。但是这种说法在重视了财政产生的经济性基本前提的同时，忽略了政治性的基本前提，从来源上割裂了财政产生与国家之间的本质联系，难以认识和阐明财政分配区别及其他分配的特殊性质。为此，"再生产前提论"的论者们做出了如下回应：

在社会主义社会，以全民所有制为主导的经济结构和以计划经济为主、市场调节为辅的经济体制，决定了社会主义扩大再生产投资的大部分必须由财政集中进行。因而，社会主义财政资金就其主要内容来看，是直接用于扩大再生产。这就决定了社会主义财政是内在于再生产的一个不可缺少的环节。根据这个基本立论，进一步的逻辑必然是，社会主义再生产继续发展下去，这种用于满足扩大再生产需要，以及相应的其他社会需要的集中性分配，不可能被取消。再生产越是社会化，全民所有制经济越是发展，越需要和可能进行宏观的计划调节。这是社会主义经济规律决定的，不管具体的经济管理体制如何改革，不会影响这个根本方向。作为社会主义再生产内在环节的财政不会随着国家的消亡而消亡。基于上述看法，再生产前提论认为，社会主义财政就其主要内容来看，它的存在的前提是建立在全民所有制和计划经济基础之上的社会主义再生产，而不是国家。

一种观点认为，财政分配的对象既然是一部分社会产品，那么，任何社会财政都是内在于再生产的，不可能离开生产，因而"再生产前提论"，不能说明社会主义财政的特殊性。需要特别指出的是，这里所说的社会主义财政成为社会主义再生产的内在环节，着眼点是从财政投资的角度，不是财政收入来源的角度。尽管现代资本主义国家财政对经济的干预大大加强，但通过财政政策从外部影响经济仍然是主导方面，而不是对资本主义扩大再生产的直接投资。从这个意义上说，资本主义国家的财政，本质上是再生产的外部条件，而不构成再生产的内部因素。

另一种观点认为，"再生产前提论"，只是着眼于物质再生产过程，而没有把财政同生产关系联系起来，因而不能说明社会主义财政的特殊性。这是对"再生产前提论"的误解。"再生产前提论"的基本立论是建立在社会主义全民所有制和计划经济基础之上，而所有制问题是生产关系的决定性因素，因此不能认为"再生产前提论"没有把财政和生产关系联系起来。还需要说明，如果把社会主义财政和社会主义再生产之间的上述依存关系看作"本质联系"，那么，"再生产前提论"所指的社会主义财政和国家不是本质联系。仅从这个意义上而言，即国家消亡财政仍然存在，作为财政分配的主体可以是某一社会中心。这样说并不导致否定和削弱现阶段国家在财政分配中的地位和作用。因为现阶段代表社会执行财政分配职能的只能是无产阶级专政的国家。从这个角度上讲，如何强调国家的作用都不过分。

参考文献：

许毅、陈宝森：《财政学》，中国财政经济出版社 1984 年版。

王绍飞：《改革财政学》，中国财政经济出版社 1989 年版。

陈共：《财政学》，四川人民出版社 1999 年版。

陈共：《论以再生产为前提建立社会主义财政学》，载于《财政研究》1982 年第 3 期。

侯梦蟾：《关于社会主义财政以再生产为前提的几个问题》，载于《财贸经济》1983 年第 5 期。

侯梦蟾:《必须把社会主义财政放到再生产中来研究》,载于《财政研究》1980 年第 Z1 期。

叶选鹏:《中国财经理论与政策研究》上册,经济科学出版社 2004 年版。

《马克思恩格斯全集》第 12 卷、第 24 卷,人民出版社 1998 年版。

(何代欣)

生产建设型财政体制
Producer-Oriented Fiscal System

生产建设财政与社会主义经济建设实践联系在一起,是与计划经济体制相适应的传统财政模式的典型特征之一。传统的财政模式是计划经济体制的重要构成部分,后者的总体特征是政企不分和"统收统支"。这一制度背景下,国家承担了社会资源配置的职能,计划经济对财政职能的定位是发展经济、保障供给。计划经济体制下的企业基本没有投资权,没有生产决策权,利润上缴财政,企业生产经营所需要的资金大部分由财政部门提供,没有能力扩大再生产。国家财政代替企业,成为社会的投资主体,也是社会再生产的主要实现方式。

新中国成立之初,国家面临着发展工农业和基本建设的重要任务。新生政权需要从一个战乱频生的旧中国基础上建设新中国,迅速恢复经济,实现财政收支平衡,集中财力建设一批关系国计民生的大项目,实现工业化,满足人民群众的物质文化需要,全国实行统收统支财政管理模式。整个社会生产和扩大再生产的资金大部分是由中央财政直接拨款来支撑的,用于基本建设的投资性支出占到全部财政支出相当大的比例。这种财政支出模式决定了我国计划经济条件下的财政具有非常显著的生产建设特点,也就是学术界常说的"生产建设财政"。

在生产建设财政时期,财政不仅要负责满足从国防安全、行政管理、公安司法到环境保护、文化教育、基础科研、卫生保健等方面的社会公共需要,负责进行能源、资源、通信和江河治理等一系列社会公共基础设施和非竞争性基础产业项目的投资,而且还要承担为国有企业供应经济性资金、扩大再生产资金以及弥补亏损的责任,甚至为国有企业所负担的诸如职工住房、医疗服务、子弟学校、幼儿园和其他属于集体福利设施的投资提供补贴,财政包揽一切。

在生产建设财政模式上，国家财政全面负责国有企业的基本建设拨款和流动资金供应。基本建设拨款，是国家预算无偿拨给各部门、各单位用于固定资产扩大再生产的款项，包括固定资产的新建、改建、扩建和恢复等。其中既有对生产部门的拨款，也有对非生产部门的拨款。如图1所示，我国1956～1978年基本建设拨款支出居整个财政支出之首，通常占到国家财政支出的40%左右。在"大跃进"和"文化大革命"时期比例更高。

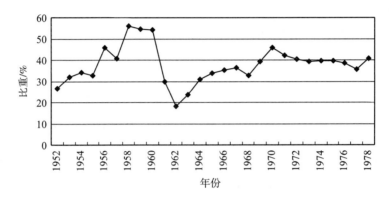

图1　基建拨款占财政支出的比重

资料来源：国家统计局：《中国统计年鉴（1991）》，中国统计出版社1991年版，第65页。

高额的基本建设拨款支出，对国家财政收支以及整个国民经济运行产生了决定性影响。在财政困难的年份，甚至出现了先确定基建盘子、再安排其他财政支出的反常现象。财政对各部门、各地区、各单位基本建设拨款的多少，在很大程度上决定着该部门、该地区、该单位的经济发展速度、规模和结构。

受急躁冒进、急于求成思想的影响，加之基本建设投资责、权、利的脱节，在人民群众"大干快上"热情和国有资金无常拨付的情况下，"投资饥渴症"长期普遍存在。基本建设规模膨胀，成为国民经济比例关系失调、经济发展大起大落的主要原因。在1958年、1960年、1962年、1966年、1976年等基本建设拨款剧烈变动的年份，也往往是国民经济波动起伏较大的时期。陈云同志"一要吃饭、二要建设"、"基本建设要和国力相适应"等重要的论断，主要就是针对上述状况提出的。

除基本建设拨款支出之外，国家财政还承担为国有企业供应流动资金的任务。流动资金是企业用于购买原材料等劳动对象、支付工资和其他生产费用的资金。流动资金分为定额流动资金和非定额流动资金两部分,分别加以管理。定额流动资金,指企业正常生产经营所需的资金,由财政部门定期核定。非定额流动资金,则指的是企业季节性、临时性资金的需要。国有企业定额流动资金主要由财政无偿拨付。非定额流动资金几经变革,主要由银行通过信贷方式供应。由此形成的流动资金支出,往往占到国家财政支出的20%上下。

尽管前文已经提到,计划财政体制无所不包,除生产建设之外,还承担了大量的社会发展事业,但是这一财政体制的核心目标,依然是优先保证工业化所需的建设性资金。为此,群众需要勒紧裤腰带,一切生活改善都被压制到最低限度。1956年以后,城市职工经常性的工资升级便被中止。在1957～1977年的20多年间,只有1959年、1963年和1971年进行了小范围、小幅度的工资升级工作。其中,1959年的升级面仅有2%;企业的留利率也一直很低,1978年只有3.7%。城市职工的收入水平,在1952～1978年的26年间,年平均工资只增加了170元,年均增长率为1.3%。而且,其中有13年还是较上年下降的。至于农民的收入,到1978年,家庭人均纯收入也只有133.57元。若按1952年价格计算,则1952～1980年的各个"五年计划"时期,农村集体人均年实际收入不超过60元,不到同期国家部门人均年度实际工资的1/10(见表1)。无论城镇职工的收入增长水平,还是农民的收入增长水平,显然都与那一时期投资增长率相距甚远。从这个角度上看,计划经济体制下的财政称为"生产建设财政"就具有了更直接的含义。

表1　　　　　　　　职工实际和名义工资与农村集体人均收入　　　　　单位:元/年

年度	国家部门年度平均工资		农村集体人均收入	
	名义	实际(1952年的价格)	名义	实际
1952	446	446	—	—
1953～1957("一五"时期)	559	522	41.75	38.8
1958～1962("二五"时期)	546	461	42.9	35.8
1963～1965	651	530	48.7	39.2
1966～1970("三五"时期)	623	525	59.5	50.1
1971～1975("四五"时期)	614	513	63.8	54.4
1976～1980("五五"时期)	672	529	74.2	60.2

说明:职工的实际工资＝名义工资/生活费用指数。农村地区由于没有合适的价格指数,故采用普通零售价格指数。

资料来源:德怀特·H·珀金斯:《中国的经济政策及其贯彻情况》,引自 R. 麦克法夸尔、费正清编:《剑桥中华人民共和国史:中国革命内部的革命(1966～1982年)》,中国社会科学出版社1992年版,第517页。

　　与典型市场经济国家的财政相比，中国计划经济时期的生产建设财政具有如下典型特征：第一是以整个国民经济体系的扭曲为基础。在计划体系中，农产品价格被制度性压低，工业品价格被制度性抬高，从而使整个社会的剩余价值通过工农业产品剪刀差汇聚到工业企业部门。实际上，资金、劳动力、土地的价格也被大幅度扭曲。第二是财政收支活动主要在国有部门系统内部和城市区域内部完成。至于非国有部门和广大农村区域，则或是游离于财政的覆盖范围之外，或是位于财政覆盖范围的边缘地带（高培勇，2008）。第三是赢利性。公共财政支出的资金虽然对于企业来说是免费的，但是由于其支出主要用于经济建设和提供"私人物品"，消费者不可能免费享受，因此只能通过市场交易方式来购买。

　　1978年以后，随着计划经济体制的消亡和市场部门的快速发展，生产建设财政开始逐步退出历史舞台。1992年中共十四大提出了建设社会主义市场经济的总目标，于此向适应的"公共财政"逐步成型。在1978～1992年间，我国经济体制从高度集中的计划经济体制逐步转向有计划的商品经济体制，财政支出结构逐步由经济建设为重要支撑领域转向支持各项社会经济体制改革。这个时期，生产建设支出在全部财政支出格局中仍然占据了重要地位。

参考文献：

陈共：《财政学》第七版，中国人民大学出版社2012年版。

樊丽明、李齐云、陈东：《公共经济学》，高等教育出版社2012年版。

郭庆旺、赵志耘：《公共经济学》，高等教育出版社2010年版。

项怀诚：《中国财政通史》，中国财政经济出版社2006年版。

翁礼华：《大行之道——中国财政史》，经济科学出版社2009年版。

［美］德怀特·H·珀金斯：《中国的经济政策及其贯彻情况》，引自［美］R.麦克法夸尔、［美］费正清：《剑桥中华人民共和国史：中国革命内部的革命（1966～1982年)》，中国社会科学出版社1992年版。

高培勇、温来成：《市场化进程中的中国财政运行机制》，中国人民大学出版社2001年版。

高培勇：《公共财政：概念界说与演变脉络——兼论中国财政改革30年的基本轨迹》，载于《经济研究》2008年第12期。

（蒋震）

公共财政
Public Finance

公共财政是理论界关于财政概念的另一种表述，也是立足于中国体制转轨的特定历史背景而形成的标识中国财政改革与发展方向的概念。

20 世纪 20 年代，曾留学日本东京帝国大学的陈启修在其所著《财政学总论》和哥伦比亚大学经济学博士寿景伟（寿毅成）在其所著《财政学》中，均使用了"公共财政"概念（陈启修，1924；寿景伟，1926）。在当时的背景下，公共财政的用法与政府财政没有太多差异，公共财政实际是财政的另一种表述。

1949 年之后，也曾有学者使用过公共财政或近似的概念（如尹文敬，1953）。直至改革开放前，"公共财政"一词仍然使用，尽管使用的机会不多。不过，有时也将 Finance 作为财政的对称，而将 Public Finance 作为公共财政的对称。与此同时，在比较、批判与借鉴外国财政理论和构建中国社会主义财政理论时，也曾有学者将资本主义财政称为"公共财政"，将资产阶级财政学称为"公共财政学"。

公共财政一词在中国的不胫而走和全面操用是改革开放的产物。最初是将其作为典型市场经济国家财政的同义语，"借用"于压缩财政支出规模、缓解财政收支困难的实践。后来，在构建适应社会主义市场经济的财政体制的旗帜下，将其作为统领所有财政改革线索、覆盖所有财政改革项目的概念，直接用于标识中国财政改革与发展的目标（李岚清，2003）。

以纯学术的眼光看待公共财政，它与源远流长、一般意义上的"财政"范畴和"财政学"学科并无不同：无论是否有"公共"二字前缀，财政从来都是指的政府收支或政府收支活动，财政学从来都是关于政府收支或政府收支活动的科学。早在 20 世纪上半叶，中国财政学界便对公共财政一词存有争议。其中，最大的争议点在于"Public Finance"在中文中译为"财政"，在"财政"之前加上"公共"实属画蛇添足。马寅初 1914 年在美国哥伦比亚大学提交的博士论文 *The Finances of the City of New York*（《纽约市财政》）即用"Finance"一词来指代"财政"。1925 年 8 月，其所发表的演讲《中国财政之紊乱》，亦用"Science of Finance"来指代"财政学"。因而，一般说来，公共财政并非一个有别于以往"财政"的新范畴、有别于以往"财政学"的新学科。

从历史上看，巴斯塔布尔（C. F. Bastable）的《公共财政学》（*Public*

Finance)（1892 年初版，1917 年第三版）是英语世界第一本用"Public Finance"命名的财政学教科书。他注意到"Finance"一词的多义，Finance 起初与支付罚款联系在一起，但在英国，该词涉及范围广泛，包括货币和产业事实。还有内容涉及面极广的杰文斯（Jevons）的《货币与财政探究》（*Investigation in Currency and Finance*）、帕特森（Patterson）的《财政科学》（*Science of Finance*）、吉芬（R. Giffen）的《财政文集》（*Essays in Finance*）等，故而他认为，为了避免误解，英语作家不得不在书中对该词加以限定。不过，尽管巴斯塔布尔用"Public Finance"来避免"Finance"所带来的歧义，他的财政学教科书书名虽为"Public Finance"，但在书中，用"Finance"指代"财政"之处比比皆是。他 1903 年为该书所写的"序"中提到法国的遗产税，奥地利的直接税改革，美国的临时关税等"Financial Policy"（财政政策）的变化，所提到的 Spanish finance（西班牙财政），其中"Finance"均指财政。该书论及地方财政，所用的是"Local Finance"。书中回顾"Financial Theories"，所指的也是财政理论。

但是，转入中国改革实践层面，公共财政脱胎于计划经济时期的财政，是与社会主义市场经济体制建设相伴而生的。它与计划经济年代的"财政"有实质区别：计划经济年代的财政收支活动以所有制性质分界，主要在国有部门系统内部完成；公共财政框架下的财政收支活动则不再以所有制分界，而跃出国有部门的局限，延伸至包括国有和非国有在内的多种所有制部门。计划经济年代的财政收支活动以城乡分界，主要在城市区域内部完成；公共财政框架下的财政收支活动则不再以城乡分界，而跃出城市区域的局限，延伸至包括城市和农村在内的所有中国疆土和所有社会成员。计划经济年代的财政收支活动以财政支出的性质分界，主要围绕着生产建设领域而进行；公共财政框架下的财政收支活动则不再专注于生产建设事项，而跃出生产建设支出的局限，延伸至包括基础设施建设、社会管理、经济调节和改善民生等所有的公共服务事项。变局部覆盖为全面覆盖，变差别待遇为一视同仁，变专注于生产建设为覆盖整个公共服务领域，变适用国有部门的"自家"规范为适用整个社会的"公共"规范，实质是以公共财政标识的中国财政体制的主要着力点。因而，公共财政又是一个有别于以往"财政"的财政制度安排。

随着中国财政体制改革的进程，中国决策层围绕公共财政建设做出过多次战略部署：1998 年 12 月，以全国财政工作会议为契机，时任中共中央政治局常委、国务院副总理李岚清代表中共中央明确提出"积极创造条件，逐步建立公共财政基本框架"；2003 年 10 月，在中共十六届三中全会通过的《中共中央关于完善社会主义市场经济体制若干问题的决定》中，提出了进一步健全和完善公共财政体制的战略目标；2007 年 11 月，中共十七大操用了"围绕推进基本公共服务均等化和主体功能区建设，完善公共财政体系"的表述；2013 年 11 月，中共十八届三中全会通过的《中共中央关于全面深化改革若干重大问题的决定》，立足于匹配国家治理体系和治理能力现代化总目标，在公共财政体制建设取得突破性进展、属性特征趋于凸显的基础上，进一步强化了其时代特征的要求，以现代财政制度作为财政体制改革的新的目标标识。

围绕公共财政建设，中国学术界也做了多方面理论探索。例如，叶振鹏和张馨构建了"双元结构财政"理论。他们认为，与社会主义市场经济相适应的财政模式应该是公共财政与国有资本财政的混合体，即双元结构财政模式。张馨（1999）界定了"公共财政"的基本特征：弥补市场失效；为各市场主体提供"一视同仁"的公共服务；非市场赢利性的财政；法治化的财政。现实中，财政的活动范围不仅仅限于此。高培勇（2000）以着眼于满足社会公共需要、立足于非营利性和收支行为规范化归结公共财政的基本特征。继而又在全面界说公共财政的内涵与外延（2008）的基础上，进一步将其概括为公共性——以满足整个社会的公共需要而不是以满足哪一种所有制、哪一类区域、哪一个社会阶层或社会群体的需要，作为界定财政职能的口径，非营利性——以公共利益的极大化而不是以投资赚钱或追求商务经营利润，作为安排财政收支的出发点和归宿，规范性——以依法理财而不是以行政或长官意志，作为财政收支运作的行为规范。

参考文献：

陈共：《关于财政学基本理论的几点意见》，载于《财政研究》1999 年第
　4 期。

陈启修：《财政学总论》，商务印书馆 1924 年版。

高培勇：《"一体两翼"：新形势下的财政学科建设方向——兼论财政学科和
　公共管理学科的融合》，载于《财贸经济》2002 年第 12 期。

何廉、李锐：《财政学》，商务印书馆 1935 年版。

马寅初：《财政学与中国财政》，商务印书馆 2001 年版。

马寅初：《马寅初演讲与论文集》，北京大学出版社 2005 年版。

社会主义财政学编写组：《社会主义财政学》第二次修订本，中国财政经济

出版社 1987 年版。

寿景伟:《财政学》,商务印书馆 1926 年版。

李岚清:《深化财税改革确保明年财税目标实现》,载于《人民日报》1998
年 12 月 16 日。

李岚清:《健全和完善社会主义市场经济下的公共财政和税收体制》,载于
《人民日报》2003 年 2 月 22 日。

胡锦涛:《高举中国特色社会主义伟大旗帜为夺取全面建设小康社会新胜利
而奋斗——在中国共产党第十七次全国代表大会上的报告》,人民出版社
2007 年版。

杨志勇:《财政学科建设刍议:结合中国现实的研究》,载于《财贸经济》
2007 年第 12 期。

姚庆三:《财政学原论》,大学书店 1934 年版。

尹文敬:《财政学》,商务印书馆 1935 年版。

张馨:《"公共经济（学）"析疑》,载于《财贸经济》2004 年第 4 期。

张馨:《公共财政论纲》,经济科学出版社 1999 年版。

朱青:《关于财政学科发展需要探讨的几个概念问题》,载于《财政研究》
2006 年第 1 期。

高培勇:《市场经济体制与公共财政框架》,引自财政部办公厅、国家税务
总局办公厅:《建立稳固、平衡、强大的国家财政——省部级主要领导干
部财税专题研讨班讲话汇编》,人民出版社 2000 年版。

高培勇:《公共财政:概念界说与演变脉络——兼论中国财政改革 30 年的
基本轨迹》,载于《经济研究》2008 年第 12 期。

Jürgen G. Backhouse and Richard E. Wagner (eds.), *Handbook of Public Finance*, Kluwer, 2004.

C. F. Bastable, *Public Finance*, Macmillan, 3rd ed., 1917.

Jonathan Gruber, *Public Finance and Public Policy*, 3rd ed., Worth, 2010.

Harvey. S. Rosen, and T. Gayer, *Public Finance*, 9th ed., McGraw-Hill, 2010.

（高培勇　杨志勇）

欧洲大陆财政学传统
Continental-Orientation of Public Finance

在西方财政学思想史上,一直存在着"英美传统"与"欧洲大陆传统"

两大路线之分。二者的首要分歧在于国家理论。与英美财政学传统相比，欧洲大陆财政学传统的典型特征是将政府作为经济社会生活的内在生产性的参与者和市场主体，将国家作为众多个体互动的制度框架来看待，研究的范围和视野也更加宽阔。今天欧洲大陆财政学传统的典型代表是以布坎南为代表的公共选择学派。

对"英美传统"与"欧洲大陆传统"两大路线分歧的学术自觉，至少可以追溯到 20 世纪 30 年代（Musgrave，1939）。此后，布坎南（Buchanan，1949）、皮考克和马斯格雷夫（Peacock and Musgrave）等人持续向英美学界引介和传播欧洲大陆财政思想。随着马斯格雷夫在综合两大传统的基础上，完成了以英美财政学传统为主导的、当代主流财政学框架的构建（Musgrave，1959），欧陆传统在财政学发展上的影响力日渐式微。然而，在以布坎南为首的几代公共选择学者的长期坚持和不懈努力下，欧陆财政学传统并未失传，它以公共选择的名义在战后得以复兴和壮大。欧陆财政学传统的信仰者和同情者，不满足于这种"更名改姓"的发展模式，他们希望在财政学的名义下，真正地恢复欧陆财政学传统的影响力。以当代著名经济思想史家巴克豪斯（Jurgen G. Backhaus）及其合作者瓦格纳（Richard E. Wagner）为代表，他们不遗余力地详细辨析两大传统间的根本性差异，力倡欧洲大陆财政学传统的学术优势。这里着重介绍欧洲大陆财政学传统的起源与历史发展，它区别于英美财政学传统的主要特色，并简要分析它在"二战"前后衰落和复兴的曲折过程。

教科书普遍将亚当·斯密的《国富论》（1776）一书作为现代财政学的源头，将财政学视为政治经济学（以及后来的经济学）的一部分。这一观点仅适用于英美传统财政学，并不适用于欧洲大陆财政学。在欧洲，"作为一项系统的学术研究，财政学的出现早于经济学或政治经济学"（Backhaus and Wagner，2004）。其典型的代表，就是 15~18 世纪中叶活跃于德国、意大利等国的官房学。斯密的政治经济学尚未问世之时，各种旨在培训公务员的官房学讲座却已在欧洲大陆各国陆续开设，经济管理的课程亦包括在其中。官房学者的奠基性工作，使得欧洲大陆传统中的财政学成为多学科的研究领域，而绝不仅仅像目前的主流财政理论那样，只是宏微观经济学理论的一个应用分支，或是应用经济学的一个二级学科。与当今主流经济学专业化、科学化的研究取向不同的是，欧洲大陆财政学者对其研究对象——Public Household——的研究中，致力于寻求整合经济、政治、法律和行政等各种因素，其研究的视野也要宽阔得多（Backhaus and Wagner，2004）。

33

比官房学略晚，始于18世纪末，在英国诞生了以斯密为代表的英国古典财政学传统。在斯密主义的自由市场理想模式中，国家是一种干预经济秩序的暴力力量。斯密将税收作为主要财政收入，理想的情况下，税收应成为唯一的收入来源。而官房政权的一个显著特征是财政收入主要来源于国家的土地和产业。官房主义者尤斯蒂认为，理想的情况下，国家根本不应当征税。在官房主义的理想模式中，国家是经济秩序中一种和平的生产性的参与者（Wagner，2012）。

对比19世纪末期之前的英美财政学传统与欧洲大陆财政学传统，可以发现两点差异：一是，对国家在社会经济中的角色理解相反；二是，英美财政学在系统性上略胜一筹。官房学派是应用取向的，缺乏一个高度系统性的分析框架。他们重视实践原则的表述和丰富胜过分析模型的建立和逻辑计算（Wagner，2012）。正因为如此，在当代主流财政学家眼中，官房学也许算不得是一种学问。

但是，相比较19世纪末期以后二者的对立，此时的英美财政学与欧陆财政学亦不乏共同之处，主要体现在：一是它们都力行跨学科的研究方法；二是都坚持以主权者的最大利益为分析的基点（可视为最大化范式的先驱）；三是都遵循选择—理论取向的方法论。

从19世纪中后期开始，德国的官房学已为国家科学（Staatswissenschaften）所取代。鉴于当时的德国（第二帝国）面临着国家建设（State-building）的重要任务，很多大学都有自己的国家科学教员，他们将今天称为法学、经济学、公共行政，政治学，社会学、当代历史与政策等学科融汇在一起（Backhaus，2004），继承了官房学跨学科的学术风格。19世纪80年代至20世纪40年代是意大利财政学蓬勃发展的历史时期之一，在此期间，意大利学者建立了一种独特的财政学研究方法。财政学不是作为经济学名目下的某个专门的分支学科，而是作为一种独立的研究对象，属于经济学、政治学、法律和行政学共同的研究范畴（Wagner，2003）。

无论官房主义还是重商主义的财政理论，都是选择—理论取向的，财政都被看作是统治者做选择的结果。在议会政治越来越普遍的背景下，到19世纪末交易分析范式的财政学（The Wicksellian, Catallactical Tradition）在欧洲大陆已经确立，其首次清晰的表述体现在瑞典经济学家维克塞尔的《财政学研究》一文中（参见词条：近似一致同意原则）。与此同时，以艾奇沃斯的最大化福利分析范式（The Edgeworthian, Choice-theoretic Tradition）为代表的英美财政学范式亦已成熟。欧陆和英美两大财政学传统间的分歧清晰化。

总的来说,"二战"之前两大传统之间虽然各有其历史上的高低潮,但作为竞争性的思想体系,二者是平行发展的。囿于语言关系,二者之间的交流有限。20世纪上半叶这一平行发展的轨迹发生改变,多种因素导致欧陆财政学传统的停滞。

纳粹上台后重创欧陆财政学。大陆财政学主要的作者在意大利、德国、奥地利和瑞典,纳粹政权上台大规模地实施种族主义政策,许多大陆财政学者要么被杀害,要么停止了学术生涯。其他的则大量移民海外,多数到了英国和美国。

作为文化载体的知识精英的移民及其今后的命运,对欧洲大陆财政学传统起到了至关重要的影响。动荡的生活打乱了学术研究的连续性,在新的环境里,流亡学者必须接受英语作为他们的学术语言,同时,也将理论思考的方向转向了盎格鲁—萨克逊传统。

被迫的移民起了决定性的作用,使形势有利于英美财政学传统。不仅在经济学上是这样,在财政学方面尤其如此。从此以后,财政学方面的重大进展不再发生在德语地区,而是发生在美国和英国。大多数的文章不再以德文而以英文发表。英语作为通用的学术语言取得了压倒性的优势,移民学者自然也发生了语言转向。第一代的移民学者当然能够运用德文、意大利经典财政文献。随着第一代移民学者渐次离世,这些文献也逐渐淡出了英语学界的视野。

学风的转向。首先是经济学科学化的进程加速。孔德以来,学术分科已成不可避免之趋势。战争的需要使得运筹学、计量学等获得大发展。20世纪50年代以来,经济学的科学化的进程加快,其主要表现是形式化越发普遍。其次是后新古典经济学占据上风。因此,古典经济学下对人类治理组织与制度的研究,也相应地让位于价格理论和配置理论(Backhaus and Wagner,2005)。这两种原因都导致了以制度分析和历史分析见长的欧洲大陆传统的失势。

学者的个人化因素。作为20世纪50年代以来两位世界公认的财政学领袖,由于分执不同的财政学传统,其个人化的因素,亦与两大传统今天的不同地位有着直接关系。

布坎南比之马斯格雷夫不仅入行晚,而且成名更晚。布坎南的第一篇论文发表于1949年,但那时在马斯格雷夫的努力下,英美主流财政学差不多已经成型。马斯格雷夫将一种现代化的、折中主义的财政学引进美国。他所取得的成功，亦体现在以此为蓝本的教科书的畅销上。一些弗吉尼亚学派的学者认为，马斯格雷夫的教材避免提及弗吉尼亚学派的灵魂思路，妨碍了其思想和学说进入主流教学内容（Moss，2005）。

作为两种财政思想的杰出代表，马斯格雷夫和布坎南这种名声上的不对称一直延续了下来。马斯格雷夫的成功，在客观上阻碍了公共选择理论的发展，也使美国本土学者为他们所取得的成功付出更大的代价与努力，更为欧洲大陆财政学传统的复兴蒙上了一层阴影。1933年以后欧洲学者大迁徙的这一负面后果，是很多人没有意识到的。

尽管上述种种原因导致"二战"期间欧陆财政学传统的衰落，但在以布坎南为首的几代学者的长期努力下，战后欧陆传统以公共选择的名义得以复兴。

尽管如大家所公认的那样，作为一种独立的科学研究纲领，公共选择早已超越了作为一个学科或子学科的地位（Buchanan，2003），但是不得不承认，至今为止，欧陆财政学传统仍未恢复其历史上作为财政学传统的一支，与英美财政学传统同等的地位。

表1　　　　　　　　　　　　　两大财政学传统：历史发展线索

时期	英美	欧陆	备注
16～18世纪中期		官房学	共性：跨学科 选择—理论方法；以主权者的最大利益为分析的基点（最大化范式的先驱）
18世纪末～19世纪早期	以斯密（Smith）为代表英国古典财政学传统	以尤斯蒂（Justi）为代表德、意等国的官房学	差异：对国家在社会经济中的角色理解相反；此外，英美财政学在系统性上略胜一筹
自19世纪中后期以来对立明显			
19世纪中后期	以埃奇沃斯的最大化福利分析范式为代表（The Edgeworthian, Choice-theoretic Tradition）	以维克塞尔的交易分析范式为代表（The Wicksellian, Catallactical Tradition） 德国　瓦格纳 意大利　黄金时代	从19世纪末开始，两大传统的分歧清晰化
20世纪上半叶	财政学的主流是庇古（Pigou）以外部性为核心概念的局部均衡福利分析	停滞、倒退	纳粹政权的种族主义政策是欧陆财政学传统的灾难，导致了后者的停滞与倒退；移民学者的选择性继承使欧陆财政学传统变形

时期	英美	欧陆	备注
自 19 世纪中后期以来对立明显			
20 世纪中叶以来	马斯格雷夫（Musgrave）结合英美传统学、新古典财政学最大化范式的基础上	布坎南（Buchanan）等以公共选择的名义复兴欧陆财政学传统	战后虽以公共选择的名义复兴，但作为财政研究传统的重要一支，终为已成主流的英美财政学所掩盖

参考文献：

Jürgen G. Backhaus, Fiscal Sociology：What For, In Jürgen G. Backhaus and Richard E. Wagner （eds.）, *Handbook of Public Finance*, Norwell, MA：Kluwer Academic Publishers, 2004.

Jürgen G. Backhaus & Richard E. Wagner, Chapter 1：Society, State, and Public Finance：Setting the Analytical Stage, In Jürgen G. Backhaus & Richard E. Wagner （eds.）, *Handbook of Public Finance*, Boston：Kluwer Academic Publishers, 2004.

Jürgen G. Backhaus & Richard E. Wagner, From Continental Public Finance to Public Choice：Mapping Continuity, In Steven G. Medema and Peter Boettke, *The Role of Government in the History of Economic Thought* （Annual Supplement to Volume 37 of *History of Political Economy*）. Durham, N. C. : Duke University Press, 2005.

Jürgen G. Backhaus and Richard E. Wagner, Continental Public Finance：Mapping and Recovering a Tradition （with Jürgen G. Backhaus）, *Journal of Public Finance and Public Choice*, 23, 2005.

James M. Buchanan, The Pure Theory of Government Finance：A Suggested Approach, *Journal of Political Economy*, Vol. 57, No. 6, Dec. , 1949.

James M. Buchanan, Public Choice：The Origins and Development of a Research Program, Fairfax, Va. : Center for Study of Public Choice, George Mason University, 2003.

Laurence S. Moss, Richard A. Musgrave and Ludwig Von Mises：Two Cases of émigré Economists in America, *Journal of the History of Economic Thought*, Vol. 27, No. 4, Dec. , 2005.

Richard. A. Musgrave, The Voluntary Exchange Theory of Public Economy,

Quarterly Journal of Economics，Vol. 53，Issue 2，Feb.，1939.

Richard. A. Musgrave，*The Theory of Public Finance：A Study in Public Economy*，New-York：McGraw-Hill，1959.

Richard E. Wagner，Public Choice and the Diffusion of Classic Italian Public Finance，*IL Pensiero Economico* Italiano，Vol. 11，Issue 1，2003.

Richard E. Wagner，The Cameralists：Fertile Sources for a New Science of Public Finance，In Juergen G. Backhaus（eds.），Handbook of the History of Economic Thought：Insights on the Founders of Modern Economics，Dordrecht：Spring，2012.

（马珺）

英美财政学传统
Anglo-Saxon Orientation of Public Finance

在财政学的发展历程中，英美财政学传统的特色一直非常明显。在国家理论上，英美财政学将国家定位为外在于经济秩序的干预者，把国家作为某一最大化主体看待的选择范式（the Choice-theoretic Approach to Public Finance），财政现象被视为其最大化其福利的结果。英国古典经济学家亚当·斯密和英国经济学家埃奇沃斯（Francis Edgeworth）是历史上英美财政学传统的两位典型代表，当前的杰出代表是马斯格雷夫。

英美财政学是当前的西方主流财政学。在英美财政学传统（或盎格鲁—萨克逊传统）中，一般会将国家理解为经济秩序的外在干预力量和社会福利的最大化主体。鉴于马斯格雷夫在当代英美传统构建中的突出地位与贡献，我们以他的名字将英美财政学的发展分为三大阶段，分别展开阐述。

马斯格雷夫之前的英美财政学，无论是以斯密为代表的古典体系，还是以庇古为代表的新古典体系，都有如下共同的特点：

第一，强调政府活动的非生产性。从理论上看，英国古典政治经济学强调劳动是价值创造的最终源泉。由于政府不创造价值，因此，政府活动是非生产性的，国家的干预越少越好。"当时几乎所有经济学家都相信，自由放任是管理一国经济事务的通例，而被意味深长地称作国家'干预'的那种东西则是例外。"因此，财政学中对国家的经济分析也成为市场的例外。直到前马斯格雷夫时代财政理论家的集大成者庇古为止，这一情况都没有根本性的改进。

第二，注重对预算收入方的分析，而缺乏对财政支出的关注。既然国家的活动是非生产性的，其"隐含的假设是，公民纳税并不能换取服务上的回报"。因此，为弥补国家所费而课征的税收，就成为纳税人（无论作为个人还是整体）的纯粹损失。

这样，国家征税就需遵循某些原则，才能做到税收负担最小并在纳税人中尽量公正地分配。在这一点上，新古典财政理论超越了古典税收理论的抽象"原则"，代之以税负归宿的"科学"分析，以艾奇沃斯版的"由一个无所不知的大脑来均等分派牺牲"的观点最为著名。

同样地，由于国家经济活动的非生产性，公共支出不会增加个人福利，因此，国家应将其活动限制到最小范围的、必需的公共服务。公共物品问题因此就被忽略了。对财政支出的忽视，给财政理论后来的发展带来了长期的负面影响。虽然后来马斯格雷夫将财政支出的分析纳入了英美财政学传统，但其关于财政支出与财政收入的分析始终是割裂的。

第三，单一决策主体的最大化分析范式。"在一个将大量政府支出用于供给单一君主、甚至一个精英阶层开销的政治制度下，不会有大量的服务流回馈给纳税人"，政府支出按君主或精英阶层的个人意愿来开销。这样的政治制度背景表明，假设财政决策由某个单一决策主体按自我效用最大化的方式做出是合理的。这一理论假定并未随着政治民主时代的到来而更新，在财政学上，仍然假设存在着作为单一决策者的某位开明君主，他根据社会利益式进行决策。新古典财政学中广泛使用的社会福利函数便隐含着这样的假设。

马斯格雷夫原籍德国，1933年移居美国深造。以《财政理论》一书的正式出版为标志，马斯格雷夫奠定了当代主流财政学科体系的基本概念与理论框架。与前一个阶段的财政学相比，马斯格雷夫的综合体系具有以下几个新特点：

第一，政府活动的生产性。在欧洲大陆财政学传统下，政府活动并非是没有价值的。在德国官房财政学中，国家直接参与社会经济活动，以此取得收入，并且是国家最主要的财政来源。19世纪，国家科学取代了官房学，其代表人物阿道夫·瓦格纳就是当时德国最出色的财政学家。他指出，在社会经济发展过程中，国家的公共活动和私人经济活动是互补的，因此，才会有公共部门随经济发展而不断扩张的需求。

在意大利，当英国古典经济学被第一次介绍进来，它的劳动价值论就受到了批评。意大利学者认为，作为公共服务的生产者，由于国家能够满足人们在正义、国防等方面的需求，因而国家的活动是有价值的。税收就是对于国家提供的生产性服务的价值补偿。国家活动的生产性，奠定了全部意大利财政学的基础。同样的思想，也为奥地利学者萨克斯、维萨尔，以及瑞典学者维克塞尔和林达尔等人所共享。

第二，引入对公共支出的分析。现代财政学中的公共支出理论，围绕公共物品这一核心概念而展开。严格来说，在萨缪尔森之前，除了休谟、小密尔、斯密等人显示的一些关于公共物品的零星洞见之外，英美经济学和财政理论中，缺乏系统的公共物品理论，更谈不上以此为基础构建系统的市场经济下国家作用及其功能的理论。移居美国之后的马斯格雷夫，发现了英美财政学的这一缺陷。他说，假如不能把收支两方都纳入进来，财政理论就不能令人满意。他所发表的第一篇论文中，即向英语财政学引介了欧洲财政学上的成就，特别是将维克塞尔和林达尔关于公共物品—税收决定的交易模型引入了英美财政学界。这篇论文引起了成为哈佛研究生的萨缪尔森的注意，并受到启发而写成其开创之作——《公共支出的纯理论》一文。该文研究了一般均衡模型中私人物品和公共物品供给的帕累托最优条件，为现代公共物品理论的发展奠定了基础。

客观地说，英美财政学传统发展到庇古这里，忽视公共支出分析的问题已经有所改观。然而，这种分析还不是对与私人部门并立的、独立存在的公共部门的经济分析。马斯格雷夫以萨缪尔森的公共物品理论为基础，最终确立了公共部门独立存在的理由。

第三，引入税负分担的受益原则。意大利学者费拉拉最先指出，民主制度下那些承担公共服务成本的人，也是公共服务的受益人。既然政府的活动不是单方向征税，而是征税—提供公共服务两个相辅相成的过程，那么，财政的原则就不是片面地使牺牲最小化。应根据纳税人从公共服务中所得到的效用来分担税负，这就是税收分担的受益原则。受益原则能够使人们将预算的收支两面联系起来。马斯格雷夫是最先认识到受益原则相对于能力原则优势的人之一，他拒绝了传统思路（含古典与新古典）中占主导地位的只考虑税收面的方法。

第四，创立财政职能的三部门理论。财政职能的三部门分析法，是马斯格雷夫对财政学最重要的贡献。配置职能是指在市场失灵的领域，通过提供公共物品与服务，达到全社会资源配置的最优。公共物品理论是其核心内容，所依托的经济学基础是福利经济学。分配职能是指通过税收和财政转移支付，解决社会财富与收入分配不平等的问题。其实质就是要实现某一客观标准下的分配正义。稳定职能是指通过财政收支工具，保证社会一般物价水平的稳定和充分的就业。其主要内容是凯恩斯主义宏观经济学。鉴于当时凯恩斯主义的盛行，这部分内容占到全书的1/3。但实际上马斯格雷夫认为，传统上财政学主要应对预算的两方，即收入方和支出方的分析构成。在后来的发展中，这一部分的内容在财政学体系中的地位逐渐淡化。

可见，马斯格雷夫财政学体系的三大思想来源：一是马斯格雷夫之前的英美传统财政学，特别是庇古在福利经济学框架下发展出来的分析体系；二是财政学的欧洲传统（主要是德国，其他国家是有选择地吸收）；三是凯恩斯主义宏观经济学。

教科书是我们了解当代主流财政学的方式。尽管不同作者的教科书各有侧重，但就其主要内容来说，一般包含以下四个部分：（1）政府的作用。即从福利经济学基本定理出发，推导出市场失灵，引入对政府部门及其干预合理性的分析。（2）对财政收入的经济分析。（3）对财政支出的经济分析。（4）政府间关系的规范分析。其中，第（2）、（3）部分的顺序也可以对调。但无论顺序如何，它们都以微观经济分析作为基础，主要是利用微观经济学原理，通过分析个体对税收和公共支出的反应，来研究不同税收和公共支出政策的福利效果。

当代英美主流财政学教材，一般不涉及或仅仅简单涉及公债和财政政策问题，而对预算管理问题则基本不提及。在这一点上，实际上已经偏离了马斯格雷夫的三部门分析框架。政府稳定经济的职能作为宏观经济学的内容，不再作为财政学的主要探讨对象。

不变的是，当代英美主流财政学仍然是在福利经济学的框架下展开的，它对于政府及其作用有两个基本的前提假设：第一，政府是外在于其他经济主体的、社会经济生活的干预者，干预的目的就是要改善市场失灵。第二，存在一个客观的最优标准，也就是社会福利标准，用作政策分析的参照。这两点都是马斯格雷夫时代的遗产。

在这两个前提下，传统财政学倾向于做最优分析和次优分析，由于加入了更多的数学因素，当代英美主流财政学看上去比以往任何时候都更加形式化和科学化。这一走向极端，使得实际决策过程和规则的分析显得更不重要，以至于财政学离财政实践也越来越远。

参考文献：
［美］约瑟夫·熊彼特：《经济分析史》上册，商务印书馆2005年版。

James M. Buchanan, "La Scienza Delle Finanze" The Italian Tradition in Fiscal Theory, In The Collected Works of James M. Buchanan Vol. 15, Liberty Fund, Inc., 2001.

Jürgen G. Backhaus & Richard E. Wagner, Chapter 1: Society, State, and Public Finance: Setting the Analytical Stage, In Jürgen G. Backhaus & Richard E. Wagner (eds.), *Handbook of Public Finance*, Boston: Kluwer Academic Publishers, 2004.

Jürgen G. Backhaus & Richard E. Wagner, From Continental Public Finance to Public Choice: Mapping Continuity, In Steven G. Medema and Peter Boettke, *The Role of Government in the History of Economic Thought* (Annual Supplement to Volume 37 of *History of Political Economy*), Durham, N. C.: Duke University Press, 2005.

Jürgen G. Backhaus & Richard E. Wagner, Continental Public Finance: Mapping and Recovering a Tradition, *Journal of Public Finance and Public Choice*, Vol. 23, No. 1-2, 2005.

Richard E. Wagner, Public Choice and the Diffusion of Classic Italian Public Finance, *Il Pensiero Economico*, Vol. 11, No. 1, 2003.

（马珺）

社会福利函数
Social Welfare Function

社会福利函数是采用函数形式来研究整个社会福利的方法，其内容是将任何可想象的社会状态从低到高进行排序，并将任何可以影响经济福利的变量作为自变量投影为实值函数。与将个人消费束转变为效用的个人无差异曲线相比，社会福利函数的不同之处是将社会中的个体偏好和个人判断投影到集体选择上。社会福利函数研究的方法论基础是西方传统的经济学和哲学中的个人主义，把社会福利看作所有个人福利的函数。

社会福利函数是福利经济学的核心内容，它研究作为整体的"社会"所追求的目标，研究社会福利的定义、如何平衡各种不同群体和个人的利益以最大化社会总体效用等。社会福利函数对应着社会福利曲线，效用可能性曲线上每一点都代表了一定的社会福利水平，判断社会福利改进整个效用空间中每一点所代表的社会福利水平的大小。

柏格森（Bergson，1938）在经济学中引入了可导的社会福利函数，并推导出最大化社会福利的必要条件是：（1）对于每个个体和每种商品而言，边际福利的货币价值相等；（2）每个劳动者所生产每种商品的劳动"负福利（Diswelfare）"的边际货币价值相等；（3）每单位资源的边际货币成本，等于每种商品的边际生产率。萨缪尔森（Samuelson，1947）强调了社会福利函数应当具有弹性，函数形式尽量一般化，在此基础上形成的现代福利函数也被称为伯格森—萨缪尔森的社会福利函数（Bergson-Samuelson Social Welfare Function）。函数形式一般化避开了价值判断问题，它可以包括帕累托标准，还可以包括其他的标准。阿罗（Arrow，1951）研究是否有一种系统化的方法，使得一种具体形式的伯格森—萨缪尔森社会福利函数可以获得。他提出了一种不同的社会福利函数，即阿罗社会福利函数。阿罗社会福利函数是由定义在社会状态集合 x 上的个人偏好排序 r_i 来确定社会排序 r 的某种社会决策规则，即 $r = f\{(r_i)\}$。这种函数不同于伯格森—萨缪尔森社会福利函数——它的函数值恰好对应某种伯格森—萨缪尔森社会福利函数。

数学化的表述社会福利函数可能更加便捷，常见形式是：

以效用水平表示个人的福利，则社会福利就是个人福利的函数。假设社会中共有 n 人，社会福利函数 W 可以记作：$W = f(U_1, U_2, \cdots, U_n)$。

将不同的社会福利水平 W_1，W_2，$\cdots$，W_n 连线可以得出等福利曲线，同一条等福利曲线上的点福利水平相等，但是不同的等福利曲线代表了不同的福利水平。一般来说，距离原点越远，福利水平越高。

社会福利函数是西方经济学研究整个社会福利的一种尝试，但是它的基础是西方传统的经济个人主义，以个人状态来判断整个社会状态的好坏、变好或者变坏。在社会福利函数下，每一个社会状态都可以分解为具体的单个个体状态。这种方法论特征，既是其优点，从而可以和个体分析的相关理论和结论相衔接，也是其主要缺陷，因为构成社会的个体关系比函数形式中的个体加总方式所要求的简单财富效应要复杂得多。

参考文献：

Kenneth J. Arrow, *Social Choice and Individual Values*, John Wiley & Sons, Inc, 1963.

Abram Bergson, A Reformulation of Certain Aspects of Welfare Economics, *Quarterly Journal of Economics*, 52 (2), February, 1938.

Paul Samuelson, 1947, Enlarged ed［1983］, Foundations of Economic Analysis，ISBN 0-674-31301-1.

Paul Samuelson，Reaffirming the Existence of "Reasonable" Bergson-Samuelson Social Welfare Functions，*Economica*，N. S.，44，1977.

Amartya Sen，Distribution，Transitivity and Little's Welfare Criteria，*Economic Journal*，Vol. 73，1963.

Amartya Sen，［1976］，*On Economic Inequality（Expanded ed.）*，Clarendon Press，Oxford University Press，1997.

（马珺　付敏杰）

社会选择
Social Choice

社会选择理论是以社会总体来衡量个人利益、价值和福利的理论框架。它是在政治投票理论和福利经济学基础上形成的，主要分析个人偏好和集体选择之间的关系。社会选择在方法论上遵循了个人主义传统，将个人偏好和行为进行加总。一个典型的社会选择研究，将一系列社会选择公理映射到某个社会福利函数或制度束上。社会选择的早期研究，揭示了各种公理之间的不相容特征和加总困难。

社会选择认为，效用在人际之间是不可比的。从边沁开始，效用主义者们认为个人偏好和效用函数是人际可比的，可以将个体效用函数加总成社会效用函数，从而加以最大化。罗宾斯（Lionel Robbins）质疑了效用函数的可测量性。哈萨尼（Harsanyi）和阿玛蒂亚·森（Amartya Sen）认为效用函数至少在部分程度上是人际可比的。森认为人们的精神状态是在特定平台上延展的，如一个饥饿的农民可以从微小的收入中获得效用。社会选择应当以各种非延展性要素为基础，在满足基本需要的食物、自由和能力等实际变量基础上做出社会选择。

社会选择理论的两大基本来源是投票理论和柏格森（Bergson）、萨缪尔森（Samuelson）等人提出的新福利分析。阿罗不可能性定理是社会选择理论的基础。社会选择理论已经形成两个基本理论框架结构，即阿罗的社会福利函数框架和森的社会选择函数框架。社会选择理论的研究内容主要围绕三大不可能性定理，即阿罗不可能性定理（见阿罗不可能性定理）、防策略投票不可能性定理和阿玛蒂亚·森个人主权不可能性定理展开。阿罗不可能性定理是指如果众多的社会成员具有不同偏好和多种备选方案，那么投票结果不具有唯一性，投票过程就会直接影响到最后的结果。防策略投票不可能性定理是指如果将传递性条件修改为准传递性，社会选择过程将不存在偏好循环，并只存在一个多数票获胜的结局，使得按少数服从多数的投票规则总能达成唯一的结果。个人主权不可能性定理是指，森将自由与权利纳入社会选择函数中，保证最低限度的自由主义，但是不可能找到一个社会选择规则同时满足于这一条件和帕累托原则。

参考文献：

罗云峰：《社会选择的理论与进展》，科学出版社 2003 年版。

Kenneth J. Arrow, *Social Choice and Individual Values*, John Wiley & Sons, Inc, 1963.

John Harsanyi, Interpersonal Utility Comparisons, *The New Palgrave*：*A Dictionary of Economics*, Vol. 2, 1987.

Lionel Robbins, Interpersonal Comparisons of Utility：A Comment, *Economic Journal*, 43（4）, 1938.

Amartya Sen, *Collective Choice and Social Welfare*, Elsevier Science Pub Co, 1970.

A. Sen, The Possibility of Social Choice, *American Economic Review*, Vol. 89, Issue 3, 1999.

（马珺　付敏杰）

公共选择
Public Choice

公共选择是用现代经济学的思路和方法研究政治问题，如研究选民、政治人物以及政府官员们的行为及其互动等。《公共选择理论Ⅲ》一书的作者丹尼斯·穆勒认为，公共选择是"对非市场决策的经济学研究，或者简单地说，是将经济学应用于政治科学"。公共选择与政治科学的研究主题完全相同，涵盖了国家理论、投票规则、投票行为、党派政治、经济周期、官僚政治、国际政治体制比较等。值得注意的是，公共选择研究可以分为公共选择理论研究和公共选择过程研究。对于公共选择理论的研究属于典型的采用新古典经济学研究政治问题，但是对于公共选择过程的研究则已经超过了传统的政治学研究范围，特别是关于政治决策中交易行为的研究，开辟了新的研究领域。

公共选择理论假设政治行为的主体与经济行为的主体一样，都是出于私利而采取行动的个人，在民主或其他类似的社会体制下进行的互动。公共选择的主要方法论特征是采用自由放任的（Laissez Faire）经济个人主义和边沁传统的功利主义来研究集体问题和非市场决策。布坎南（Buchanan，2003）列举了公共选择的三个核心假设：方法论个人主义（Methodological Individualism）；理性选择（Rational Choice）和政治交易过程（Politics-as-exchange）。

与马斯格雷夫公共财政理论中假定的慈善性独裁政府（Benevolent Dictator）形成对比，公共选择在针对政府的研究中采用了"经济人"假设，因而公共选择与公共财政具有完全不同的国家观。但是公共选择和公共财政力图解决的，是相同的公共物品供给和公共支出问题，而公共选择的视角更加注重"政"对"财"的影响，立足于解决例如宏观税负、税收负担、如何受益等更为真实和基础的问题。

与公共财政强调国家财政应该具有资源配置、收入分配和稳定经济三种职能的理念不同，在方法论上公共选择理论注重将理论起点建立在实证研究所得出的典型事实上。公共选择理论的基础是理性选择理论（Rational Choice），即人们的行为都是出自从有限的可用手段里挑选达成目标的最优途径。

公共选择理论认为，很多制度运行的结果，已经远远背离了其设计的初衷。例如，由利益集团推动的公共政策，会造成与民主政治理念相反的结果。尽管这些政策对于民主政体整体而言是一种效率损失，但政客为自身利益而支持这些政策。利益团体都是理性的，从政府手上获得大量补助和优惠，个别纳税人则很少从政府支出和公共政策中受益。相对于传统公共财政的效率与分配分析而言，公共选择为其增加了公共财政中的政治经济学问题。公共选择理论强调两点：一是不同的税收体制具有不同的政治寻租机会成本；二是实际的边际税收等于采用不同税收工具增加收入的边际政治成本，而非边际效率成本（Poterba，1998）。

从思想史来看，邓肯·布莱克（Duncan Black）由于在1948年提出了一套后来发展成中间选民理论（Median Voter Theory）的概念而被塔洛克（Gordon Tullock）称为"公共选择理论之父"（中间选民理论在20世纪70年代被经济学家和政治学家普遍接受）。布坎南和塔洛克在1962年共同发表了公共选择学派的里程碑之作《同意的计算：立宪民主的逻辑基础》

（*The Calculus of Consent：Logical Foundations of Constitutional Democracy*）一书具有广泛的影响，而成为公共选择理论的奠基人。

在《同意的计算》一书中，布坎南和塔洛克关注了不同决策规则对参与集体决策的行为主体所可能产生的影响。这本书是以经济的逻辑阐释了美国 1789 年宪法框架，在该框架下，政府是经被统治者的同意而成立的。尽管一致同意是分析起点，但是任何想要实施一致同意规则的努力，都会遇到搭便车者和战略性不合作问题。如果需经全体一致同意才能采取一项集体行动，就会诱导一些成员做出对自己更加有利考虑而拒投赞成票的策略性行为。这种谋求分配性利益的策略行为，将会破坏那些真正对全体人都有利的方案。因此，人们有可能出于理智而同意接受非一致同意规则的约束。该书从集体选择参与者的视角，建立了一个权衡决策成本与外部成本框架。采取一项集体行动所需的共识程度越高，外部成本就会越小，而在一致同意规则下，外部成本为零。布坎南和塔洛克认为，使决策成本与外部成本之和最小的规则，就是最优的投票规则。

在后续的一系列研究里，他们发现在一个民主政体里，由于选民存在理性无知（Rational Ignorance），必然会造成唐斯难题：每个选民所投下的一票对于选举的结果影响微乎其微，若要更充分了解选举的候选人和议题，便需要花费更多他自己的时间及货币资源。选民会理性地选择在政治上保持无知，甚至不参与投票，从而导致政府所能提供的公共利益最终无法满足民众的需求。虽然政府的存在纯粹是为了提供公共利益给广大民众，但却有可能导致利益团体出于私利而进行游说活动，推动政府实行一些会带给他们利益、但却牺牲了广大民众利益的错误政策，导致寻租出现。虽然这样的部门往往只存在于垄断部门，从而产生“政府失灵”。

从经济学的角度来看，如果说交易成本理论揭开了企业这个“黑箱”，那么公共选择就是力图打开公共部门这个“黑箱”。关于选民、政府、官僚机构、官员的行为及其相互关系就成为公共选择的研究对象，政治参与者的经济人特性和政治参与过程的复杂性，是其研究的重要内容。在传统的仁慈的利他主义独裁政府中，政治决策非常简单：政治家代表大众以社会福利最大化为目标来统一做出决策。一旦政治决策的参与者是自利的，决策过程存在复杂的选民、政府、官僚结构和官员的互动过程，集体决策的形成就变成不同利益群体之间相互博弈的过程。由于一致同意的成本过于高昂，投票规则就显得非常重要。

公共选择学会（Public Choice Society）在 1965 年于美国成立，公共选择理论的发展也随之加快。该组织的所在地开始发行一份名为《公共选择》（*Public Choice*）的学术期刊，并且定期举行学术讨论会。参与期刊和讨论会的主要是经济学家和政治学家，经济学家们引入他们以"选择"为基础、架构研究模型的技巧，政治学家们则引入他们对不同政治体制的知识，以及对于政府体制和政治互动之间的研究。其他许多领域的学者，包括了哲学、公共行政学以及社会学家们也都推动了公共选择理论的发展。

　　公共选择理论发展的结果，是产生了一批专精于研究集体决策的学者，在研究上这些学者假设所有的经济人都是出于私利而采取行动的。最早将公共选择理论套用至研究政府管制上的经济学家包括斯蒂格勒和佩兹曼（Sam Peltzman）。尼斯坎南（William Niskanen）则通常被视为是公共选择理论在官僚研究上的创始人。一些著名的公共选择理论学家还获得了诺贝尔经济学奖，包括了布坎南（1986）、施蒂格勒（1982）、贝克尔（1992）。史密斯曾在 1988～1990 年担任公共选择学会（Public Choice Society）的主席。

　　公共选择的研究存在局限。首先，作为经济学分析在政治研究中的应用，除了个人理性以外，还必须要注意到个人行为加总的市场制度和政治制度是完全不同的（Mueller，2004）。其次，公共选择力图证明新古典经济学的错误，但其本身却不过是新古典经济学在政治领域中的应用（North，1993）。再次，大多数研究非常具体，大多数公共选择领域的著作都只是研究某些特定议题，研究主题非常分散，缺乏统一的理论框架，这使得公共选择理论更像是以"经济人"为基础的各种政府失灵的汇总（Tullock et al.，2002）。最后，实证分析是公共选择的特色，但是数据往往很难获得，这是由公共选择所涉及的政治交易特征所决定的。大部分研究只是说公共选择过程非常重要，但却没有说明如何重要，为什么重要。布坎南和塔洛克（2000）列出了公共选择理论的局限性："公共选择理论只能用以解释集体行为的一小部分。"

参考文献：

［美］布坎南、［美］塔洛克：《同意的计算：立宪民主的逻辑基础》，中国社会科学出版社 2000 年版。

［英］丹尼斯·穆勒：《公共选择理论Ⅲ》，中国社会科学出版社 2010 年版。

Duncan Black, *The Theory of Committees and Elections*, Cambridge：Cambridge University Press，1958.

James Buchanan, Public Choice：The Origins and Development of a Research

Program, Fairfax, Va. Center for Study of Public Choice, George Mason University, 2003.

Anthony Downs, *An Economic Theory of Democracy*, Cambridge, York: Cambridge University Press, 1957.

Donald Green and Ian Shapiro, *Pathologies of Rational Choice Theory: A Critique of Applications in Political Science*, New Haven: Yale University Press, 1994.

Dennis Mueller, Public Choice: An Introduction, Chapter 2, in Charles Rowley and Friedrich Schneider, *Readings in Public Choice and Constitutional Political Economy*. Kluwer Academic Publishers, Vol. 1, 2004.

Douglass North, What Do We Mean by Rationality? *Public Choice*, Vol. 77, No. 1, The Next Twenty-Five Years of Public Choice, 1993.

J. Poterba, Public Finance and Public Choice, *National Tax Journal*, Vol. 51, No. 2, 1998.

Gordon Tullock, Arthur Seldon, Gordon Brady, *Government Failure: A Primer in Public Choice*, Cato Institute, 2002.

（马珺　付敏杰）

财政职能
Fiscal Functions

在汉语中，"职能"是指人、事物或机构本身所应有的功能。财政职能则是财政的客观固有功能，它回答的是"财政应该干什么"和"财政怎样干"的问题。其范围和具体内容，是随着经济社会发展而进行动态调整的，特别是随着政府运行制度环境的变化而变化。

财政职能是由政府职能决定的，而政府职能边界随着社会的进步、市场的发育成熟而发生着阶段性的变化。从鼓励自由竞争的"小政府"到政府通过宏观调控的方式干预经济，再从有限干预到积极干预，甚至是政府主导资源配置、包揽一切经济事务，直至"政府失灵"的负面影响越来越大，政府干预开始受到反思并有所收缩。在这些不同的阶段，财政以其职能变化，适应并调节着政府与市场的关系：从仅提供少量纯公共物品的守夜人"小财政"到弥补"市场失灵"、通过多种工具调节宏观经济总量平衡。其中，在计划经济体制或者战争、灾难等极端情况下，成为政府包揽一切经济事务的物质基础，而在市场经济发展到一定程度后，"以人为本"、提供满足社会公共需要的基本公共服务（如多种社会福利等）。

在思想史上，如果从古典经济学的亚当·斯密开始梳理，有关财政职能的理论发展与实践发展基本保持一致。亚当·斯密（1983）认为，市场可通过"一只看不见的手"自行地调节经济，政府的职能仅限于三个方面："第一，保护社会使之不受其他独立社会的侵犯。第二，尽可能保护社会上每个人，使之不受社会上任何其他人的侵害或压迫。第三，建设并维护某些公共事业及某些公共设施"。也就是说，国家的作用只是为私人经营提供一个有利的外部环境，国家仅需要在保卫国家安全、维护社会秩序、建设和维护某些公共事业和公共设施等方面发挥作用，所需经费由财政承担，除此之外，国家对经济的干预应该取消，财政也无须介入。

约翰·穆勒（1991）的国家适度干预理论对经济自由主义与国家干预主义采取折中的态度，政府职能的范围和政府干预的准则为财政行使职能划定了范围。他认为："被普遍承认的政府职能具有很广的范围，远非任何死框框所能限定，而行使这些职能所依据的共同理由除了增进普遍的便利外，不可能再找到其他任何理由，也不可能用任何普遍适用的准则来限制政府的干预。能限制政府干预的只有这样一条简单而笼统的准则，即除非政府干预能带来很大便利，否则便决不允许政府进行干预"。在此基础上，其列举了一些政府职能，例如，规定计量标准、铸造货币、修建或扩建海港、建造灯塔、对土地和海洋进行勘测、绘制精确的地图和海图、筑造海堤和河堤等。

福利经济学的创始人庇古（2009）将消除外部性作为公共财政行使职能的一个目标，认为政府应采用对边际私人纯产值大于边际社会纯产值的部门进行征税，对边际私人纯产值小于边际社会纯产值的部门进行补贴的经济政策，由此进一步明确财政的职能范围，以实现国民收入的最大化和收入分配的均等化。德国著名财政学家阿道夫·瓦格纳主张政府要充分利用财政分配工具，矫正社会收入分配不公。他认为政府要通过一种家长式的社会政策与再分配性的税收政策来干预市场。针对 1929~1933 年西方国家空前的经济危机，凯恩斯创建以国家干预为政策基调的宏观经济学体系，提倡由政府利用非市场手段矫正宏观经济波动，并同时强调国家对经济的干预与调节应该以维护市场的自由竞争为前提，国家只对市场存在缺陷的地方加以弥补，以充分发挥市场的功能作用。

西方国家经济"滞胀"的存在导致了公共选择理论的诞生。布坎南等人将经济交易和政治决策这两种行为纳入单一的私人利益分析模式，指出政府行为是由具体的个人实施的，很难保证决策是完全有效率的，认为市场缺陷和政府缺陷是共同存在的，政府应通过财政手段只对市场缺陷大的地方进行干预，同时严格限制政府权力，防止财政职能的滥用。

美国经济学家马斯格雷夫在《美国财政理论与实践》一书中明确提出财政的三个职能：资源配置职能、收入分配职能、经济稳定职能。通过财政的资源配置职能，向社会提供公共物品，或者说通过这一分配过程，将社会总资源分为私人和社会物品，从而使资源配置达到优化。通过财政的收入分配职能，调节收入和财富的分配，以达到社会所认同的公平。通过财政的经济稳定职能，运用预算、税收、公债等财政政策来维持充分就业、物价稳定、适宜的经济增长、贸易和国际收支平衡。这一观点被国内外理论界广泛认同和接受。

我国的财政职能的演变也取决于政府职能、范围和社会经济条件。在计划经济体制时期，政府几乎包办一切，这决定了整个社会资源基本上都是直接通过财政加以配置的，财政职能延伸到生产、投资、消费的所有领域并几乎包揽了一切社会事务。财政的职能大而全，导致财政配置资源的效率不高，大量财政资金被注入生产建设领域，成为名副其实的"生产建设财政"。随着计划经济体制向社会主义市场经济体制转轨，"生产建设财政"逐渐被"公共财政"所取代。财政活动的范围逐渐收缩到市场不能有效运作的领域，弥补市场失灵，提供公共服务，满足社会公共需要，逐渐从营利性的经济领域退出。

在我国财政理论界，财政职能问题也一直备受关注，"三职能说"、"四职能说"及其他有关财政职能的观点纷纷形成。许多学者从财政职能的实质出发，归纳出了财政职能的"使命观"、"作用观"、"功能观"、"职责观"。

"三职能说"存在着几种不同的观点，包括：分配职能、调节职能和监督职能（叶振鹏，1982）；分配、调节经济和监督管理（何盛明、梁尚敏，1987）；分配、调控和监督（齐守印，1993；姜维壮，1994）；资源配置、收入分配、经济稳定（吴俊培，1993；朱柏铭，1997）；资源配置、收入分配、经济稳定和发展（陈共，1999）。"四职能说"也存在着几种不同的观点，包括：分配、配置、调控和监督（时建龙，1994）；公共保障职能、收入分配职能、经济调控职能和国有资产管理职能（谢旭人，1994）；财力分配职能、价值管理职能、经济调节职能和财政监督职能（郭代模，1994）。"四职能说"的一个分支是"一带三职能说"，有两种观点，其一，认为财政职能由基本的分配职能派生出资金（资源）配置、调节、监督的职能，由分配派生的这三大方面又可细化为筹集资金与供应资金、调节经济总量、调节经济结构、调节收入分配、调节地区差异、政府预决算监督和企事业财务监督，等等（贾康，1998）；其二，认为社会主市场经济体制下的财政具有收入分配、资源配置、稳定经济和监督四个职能，其中收入分配是财政最基本的职能，其他三个职能都是在收入分配职能的基础上派生形成的（刘邦驰，1996）。

随着 20 世纪 90 年代关于政府职能"缺位"和"越位"、财政职能转换的讨论、西方财政理论的引入，学术界提出财政具有效率、公平和稳定三个职能定位。效率、公平和稳定职能分别与马斯格雷夫提出的资源配置、收入分配、经济稳定三项职能对应，说明我国财政职能理论已经与现代公共财政理论充分接轨。

当前，对财政职能的认识和把握要重点解决两方面问题：一是协调各项职能的冲突。由于效率、公平和稳定的财政职能目标在实际中往往无法兼顾，资源配置职能、收入分配职能、经济稳定职能在经济过热和过冷时往往会发生冲突，必须从经济大局出发，针对经济社会的突出问题，对财政职能进行阶段性侧重和取舍，最大限度地实现预期目标。二是在社会主义市场经济建设过程中，财政职能的转变要符合经济转轨的进程，尽量避免发生财政职能"越位"、"缺位"、"不到位"等对经济发展产生消极影响的情况。

参考文献：

［英］亚当·斯密：《国民财富的性质和原因的研究》下卷，商务印书馆 1983 年版。

［英］约翰·斯图亚特·穆勒：《政治经济学原理》下卷，商务印书馆 1991 年版。

［美］理查德·A·马斯格雷夫：《财政理论与实践》，中国财政经济出版社 2003 年版。

［英］约翰·梅纳德·凯恩斯：《就业，利息和货币通论》，商务印书馆 1988 年版。

［美］詹姆斯·M·布坎南：《自由市场和国家：20 世纪 80 年代的政治经济学》，北京经济学院出版社 1988 年版。

［英］亚瑟·赛斯尔·庇古：《福利经济学》，上海财经大学出版社 2009 年版。

叶振鹏：《社会主义财政的本质与职能》，载于《中央财政金融学院学报》

1982 年第 4 期。

何盛明、梁尚敏：《财政学》，中国财政经济出版社 1987 年版。

齐守印：《试论财政职能的社会主义市场经济化》，载于《财政研究资料》1993 年第 12 期。

姜维壮：《论我国财政在社会主义市场经济体制中的地位、职能与作用》，载于《财政研究》1994 年第 1 期。

吴俊培：《怎样认识市场经济下的财政职能》，载于《财政研究》1993 年第 10 期。

朱柏铭：《论财政职能的内涵与概括》，载于《中央财经大学学报》1997 年第 5 期。

陈共：《财政学》，中国人民大学出版社 1999 年版。

时建龙：《走出财政职能误区》，载于《财政研究》1994 年第 5 期。

谢旭人：《我国财政职能的转换及财税体制改革》，载于《财政研究》1994 年第 1 期。

叶振鹏：《适应社会主义市场经济的要求重构财政职能》，载于《财政研究》1993 年第 3 期。

郭代模：《深化财税改革的思考》，载于《财政研究》1994 年第 4 期。

刘邦驰：《当代财政学建设的若干理论问题》，载于《财政研究》1996 年第 7 期。

贾康：《财政本质与财政调控》，经济科学出版社 1998 年版。

（于树一）

福利国家
Welfare States

福利国家最初是"二战"以后西欧的一种独特政治状态。在后来的实践中，随着其基本制度框架和模式特征逐渐形成，从欧洲扩展到美洲、亚洲等地区，从而成为当前一种典型的社会模式。广义上，福利国家是以"福利"进行界定的一种国家形态，专指以推行覆盖所有社会成员的、"从摇篮到坟墓"的社会福利为基本特征的发达资本主义国家。狭义上，是指这些国家实施的包括社会保险、社会救助和公共服务在内的制度和政策体系，或者是国家主导下的"高税收、高支出、高福利"的经济和社会发展模式。一方面，福利国家强调享有福利是公民的权利，提供福利保障是国家的义务，体现了公民权和国家义务的统一；另一方面，福利国家强调经济发展和社会公正协调并进，以实现经济效率和社会公正之间的平衡。

从历史上看，福利国家是生产社会化长期发展的产物，其演变是多种因素综合作用的结果。随着工业化广泛发展，经济增长、人口增长（特别是老龄化）、社会分工的发展、工人阶级的斗争、工人周期性失业的出现、家庭和社会生活模式的变化、工业对高素质劳动力的需求膨胀等因素，促使社会福利从分散的、低水平的社会救助，发展成为覆盖所有公民的、项目多样化的社会福利网络，并最终发展成为经济和社会发展的基本制度。

马克思主义认为，福利国家发展壮大的基本原因是西方国家生产关系适应生产力发展的现实需要，是在国家垄断资本主义的制度框架内生产关系不断调整的过程。从 19 世纪初期，垄断资本的统治、经济危机和战争，加剧了欧洲无产阶级和资产阶级的矛盾。在国际共产主义思潮的影响下，工人阶级开始组建政党，举行罢工和武装斗争，引起资本主义国内的政治危机。资产阶级意识到，只有推行大规模社会福利政策，保障工人的最低生活水平，使其不至于为生活所困而铤而走险。1929～1933 年的经济危机加速了福利国家的形成和发展，危机造成了大萧条，大批工厂倒闭，物价飞涨，经济严重倒退，大量工人的生活没有保障，社会阶级矛盾日益尖锐。在资产阶级内部，有越来越多的人感受到实行社会改革的迫切性。在资本主义外部，有来自于苏东社会主义阵营国家经济快速发展，尤其是财政功能覆盖全社会的强有力示范。在这种形势下，资本主义国家由政府在资本和劳工之间"居中调停"，促成二者的"妥协"，"企图在不改变基本阶级结构的情况下管理阶级社会"（米尔斯，1987）。"妥协"的主要内容就是推行以经济民主化和国家干预为主的社会福利制度。从这个意义上看，福利国家是一种超越阶级差别的"妥协"，在不同程度上照顾到各阶级与各阶层的利益，而在应对经济危机过程中出台的一系列政策措施为福利国家模式的形成奠定了基础。此外，社会改良主义思潮的再度活跃、凯恩斯主义的产生以及早期欧洲社会救济的成功经验，也都对福利国家的形成和发展产生了重要的影响。

1937 年，牛津大学教授齐默恩（A. Zimmern）首次使用"福利国家"一词，用来泛指西方民主国家。1942 年英国社会学家贝弗里奇发表《贝弗里奇报告》，系统阐述了国家在福利领域所应该承担的责任范围，对福利国家的基本目标和主要原则进行了界定，奠定了福利国家理论和制度的框架。贝弗里奇主张建立一个全国性的国民保险制度，为每一公民提供失业救济、养老金、儿童补助、残疾津贴、救灾补助等。他还将社会保险分为三类：一是满足国民基本需要的社会保险；二是满足国民特殊需要的国民补助；三是满足收入较高的国民较高层次需要的自愿保险。自 1945 年英国工党在战后选举中胜出后，在其执政期间，为建立和完善按"贝弗里奇报告"设计的一整套以国民保险制为核心的社会福利制度，先后颁布并实施了一系列的社会立法，如《住房法》、《国民保险法》和《国民救济法》等。1948 年，英国首相艾德礼宣布，英国率先建成"福利国家"，此后，各主要资本主义国家为了取悦于民，争相宣称自己为"福利国家"。20 世纪 50 年代末，这些国家基本完成了有关社会保障制度的立法，设立了相应的管理机构，建立起完整的以高福利为核心的现代社会保障制度，"福利国家"初步建成。20 世纪 50 年代末到 70 年代中期，"福利国家"得到了充分发展，主要表现为：社会保障制度所覆盖的国家越来越多，社会保障制度受益范围进一步扩大，社会福利项目有所增加，社会福利水平大幅提高。

但由于各国的具体情况差异很大，形成了了不同的福利国家的模式，学者们对其进行了分类研究。威伦斯基和勒博（Wilensky and Lebeaux）在 1958 年出版的《工业社会与社会福利》一书中，对不同福利国家的社会福利从"接受服务人群的种类"、"资金来源渠道"、"管理机构"、"服务性质"四个方面进行考察后，提出福利国家可以分为两种类型——"补缺型"和"制度型"（H. Wilensky. and C. N. Lebeaux，1985）。蒂特马斯（Titmuss）在 1974 年出版的《社会政策》一书中，借鉴了威伦斯基对于福利国家的两分法，把福利国家分为三种理想类型：第一种是"补救型"（Marginal）福利国家，其与"补缺型"相类似，美国是典型代表。在这类福利国家中社会福利机构只有当市场和家庭这两个部门不能正常有效提供福利支持时才临时发挥作用。第二种是"工业成就型"（Industrial Achievement）福利国家，其主要存在于欧洲大陆国家，代表是德国。在这类模式中，社会福利机构在满足社会价值需要、实现地位差异和工作表现以及生产力方面具有显著的作用。第三类是"制度再分配型"（Institutional Redistributive）福利国家。这类福利国家中排除了市场的作用，社会福利的提供是根据需要的原则来提供一种"普享性"（Universality）和"有选择性"（Selectivity）相结合的服务，其目标是平等和社会团结（R. M. Titmuss，1974）。

实践证明，福利国家并不是一种可持续的国家形态，自 20 世纪 70 年代中期以来，福利国家普遍陷入了危机。原因是，在经济繁荣时期，福利国家不断扩大社会福利范围，提高社会福利标准，增加福利项目，放宽公民享受社会福利的条件，社会福利支出日益膨胀。70 年代中期以后经济危机给福利国家造成严重打击，经济增长乏力、失业率居高不下，但社会福利已成为刚性支出，政府难以压缩，甚至通过负债维持，导致福利国家出现财政危机，国家干预经济的财政能力显著降低，福利制度难以为继。同时，高福利带来企业生产成本上升、竞争能力下降、失业人员增加，又对社会福利产生巨大的需求，使得福利国家陷入恶性循环，甚至导致社会矛盾和冲突加剧。此外，世界人口老龄化趋势进一步发展，使相应社会福利性支出骤增，为福利国家提出更严峻的挑战。

2009 年下半年起，欧洲主权债务危机爆发，全面暴露了福利国家背后的长期财政赤字，也暴露了政府不得不大规模债务融资的重要原因——维持超越经济增长承受能力的高福利水平。这充分证明了福利国家代价高昂，难以持续，在导致国家陷入主权债务危机的严重后果时，迫使各国必须选择福利国家改革之路。

参考文献：

《马克思恩格斯选集》第 4 卷，人民出版社 1972 年版。

［美］C. 赖特·米尔斯：《白领——美国的中产阶级》，浙江人民出版社 1987 年版。

张世鹏：《全球化时代的资本主义》，中央编译出版社 1998 年版。

顾俊礼：《福利国家论析》，经济管理出版社 2002 年版。

［英］诺曼·巴里：《福利》，吉林人民出版社 2005 年版。

周弘：《福利国家向何处去》，社会科学文献出版社 2006 年版。

Harris Bernard, *The Origins of the British Welfare State*, Basingstoke：Palgrave Macmillan，2004.

H. Wilensky and Lebeaux, C. N., *Industrial Society and Social Welfare*, The Free Press，1958.

R. M. Titmuss, *Social Policy：An Introdution*, London：George Allen，1974.

（于树一）

拉弗曲线
Laffer Curve

拉弗曲线形象地描述了税收收入与税率之间的关系。该曲线由美国供给学派代表人物拉弗（Arthur B. Laffer）于 20 世纪 70 年代提出并因此而得名，是当时供给学派主张降低税率以刺激生产与经济增长的主要依据。

拉弗曲线的示意如图 1 所示。

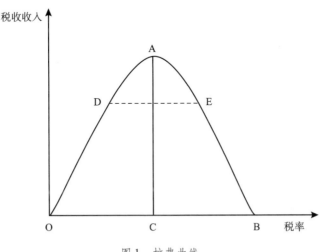

图 1　拉弗曲线

图 1 中的横轴表示税率，纵轴代表税收收入。原点 O 表示在税率为零时税收收入亦为零；B 点则表示在税率为 100％ 时，税收收入也为零，因为经济体不会进行任何市场活动。这意味着在 O 与 B 这两个极端，尽管税率非常不同，但税收收入却都为零。从图中的其他点也可以看出，如 D 点与 E 点，在这两点，虽然税率不同，但政府实现的税收收入却相同。也就是说，政府为取得一定的税收收入，既可以实行低税率，也可以实行高税率。但是，如果以 A 点为界，如图所示，在 OAC 部分，税率提高，税收收入则相应增长，直到达到 A 点，此处政府实现的税收收入为最大，实现了低税率、高收入和高增长的成功组合。当税率高于 C 点继续提高时，税收收入反而随着税率提高而减少，直至 B 点，此时税率最高，但税收收入为零，因而图中的 ACB 部分被视为课税的"禁区"。

拉弗曲线直观地说明了税率与税收收入以及经济增长之间的关系。一方面，高税率不一定就带来高税收收入，因为高税率会挫伤市场主体的积极性，从而会严重影响经济，并使税收收入减少。另一方面，低税率虽然近期看可能减少了税收收入，从长期而言，却调动了市场主体的积极性，刺激了经济增长，反而有助于税收收入的增长。

　　拉弗曲线为长期奉行凯恩斯主义而陷入滞胀的美国经济提供了一副解药，成为时任美国总统里根所推行的"里根经济复兴计划"的重要理论之一，实行了大幅度的减税政策，并取得了一定的效果。里根执政期间，美国经济确实出现了第二次世界大战以后少有的经济恢复与经济增长。20 世纪 80 年代美国的减税政策虽然起到了刺激经济增长的作用，但却导致了税收收入的下滑与连年的财政赤字。可见，拉弗曲线的适用性是有限的。

　　虽然拉弗曲线认为最优税率是存在的，即图 1 中的 A 点，当税率为 A 点处所代表的值时，政府就能取得最大程度的税收收入，不过，现实中 A 点处的值该是多少，或者说最优税收规模是多少才最适合于经济增长，不仅拉弗及其追随者没有明确地指出来，也没有告诉我们寻求最优税率的方式方法。

参考文献：

［美］保罗·克雷·罗伯茨：《供应学派革命》，格致出版社、上海人民出版社 2011 年版。

［美］詹姆斯·M·布坎南、［美］里查德·A·马斯格雷夫：《公共财政与公共选择：两种截然对立的国家观》，中国财政经济出版社 2000 年版。

［印］韦特·P·甘地等：《供应学派的税收政策：与发展中国家的相关性》，中国财政经济出版社 1993 年版。

郝硕博：《拉弗曲线探析》，载于《财政问题研究》2000 年第 6 期。

王竹：《拉弗曲线与现实应用评析》，载于《经济评论》1996 年第 6 期。

Arthur B. Laffer, Supply-Side Economics, *Financial Analysts Journal*, Vol. 37, No. 5, Sep. -Oct. , 1981.

Basil Dalamagas, Testing the Validity of the Laffer-Curve Hypothesis, *Annals of Economics and Statistics*, No. 52, Oct. -Dec. , 1998.

Jonas Agell, Mats Persson, On the Analytics of the Dynamic Laffer Curve Original Research Article, *Journal of Monetary Economics*, Vol. 48, No. 2, Oct. 2001.

Philip Mirowski, What's Wrong with the Laffer Curve? *Journal of Economic Issues*, Vol. 16, No. 3, Sep. , 1982.

（张德勇）

财政幻觉
Fiscal Illusion

财政幻觉是解释20世纪后半期西方国家政府规模膨胀的重要理论。该理论认为，公共选择的投票者，从而也就是纳税人，往往只看到了政府支出增长所带来的福利改进，而忽视了维持预算平衡所必需的税收增长成本，从而产生财政增加和政府支出膨胀一定会带来福利改进的幻觉。财政幻觉也用以指代某些财政制度可以改变公众可以察觉到的公共部门成本。18～19世纪的古典经济学家们已经提出了财政幻觉的主要思想，意大利学者阿米利尔·帕维亚尼（Amileare Puviani）在20世纪40年代将其引入了规范的财政学分析（Buchanan，1960）。

产生财政幻觉的第一个原因来自税收体制。首先是间接税包含在产品价格中，不容易被纳税人觉察到自己缴纳的税收量。一般来说，间接税征收初期会导致产品价格上升，但存在一段时间后，消费者就会慢慢忽略到其存在。萨伊（J. Say）看到，消费税使得销售者只是轻微提高了产品价格，从而每个消费者都难以觉察。斯密在食盐消费税分析中看到，人们很难觉察少量的、逐步的税负，甚至是稍高的税负。约翰·穆勒（John Stuart Mill）提出，相对于可见的直接税而言，居民可能系统性低估不可见的间接税负担（Sausgruber and Tyran，2005）。其次是税收弹性越大，即使不提高税率，不增加新的税种，政府也会因为通货膨胀或者经济增长而获得更多的税收收入。更重要的是，政府收入的增长不会引起个人直接反对。最后，税制结构越复杂，税收来源越多，越容易形成财政幻觉（张铭洪、罗振华，2002）。

产生财政幻觉的第二个原因是公债。斯密提到，政府宁愿选择借债而不是增加税收，以免触怒纳税人，从而公债只会不断增加。李嘉图很早就论述了李嘉图等价定理的含义，即政府的债务和税收筹资是等价的，但是李嘉图也强调了公债可能造成的财政幻觉，托马斯·查莫斯（Thomas Chalmers，1968）认为，相对于征税而言，纳税人并没有感觉到政府借债是在向他们的口袋要钱。布坎南（Buchana，1958）认为从总量上来看，内债只是把资源从一些人手里转移到另一些人手里，并不形成总量负担，也不会影响后代的债务负担，因为任何持有债务的人都会获得债务收益，这一点与私人部门债务没有任何差别。不同之处是，政府从资本市场借贷避免了个人的债务负担。官僚的信息垄断可以扭曲纳税人，也就是投票人的主观感受，从而造成财政幻觉。帕内尔（Henry Parnell，1968）发现居民的不完全信息会降低人们对于公共服务价值的判断。巴罗（Barro，1974）的经典论文从侧面揭示了私人资本市场不完全、政府公共服务垄断和信息不完全等因素，都可能会造成财政幻觉。

产生财政幻觉的第三个原因是政府支出及其伴随的政府间转移支付。当代国家政府间财税关系中，收入面中中央政府占据绝对优势，支出面则以地方为主。课税权和支出权重点的分离会模糊纳税人对于税收的真实感受。在很多国家，来自中央政府的转移支付成为地方政府支出的重要部分，使政府支出产生"粘蝇纸效应（Flypaper Effect）"。接受转移支付地区的居民往往认为上级政府的补助来自其他地方居民的支付，而忽视了接受地区也会对其他地区进行部分转移支付。从而使得转移支付范围越大，对于政府规模膨胀的影响就越大。库柏（Thomas Cooper，1971）认为政客转向间接税从而隐藏政府支出成本的行为，可以看作是"对无知的征税（Taxes on Ignorance）"。

财政幻觉的实证研究是很困难的。从根本上讲，财政幻觉衡量的是纳税人对于税收负担的心里感觉误差，而人们的心理误差往往是难以客观度量的。研究者很难在财政幻觉的定义上达成一致。大部分的研究采用公债、税收结构弹性、税收的可觉察性和税制结构的复杂程度等作为财政幻觉的替代变量。很多研究也或多或少的得出了某种形式的相关关系，例如，研究者发现税收融资与政府支出规模呈现负相关，从而认为可以支持债务导致政府膨胀的观点。奥茨（Oates）发现，政府支出与税收弹性正相关。但是这些相关关系在理论的面前显得非常苍白。财政幻觉难以衡量的技术性原因，是其假定投票者的财政幻觉决定了政府的规模，是对政府规模从需求一面的解释。在实证研究中，一方面很难将供给面—需求面分开，另一方面也很难将其与其他解释政府增长的众多理论：瓦格纳法则、马斯格雷夫和罗斯托的发展阶段理论、利益集团假说等截然分开，从而形成单独的解释。实验经济学的兴起，以及新的工具变量思路的引进，或许有助于验证财政幻觉的存在。

参考文献：

R. Barro，Are Government Bonds Net Wealth? *The Journal of Political Economy*，Vol. 86. Issued 1974.

R. Sausgruber and J. -R. Tyran，Testing the Mill Hypothesis of Fiscal Illusion，*Public Choice*，122（1），2005.

R. Blewett，Fiscal Illusion in Classical Economic Literature，*Journal of Economics*，

7，1981.

T. Chakmers，*On Political Economy*，*in Connection with the Moral State and Moral Prospects of Society*，New York：A. M. Kelley，1832.

T. Cooper. *Lectures on the Elements of Political Economy*，New York：A. M. Kelley，1971.

J. Buchanan，*Public Principles of Public Debt*，Homewood，IL：Richard D. Irwin，1958.

J. Buchanan，*Fiscal Theory and Political Economy*，Chape 1 Hill. NC：University of North Carolina，1960.

J. Buchanan，*Public Finance in Democratic Process*，Chape 1 Hill，NC：University of North Carolina，1967.

J. Mill.，*Principles of Political Economy with Some of Their Applications to Social Philosophy*，New York：A. M. Kelley，1936.

H. Parnell，*On Financial Reform*，New York：A. M. Kelley，1968.

P. Ravenstone，*Thoughts on the Funding System and Its Effects*，New York：A. M. Kelley，1966.

（付敏杰）

激励与机制设计
Incentives and Mechanism Design

信息是一种有价资源，掌握更多信息的一方在交易中往往会做出有利于自己的行为。信息不对称是由于一方拥有另一方可能所不了解的私人信息，这些私人信息的存在会影响交易双方的利益。在不对称信息下，市场均衡将不再具有新古典所强调的唯一性、最优性和稳定性特征。此时如何激励经济主体做出有利于社会的行为？剑桥大学教授詹姆斯·米尔利斯（James Mirrless）和哥伦比亚大学经济学教授威廉·维克瑞（William Vickrey）因为对于不对称信息下激励理论的研究而获得1996年诺贝尔奖经济学奖。2007年诺贝尔奖经济学奖得主里奥尼德·赫维茨（Leonid Hurwicz）、埃里克·马斯金（Eric S. Maskin）和罗杰·迈尔森（Roger B. Myerson）对于不对称信息下机制设计的研究，则深化了我们对于激励问题的了解。

信息不对称来源于两种情况：一种外生于交易本身，包括参与者的能力、偏好和健康状况等，其在市场交易之前已经客观存在，被经济学家们称为隐藏信息或知识；一种产生于交易之后当事人本身的行为，签订合约之前，交易双方的信息是对称的，签订合约之后，一方因为另一方无法实施有效的监督和约束而产生机会主义行为。例如，签订保险合同之后，原本细心谨慎的司机开始粗心大意，造成事故概率上升。这种产生于交易行为的私人信息被经济学家称为隐藏行动。迈尔森将第一种信息不对称称为逆向选择，将第二种信息不对称称为道德风险。米尔利斯对这两种信息不对称的研究都做出了初创贡献。

在信息不对称条件下，激励相容（Incentive Compatibility）作为机制设计的基准，用来显示交易双方的真实能力就显得尤为重要。赫维茨（Hurwicz，1960；1972）的原创性工作标志着机制设计理论的诞生。在赫维茨的框架中，机制是一个信息系统。参与者相互交换信息，从而决定了结果。赫维茨（1972）的激励相容概念是：在一个激励相容的机制下，每个参与者真实报告其私人信息是占优策略。此外，一个标准的机制设计还要满足参与约束：没有人因参与这个机制而使其境况变坏。赫维茨证明了在一个标准的交换经济中，满足参与约束条件的激励相容机制不能产生帕累托最优结果，也就是说，私人信息并非完全有效。

米尔利斯研究了信息不对称条件下的最优所得税问题。在信息不对称条件下，政府并不能准确地得知每个人的能力，而只能了解人们的收入，只有个人才能知道自身的真实生产能力。以纳税为主要特征的税收体系，个人往往会隐瞒自己的真实能力。如果政府征收高额边际税率的累进所得税，一旦税收收入低于劳动的边际负效用，个人就会减少和放弃劳动供给。有的高能力劳动者人会假装自己是低能力劳动者，做出不利于整体的逆向选择。以收入均等化为目标的高额累进所得税政策会消弱高能力者努力工作的动机，从而造成社会福利的巨大损失。换言之，平等与效率不可兼得，一个最优的所得税框架就是在平等和效率之间寻找最优平衡点。米尔利斯（Mirrless，1971）的开创研究发现：在一系列基本假设下，税收的最优规模取决于能力分布和人们的工作——消费偏好。考虑到税收所带来的社会净损失，最优所得税受到再分配对于产出损失的影响，其最大化条件是收入均等化带来的社会福利改进与效率损失相等。米尔利斯研究发现，最优税的重要特征是边际税率递减：最高收入者的边际税率应该为零，即对于高能力者的边际收入应该不征税。

新动态公共财政（New Dynamic Public Finance）的研究成果动态化了米尔利斯框架下对于边际税率的理解，但是其结果却往往大相径庭。威宁

（Werning，2002）、格洛索夫（Golosov et al.，2003）独立研究了个人能力随机衍生、存在信息不对称并且满足激励相容条件情况下的动态最优税收问题。新动态公共财政理论本质上是通过更加接近现实的假设探究米尔利斯税问题，最重要的初始假设是对传统理论中个人能力分布假设的改变。戴蒙德和米尔利斯（Diamond and Mirrless，1978，1986）的动态税收研究中假设个人能力是隐藏的，阿特金森和斯蒂格利茨（Atkinson and Stiglitz，1976）则假设个人的能力是不变的，而在新动态公共财政理论中则将个人的能力进行了随机的、信息不对称的假设。这些新的研究大多是在新古典经济增长框架下进行的，对于税收动态效果的数值模拟开始成为研究的基准。这些研究的结论与米尔利斯存在差别，但是不同新动态公共财政研究之间政策结论相差很大。例如，格洛索夫等（2003）认为存在最优的"正的资本税"。在"公平与效率"关系中，基于新动态公共财政的标准分析框架，法赫和威宁（Farhi and Werning，2005）分析了宏观经济模型中具有动态私人信息的最优遗产税。他们认为：最优的遗产税应该是负的——即遗产应该被补贴而不是征税。并且他们还认为，穷人比富人应该补贴更多的遗产税。在假设经济系统面临总冲击的情况下，柯切拉科塔（Kocherlakota，2005）认为"最优的财富税"（Wealth Taxes）应该为零。

除了研究累进所得税对于个人的激励外，维克瑞还研究信息不对称下的拍卖问题，就是著名的维克瑞拍卖法则：通过不公开招标，将物品拍卖给出价最高的投标者，却让他只支付次于他的投标价格的价格，即只支付第二拍卖价格，这样就会诱使个人吐露出愿意支付的真实价格。如果一个竞买者的出价高于自己愿意支付的价格，他就得冒着其他人也如此行事的风险，结果极可能以某种损失为代价买下拍卖物；相反地，如果他的出价低于自己愿意支付的价格，那他就得冒着其他人在低于他自己愿意支付的价格夺走此物品的风险。这种拍卖法已被用于许多商品的销售，也被扩展到一定的公共物品定价中。

参考文献：

M. Golosov，N. Kocherlakota and A. Tsyvinski，Optimal Indirect and Capital Taxation，*Review of Economic Studies*，70（3），2003.

M. Golosov，A. Tsyvinski and I. Werning，*New Dynamic Public Finance*：*A User's Guide*，*NBER Macroeconomics Annual*，The MIT Press，2007.

I. Werning，*Optimal Dynamic Taxation*，PhD Dissertation，University of Chicago，2002.

R. Diamond and J. Mirrless，A Model of Optimal Social Insurance with Variable Retirement，*Journal of Public Economics*，Vol. 10，2002.

J，Mirrless，and R. Diamond，Payroll-tax Financed Social Insurance with Variable Retirement，*Scandinavian Journal of Economics*，88（1），1986.

A. Atkinson and J. Stiglitz，The Design of Tax Structure：Indirect vs. Direct Taxation，*Journal of Public Economics*，Vol. 6，Issue 1，1976.

E. Farhi and I. Werning，Inequality，Social Discounting and Progressive Estate Taxation，NBER Working Papers No. 11408，2005.

N. Kocherlakota，Zero Expected Wealth Taxes，*Econometrica*，Vol. 73，Issue 5，2005.

J. A. Mirrlees，An Exploration in the Theory of Optimum Income Taxation，*The Review of Economic Studies*，Vol. 38，Issue 2，1971.

L. Hurwicz，1972，On Informationally Decentralized Systems，R. Radner and C. B. McGuire，eds，Dicision and Organization in Honor of J. Marschak（North Holland）.

L. Hurwicz，Optimality and Informational Efficiency in Resource Allocation Processes，In Arrow and Karlin，*Mathematical Methods in the Social Sciences*，Stanford University Press，1960.

（付敏杰）

外部效应
Externality

外部效应也称为"外部性"、"外部经济"，是未在价格中得到反映的交易成本或收益。

一般认为，外部性的概念最早由阿尔弗雷德·马歇尔提出。马歇尔在1890年出版的巨著《经济学原理》中，首次使用了"外部经济"的概念来分析工业组织的贡献。"我们可把因任何一种货物的生产规模之扩大而发生的经济分为两类：第一是有赖于这工业的一般发达的经济；第二是有赖于从事这工业的个别企业的资源、组织和经营效率的经济。我们可称前者为外部经济，后者为内部经济"。

随后，马歇尔的学生阿瑟·塞西尔·庇古发展了外部性的理论，他在

《福利经济学》中，创新性地引入了"私人边际净产品"和"社会边际净产品"的概念。庇古进一步从国民福利的角度指出，"一般来说，实业家只对其经营活动的私人净边际产品感兴趣，对社会净边际产品不感兴趣。……在这两种净边际产品相背离时，自利心往往不会使国民所得达到最大值；因而可以预计，对正常经济过程的某些特殊干预行为，不会减少而是会增加国民所得"。

传统的经济学分析假定经济主体具有完全理性，市场价格可以反映全部成本或收益，在价格这只"看不见的手"的指引下，社会收益与私人收益、社会成本与私人成本完全一致，资源实现最优配置，市场亦处于符合帕累托效率准则要求的有效状态。但如果某些个人或厂商的经济活动影响了其他个人或厂商，却没有为之承担应有的成本费用或没有获得应有的报酬，也就是说，出现了私人收益与社会收益、私人成本与社会成本不一致的情形，此时价格反映的信息就不再完全准确，市场便不再有效。因此也可以说，外部效应是"市场失灵"的表现之一。

外部效应可以根据结果和来源两个维度进行划分。从结果来看，如果是对他人产生了收益却没有获得应有的报酬，我们称之为正外部效应（也称外部收益、外部经济）；相反，如果是对他人产生了成本却没有进行补偿，我们称之为负外部效应（亦称外部成本、外部不经济）。从来源看，外部效应可能是在生产中产生，也可能是由消费行为引起，我们分别称之为生产的外部效应和消费的外部效应。这样，我们可将外部效应现象作以下分类，如表1所示。

表1　　　　　　　　　　　　外部效应的分类

		外部效应的来源	
		生产	消费
外部效应的结果	正	生产的正外部效应 如：养蜂对果园的影响	消费的正外部效应 如：接种疫苗对他人的影响
	负	生产的负外部效应 如：工厂排污对周围环境和居民的影响	消费的负外部效应 如：某人吸烟对他人的影响

当外部效应存在时，人们在进行经济活动决策中所依据的价格信号失真，因为其既不能精确地反映全部的社会边际收益，也不能精确地反映全部的社会边际成本。据此所做出的经济活动决策，会使社会资源配置发生扭

曲，不能实现帕累托效率准则要求的最佳状态。在正外部效应的情况下，由于私人收益仅仅是全部社会收益的一部分，个人缺乏继续供给此类物品或劳务的动力，此类物品或劳务往往供给不足。但在负外部效应的情况下，由于私人成本小于社会成本，实际上相当于社会对个人进行了补贴，此类物品或劳务往往存在供给过度的现象。无论哪种情况，都意味着资源配置不合理，出现效率损失现象，而这种效率损失又是竞争性市场机制所不能克服的。因此，外部效应往往需要政府进行介入和干预。

矫正外部效应，实际上就是对外部效应进行定价，即把私人收益（或成本）调整到实际的社会收益（或成本），这一过程也被称作外部效应内在化的过程。

一般来说，外部效应的矫正可以采取以下措施：

第一，政府管制（Government Regulation）。或称公共管制，主要是对某些生产消费行为作出某些禁止或限制的规定。这种措施主要适合对负外部性的矫正。比如，吸烟会产生负外部效应，所以世界各国一般都会通过法律法规，禁止在公共场合吸烟。

第二，政府提供（Government Provision）。对于一些产生正外部效应的物品（公共物品即是其中一类），如教育、公共卫生防疫等，市场主体往往不愿提供或供给不足，完全可以交给政府，由政府提供。

第三，征税（Tax）。如果能对制造负外部性的个人或企业征税，并且使得税额恰好等于社会处理这些外部效应（如污水）的成本，那么将可以完全实现负外部效应的内部化。这样一来，生产此类物品或劳务的成本将会大大提高，私人成本将完全等于社会成本，因此，这些物品或劳务的供给将会减少，从而资源配置的效率得到提高。这也就是通常所说的庇古法则，这种税收也被称为庇古税（Pigovian Tax）。

第四，补贴（Subsidy）。与"庇古税"针对负外部效应的思路类反，如果能将外部收益进行定价，并通过某种方式补贴给产生外部性的个人（或企业），则可以实现外部效应的内部化，从而鼓励这类物品的生产。

上述四种方式都是从政府干预的视角进行分析，罗纳德·科斯提供了另外一种市场方式的解决思路。科斯（1960）曾指出，如果外部效应各方之间的谈判没有交易成本，通过谈判可能会得到最终解决外部效应方案，并且负外部性的结果与施加影响和被影响双方的最初法律地位无关。这一思路后来被称为"科斯定理"（Coase Theorem）。严格地说，科斯定理所要求的交易费用为零假定很难满足，但其确实给我们提供了一种利用市场交易来解决外部效应的思路。

参考文献：

[英] 马歇尔：《经济学原理》，商务印书馆 1964 年版。

[英] 庇古：《福利经济学》，商务印书馆 2006 年版。

R. H. Coase，The Problem of Social Cost，*Journal of Law and Economics*，Vol. 3，
    October 1960.

J. J. Laffont，*Externalities*，*The New Palgrave Dictionary of Economics*，Palgrave
    Macmillan，2008.

（樊丽明）

公共物品
Public Goods

公共物品是具有非竞争性和非排他性的物品。有时也被称为公共品、公共物品、公共商品，是与私人物品（Private Goods）相对的一个概念。

人们对公共物品的研究源于公共性问题的讨论。最早对这一问题做出贡献的经济学家是大卫·休谟，在其《人性论》（1739）一书中，他以"草地排水"的案例说明了公共物品供给中的困境，并指出政治社会，即政府可以弥补这一缺陷，因为"虽然这个政府也是由人类所有的缺点所支配的一些人所组成的，但是它却借着最精微的、最巧妙的一种发明，成为在某种程度上免去了所有这些缺点的一个组织。"亚当·斯密在其鸿篇巨著《国富论》论述君主或国家的义务时，提出并分析了国防、司法制度及公共设施等公共物品的供给问题。约翰·斯图亚特·穆勒也指出，保障人们生命财产安全、建设公共设施、举办初等教育等是政府的主要职责所在，他对灯塔的分析成为后期经济学家论述公共物品时经常引用的经典案例之一。

真正开始对公共物品进行系统的理论研究，当首推保罗·萨缪尔森。在萨缪尔森（1954）开创性论文中，首次对公共物品 [他当时称为"集体消费品（Collective Consumption Goods）"] 给出了形式化的定义，以及公共物品最优供给的条件。他比较了私人物品与公共物品的区别，对私人物品来说，$X_j = \sum_{i=1}^{s} X_j^i$，私人物品 X_j 的总量等于每个消费者 i 所拥有或消费的该商

品数量 X_j^i 的总和；而对公共物品来说，$X_{n+j} = X_{n+j}^i$，公共物品的总量 X_{n+j} 等于每个消费者 i 所消费的数量 X_{n+j}^i，并在比较中首次分析了公共物品的非竞争性，即任何人对公共物品的消费不会导致他人可消费量的减少。理查德·马斯格雷夫对公共物品的理论研究也做出了巨大的贡献。马斯格雷夫（1959）在其财政学扛鼎之作《公共财政分析》中，继承了萨缪尔森有关公共物品非竞争性特征的分析，同时他还首次将价格排他原则的非适用性引入现代公共物品定义，与联合消费性并列，作为界定公共物品的两大标准。之后，马斯格雷夫（1969）用"社会物品（Social Goods）"来称谓公共物品，用消费的非竞争性取代联合消费性，将消费的非排他性取代了排他原则的非适用性。由此，经典财政学教科书中经常提及的公共品的两个基本特征——非竞争性（Non-rivalry）和非排他性（Non-excludability）——正式形成。

与萨缪尔森和马斯格雷夫等主流观点略有不同，詹姆斯·布坎南从供求实现的机制视角给出了公共物品的另外一种定义。布坎南（1968）认为，公共物品是指那些通过政治制度实现需求与供给的物品和服务，而私人物品是通过市场机制来实现需求与供给物品与服务。

市场有效首先要求供需实现均衡，而微观经济理论中一系列复杂精巧的均衡条件都隐含着私人物品的假设前提，即物品必须具备完全的竞争性和排他性。在存在公共物品的情况下，建立在私人物品假设之上的市场均衡理论不再继续适用。由于增加一个人消费的边际成本为零，而且无法排他，每个人都希望不用支付价格而免费享用公共物品带来的好处，从而"免费搭车"问题难以避免，公共物品的有效供给难以实现。因此，从本质上说，公共物品可以看作是外部效应的一种极端情形，也是"市场失灵"的主要表现之一。

虽然在理论上可以使用两个特征来界定公共物品，但实际生活中，完全具备这两个特征的物品非常少见，典型的例子是国防，这样的物品也被称为纯公共物品（Pure Public Goods）。许多物品往往并不同时具备非竞争性和非排他性，或是非竞争但排他（俱乐部物品，Club Goods），或是竞争但非排他（公共资源物品，Common-pool Resources），而且不同物品的非竞争性和非排他性的程度也各不相同，这样的物品经常被称为准公共物品（或准公共物品，Quasi Public Goods），或混合物品（或混合物品、混合品，Mixed Goods）。理论界根据不同的竞争性或排他性特征，将全部物品划分为如下四类，如表1所示。

表1　　　　　　　　　　　根据竞争性和排他性程度的物品分类

	排他性	非排他性
竞争性	纯私人物品（Private Goods） 如：面包	公共资源物品（Common-pool Resources） 如：公共草场
非竞争性	俱乐部物品（Club Goods） 如：剧院	纯公共物品（Pure Public Goods） 如：国防

公共物品还可以根据其受益范围的大小分为地方公共物品（Local Public Goods）、国家公共物品（National Public Goods）、地区公共物品（Regional Public Goods）和全球公共物品（Global Public Goods）四个层次。地方公共物品、国家公共物品和地区公共物品的受益范围分别是某个特定地方区域、一个国家以及那些有连续边界的国家地区，而全球公共品的受益范围则是地球上的多数国家，甚至是全球国家。

从世界各国公共物品的供给实践来看，公共物品供给不外乎通过三种机制实现，即政府供给机制、市场供给机制及自愿供给机制。其中，政府供给是最主要的实现机制，市场供给和自愿供给有时也被称为非政府供给，或私人供给。

政府供给机制是指政府通过公民或其代表的集体选择程序，以强制地征收税收为主要手段筹集资金，安排政府支出以供给纯公共物品和准公共物品的机制。

市场供给机制是营利组织根据市场需求，以营利为目的，供给教育、基础设施等准公共品，并以收费方式补偿支出的机制。

自愿供给机制是公民个人、单位，以自愿为基础，以社会捐赠或公益彩票等形式无偿或部分无偿地筹集资金，直接或间接地用于教育、体育、济贫等公益用途，并接受公众监督的一种机制。

几乎在每一个市场经济国家中，公共物品供给的三种机制都在发挥作用，但三者的作用范围有所差别，而且在同一国家的不同历史时期，三种机制的作用领域也有所不同。而且，公共物品的供给主体不是一成不变的，同一种公共物品在不同时期，因技术条件、需求状况、供给能力、制度规范不同，可能采取不同的供给方式。

随着我国市场经济体系的不断完善和社会日渐进步，政府在改善公共物品供给状况中发挥了巨大的作用，除此以外，一些市场力量和社会组织在基础设施供给、老年保障、扶贫等公共物品的供给方面，也发挥着越来越重要的作用。

参考文献：

［英］休谟：《人性论》，商务印书馆 1980 年版。

马珺：《公共物品的含义》，引自高培勇、杨之刚、夏杰长：《中国财政经济
理论前沿（4）》，社会科学文献出版社 2005 年版。

Joseph E. Stiglitz, The Theory of Local Public Goods Twenty-five Years after
Tiebout：A Perspective, NBER Working Paper No. 954, 1982.

Paul A. Samuelson, The Pure Theory of Public Expenditure, *The Review of Eco-
nomics and Statistics*, Vol. 36, Issue 4, 1954.

Richard A. Musgrave, *The Theory of Public Finance：A Study in Public Economy*,
McGraw-Hill, 1959.

Richard A. Musgrave, Provision for Social Goods, In J. Margolis and H. Guitton,
Public Economics, McGraw-Hill, 1969.

James M. Buchanan, *The Demand and Supply of Public Goods*, Rand-McNally,
1968.

（樊丽明）

混合物品
Mixed Goods

混合物品有时也称为准公共物品。

纯粹的公共物品与纯粹的私人物品是社会物品中典型的两极。在现实中，有些物品只具有一部分公共物品特征，不同时具备非竞争性和非排他性，或者是兼有公共物品与私人物品的某些特征，因而可称之为混合物品或准公共物品。如教育和卫生防疫。受教育者学到知识和技能后，增加了获得收入和享受优越生活的能力，从这个角度看，它具有排他性与消费上的竞争性。但是，个人受教育后，有助于提供劳动能力，为社会创造更多财富和服务，有助于提高全社会的文化水平、民主水平和文明程度，因此它是有外部效益的。卫生防疫既提交了接受防疫的个人的健康水平，也防止了疾病对他人的传染，同样具有外部效益。

混合物品主要包括如下两类：

（1）俱乐部物品（Club Goods）。具有非竞争性而不具有非排他性的物

品，有时也称价格排他的公共物品（Excludable Public Goods）。最早提出这一理论的是詹姆斯·布坎南。布坎南（1965）认为萨缪尔森（1954）文章中分析的只是极端的纯粹私人物品和纯粹公共物品，没有一个理论能够涵盖全部的物品谱系。由此，布坎南提出构建一个"俱乐部理论"，从而可以弥补萨缪尔森在纯私人物品与公共物品之间的"缺口"——如果俱乐部中只有一位消费者，对应的物品就是纯私人物品，而如果俱乐部拥有无数的消费者，则对应的物品就是纯公共物品。"有趣的是有这样的物品和服务，它们的消费包含着一定的'公共性'，在这里，适度的分享团体多于一个人或一家人，但小于一个无限的数目。'公共性'的范围是有限的。"因此，这种介于纯私人物品和公共物品之间的物品或服务就是"俱乐部物品"。俱乐部物品主要有两大特征：一是对外的排他性，俱乐部物品仅由具有某种资格并遵守俱乐部规则的会员共同消费，因而排他是可能的；二是对内的非竞争性，单个"会员"对俱乐部物品的消费不会影响或减少其他会员对同一物品的消费，比如公园。在一般情况下，多一个参观者，并不影响其他游客的参观，也就是增加一个人并不增加边际成本，具有非竞争性；但要阻止其他游客进入也是可能的，只要在门口设置一个收费处即可实现，所以又具有排他性。

（2）公共资源物品（Common-pool Resources）。具有非排他性但具有竞争性的物品，有时也称拥挤性公共物品（Congestible Public Goods）。埃莉诺·奥斯特罗姆（2000）将这类公共物品成为"公共池塘资源"，并认为"公共池塘资源是一种人们共同使用整个资源系统但分别享用资源单位的公共资源。在这种资源环境中，理性的个人可能导致资源使用拥挤或者资源退化的问题。"此类物品的特点是具有明显的拥挤点，在拥挤点之前不具有竞争性，但超过拥挤点，则具有较强的竞争性。以城市道路为例，在上下班高峰期，虽然每个人都可以开车进入城市道路，具有非排他性，但在车辆较多，道路开始拥挤以后，道路上行驶的车辆便具有竞争性，就会影响交通，甚至增加交通事故的风险。

对于混合物品来说，其供给要点是要根据物品类型不同而选择不同策略。

其一，对于俱乐部物品，虽然其可以在技术上可以实现排他，但其生产和消费很有可能会产生外部效应，而且是正的外部效应。如果它由私人部门通过市场提供，由此而带来的外部效应，必须由政府财政给予补贴，否则很可能会出现供给不足。如果由政府部门直接出资经营，往往也要利用市场的

71

价格机制，通过市场的销售渠道提供出来。无偿（免费）供给的情况容易导致过度消费，因而比较少见。

其二，对于公共资源物品，因其只在消费者达到一定数量之后，才有竞争性，而在此之前，则不具有竞争性。这就意味着，为了防止过度拥挤，通过收取费用，也可以在技术上实现排他。既然如此，市场提供或政府提供都是可以选择的方式。至于哪个更好，或以政府提供为主，还是以市场提供为主，则可视其具体情况而定。如公路、桥梁、公共设施的建设，通常以政府的税收为资金来源，并由政府部门经营，但同时，这些公共品的使用者、受益者则要向政府交纳一定的费用作为使用的代价。而影剧院、体育场馆等，通常是由私人部门出面提供，但其建设和经营的资金，一方面来源于向使用者收取的费用，另一方面也应由政府给予补贴，否则就会因正外部效应的外溢而出现供给不足。所以这类物品或劳务的供给中，市场因素与政府的财政因素兼而有关。除政府和市场之外，奥斯特罗姆认为，即便没有彻底的私有化，没有完全的政府权力的控制，公共池塘资源的使用者也可以通过自筹资金来制定并实施有效使用公共池塘资源的合约。"通过自主组织来治理和管理公共池塘资源的占用者所面临的一些问题与私益物品占用者的问题相似，所面临的另一些问题与提供公益物品占用者的问题相似。"（奥斯特罗姆，2000）

对混合物品的分析在实践中有一定的政策含义：一是混合物品由市场提供时，适当收费可使消费者在使用这项物品或服务时认真地对其效益和成本进行权衡，从而防止过度消费而造成资源浪费。二是可以减轻完全由政府提供给政府带来的增加税收的压力，并把税收成本和因征税而引起的效率损失（如对再生产造成的不利影响，对纳税人劳动热情的挫伤）限制在一个较低的水平上。因此，合理评价公共物品及混合物品的外部效应大小，并由此决定由政府提供还是由市场提供，以及在由市场提供时政府应给予多少补贴才是合适的，才符合效率最大化准则，是制定政府（财政）政策时必须考虑的因素。

参考文献：

［美］埃莉诺·奥斯特罗姆：《公共事物的治理之道》，上海三联书店 2000 年版。

James M. Buchanan, An Economic Theory of Clubs, *Economica New Series*, Vol. 32, No. 125, Feb., 1965.

Paul A. Samuelson，The Pure Theory of Public Expenditure，*The Review of Economics and Statistics*，Vol. 36，Issue 4，1954.

Suzanne Scotchmer，Local Public Goods and Clubs，In A. Auerbach and M. Feldstein，*Handbook of Public Economics*，Vol. 4，North Holland Press，2002.

T. D. Sandler and J. D. Tschirhart. Club Theory：Thirty Years Later，*Public Choice*，Vol. 93，No. 3. 1997.

（樊丽明）

俱乐部物品
Club Goods

参见混合物品。

（樊丽明）

全球公共物品
Global Public Goods

全球公共物品有时也称为全球公共产品、全球公共品，或国际公共品（International Public Goods）。

全球公共物品是一种原则上能使不同地区许多国家的人口乃至世界上所有人口受益的公共物品。它是公共物品概念在地理和空间范围内的引申和拓展，因此也必然具有公共物品的两个基本特性，即消费上的非排他性和非竞争性。桑德尔（T. Sandier，1998）根据国际公共物品是否满足两个基本特性，将其分为纯国际公共物品和准国际公共物品两类。但实际上，真正同时满足两大特性的纯全球公共物品十分少见，更多的全球公共物品可以归为全球准公共物品类。

随着全球化进程的不断加快，国家或地区之间的联系越来越紧密。全球化在建立国家之间新的分工秩序、实现互惠互利的同时，也在客观上加速了风险因素跨国（境）传播的速度，从而使得原本只需在一国（或地区）内面临的公共问题，迅速转化为世界各国共同面对和解决的全球公共问题。而这些全球公共问题的最终解决，又可以在很大程度上归结于全球公共品的供给问题。比如，随着人类活动的不断增加，因大量温室气体排放所导致的全球气候变化问题，正成为当前世界各国亟待解决的公共问题，而要解决这一问题，需要在世界范围内建立一个有效的减排体系，而这即是一种全球公共物品。

加亚拉玛和坎博（Jayaraman and Kanbnr, 1998）根据国际公共物品供给中参与者的地位，将其供给分为加总供给、弱者供给和强者供给三种类型。加总供给是指国际公共物品由所有具有相同重要性的参与者的贡献加总而得。弱者供给是指国际公共物品由那些弱势参与者来供给，如防止疾病传播和避免国际恐怖主义的预防措施等。强者供给是指由强势参与者单独来供给国际公共物品，此种方法适用于解决那些需要迅速反应的国际问题，如先进的药品，最新的农业科技，或对紧急事件的快速反应等。库尔、歌伯格和斯特姆（Kaul, Grunberg and Stem, 1999）指出，目前国际公共物品的供给与消费环节中存在的主要问题，一方面是供给不足，另一方面是消费过度与消费不足并存。究其原因，主要在于缺乏世界政府（司法缺口）、调缺少足够多的参与者（参与缺口）、缺乏有效的激励机制或措施以保证国际合作的顺利进行（动机缺口）。正是上述三种缺口的存在，无法有效解决国家（或地区）"免费搭车"的现象，也无法有效激励国家之间的稳定合作。除非出现突然意外的巨大风险，比如，发生非典、全球金融危机等特殊现象，全球公共物品的供给往往难以令人满意，只能在不断谈判中缓慢前进，甚至没有任何进展。

以全球气候变化为例。虽然深知全球气候变化将会带来严重挑战，但世界各国却没有形成统一的应对方案。经过多轮谈判，目前已经达成了三个主要的国际协议，分别是 1992 年 5 月通过的《联合国气候变化框架公约》（United Nations Framework Convention on Climate Change, UNFCCC）、1997 年 12 月签订的《京都议定书》（Kyoto Protocol）以及 2007 年 12 月通过的《巴厘路线图》（Bali Road Map）。尽管如此，在全球统一减排的具体政策上，各国仍存在较大分歧，每年召开的联合国气候变化框架公约缔约方会议（Conferences of the Parties, COP）虽然讨论的热火朝天，但往往最终难以形成实际的统一行动。我国是《联合国气候变化框架公约》缔约国之一，也是世界上最大的发展中国家，尽管目前碳排放量最大，但在整个人类社会发展过程全部碳排放量中所占的比例较小。作为一个负责任的国家，虽然我国整体社会发展水平较低，但仍然宣布到 2020 年单位国内生产总值温室气体排放比 2005 年下降 40% ~ 45% 的行动目标，并作为约束性指标纳入国民经济和社会发展中长期规划。

2008 年金融危机以来的实践表明，全球秩序、全球治理和全球政策协调也具有重要的公共物品性质。

参考文献：

T. Sandler, Global and Regional Public Goods: A Prognosis for Collective Action, *Fiscal Studies*, Vol. 19, Issue 3, 1998.

Rajshri Jayaraman and Ravi Kanbur, International Public Goods and the Case for Foreign Aid, in Inge Kaul, Isabelle Grunberg, and Marc A. Stern eds, *Global Public Goods: International Cooperation in the 21st Century*, New York: Oxford University Press, 1999.

Inge Kaul, Isabelle Grunberg and Marc A. Stern, *Global Public Goods: International Cooperation in the 21st Century*, New York: Oxford University Press, 1999.

Todd M. Sandler, On Financing Global and International Public Goods, World Bank Policy Research Working Paper No. 2638.

（樊丽明）

权益—伦理型公共物品
Rights-Ethics Public Goods

　　权益—伦理型公共物品是 2010 年由贾康和冯俏彬在研究扩展的公共物品定义时提出的，旨在从理论上对经典公共物品定义进行改进和补充。"扩展的公共物品定义"，是将萨缪尔森的公共物品定义（强调公共物品的"非竞争性和非排他性"）和布坎南的公共物品定义（强调公共物品的"公共选择"）两个方面统一在更全面且可自恰的解释框架之内。将两种公共物品定义打通并桥接起来凝练出的概念，正是权益—伦理型公共物品。

　　权益—伦理型公共物品和扩展的公共物品的理论框架：在扩展的公共物品定义下，政府既可以提供公共物品，也可以提供直观形式上的私人物品，前提是只要公共选择程序决定这么做。教育、医疗、住房固然可以排他也有竞争性，是可以由市场提供的私人物品，但是，当社会发展到一定程度以后，每一个公民能得到基本的教育、生病的时候能得到救治、有基本的住房保障、有一份工作、年老的时候能得到基本生活品等被视为人之所以为人的"基本权利"，被视为一个文明社会理应具备的仁慈与人道关怀。这种价值观在得到广泛的共识后，经过公共选择的程序，转化为现实的社会政策。于是，这些以前的私人物品顺理成章地进入了政府提供的公共物品的清单。不可否认，由政府提供基础教育、医疗服务、住房等在满足当代社会对于公民权利的诉求，在贯彻"公平"、"平等"等基本价值观的同时，的确还对全社会带来实实在在的利益，即大多数文献中所声称的效用不可分割的"正外部性"或公益性。由此，我们将这类新的公共物品称为"权益—伦理型公共物品"。在扩展的公共物品定义基础上，公共物品的范围如图1所示。

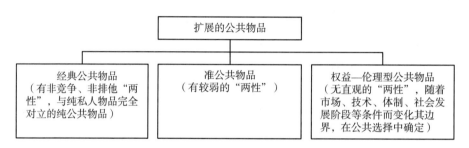

图1　扩展的公共物品结构示意图

权益—伦理型公共物品的基本特点是"有私人物品特征的公共物品"。

相对于经典公共物品，权益—伦理型公共物品具有双重性，即"有私人物品特征的公共物品"。也就是说，基于政治伦理，它应当由全体社会成员平等消费，因此只能按照政治原则分配。但是，基于物品属性，则既能排他也有竞争性，且某种这类物品在一定时间的消费总量 X 等于 i（i = 1，2，…，n）个消费者消费量之和，用公式表示为 $X = \sum_{x=1}^{n} X_i$，因此消费它们的效用可分割、受益主体可识别且受益程度可计量，具备了收费的全部条件。由此，在其生产中可以引入经济原则，并打开通向公共部门与私人部门合作的大门（见图2）。

1. 按政治原则进行分配，但特别重视那些缺乏权利的人群。大凡公共物品，都应是可由全体国民平等享受的。权益—伦理型公共物品基于"每个人都应平等地享有某种权利"的价值观念而产生，因此理论上讲政府更应当向全体国民平等地提供。权利的普及对象应该是那些还没有权利的群体。注意到这样一个事实，有助于精准锁定权益—伦理型公共物品在某一特定时期的重点供给对象。即那些由于自身不能控制的原因，无力支付学费、医药费、生活费等的低收入者。

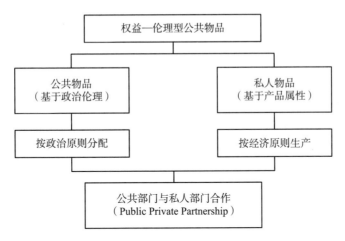

图 2　权益—伦理型公共物品的基本特点

2. 具备由私人部门生产的条件，因此生产中可全面引入"经济"、"效率"原则和"使用者付费"、"公私伙伴关系"模式。

权益—伦理型公共物品的提供主要体现政府收入再分配的功能。

突出强调权益—伦理型公共物品私人生产的种种优点，并不意味着否认和降低政府在其提供中的重大作用。如前，在公共物品的生产和消费之间，横亘着政府这一中介体。除了在消费环节要按政治原则进行分配这一点必须要由政府执行和保证以外，政府还必须在如何筹资、如何付费、如何管理等"中间环节"上发挥不可替代的作用。

权益—伦理型公共物品的边界确定和相关决策制度问题。

在当代，权益型公共物品的主要内容是教育、医疗、住房、就业、个人服务以及对低收入人群的救济等。在经典理论中，公共物品的边界漂移与动态调整已是可观察的普遍事实，对此最一般性的解释是排他性技术的进步与成本的下降导致了某些物品从"公域"到"私域"的移动；另外，市场经济体制的发展和经济社会发展阶段的不同等因素，也造成其边界的漂移。就权益—伦理型公共物品而言，确定边界的标准则不仅是纯粹的技术条件与冰冷的经济因素，而且要包含有复杂政治互动因素的社会政策，其中决定性的影响因素是大多数人持有的某种"政治伦理"或"价值观"。进一步说，最重要的不是政府应当提供什么样的权益—伦理型公共物品，而是要在制度层面建立其动态调整、定期重划的公共选择机制。

加入权益—伦理型公共物品后的社会物品"光谱"。

扩展公共物品定义后的公共物品构成扩展的公共物品定义及其相关阐释，使我们可以粗线条地勾画一张社会物品从公共物品到私人物品基本分布状态的"光谱"示意图（见图3）。在最左侧的纯粹公共物品和最右侧的纯粹私人物品之间，分布着边界可漂移的、为数众多的准公共物品和权益—伦理型公共物品，这个领域的社会物品特征，是不严格满足"非排他性"和"非竞争性"两个性质，以及微观上不满足、宏观上却有一定程度的满足，这既有别于左侧的"完全满足两性"，也区别于右侧的"完全不满足两性"。但无论是纯公共物品，还是准公共物品和权益—伦理型公共物品，都具有不可分割的"正外部性"效应，区别于私人物品的"无明显正外部性"，但程度可以明显不同。

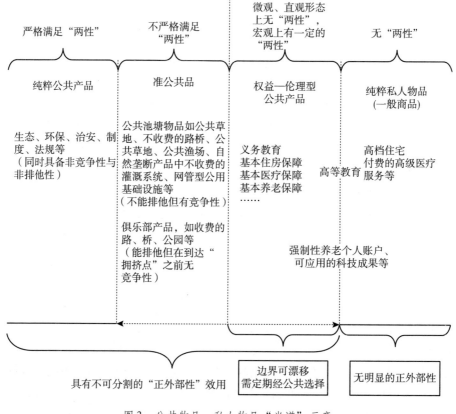

图3　公共物品—私人物品"光谱"示意

综上所述，可形成关于扩展的公共物品定义下公共物品三个部分的基本认识：（1）确定无疑具备消费的非排他性与非竞争性的纯粹公共物品；（2）部分满足上述"两性"的准公共物品；（3）微观、直观形态上不具"两性"而宏观、综合形态上则具有一定"两性"的权益—伦理型公共物品。进一步地，应明确地加以强调：公共物品内部各分类之间及其与私人物品之间的分界是可以随发展阶段、技术、市场、体制等相关因素和条件的不同而漂移的；权益—伦理型公共品的具体范围，尤需每隔一段时间经公共选择程序重新进行界定。

参考文献：

［美］布坎南：《民主过程中的财政》，三联书店 1992 年版。

［美］萨缪尔森、诺德豪斯：《经济学》，人民邮电出版社 2008 年版。

［美］哈维·罗森：《财政学》第四版，中国人民大学出版社 2000 年版。

冯俏彬、贾康：《权益—伦理型公共物品：关于扩展的公共物品定义及其阐释》，载于《经济学动态》2010 年第 7 期。

Buchanan, James M., *The Demand and Supply of Public Goods*, Chicago：Rand McNally & Company, 1968.

R. H. Coase, The Lighthouse in Economics, *Journal of Law and Economics*, Vol. 17, No. 2. Oct., 1974.

Dennis Epple & Richard E. Romano, Public Provision of Private Goods, *The Journal of Political Economy*, Vol. 104, No. 1. Feb., 1996.

Musgrave, R. A., *The Theory of Public Finance*, New York, McGraw-Hill, 1959.

Samuelson, P. A., The Pure Theory of Public Expenditure, *The Review of Economics and Statistica*, Vol. 36（4）, 1954.

Pickhardt M., Fifty Years After Samuelson's 'The Pure Theory of Public Expenditure：What' are We Left With? Paper presented at the 58th Congress of International Institute of Public Finance, Helsinki, August 26-29, 2002, http：// www. pickhardt. com.

（贾康　冯俏彬）

租
Rent

租是一个内涵相当丰富的概念，无论是在中国还是西方都有广泛的社会经济含义。从大的社会行为角度讲，租包含了田赋、租金、租税等内涵，大范围的分布于文学、史学等文字资料当中；从小一些的经济学角度看，租与税之间有密切的关系，特别是与土地及土地相关的产出，是经济学家们长期讨论的热点。相关著述也印证了上述的判断：马克思为代表的学者对租与地租（Rent and Land Tax）的内容进行过深入分析；租与税（Rent and Tax）的关系也曾被学界广泛讨论；近现代关于"租"的探讨则主要集中在以克鲁格为代表的"寻租理论"（Rent Seeking）。

地租是"租"的最基本形式。地租是土地所有权在经济意义上的实现。无论何种形式的地租都是以一定的土地所有权为前提，不同的土地所有制，产生不同形式的地租。马克思主义政治经济学认为，封建社会末期，随着商品经济的发展，小商品生产者的分化，资本主义关系不仅在工业中，而且在农业中也发展起来。为了发展资本主义经济，获取资本利得，资产阶级对旧的土地所有制形式进行了改造，建立起适合资本主义发展的，有别于封建社会的，新的土地所有权形式。

尽管资本主义在农业中发展的道路有所不同，但所形成的资本主义土地所有权却有鲜明的共同特征。其一，这种土地所有权已从统治和从属的传统关系下完全解放了出来，不再有人身的依附和各种超经济的强制约束，而成为纯粹的经济关系。其二，它使土地的经营权与土地所有权完全分离。在资本主义社会，掌握土地所有权的土地所有者一般不从事农业经营，而是把土地租给农业资本家。农业资本家靠承租土地雇佣农业工人进行农业生产经营，从而使资本主义农业中形成了三个相互依存又相互对立的阶级，即土地所有者、农业资本家和农业雇佣工人，产生了农业的资本主义经营方式。

这种资本主义土地所有权，使农业摆脱了分散落后的经营方式，细化了社会分工，能够采用科学的社会化的方式进行经营，使农业生产效率显著提高。从这个角度讲，这是历史的进步。但是，这种进步，是以直接生产者的赤贫为代价，农业无产阶级随之而生。在资本主义制度下，农业资本投资农业，目的就是获取剩余价值。而为了取得进行剥削的条件，必须向土地所有者租用土地。这个土地，不管是用于耕种、建筑、开矿、养殖，还是用于其他生产项目，都必须按契约的约定向土地所有者支付一定数额的货币。这些数额的货币的实质就是地租。资本主义关系下，实际耕种土地的往往不是农业资本家，而是受农业资本家雇佣的农业工人。所以，资本主义地租的实质是农业工人创造的剩余价值。

租与税的关系则是地租泛化之后产生的。形式上，无论是租还是税，在全民所有制条件下，实际都是公共部门集中公有财产收益的过程。同样，在封建和资本主义等以私有制为基础的社会当中，租是一种对有限范围财产权即土地所有权的收益，即地主和资本家凭借土地所有权带来的收益。税则是一种对更广泛甚至无线范围的财产权即土地所有权的收益，"普天之下莫非王土"便是"税"的一个重要基础。

关于土地收益的税，马克思就指出："土地税按规定本来只应该由土地所有者负担，而不是由承租者或者佃户负担。"这里所说的土地税就是一种土地收益税，针对的是土地所有者获取的地租收益。事实上应把土地收益税的范围扩大为国家凭借政治权力，以土地收益为课征对象，从土地所有者或土地使用者那里无偿地、强制地取得部分土地收益的一种方式，这里的土地税就是指对土地收益课征的各种税。

租与税的明显区别体现在：

第一，二者凭借的权力不同。土地税的征收凭借的是国家政治权力，而地租的取得凭借的是土地所有权，租的范围要小得多，权力属性大不相同。

第二，二者分配的层次不同。土地税属于国民收入的再分配，而地租则属于国民收入的初次分配，二者所处的分配层次不一样。

第三，二者的作用不同。土地税重在调节土地的所得和使用，属于市场微观行为，而地租则重在实现国家对土地的所有权和国家对土地资源分配的调控功能，属于宏观经济管理。

第四，二者使用方向不同。土地税由于是国家行政权力获取，因而应主要用于国家社会行政方面的支出，而地租由于是土地所有权的收益，因而主要应用于土地的再开发及其配套建设。由上可知，国家获得的两种土地收益——即租与税有显著的区别。因此，必须实行租税分离，国家凭借土地所有权收租，凭借政治权力征税。只有这样，才能理顺租税分配关系，有效地发挥其各自的调节作用；才能建立起合理的土地收益机制，保证获得稳定而可靠的土地收益，并合理安排使用国家土地收益，进而加强国家对土地的管理。

中国特色社会主义建设，经历了租税分流的讨论过程。计划经济时期通行的分配模式模糊了租与税之间的边界，租税合一较为普遍，税收无用论横行。大致从 1986 年，企业经营承包责任制开始，先后经历了与"利改税"并行的阶段，房地产（土地）"租税"分流，资源税"租税"分流等事件，构成了我国收入分配领域的重要内容之一。

最初的租税分流是基于"利改税"改革的讨论。所谓租税分流，是指对含租利润中的租金和利润予以明确区分并进行分离，同时分别对二者进行费用扣除。租税分流和税利分流在形式上有五个显著区别：

其一，作为财政收入形式，前者是租而不是利（上缴利润），后者是利不是租；其二，前者税中不含租，后者税中含租；其三，前者适用于所有不同所有制的企业，后者仅适用于国有企业；其四，前者对企业税后利润不需再进行财政扣除，后者则还要作财政扣除；其五，前者在企业税后利润中不含租金，后者在税后利润中则含有税金。

实行租税分流的两个基本依据：第一，租金和利润是完全异质的，二者分别对应的费用扣除租与税的性质完全不同，即前者是租金的转化形态，后者则是利润的转化形态；第二，国家对租金进行扣除凭借的是对资源的所有权，并实现这一所有权的经济利益；而对利润征税凭借的是政治权力。虽然前者体现国家同资源使用者之间的契约关系，但仍具有征税的强制性特征。

而后的租税分流较之开始的意义有了比较大的转变，房地产（土地）的"租税"分流是在我国城市用地"批租制"框架下的讨论（戚名琛、张瑜，1989 等）。而资源税的租税分流，基于资源税费改革及矿产资源价格补偿和定价机制方面的问题（汪丁丁，1991 等）。

租的意义在 20 世纪得到了极大丰富，不仅因为工业化令社会分工日趋细化，还因为社会交往日趋复杂。寻租理论便是人类在认识自身行为过程中的重大发现和提炼。"寻租理论"（Rent Seeking）的理论框架以西方市场经济条件下实行政府干预或政府管制所导致的种种经济现象为现实基础，给中国经济研究许多有益的启示。其中最重要的启示，在于它所运用的理论实证方法——不是分析技术，而是研究经济问题的思维方式和逻辑出发点。

克鲁格在 1974 年最先将"寻租理论"模型化。他定义了寻租的基本概念，是指经济人对非生产性利润的追求，也泛指企业领导人通过政治手段（主要是通过游说与贿赂），从不合理的价格差中得到收益。事实上，寻租是市场经济条件下，由于政府对经济干预而产生的一类特定现象。第二次世界大战后，因为战后重建的需要，国家对经济活动的干预较之战前已经成为一种极为普遍的现象。除了微观规制和宏观调节之外，还有设立了规范的关税制度，实行了进出口许可证制度，实施了投资许可证（以限制投资规模），制定了信贷分配制（以保政府希望的优先项目）等。寻租理论正是对这一系列政府干预的后果进行科学分析的理论。

寻租理论的主要论点包括：第一，（寻租）租金的产生是政府干预的结果。因为政府拥有政策、法律、行政权威等强制手段，制造了一个相对自由经济来说不平等竞争的经济环境。第二，寻租活动会造成社会浪费。克鲁格在《寻租社会的政治经济学》著作中建立了模拟寻租的数学模型，测算了印度 1964 年因政府的干预形成的（寻租）租金约占当年国民收入的 7.3%。第三，寻租活动严重影响了政府的廉洁及信誉。经济人总是追求最大的经济利益，政府如果也像经济人一般有趋利倾向，势必动摇其声誉，降低民众的信任。虽然寻租理论提炼于资本主义政府干预的背景，但中国的寻租现象可能比资本主义国家更为广泛，因为公有制体制模糊了产权边界，政府的权威和所涉范围也较之西方国家更大，更易滋生寻租。

参考文献：

吴兆莘：《马克思恩格斯论租税——论资本主义租税的本质》，载于《中国经济问题》1962 年第 10 期。

汪丁丁：《资源的开采、定价和租》，载于《管理世界》1991 年第 3 期。

戚名琛、张瑜：《中国城市的土地批租》，载于《城市问题》1989 年第 3 期。

邓晓兰、申嫦娥：《土地收益的租与税》，载于《当代经济科学》1992 年第 6 期。

王雍君、吴强：《论租税分流与税制改革》，载于《经济学家》1990 年第 4 期。

A. O. , Krueger, The Political Economy of the Rent Seeking Society, *American Economic Review*, Vol. 64, No. 3, 1974.

R. V. , Tollison, Rent Seeking：A Survey, *Kyklos*, Vol. 35, 1982.

J. , Mokyr and V. C. , Nye, Distributional Coalitions, the Industrial Revolution, and the Origins of Economic Growth in Britain, *Southern Economic Journal*, Vol. 74, No. 1, 2007.

W. R. , Dougan, The Cost of Rent Seeking：Is GNP Negative? *Journal of Political Economy*, Vol. 99, No. 3, 1991.

M. , Gradstein, Rent Seeking and the Provision of Public Goods, *The Economic Journal*, Vol. 420, No. 103, 1993.

K. M. ，Murphy，A. ，Shleifer and R. W. ，Vishny，Why is Rent-Seeking So Costly to Growth? *American Economic Review*，Vol. 83，No. 2，1993.

（何代欣）

公共定价
Public Pricing

  公共定价是"公共"与"定价"两个核心词汇组合而成的词组。"公共"（Public）一词与"公共品"（Public Goods）的用意大体一致，往往相对于私人品对应的物品而言，又作为定价主体的角度，出自政府或公共部门。"定价"（Pricing）的意义相对简单，是指政府定价或者政府指导价格。

  关于公共品定价的探讨，西方国家均起步较早，费尔德斯坦（Fieldstein，1972）认为该研究领域比较具有代表性的人物包括以霍特林（Hotelling）、拉姆齐（Ramsey）为代表的经济学家。霍特林（1938）主张，公共物品应该按边际成本定价，而对于占成本中绝对份额的固定成本则应由所得税、遗产税以及地价税等各种税收予以支付。而后，施泰纳（Steiner）在边际定价的理论基础上，提出了电力价格的高峰负荷定价理论，并由威廉姆森（Williamson，1966）进行了完善，成为针对某一项公共品定价策略研究的范例。由于边际成本定价法，依然未能彻底解决厂商亏损问题。学者们开始考虑，拉姆齐（Ramsey，1927）建立的拉姆齐定价模型，以使在厂商盈亏平衡下促进社会福利最大化，应按平均成本定价。李特查尔德（Littlechild，1983）针对当时英国电信产业管制设计了最高限价模型（RPI-X 模型），将管制价格和零售价格指数与生产效率挂钩，实现了动态监管的模型化，解决了最高限价范围内管制价格波动优化的问题。克拉克（Clake）提出多部定价理论，此后部分学者还证明了从社会分配效率的角度看霍特林提出的公共部门两部制定价是可行的。20 世纪 90 年代以后，随着委托代理理论、博弈论及信息产业经济学等微观经济学的前沿理论的广泛运用，激励管制理论作为一种新的管制理论产生了。特许投标制度、价格上限规制等制度被广泛运用，也成为各发展中国家借鉴的管制制度。

  我国国内对公共物品定价管制研究起步稍晚。温桂芳、王俊豪、于良春、冷淑莲等学者对公共定价管制理论进行过系统的研究，提出的理论和政策建议为我国公用事业体制改革奠定了基础。我国部分学者借鉴西方发达国家政府对自然垄断行业进行管制的成功经验，结合我国市场经济体制与公用事业发展现状，重点提出我国公用事业管制改革可行性、必要性和紧迫性、管制改革的思路及如何放松规制等问题。也有学者对公用事业企业主体进行研究。随着非政府组织的萌芽，中国的公共定价还牵涉到新兴部门的物品及服务定价，这些方面的研究成为近期的研究热点。

与私人定价相比，公共定价有四个基本特征：

一是定价主体的专门性。一般而言，承担公共定价职责的是政府机构或公共职能部门。我国主要是政府价格主管部门，如国家发改委有责任把握整体的宏观价格，就包括了水、电、油、气及公共服务行业等主要公共品的定价，或者一些行业主管部门，如铁道部、民航总局等在法律法规授权范围内也有一定的定价权。

二是定价客体的特殊性。公共定价往往具有严格的范围限定性。随着社会主义市场经济的完善，我国公共定价的范围仅限于部分商品及服务的价格：与国民经济发展和人民生活关系重大的极少数商品价格；资源稀缺的少数商品价格；自然垄断经营的商品价格；重要的公用事业价格；重要的公益性服务价格。

三是定价目标的福利性。公共定价主要是为了矫正市场配置资源失灵所带来的公共利益受损，维护社会公共价值与利益。一般认为"政府应当追求社会福利最大化"是定价和价格管制的最终目标。

四是公共定价的严肃性。多数国家规定政府公共部门的定价行为必须严格依照法定程序进行。实行公共定价的原因比较复杂，在现代经济学中，经济学家基本上是从市场失灵的角度进行解释的，也有从宏观调控的角度予以分析的。公共定价相对私人定价影响范围大，严肃性也更突出。政府出于维护社会公共价值与利益的需要，对相关领域的物品价格进行适度的干预。关于公共定价的性质，虽然学术界和司法界都还存在很大的争议，但是大多认为政府的公共定价行为属于抽象行政行为。

公共定价是政府对某些特定商品或服务的收费标准进行决策的方式，因此有一套区别与市场定价不同的定价方法。为了实现合理有效的公共定价，克服由于垄断经营而引起的各种弊端，促进公用事业企业生产效率和服务质量的提高，激励企业发挥基础设施的优势，积极开拓增值服务需要抓住公共定价的实质，并更具不同公共品特性选定合适的定价方法。

公共定价方法要考虑两个方面的内容。

一方面，由于公共品与民众的生活关系密切，也与市场其他商品和劳务的价格紧密关联。公共品的相当部分属上游商品，通过政府公共定价或者价格管制，可以为公用事业物品或服务明确收费标准，在一定程度上起到稳定市场物价的作用。公用事业物品（服务）的价格必须反映企业的生产和运营成本，尽量地使企业保持赢利或微利。另一方面，由于城市公用事业本身具有一定的公益性特征，承担着一定的公共责任。为此，公用事业物品或服务必须维持较低的价格水平，体现一定的社会福利性。也就是说，合理有效的公共定价，既要顾及公共品的公共属性，同时也应在一定程度上体现经济效益的追求；既要考虑建立价格约束机制，以刺激公用事业企业提高服务质量和效率，又要考虑公众特别是低收入人群的承受能力。

目前比较主要的公共定价方法包括了传统的规制定价机制和激励性定价机制。这两种机制的出发点有显著的区别，规制定价是一套自上而下的管制性定价策略，激励性定价是一套自下而上的鼓励性定价策略。

第一，规制定价。规制定价是基于微观经济学的公共品定价方法。它的理论依据是自然垄断行业导致的市场失灵，而政府规制是可以作为解决市场失灵的办法，主要通过价格规制和收益率规制来限制垄断力量，提高资源配置效率。公共品供给方往往存在不同程度的垄断，因此符合这样的商品特性。

拉姆齐给出的这类商品的定价方式是边际成本定价法，依据厂商收支平衡条件下实现经济福利最大化的模型。公式如下：

$$[p(Q_i) - MC]/p(Q_i) = R/\varepsilon_i$$

其中，$p(Q_i)$ 为第 i 种物品的需求函数；MC 为边际成本；R 为拉姆齐值；ε_i 为需求弹性。

这种定价方式考虑了不同物品的需求弹性，即物品的异质性，因此对不同用户来说，定价往往不同。

拉姆齐定价模型要求获知关于技术和需求、需求弹性等参数信息。但如此充分的信息很难获得。现实中，采用变通的定价方式是资本收益率定价法：根据历史规律和现实情况，政府制定合理、公正的利润水平，来限制垄断行业的利润率。在这种规制条件下，企业的成本和价格变动刚好满足补偿成本的需要，是一种建立在市场经济运行规律之上的管理计划。

第二，激励定价。激励定价是建立在不完全信息基础上的，激励规制理论得益于信息经济学的发展，进一步精确化了公共定价的过程。激励定价的基本原理是：它假设同一经济行为中的不同当事人所拥有的信息不对称，有事前不对称所引起的逆向选择，也有事后信息不对称所引起的道德风险。

"激励相容"与"委托代理"理论对定价理论的贡献。诺贝尔经济学奖得主——赫维兹（Hurwicz）在其创立的机制设计理论中，首先提出了"激励相容"的理念。即在市场经济中，每个人都有自利的一面，其个人行为按照自利的规则行动，如果能有一种制度安排，恰好使个人自利与社会福利最大化的目标重合，那这一制度安排就是"激励相容"。而后，莫里斯创立了信息不对称条件下的委托代理理论。他提出委托人需要设计有效的激励机制，以促使有信息优势的代理人采取最大限度地增进委托人利益的举措。为此，委托人需要支付信息租金，即信息的价格，由于这个价格包含在交易价格当中，委托—代理关系达不到本应预期存在的最优结果，只能是次优结果，二者之间的差别称为代理成本。

参考文献：

［美］鲍德威、［美］威迪逊：《公共部门经济学》，中国人民大学出版社2000年版。

杨君宜：《公共定价理论》，上海财经大学出版社2002年版。

庄序莹：《房地产市场中的政府公共定价》，载于《经济管理》2002年第24期。

王利娜：《公共品定价理论评述》，载于《东岳论丛》2012年第1期。

傅惠君、潘旭兵：《论公共定价公益诉讼制度的构建》，载于《法制与社会》2007年第10期。

［美］约瑟夫·E·斯蒂格利茨、［美］沃尔什：《经济学》上册，中国人民大学出版社1997年版。

［英］安东尼·B·阿特金森、［美］约瑟夫·E·斯蒂格利茨：《公共经济学》，上海三联书店1992年版。

［英］伊特韦尔等：《新帕尔格雷夫经济学大辞典》，经济科学出版社1996年版。

H. Hotelling, The General Welfare in Relation to Problems of Taxation and of Railway and Utility Rates, *Econometrica*, Vol. 6, No. 3, 1938.

O. E. Williamson, Peak Load Pricing and Optimal Capacity under Indivisibility Constraints, *American Economic Review*, Vol. 56, No. 4, 1966.

V. V. Chari and L. E. Jones, A Reconsideration of the Problem of Social Cost: Free Riders and Monopolists, *Economic Theory*, Vol. 16, No. 1, 2000.

J. G. Cross, Incentive Pricing and Utility Regulation, *The Quarterly Journal of Economics*, Vol. 84, No. 2, 1970.

M. S. Feldstein，Distributional Equity and the Optimal Structure of Public Prices，*American Economic Review*，Vol. 62，No. 2，1972.

W. J. Baumol and D. F. Bradford，Optimal Departures from Marginal Cost Pricing，*American Economic Review*，Vol. 60，No. 3，1970.

F. P. Ramsey，A Contribution to the Theory of Taxation，*The Economic Journal*，Vol. 145，No. 37，1927.

O. E. Williamson，Peak Load Pricing and Optimal Capacity under Indivisibility Constraints，*American Economic Review*，Vol. 56，No. 4，1966.

V. V. Chari and L. E. Jones，A Reconsideration of the Problem of Social Cost：Free Riders and Monopolists，*Economic Theory*，Vol. 16，No. 1，2000.

J. G. Cross，Incentive Pricing and Utility Regulation，*The Quarterly Journal of Economics*，Vol. 84，No. 2，1970.

M. S. Feldstein，Distributional Equity and the Optimal Structure of Public Prices，*American Economic Review*，Vol. 62，No. 2，1972.

W. J. Baumol and D. F. Bradford，Optimal Departures From Marginal Cost Pricing，*American Economic Review*，Vol. 60，No. 3，1970.

F. P. Ramsey，A Contribution to the Theory of Taxation，*The Economic Journal*，Vol. 145，No. 37，1927.

（何代欣）

公益事业
Public Utility

公益事业作为一种非营利性事业，其目的是为了造福他人、社会乃至整个人类。它具有社会性、共享性以及福利性等特点，使其能够在缩小贫富差距、整合社会资源、缓和社会矛盾、弘扬社会道德风尚，构建和谐社会等方面发挥重要作用，为社会可持续发展提供重要保障。关于公益事业的定义大都是根据《中华人民共和国公益事业捐赠法》第三条：公益事业是指非营利的下列事项：（1）救助灾害、救济贫困、扶助残疾人等困难的社会群体和个人的活动；（2）教育、科学、文化、卫生、体育事业；（3）环境保护、社会公共设施建设；（4）促进社会发展和进步的其他社会公共和福利事业。

从公共经济学和公共管理学的角度看，公益事业属于私人部门提供公共物品，具有很强的利他性。传统理论认为，政府应成为公共物品的唯一供给者，但政府财政支出规模的不断膨胀，公共部门的运行效率偏低，都影响了政府提供公共物品的能力。20 世纪 80 年代以来，全球范围内出现了私人部门提供公共物品的现象，开始较多地引起人们关注，这是与私人部门在公共物品提供中越来越多地发挥作用相适应的。各国经验表明，公益事业应致力于形成以政府为核心的公权部门、以企业为核心的私人部门、以慈善机构为代表的第三部门、社会大众媒体以及以公民为主体的社会志愿群体共同参与，共同行使公共权力，共同承担责任，联合投入资源，共同承担风险，共同分享收益，联合生产和提供公共物品与公共服务的发展模式，以改变此前以政府为中心、一元主体独大、其他多元主体发展受制约的传统公益事业的发展格局。

政府存在"政府失灵"的问题，公益性事业领域同样存在"市场失灵"问题。在公益事业的提供上，过去政府倾向于提供单一化、标准化的物品或服务，而一些公众的特殊需求常常无法得到满足；另外，政府能力往往有限，有时候受到财政能力或信息获取方面的限制，政府组织只能关注那些重要的公益事业，而对于更广泛的其他类别的公益事业无法顾及。此外，有些公益事业虽然具有"私益性"，但其服务或物品提供者和消费者之间存在"信息不对称"，缺少足够的信息来评估服务或物品的质量，如果由营利性的市场主体来经营，有可能以次充好来欺骗消费者，谋求自己利益；而由政府来经营，效率又比较低下。在上述各种情况下，非营利组织可以发挥一定的补充作用。非营利组织是一种特定的社会组织形式，他们介于政府和企业之间。在不同的国家，非营利组织有不同的称呼，概念的界定也不完全一致，但民间性（非营利组织是独立于政府的组织，不是政府的组成部分，也不受制于政府）和非营利性（非营利组织可以从事营利活动但其营利利润不能分配给所有者、管理者和任何其他人）是非营利组织的本质性规定。

除了非营利组织的作用，企业的作用越来越多地被提及和重视。因为，企业在"私益性"社会事业领域扮演着主要角色。在市场经济体制下，就私益性物品的提供而言，无论从理论分析还是实践经验都表明，以市场为基础配置资源、由追逐利润为主要目标的营利性市场主体自发提供最有效率。因此，凡是具有私益物品性质的公益事业，原则上都应当由企业通过市场机制来提供。但这并不是说政府不可以参与公益性社会事业，政府可以通过购买服务的方式引导企业参与公益性社会事业。

中国的公益事业发端于近现代的社会大变革时期。从相关的历史资料来看，清代中后期的商业资本集团在推动中国公益事业发展方面起到了直接作用。两淮盐商便是清代最大的商业资本集团之一。当时，他们拥有巨额商业利润，其资本流向多个方面，捐助公益事业就是其中之一。他们在获取巨额利润后，积极回馈社会，将大量财富投资于修路造桥、救灾济荒、抚孤恤贫及捐资助学等具有社会公益性质的活动，为清代民间公益事业的发展做出了贡献。事实上，无论是道路桥梁，还是水利设施，都是与老百姓生活密切相关的基础性工程。在我国传统社会，这些基础性工程的建设往往极度落后，其中很重要的原因就是地方政府缺乏必要的资金支持，因此，在大多数情况下，民间资助就成了支撑这些基础设施建设的主要后盾。两淮盐商积极捐资道路桥梁及水利设施建设的历史事实就很好地说明了这一点。

如果说两淮盐商还是集体公益的话，近现代中国以个人为代表的公益事业，已经犹如雨后春笋般遍布神州。19世纪末在戊戌维新运动的影响下民间慈善事业产生了一些新的发展变化，并开始出现具有近代意义的公益事业。这一时期，慈善与公益事业的发展在很大程度上与救亡图强的维新变法运动紧密相连，不仅产生了有关的新思想观念，而且早先的某些慈善组织也发生了变化，并诞生了许多新的民间公益个人和团体，其活动内容与以往单纯的慈善义举不无差异，显得更为广泛和多元化，所产生的社会影响自然也较诸过去有所不同。经元善是其中的代表人物。19世纪后半期，作为江南著名的绅商的经元善，其声望素孚广施善举，成为影响全国的慈善活动家。在赈灾的组织方式上，经元善也在以往的基础上有所发展。其中最为引人瞩目的新举措，就是联合一部分绅商设立了新型民间赈灾机构。同时，管理科学化和制度化成为中国公益事业组织萌芽与发展的显著特征。当时，民间自设机构，领导一方民众进行义赈活动的方式，不仅在上海没有过，而且在全国也是第一次。经元善倡导的社会公益组织使义赈活动增强了组织性和计划性，克服了某些弊端也扩大了义赈的规模和作用。

对当代中国公益事业发展的研究，首先表现在关于慈善公益事业的理论基础、运行规范，公益组织建设与项目运作，慈善事业的现实需要、功能定位与评估等问题的综合分析上。2008年，民政部政策法规司与麦肯锡公司、北京大学法学院合作进行深入研究论证，形成"发展中的中国慈善事业"和"《公益事业捐赠法》与《慈善法》之间的关系"两个研究报告。麦肯锡公司在报告中提出了未来中国慈善事业发展的"三步走"战略，并针对中国慈善事业的发展提出尽快出台慈善事业法，建立由政府监管、公众监管、内部治理和行业自律组成的"四管齐下"的开放监管体系等九点具体建议。北京大学法学院在报告中则明确了《慈善法》在慈善事业法律体系中的统率作用，建议"以《慈善事业法》取代《公益事业捐赠法》"，并配有相关法律法规的支撑，推动慈善事业的持续健康发展（民政部政策法规司，2009）。

20世纪90年代随着公益组织的大量出现和志愿活动的发展壮大，作为公益事业的重要组成部分的志愿服务逐渐引起了各界关注。此外，各界还多次举办论坛探讨宗教与公益事业、企业与公益事业的关系。通过国内外比较，从第三部门的募捐资助机制、激励、监督机制、法律环境、效益评估等方面，总结了中国非政府公益组织的发展途径和趋势。

（何代欣）

公共政策
Public Policy

公共政策是以政府为主的公共机构，为实现公共目标、解决公共问题，运用公共资源，通过公共参与和公共选择，制定法令、条例、规划、计划、方案、措施、项目，等等，以此实施公共管理，实现公共利益。

公共政策包括六大要素：一是公共政策主体，可以分为政策制定主体、政策执行主体、政策评估主体。二是公共政策目标，总体目标是要保持社会稳定、公正、民主、和谐；具体目标是解决各类社会公共问题，消除社会正常运行的各种威胁，协调、平衡公众的利益矛盾和冲突。三是公共政策客体，包括公共政策所要解决的核心问题，公共政策执行中所要直接作用的对象，公共政策的制定与实施所要改变的状态等三个层次的内容。四是公共资源，广义是指公共政策运行中可以获得并加以利用的各种支持和条件，狭义是指公共政策运行中的成本。五是公共政策的实现手段，包括行政手段、经济手段、法律手段、科学技术手段、思想诱导手段。六是公共政策的形式，包括路线、战略、方针、规划、计划、方案、措施、项目，等等，通过法律、计划、文件等形式下达。

公共政策的这些要素间相互作用，发挥出公共政策的引导、调控、分配等功能。公共政策发挥引导功能，是因为公共政策的路线、方针、战略等形式发挥了行为准则的效力，规范和指导着人们的行为，指引和约束着经济社会发展方向、速度和规模。公共政策发挥调控功能，是因为在经济社会发展过程中，不可避免地产生利益矛盾和冲突，公共政策致力于体制、制度和模式的建立健全，从而调整和规范人们之间的行为和利益关系，纠正不和谐达到和谐。公共政策发挥分配功能，是因为实施公共政策的结果，必然改变社会的人力、物力、财力等资源在空间的分布与时间上的配置，在公平与效率之间进行权衡，使社会公共资源合理有效地发挥作用。

公共政策是相对稳定和绝对变动的统一。公共政策必须保持稳定，因为社会政治、经济稳定是公共管理的基本目标，而公共政策是公共管理的途径和手段，为了追求稳定，要求政策环境、政策机构、政策制定、执行和评估的程序等相关因素保持稳定，政策内容具有连续性。由于人类社会都是处于不断的发展变化之中，公共政策保持永远稳定是不可能的，必须不断出台新政策以解决新出现的社会问题、矛盾和冲突，政策的目标、内容、范围、资源、手段应及时随经济社会的发展需要的变化而变化。

自我国改革开放以来，公共政策的制定和执行能力取得了显著的提高。从"一个中心、两个基本点"的党在初级阶段的基本路线，到"一国两制"的国策；从科技是第一生产力政策，到"走出去"战略；从"西部大开发"，到"振兴东北老工业基地"、"中部崛起"；从允许一部分人、一部分地区先富起来，到实现基本公共服务均等化。既体现了在特定发展阶段，公共政策保持相对稳定，也体现了在不同发展阶段，公共政策随之发展变化。

由于公共政策对经济发展和社会治理的作用越来越大，受到世界范围的广泛重视，已经逐渐发展为一门独立的学科——公共政策学。斯坦福大学的政治学教授哈罗德·拉斯韦尔是公共政策学的创始人，他对公共政策学下了一个定义：公共政策学就是"以制定政策规划和政策替代案为焦点，运用新的方法论对未来发展趋势进行分析的学问"。他认为，公共政策学应当具备六项规定性：第一，公共政策学是关于民主的学问。第二，公共政策学的哲学基础是理论实证主义。第三，公共政策学是一门对时间和空间都非常敏感的科学。第四，公共政策学是跨学科的一门学问。第五，公共政策学是政府官员与学者共同研究的学科。第六，公共政策学是包含"发展模型"（Developmental Construct）的学科。叶海卡·德洛尔在 1968～1971 年期间，写出了被称为公共政策科学"三部曲"的《重新审查公共政策的制定过程》（1968 年）、《政策科学探索》（1971 年）、《政策科学构想》（1971 年），这也标志着西方公共政策学进入发展阶段。德洛尔要确立的公共政策是一种"总体政策"，包括下列内容：第一，制定总体目标的政策，即在制定具体政策之前要确定总体目标。第二，制定政策范围的政策，即要确定政策范围，确定将什么划入政府的政策之中。第三，设定时间单位的政策，即要设定时间单位，只有有了严格的时间概念，才会有政策的连贯性。第四，设定风险的政策，即要设定风险承受力，必须预测一个政策可能遇到的风险。第五，选择普遍性或特殊性的政策，即要在普遍性与特殊性中进行选择，虽然所有政策都具有这两种特性，但对不同的政策来说，总有某一种特性明显一点。第六，选择协调性与侧重性的政策，即要确定制定的政策是重在协调，还是有所侧重，前者是实现均衡，后者是倾斜。

在西方，公共政策研究从 20 世纪 50 年代正式成为政治科学、公共行政科学中的重要分支，经过了 60 年代的政策咨询研究，70 年代的包括政策执行、政策评估、政策终结在内的政策周期研究，80 年代的政策效率、政策信息多元化、政策学家与政治家关系的研究，90 年代的公共政策伦理、价值、公共政策与公共管理的关系研究以及诸如电脑犯罪、信息政策、试管婴儿、温室效应等一系列新的社会问题研究，同时，许多政策学者转向政策调查研究，通过政策调查、政策辩论获得政策实施的合理性。

在我国，中国公共政策研究是从改革开放以后才兴起的。20 世纪 80 年代初，改革开放中出现的大量问题，尤其是社会转型时期的经济政策问题为公共政策研究提供了历史契机。起初，公共政策研究包含在公共行政学和政治学这两门学科之中，90 年代正式分离出来成为一个独立的研究领域，开设了公共政策课程、创办了研究机构、培养了专业人才、出版了专业书籍、建立了全国性的研究会，在学科建设方面取得了长足的发展。

参考文献：

［美］R. M. 克朗：《系统分析与政策科学》，商务印书馆 1986 年版。

［美］查尔斯·E·林德布洛姆：《政策制定过程》，华夏出版社 1988 年版。

［美］詹姆斯·E·安德森：《公共决策》，华夏出版社 1990 年版。

［美］史蒂文·凯尔曼：《制定公共政策》，商务印书馆 1990 年版。

［美］丹尼斯·C·缪勒：《公共选择》，商务印书馆 1992 年版。

孙光：《政策科学》，浙江教育出版社 1988 年版。

陈振明：《政策科学》，中国人民大学出版社 1998 年版。

刘伯龙、竺乾威：《当代公共政策》，复旦大学出版社 2000 年版。

严强：《公共政策学——南京大学 MPA 教育丛书》，南京大学出版社 2002 年版。

Daniel Lerner and Harold D. Lasswell, *The Policy Sciences*: *Recent Development in Scope and Method*, Standford, CA: Standford University Press, 1951.

Yehexke Dror, *Public Policymaking Reexamined*, Scranton, Pennsyvania:

Chandler，1968.

Yehexke Dror，*Ventures in Policy Sciences*：*Concepts and Application*，N. Y.：American Elsevier，1971.

Yehexke Dror，*Design for Policy Sciences*，N. Y.：American Elsevier，1971.

（于树一）

公共支出

公共支出
Public Expenditure

　　公共支出，亦称财政支出或政府支出，系指政府为履行其职能而支出的一切费用的总和。换句话说，一旦政府在以多少数量、以什么质量向社会提供公共物品或服务方面做出了决策，公共支出实际上就是执行这些决策所必须付出的成本。所以，公共支出也就是政府行为的成本。

　　公共支出是公共财政活动的一个重要方面。这不仅是因为公共财政对经济的影响作用主要表现在公共支出上，而且，政府干预、调节经济的职能也主要是通过公共支出来实现的。公共支出的数额反映着政府介入经济生活和社会生活的规模和深度，也反映着公共财政在经济生活和社会生活中的地位。

　　公共支出有资源配置、收入分配和宏观调控三种不同的性质、功能和目标。政府提供公共物品或劳务的支出属于政府资源配置活动。这里的"提供"并不是从公共物品的生产角度，而是从资源配置角度来说的。一般说来，政府在市场失效领域从事资源配置活动。市场失效是指市场经济资源配置的无效率。市场经济资源配置效率需要满足以下条件：成本收益内部化、充分竞争、信息充分、没有交易费用等。经济中存在下列情况就会导致市场失效，具体包括经济外部性、公共物品、混合物品、自然垄断、垄断以及未来的不确定性等方面的原因。但市场失效领域的消费品未必一定由公共部门提供；混合物品的提供方式在各个国家也都不一样。因此公共支出的资源配置范围在各个国家是不一样的，政府资源配置的范围并不是由物品的性质而是由制度安排决定的。属于资源配置的公共支出也称为政府购买支出。这类支出是政府购买生产要素，以便提供公共物品，这种支出构成公共物品的成本。

公共支出中的转移支付支出具有收入再分配的性质。转移支付是为了实现社会公平。市场经济的分配通常被认为是不公平的，这是市场经济的缺陷。弥补市场缺陷是公共支出的又一重要职能。转移支付支出并不是提供公共物品的支出，而是给低收入或无收入者的补助。

为了经济稳定的公共支出也称财政宏观调控支出。在混合经济中，改变公共支出的规模是可以影响总需求的，在现代市场经济中，政府支出是社会总需求的重要组成部分。在社会总需求不足的情况下，减少公共收入、增加公共支出都会扩大总需求。

主流理论认为，公共支出有不断增长的趋势，被称为瓦格纳定律。瓦格纳定律主要含义有两点：一是公共支出存在刚性，即增加容易，下降难；二是随着社会总福利的提高，对于公共需求的增长速度总是快于对于私人需求的增长速度。

大部分国家通常设置中央政府和地方政府，并且有一级政府就有一级政府预算。因此，公共支出从结构上看是由中央政府和地方各级政府的预算支出组成的，这样就存在中央和地方之间的财政关系。这表明财政体制是公共支出功能发挥的重要条件。

一般说来，公共支出都应在政府预算中反映。我国的公共支出不仅包括一般公共预算支出，而且除此之外，还包括政府性基金预算支出、国有资本经营预算支出和社会保险基金预算支出。

作为一种从计划经济到市场经济的过渡性现象，我国曾存在规模较大的预算外支出。预算外支出的来源是预算单位的预算外收入，主要有以下三类主体：一是受政府预算资助的国有事业单位；二是各级政府的职能部门；三是地方政府。随着我国经济体制改革的逐步深入，预算外支出的概念已经消亡，全部政府收支进预算，已经被写入新预算法并成为全面推进依法治国的重要内容之一。

2013 年我国四本预算支出决算的规模依次分别为 140212.1 亿元、50500.86 亿元、1561.52 亿元、28744 亿元（见图 1）。除公共预算外，其余三大预算皆收大于支。

四本预算之间资金存有交叉，其中最规范、规模最大的是一般公共预算。改革开放以来，中国公共预算的绝对规模不断膨胀，但相对规模（公共支出/GDP）先降后升，1994 年的分税制改革成为趋势变化的拐点（见图 2）。

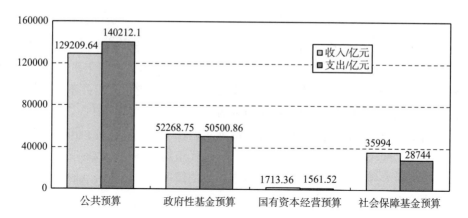

图 1　2013 年财政年度四大预算的决算收支
资料来源：财政部网站。

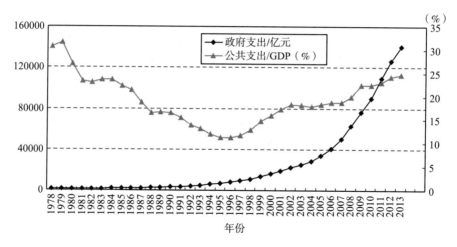

图 2　1978～2013 年公共预算支出规模
资料来源：《中国统计年鉴（2014）》，中国统计出版社 2014 年版。

参考文献：

吴俊培：《公共经济学》，武汉大学出版社 2009 年版。

Richard A. Musgrave & Peggy B. Musgrave，*Public Finance In Theory And Practice*，McGraw-Hill Company，1980.

（吴俊培　刘谊军）

政府支出
Government Expenditure

参见"公共支出"。

财政支出
Fiscal Expenditure

参见"公共支出"。

购买性支出
Purchasing Expenditure

根据交易的经济性质进行分类，可将财政支出区别为购买性支出（或消耗性支出，Exhaustive Expenditure）和转移性支出。其中，购买性支出指政府为了履行其职能，从私人部门取得物品与劳务并支付相应资金而发生的费用。这些物品与劳务或者被用于政府自身的消费，或者形成投资，分别被称为政府消费性支出和政府投资性支出。

通过购买性支出，政府与私人部门发生经济交换，并在实际上参与社会资源的配置，影响着社会投资与消费的总量与构成。与转移性支出不同，购买性支出作为总需求的组成部分而直接计入 GDP。而在实施转移性支出的过程中，政府仅扮演中介者的角色，依法向受益对象拨付财政资金但并不要求获得相应的物品与劳务，从而也不会参加社会总产品的价值实现。虽然这一过程不涉及与私人部门的等价交换，却可以造成购买力和社会财富在其他社会主体中的重新分配。利用这一分类体系，可以从宏观上考察一国政府在多大程度上作为经济主体直接参与经济过程，其职能是偏好于资源配置，还是收入再分配。

政府购买性支出属于资源配置的范畴，政府从事公共物品的资源配置，并不表明政府一定要从事公共物品的生产（寇铁军，2006）。比如，政府要改善城市交通，道路建设却需要委托工程队去完成，但政府选择工程队的方式对生产效率影响很大。又比如教育劳务被认为是混合商品，属于公共物品部分的成本应该由政府承担；属于私人物品部分的成本应该由私人承担。实际上，公共资源配置和私人资源配置是一个统一过程，对于混合物品来说，政府资助的是公共物品部分，因此资助数量、资助方式都会影响公共物品的

97

生产效率（吴俊培，2009）。

购买性支出可区分为消费性支出和投资性支出两类。

消费性支出即政府消费，构成公共物品的流动成本，即这类支出相当于私人物品生产的流动资本，在生产过程中一次消耗完毕。在公共物品的生产中，这类支出主要用于人员经费、办公经费等支出。只要公共物品的生产是连续的，这类支出也必须是连续的。政府消费是社会总消费的组成部分。

投资性支出即政府投资，形成公共物品生产的固定设施，相当于私人物品生产的固定资本。公共物品生产单位没有固定资本折旧的概念，事实上也无法回收折旧。因此，生产公共物品所需要的固定设施需要预算资助，包括新建、扩建和重建。政府投资是社会总投资的组成部分。

参考文献：

高培勇等：《"十二五"时期的中国财政支出结构改革》，载于《经济理论与经济管理》2010 年第 11 期。

高培勇等：《公共经济学》，中国社会科学出版社 2007 年版。

寇铁军等：《财政学教程》，东北财经大学出版社 2006 年版。

吴俊培等：《公共经济学》，武汉大学出版社 2009 年版。

（吴俊培　李淼焱）

转移性支出
Transfer Expenditure

转移性支出指政府预算对社会低收入或无收入者提供资助的支出。转移支出的主要目标是社会公平，通常称为社会福利支出，属于收入再分配的范畴（高培勇等，2007）。其他原因也会导致转移性支出，主要有价格补贴、政府债务的利息支出和国际援赠支出等三种。

社会福利支出是转移支付的基本形式，是履行社会公平职能的重要手段。社会福利支出有社会救助和社会优抚两种方式。社会救助主要对社会成员提供最低生活保障，即对没有收入或收入达不到最低需要的居民提供资助，这是生存权的保障。社会优抚的对象是有特殊界定的，目的是让劳动者没有后顾之忧，例如，对烈军属的优抚，对工伤人员的优抚，等等。

从理论上说，社会福利支出是在市场效率的前提下进行收入再分配，因此不影响资源配置效率。社会福利支出的来源是税收，根据税收的能力原则，高收入者多纳税，低收入者少纳税，无收入者不纳税，因此福利支出具有社会公平的目标取向。事实上完全不影响资源配置效率是难以做到的，因此社会公平目标完全不影响效率也是难以做到的。

价格补贴是我国特有的，分物价补贴和企业亏损补贴两类。1978年以来我国进行市场经济体制改革。市场经济体制是一个系统，对于社会改革来说，不可能一下了推倒重来，即改革总是一步一步进行的，即有的制度先改，有的制度后改，或者有的制度改革力度大一些，有的制度改革力度小一些，这就会导致改革的不平衡，也就是利益关系的不平衡。价格补贴就是为了解决初次分配改革相对滞后的矛盾，即企业资源配置的权力扩大了，效率提高了，价格相应也上升了，但收入分配制度的改革滞后，导致职工收入增长滞后，因此采用物价补贴的方式增加职工收入。同样，由于改革不平衡导致的国有企业亏损称为政策性亏损。政策性亏损在政府预算中列在收入方，显然是"负收入"。政策性亏损通常通过"退库"解决。因此政策性亏损补贴属于税式支出，本质上仍然属于政府预算支出的范畴。

政府债务利息支出是由国债引起的。国债的存在表明政府预算收支不平衡，是政府经济稳定职能的表现形式。国际援赠支出，是指国际关系中的政府间转移支付，通常是项目资助。例如，国际资助的建设项目，国际救灾等。从政府预算支出的最终用途看，分为购买支出和转移支出两类（高培勇等，2010）。政府预算之间的支出称为政府间转移支付，有时也称政府转移支付。

政府间转移支付通常是纵向关系，与政府之间科层组织构架是一致的。根据财政体制的要求，由于地方之间存在资源流动性和经济水平差别性的特点，结构上保证资源配置效率和收入分配公平，就需要上级政府对下级政府补助，即发生纵向的转移支付关系。政府间的转移支付并不是最终支出，因为对于上级政府的支出来说，形成下级政府的收入。

政府间转移支付通常是纵向关系，但也有横向的，如德国。我国也存在横向转移支付，但主要是横向专项资助，比如汶川大地震后的灾后重建。

参考文献：
高培勇等：《公共经济学》，中国社会科学出版社2007年版。
吴俊培等：《公共经济学》，武汉大学出版社2009年版。
高培勇等：《"十二五"时期的中国财政支出结构改革》，载于《经济理论与经济管理》2010年第11期。

吴俊培：《中国地方政府预算改革研究》，中国财政经济出版社 2012 年版。

（吴俊培　李森焱）

税式支出
Tax Expenditure

税式支出是政府为了执行社会经济政策、以牺牲一定的财政利益为代价，通过税收制度向特定纳税人或特定经济活动提供的财政援助。虽然没有进入政府预算收入口径，但由于它会造成政府本可以取得的部分税收的流失，所以被视为政府预算支出。

税收是政府预算收入的主要形式，属于收入概念。收入概念转化为支出概念，是因为存在应征未征的税收，相当于政府预算在税收阶段就形成了支出。这里所说的应征未征的税收是指政府主动放弃的，有相应的法律法规的，这被称为税收优惠。

对于市场经济体制来说，税收是按中性原则设计的。根据公平原则，相同的征税对象应该征收相同的税收。这在税法中通常通过征税对象、计税依据、税率、纳税人、纳税环节等规定中体现。上述这些规定称为一般规定，是税法的基本内核。在一般规定之外通常有税收优惠条款。税收优惠条款对征税对象或纳税人处于某种税法规定的特别状态时可以减少纳税义务。从形式上看税收优惠条款似乎不符合税收中性的一般要求，其实不然，是为了更好地贯彻税收中性原则，因为情况是复杂的，除了一般规定之外还需要特别的规定处理。

上述所说的税收优惠的特别状态有以下几种情形：第一，区域性税收优惠，即征税对象和纳税人处于特定区域时享受税收优惠。这些特定的区域包括特区、经济开发区、科技园区等，对遭受严重自然灾害的地区也规定税收优惠；第二，产业性税收优惠，即征税对象和纳税人处于特定的产业时享受税收优惠。这是配合产业结构调整的税收政策，通常是对新兴产业、高科技产业发展的激励；第三，对纳税人的税收优惠，即对征税对象和纳税人给予政策性优惠。这又分为三种情况：（1）是从社会公平角度考虑的税收优惠，例如在个人所得税中设置的优惠条款；（2）是为了鼓励企业发展的税收优惠；（3）是对其他财政支出政策的辅助，例如对价格补贴单位的退税优惠等；（4）对外关系的税收优惠，即征税对象和纳税人处于国际关系时享受的税收优惠。这包括对出口商品的优惠和外资外商企业的优惠。出口商品的价格通常是不含税价格，即不含一般税的价格。我国商品劳务税的一般税是增值税，但如果被征过增值税的商品出口，那么就可以享受退税的优惠，即已征的增值税在出口时被退回给纳税人。外资外商企业包括外国独资企业、中外合资企业和中外合作企业，为了引进外资和外国先进技术，通常有税收优惠条款。

税收优惠条款通常在计税依据、税率、应纳税额、纳税期限、退税等方面作出规定。另外在企业会计核算中通过加速折旧等方式给予优惠。计税依据的优惠通常设置起征点、免征额的规定。前者是对征税对象规定一个数额不征税，对高于这个数额的部分再征税，后者是对征税对象有一个数量规定，达到的对征税对象全额征税，达不到的不征税。税率优惠是通过差别税率的方式实施，即对税收优惠对象实行比一般税率低的税率。应纳税额优惠是对纳税人免除或减少应纳税额的规定。纳税期限优惠是指允许纳税人延长一般规定的期限，相当于在延长期占用了税款。退税是对已经缴纳的税收（即进入国库的税收）给予退回的优惠。企业利润是会计核算的结果，因此核算准则各国都有规定，固定资产折旧是影响企业利润的重要因素。加速折旧是指比一般折旧率规定高的折旧率，意味着允许固定资产更新速度的提升。但折旧率提高等于减少了利润额，也等于税收优惠。税收优惠条款根据优惠的政策目标在不同的税种中安排。优惠条款同样要符合经济、便利、确实和节俭的原则。

税式支出这一概念形成于 20 世纪 60 年代末至 20 世纪 70 年代初前联邦德国和美国的财税管理实践（孙健夫，2011）。20 世纪 90 年代初，税式支出概念被引入中国，已成为税收立法中应予考虑的重要原则之一（毛捷，2011）。

参考文献：

高培勇：《有关税收支出的几个问题》，载于《财政研究资料》六十三，1990 年 12 月 25 日。

孙健夫：《财政学》，人民邮电出版社 2011 年版。

毛捷：《税式支出研究的新进展》，载于《经济理论与经济管理》2011 年第 5 期。

（吴俊培　张斌）

"民生"支出

People's Well-being Expenditure

"民生"支出，也称"民生性"支出，系指财政直接用于居民基本生存状态和基本发展机会均等的支出。

民生支出是在我国公共财政框架的构建过程中形成的概念。此前在以经济建设为中心的大背景下，财政在民生方面虽然也有支出，但规模上极其有限，而且民生方面的支出大都是临时性的，而非计划性的和非制度性的。在公共财政体制框架初步建立之后，财政在民生方面的支出呈现出范围不断扩大的趋势，并且是有计划、制度性地安排民生支出。2007年十七大报告中首次明确提出要强化民生支出，其范围包括教育、就业、收入分配、社会保障、基本医疗卫生和社会管理等方面的支出。2008年温家宝总理政府工作报告中进一步强调民生支出的重要性，民生支出范围在十七大报告的基础上有所扩大，包括教育、卫生、就业、社会保障、居民收入和消费、社会管理、住房保障和人口和计划生育等支出。在西方，这些支出往往也被称为权益支出。

学术界对于民生支出的研究也比较丰富。从宏观调控的角度来说，只要用于提高国民消费水平、防范消费差距过大、推进基本消费平等化、增加社会总福利等支出都称为民生支出（刘尚希，2008）。从法学角度来说，民生支出的范围主要包括养老、医疗、住房、教育、就业、生产、生活基础设施以及"三农"问题等支出（陈治，2011）。还有些学者对民生支出的实施方式方法进行了研究。民生支出为主导的支出体制的形成需要一个过程，当前，我国公共资源的有限性决定了短时间内全面较快地提升民生支出的规模是有困难的，民生支出的实施必须循序渐进，分步实施（夏杰长，2008），这为民生支出的实施设定了整体基调。具体实施方式方法主要包括"阶梯型"、"层级化"、"需要和可能"原则。"阶梯型"和"层级化"方法都根据与居民关系的紧密程度，把民生支出分为五个阶梯：就业、收入分配、社保、医疗卫生等是第一阶梯的民生支出；教育和计划生育等是第二阶梯的民生支出；文化、体育、传媒等活动是第三阶梯的民生支出；环境保护和生态建设是第四阶梯的民生支出；社会管理活动等是第五阶梯的民生支出（张馨，2009；马海涛、和立道，2010）。根据"需要和可能"原则，民生支出可以分两个层级来实施：一是制度安排、法治环境、产权保护、宏观经济社会政策等为经济社会稳定健康发展所必备的制度与政策导向服务；二是就业、教育、科技、文化、卫生、住房、社会保障等百姓生活主要事项中需要由政府介入来"托底"的基本部分（贾康等，2011）。

民生支出反映了我国在理财观念方面的转变。第一，民生支出强调关注居民的生活质量，意味着在财政支出中要增加最终公共消费品的支出。第二，民生支出强调居民的基本权益，强调基本公共劳务均等化。第三，民生支出强调消费的多维需求，即不仅要满足物质消费方面的公共消费需求，也要满足精神方面的公共消费需要。因此提出民生支出这一概念具有重大的理论意义和现实意义。

基本生存状态支出不仅是指生态环境即人与自然的和谐方面的支出，同时也指社会环境即人与人之间的和谐方面的支出。前者财政支出要注重环境保护、生态平衡；后者财政支出要注重公共文化、法制建设。

基本公共劳务均等化支出在学界有不同的理解。从基本生存权的角度理解，它包括义务教育、健康卫生、基本文化、社会福利等方面的支出。义务教育是使居民生活在社会中达到必须具备的道德、知识、能力方面的最低要求的水平。健康卫生不仅有家庭、个人方面的因素，也有社会公共方面的因素，如卫生、防疫等。基本文化是指精神生活方面的需要，包括网络、通讯、电视、广播等其他文化设施支出。社会福利主要指财政转移支付用于社会救济的支出。这是保障每个社会成员生存权的必要举措。

基本发展机会均等支出强调的是保障机会均等。机会均等不等于结果均等，是从基本权利方面着眼的均等。这主要包括高等教育的机会均等支出和就业机会均等支出。高等教育的机会均等体现在考试制度面前的机会均等。这就是说只要通过考试了，不论民族、不论地区、不论家庭、不论男女等差别都有权利上大学。但有机会上大学不等于有经济能力上大学。这就要靠政府资助。有政府的财政资助，对贫困生生活补助；也有通过政策性银行贷款的方式解决上大学期间的经济困难问题。就业的机会均等是指在同等条件下就业机会相等，不允许种族、性别、出身等方面的歧视。这需要就业机会均等的公共监督和有关方面的法律建设。

财政支出的预算是按公共部门为基础编制的，原有的支出分类就是以公共部门分类为基础的。民生支出的分类和传统方法不一样，在公共部门支出中，有些支出有民生支出的各项内容，要一项一项地细分开来是非常困难的。但这一概念对于理财观念、支出结构调整有重要意义。

对于民生支出的实施需注重结合中国实际，合理把握好民生中的轻重缓急，量力而行，动态的优化民生支出，正确处理好当前利益与长远利益的关系。

参考文献：

刘尚希：《论民生财政》，载于《财政研究》2008 年第 8 期。

陈治：《构建民生财政的法律思考》，载于《上海财经大学学报》2011 年第 2 期。

夏杰长：《大力推进民生财政的意义和思路》，载于《领导之友》2008 年第 3 期。

张馨：《论民生财政》，载于《财政研究》2009 年第 1 期。

马海涛、和立道：《公共财政保障民生的次序研究——基于民生支出项目的"层级分布"要求》，载于《地方财政研究》2010 年第 2 期。

贾康、梁季、张立承：《"民生财政"论析》，载于《中共中央党校学报》2011 年第 2 期。

（吴俊培　张斌）

社会保障支出
Social Security Expenditure

社会保障支出包括社会保险、社会救济、社会福利和社会优抚支出等四个方面，其中有的属于社会保险预算（也称社会保障预算）支出；有的属于政府预算支出，还包括其他预算，尤其是未来重点发展的国有企业利润补充社会保障预算。

社会保险是社会保障体系中的重要部分。社会保险是国家强制保险，社会保险项目包括养老保险、伤残保险、医疗保险、疾病生育保险、工伤保险、失业保险等。从个人的角度看，并不是每个人都能做到自我保障的。社会保险就是解决个人在市场经济体制中可能存在的风险问题，构筑社会安全网。

我国是从传统体制改革为市场经济体制的，在这个改革过程中需要建立社会保险制度，解决个人可能存在的风险。在传统计划体制下，职工所在企业的所有制性质不同，保障方式也不同。对于国有企业职工来说，有相应的退休制度和医疗保障制度。因为当时对国有企业采取国家经营的方式，国有企业的利润直接上缴政府预算，同时职工的养老金以及医疗费用可以计入企业成本。这样的保障，从形式上看，有点像企业保障。但国有企业属国家经营，因此本质上是国家保障。对于政府公务员和国有事业单位职工来说，实行公费医疗制度和退休制度，所需费用由政府预算安排。对于城镇大集体职工来说，退休制度和医疗保障制度参照国有企业职工的办法执行。所谓参照执行，是指职工享受的保障待遇可以和国有企业职工相当，但资金来源靠自身的税后利润解决。在农村，医疗和养老基本上以家庭保障为主，但对鳏寡孤独的困难户由集体保障。那时，农村实行人民公社的集体组织形式，经济核算单位是生产队（相当于目前的村民小组），即人民公社的基本生产单位。集体保障，实际上是生产队保障。后来人民公社实行合作医疗制度，即依靠集体的力量解决农民的医疗问题。经费来源靠集体纯收入的提留。合作医疗的核算单位是生产大队，相当于现在的行政村。

改革开放以来，传统的保障方式已经不符合市场经济体制的要求，必须改革。企业职工保障制度的改革目标是建立社会保险制度。这一制度是由国家立法的，凡属于法律规定的社会保险人员都必须参加，因此也称强制保险。我国规定，凡是企业单位的职工，不论所在单位的所有制性质，都必须参加失业保险、养老保险和医疗保险。参加者必须交纳相应的保险费。保险费以工资的一定比率缴纳，通常由个人和企业共同承担。交纳的费用就形成相应的失业保险基金、养老保险基金和医疗保险基金。各类基金专款专用，目前在市一级政府辖区的范围内统筹使用。这就是说社会保险并不是全国性的统筹。

社会保险制度同样规定参加者的相应权利，当风险发生时将得到社会保险的资助。对于失业保险来说，当发生失业风险时，符合相应条件者可获得失业救济但有期限规定，通常不超过一年。对于养老保险来说，男职工年满60岁、女职工年满50岁享受养老保险待遇。养老保险待遇的水平与缴纳的保险费和缴纳的期限有关。对于医疗保险来说，对职工建立医疗保险的个人账户，个人账户中按规定由医疗保险基金统筹一定数量的金额，用于支付职工的医疗费用。当职工大病住院时，医疗保险基金则按医疗费用的一定比例支付，职工承担一部分，通常医疗费用越高，个人承担的比例也越高。

从整体来看，我国的社会保障缴费率超过职工工资水平的40%。按职工工资水平来看，其中养老保险个人缴纳8%，单位缴纳20%；医疗保险个人缴纳2%，单位缴纳7%；失业保险个人缴纳1%，单位缴纳2%，生育保险单位缴纳0.5%，工伤保险单位缴纳水平按照行业分为0.5%、1%和2%三档。合计来看，单位缴纳总数超过了职工工资的30%，职工个人缴纳超过了10%。我国社会保障缴费改革的趋势是降低缴费率，尤其是单位代缴部分。

上述表明，社会保险支出实际上是参加者的互济。社会保险的交费率就是根据大数规律决定的。因为社会保险是强制保险，因此当社会保险支出发生困难时，政府预算是最终担保者。

我国对事业单位职工的医疗保险和养老保险制度也进行改革。由于社会保险统筹的范围不大，因此各地改革的方式和进程也不一样。改革的一个原则是"老人老办法，新人新办法"，即社会保险制度改革前的老职工暂不参加，之后就业的职工则也和企业职工一样加入社会保险。但"老人"在医疗保障方面已经取消了公费医疗，个人也要承担一部分医疗费用。对于政府公务员来说也没有进行社会保险的改革，基本上还是传统的方式。

对于农村来说，传统的保障方式必须改革。实行新的农村合作医疗制度。这相当于是农村的医疗保险制度，也是一种强制保险，参加者也需缴费。但与城镇职工的有所不同，新的农村合作医疗制度得到政府预算的资助。另外，也有学者主张在农村实行养老保险制度。

对于西方国家来说，社会保险体系是由"二战"以后发展起来并逐步完善的。从发达国家的情况来看，主要有两种类型：一是以美国为代表的公平和效率兼顾、效率优先的社会保险体系；二是以英国和北欧国家为代表的公平和效率兼顾、公平优先的社会保险体系。前者参加社会保险的人员是有选择性的，例如，美国的养老保险制度，要求公司职工、公务员、非营利组织的职工参加，个体企业、独资企业、合伙人企业的职工并不属于强制保险的对象。后者的社会保险覆盖所有社会成员，被称为福利国家，可以说是从"从摇篮到坟墓"的社会保障体系。从国外的情况看，一是社会保险的统筹层次高，即在全国范围内统筹；二是社会保险的筹资方式通常都是个人和雇主共同承担一半，都是按职工工资的比率征收，但有的国家用"税"的名称，有的国家用"费"的名称；三是社会保险独立编制预算，如果发生支付困难，政府预算是最终担保者。

社会救济、社会福利和社会优抚支出可以说是政府预算的传统职能，但范围在不同时期是不一样的。

社会救济支出主要是对丧失劳动能力的生活困难者给予的资助，或者是对遭受严重自然灾害的地区进行资助，以解决因自然灾害导致的生活困难和生产困难（赵曼，2010）。

社会优抚支出是国家按规定对法定的优抚对象，如对因公伤残人员、现役军人及其家属、退休和退伍军人、烈属等，按国家规定的标准给予资助

（赵曼，2010）。

社会福利支出是一个很宽泛的概念，有的把社会救济和社会优抚也看作是社会福利支出的内容。但社会福利支出通常是指义务教育、城市公共交通、公园、博物馆等文化设施等方面的支出（储敏伟等，2008）。

参考文献：

吴俊培：《公共经济学》，武汉大学出版社 2009 年版。

储敏伟等：《我国社会保障的和谐发展之路》，中国财政经济出版社 2008 年版。

赵曼：《社会保障》，科学出版社 2010 年版。

（吴俊培　李俊杰）

社会支出
Social Expenditure

社会支出有广义和狭义之分。根据 OECD 国家社会支出数据库（SOCX）的定义，狭义的社会支出是指"当个人和家庭的福利受到不利影响的情况下，由公共（和私人）机构向其提供的帮助。这种帮助可能是现金形式的转移支付，也可能是直接提供实物形式的物品与服务，受益人无须提供任何形式的经济补偿作为交换"，欧盟一般称之为"社会保护支出"。中国财政统计中的"社会保障与就业支出 + 社会保险金支出 − 对社会保险基金的财政补贴"在口径上与此接近。广义的社会支出还包含教育支出和健康支出。这里我们采用广义的社会支出概念。

以 2008 年中国按功能分类的财政支出为例（见表1），按由高到低顺序排名前三位的分别是：经济事务支出（含农林水事务、交通运输、工业商业金融等事务，占 23.1%）、一般公共服务支出（含外交，占 17.7%）、教育支出（占 15.9%）。而根据 OECD 国家 2004 ~ 2007 年平均数据，排名前三位的支出分别为：社会保护支出、健康支出、教育支出（韩国和美国例外，前者的第一大支出为经济事务，后者为健康支出）（Dewan S. and Ettlinger，2009）。

也就是说，平均而言，OECD 国家政府的前三项主要支出均为旨在改善人力资本的社会支出。而中国前三位的财政支出主要用于经济事务和一般公共服务，其中，经济事务占全部财政支出的比重超过 1/5，与 OECD 国家相比均偏高，后者的这一比重普遍在10%以下，只有韩国例外，其经济事务支出占财政总支出的比重与中国相当。社会支出中唯有教育支出，在总支出中占有较大份额，但其占GDP的比重仍处于较低的水平上。1994年以来大多数年份都低于3%，平均在2.26%。这不仅远低于世界发达国家6%的平均水平，也低于一般发展中国家4%的平均水平。而且，中国财政教育资金的运用效率相对较低，其人员经费占教育支出的比重大大高于其他国家，并且一半的人员经费用于非教育人员（贾康、郭文杰，2002）。

表1　　　　　部分OECD国家（2006年）与中国（2008年）

按功能分类财政支出结构比较　　　　单位：%

支出功能	美国	法国	德国	英国	日本	韩国	北欧三国	转型三国	中国
一般公共服务	13.5	13.3	12.5	11.0	14.0	13.2	12.2	15.1	17.7
国防	11.5	3.4	2.3	5.7	2.6	9.2	3.4	3.4	7.4
公共安全	5.7	2.4	3.6	5.8	3.9	4.7	2.2	4.7	7.2
经济事务	**10.0**	**5.4**	**7.2**	**6.3**	**9.9**	**21.3**	**8.1**	**11.0**	**23.1**
环境保护		1.7	1.4	2.3	3.4	3.2	1.1	1.6	2.6
城乡社区事务	1.9	3.6	1.9	2.1	1.8	3.9	1.3	2.4	7.4
医疗卫生	21.1	13.7	14.3	16.0	19.6	13.5	14.6	11.8	4.9
文化体育传媒	0.9	2.9	1.6	2.0	0.4	2.9	2.5	2.8	1.9
教育	16.9	11.2	8.8	13.0	10.6	15.7	13.7	12.0	15.9
社会保护/社会保障与就业	18.6	42.4	46.5	35.9	33.9	12.4	40.9	35.2	12.0

注：本表由汪德华博士制作。北欧三国分别为瑞典、丹麦和挪威。三个转型国家分别为匈牙利、捷克和波兰。在合并时均采用了先计算各国财政支出比重，然后简单平均的方法。

资料来源：National Accounts of OECD Countries Volume II：DETAILED TABLES（2009）。

相比之下，中国的社会保障与就业支出排在各项支出的第4位，占全部财政支出的12%。虽然位次不低，但与GDP相比很有限。2003～2008年间，其占GDP的比重平均仅为2%或者略高一些，2008年为2.1%。一般而言，凡是总支出占GDP比重较高的国家，其社会保护支出占GDP的比重也较高。OECD社会支出占GDP的比重（2000～2005年），平均在20%左右。捷克和波兰虽然是转型国家，但也基本都达到这一水平。韩国传统上就是小政府的国家，其社会支出占GDP的比重相对较小，不到10%，而瑞典有的年份则高达30%以上（见图1）。

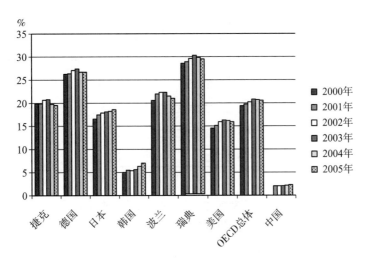

图 1　中国与部分 OECD 国家的社会支出占 GDP 的比重

资料来源：OECD Factbook 2009：Economic，Environmental and Social Statistics，中国为 2004 ~ 2008 年数据，资料源自财政部网站。

　　人们十分关注的医疗卫生支出，在所有 OECD 国家的财政支出中都位居前三位（除了在匈牙利排第五位，在韩国、荷兰、葡萄牙和瑞典均排第四位），而在中国各项功能支出中排名（2008 年）倒数第二。1994 ~ 2008 年，中国政府医疗卫生支出占全部财政支出的比重平均仅为 4.4%，大大低于 OECD 国家 10% ~ 20% 的水平，占 GDP 的比重更不足 1%，仅为 0.69%，OECD 国家的这一平均水平则为 5.5%。在世界卫生组织发布的《世界卫生报告 2006》公布，中国政府卫生支出占 GDP 的比重，在 196 个国家中居第 156 位，排名比很多低收入国家还要靠后。

　　正如按功能分类的中国财政支出结构所显示的那样，社会支出的低比例，与经济事务支出的高比例密切关联。图 2 显示了 1994 ~ 2008 年，中国按功能分类的部分财政支出结构。无论是从占财政支出的比重来看，还是从占 GDP 的比重来看，中国财政用于固定资产投资和城市维护建设的支出都远高于医疗卫生、社会保障与就业、农业和科技支出。这表明，中国财政支出结构的实质性转型才刚刚开始，其"重经济发展和基建投资、轻社会发展和人力资本投资"的传统特征仍然十分明显。

　　根据联合国开发计划署（UNDP）的定义，经济发展体现在总体经济规模、人均收入和增长的结构平衡等方面；社会发展指标则包括人口、教育、卫生、科技、文化、环境、基础设施、人类发展等。经济发展是社会发展的

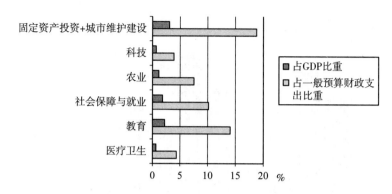

图 2　中国的固定资产投资支出和社会支出

注：本图数据由汪德华博士提供。GDP采用当年价数据。医疗卫生财政支出来自于《中国卫生统计年鉴》，但采用新的政府收支分类标准核算。城市维护建设数据为"中国历年城市维护建设资金收入统计"中的财政性资金，来自于《中国城市建设统计年鉴（2007）》。需要注意，这些财政性资金中，部分来自于预算外和土地出让金。

资料来源：各年《中国财政年鉴》，载于《中国卫生统计年鉴（2009）》、《中国城市建设统计年鉴（2007）》，以及财政部公布的2007年、2008年一般预算决算资料。

前提和必要条件，同时，世界历史经验也证明，在其他条件相同的情况下，社会发展指标记录良好的国家和地区，往往更具有经济发展方面的优势（胡鞍钢、邹平，2000）。尽管经济发展与社会发展之间存在紧密的联系，但没有足够的事实证明，两者之间存在着明显的因果联系。经济增长能否促进主要社会发展指标不断改进和提高，有赖于其他经济因素和政策因素的共同作用，例如，财政支出是否有利于社会发展。

中国财政支出结构上的偏离，即重视经济服务（特别是经济建设事务）和一般公共服务，而忽视社会支出的现状，是造成中国社会发展严重落后于经济发展的关键原因之一。在中国经济持续增长30余年之后，社会发展滞后已经成为经济结构转型和人民福利改善最大的制约因素。因此，中国的财政支出结构向"社会发展和人力资本投资"转型的任务依然十分艰巨。

参考文献：

贾康、郭文杰：《财政教育投入及其管理研究》，中国财政经济出版社2002年版。

OECD Factbook, Economic, Environmental and Social Statistics, 2009.

（马珺）

林达尔模型
Lindahl Model

林达尔（Lindahl），北欧经济学派（瑞典经济学派）的代表人物之一。林达尔模型以其名字命名，是指小规模人群中公共物品自愿交易的供需均衡模型。

林达尔模型认为，假如每一位社会成员均根据所享受到的公共物品效用的大小，确定其应负担的公共物品成本，则存在一个均衡状态，使得公共物品的供给数量达到最优水平，所有社会成员自愿负担的公共物品成本之和恰好等于最优数量公共物品的供给成本，此时公共物品的供给实现了林达尔均衡。

林达尔模型将政府引入一个包含 A 和 B 两名社会成员的社会中，由政府负责向社会成员提供公共物品并向社会成员征税以弥补其成本。政府将公共物品的成本（相当于政府向社会成员征收的税额）信息提供给 A 和 B 二人，二人各自向政府报告在既定税额条件下对公共物品的需求量。如果二人对公共物品的需求量不一致，则政府需要对税额分配进行调整，旨在使全社会对公共物品的需求量和需求价格达成一致。根据林达尔模型的设计，全体社会成员消费着相同数量的公共物品，而对公共物品的总成本进行分担，每一位社会成员均可对所享受的公共物品的效用进行评价，并据此确定负担的税额，公共物品的供给在这种"讨价还价"的过程中实现全体一致同意的均衡状态，达到最优公共物品供给数量以及与之相应的税额分配结构。这个过程可用图 1 来表示。

设横轴表示公共物品供给量，纵轴表示 A 和 B 二人分摊的税收份额，其中，纵轴自下而上代表 A 分摊的税额 h，自上而下代表 B 分摊的税额（1 − h），D_a 和 D_b 分别表示 A 和 B 在不同的税额下对公共物品的需求曲线。假定政府初始确定的税额分摊分别为 h_1 与 （1 − h_1），即 A 分摊的税额为 h_1，B 分摊的税额为 （1 − h_1）。由图中可以看出，在这一税额分摊结构下，A 对于公共物品的需求量 G_a 小于 B 对于公共物品的需求量 G_b，政府需要对税额进行调整，提高 B 的税额以降低其对公共物品的需求，同时降低 A 的税额以提高其需求。只要 A 与 B 对于公共物品的需求量不一致，则调整过程将继续进行，直到找到一种税额分摊结构，此时双方对公共物品的需求量恰好相等，这也就是图中所对应的均衡点 E 点。图中 E 点所对应的税额分摊结构为 （h_0，1 − h_0），A 与 B 对公共物品的需求量均为 G_0，实现了林达尔均衡。

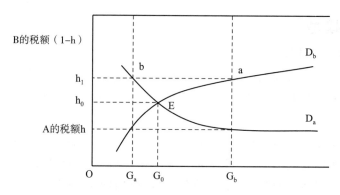

图 1　林达尔模型与公共物品最优供给

　　林达尔模型假设，公共物品产出水平与社会成员间税收分担比例作为一个决策方案同时决定，不存在两者之间决策顺序的先后问题；社会成员均将真实表达自己对公共物品的需求偏好，并根据其从公共物品的消费中所获得的收益自动计算并负担公共物品的生产成本。

　　林达尔模型中，单个社会成员可以直接参与公共物品供给决策，在不断的"讨价还价"对备选方案进行表决的过程中，单个社会成员的真实需求偏好"汇总"，最终达成全体成员一致同意的公共物品供给决策。林达尔模型作为研究公共物品供给的理论模型，同时是一种以一致同意为通过条件的政治决策程序。尽管在现实操作中这种决策程序决策成本过高，但在理论研究上，林达尔模型为后续的研究提供了可以借鉴的标准（奥尔森，2011）。

　　现实经济社会中，"经济人"的理性行为作为经济学的一个基本假设是客观存在的。在林达尔模型的集体决策过程中，社会成员隐瞒自己对公共物品的真实需求偏好以降低其负担的公共物品生产成本是难以避免的，同时由于信息不对称的作用，政府难以充分掌握全体社会成员的全部相关信息，"经济人"假设的现实性与信息不对称现象导致"搭便车"现象的广泛存在，进而使得公共物品供给水平低于均衡水平，造成公共物品供给不足。

参考文献：

［美］约瑟夫·熊彼特：《经济分析史》第 3 卷，商务印书馆 2009 年版。
［美］曼瑟尔·奥尔森：《集体行动的逻辑》，格致出版社 2011 年版。

（吴俊培　安钢）

萨缪尔森模型
Samuelson Model

保罗·萨缪尔森，美国经济学家，新古典综合学派创始人，1970 年诺贝尔经济学奖获得者，是在英语国家最早把公共物品纳入新古典方法分析的经济学家。萨缪尔森于 1954 年建构了在一般均衡分析框架下公共物品最优供给的理论模型，后以他的名字命名。他的经典著作《经济分析基础》将数学分析方法引入经济学，而其编著的教科书《经济学》影响甚广，自 1948 年第一年出版后几十年内一直作为里程碑式的教科书长盛不衰。根据萨缪尔森模型的一般均衡分析，当公共物品与私人品之间的边际生产转换率等于全体社会成员对公共物品与私人品的边际替代率之和时，即满足公共物品最优供给的一般均衡条件时，便实现了公共物品的帕累托最优供给。

萨缪尔森模型假设前提：第一，在一个包含 A 与 B 的两人社会中，只生产两种最终消费品，即所谓纯私人品 X 与纯公共物品 G；第二，A 与 B 的需求偏好既定；第三，纯私人品 X 与纯公共物品 G 生产可能性边界既定。通过一般均衡分析，得出当公共物品与私人品之间的边际生产转换率等于 A 对两种最终消费品的边际替代率与 B 对两种最终消费品的边际替代率之和时，公共物品实现最优供给。萨缪尔森模型的推导可由图 1 表示。

该图分为三部分，图 1（1）表示 A 对公共物品与私人品消费的无差异曲线，图 1（2）表示 B 的消费无差异曲线，图 1（3）给出了该经济的生产可能性曲线。

首先，假定消费者 B 的效用水平既定，寻找消费者 A 可能达到的最高的消费无差异曲线，由图 1（1）与图 1（3）可知，图 1（1）中的 TT 曲线就是对应的 A 的消费无差异曲线，TT 曲线上任意点与 B_2B_2 曲线相应点的横轴坐标相同，TT 曲线上该点的纵坐标与 B_2B_2 曲线上相应点纵坐标的数量和等于生产可能性曲线 FF 上相应点的纵坐标数量。在 B 的效用水平由无差异曲线 B_2B_2 给定的条件下，A 的消费可能性曲线只能是 TT 曲线，TT 曲线与 A_2A_2 曲线的切点 M 点是 A 与 B 结合起来的最优消费组合状态，即帕累托最优状态。此时，消费者 A 的无差异曲线不可能在不损害消费者 B 的前提下移动到更高的状态。在 M 点，消费者 A 与 B 消费公共物品的数量均为 G_N，A 消费私人产品的数量为 X_{aN}，B 消费私人产品的数量为 X_{bN}。

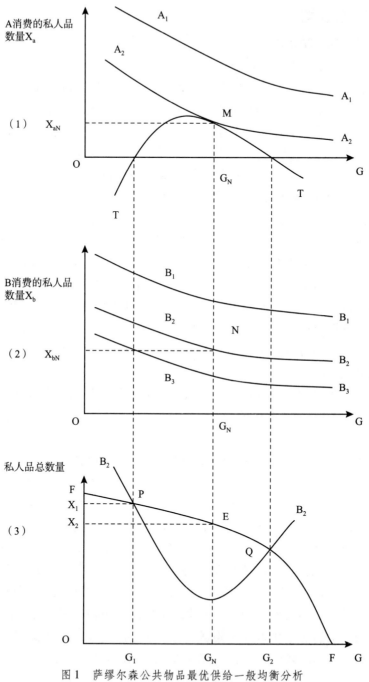

图1　萨缪尔森公共物品最优供给一般均衡分析

根据该图，在公共物品的数量 G 的任意数值上，均存在 FF 曲线的斜率等于 A_2A_2 曲线与 B_2B_2 曲线的斜率之和这一恒等关系。而在帕累托最优状态条件下，FF 曲线的斜率就是公共物品与私人产品之间的边际生产转换率（MRT），A_2A_2 曲线与 B_2B_2 曲线的斜率分别是消费者 A 与 B 在公共物品与私人产品消费之间的边际替代率（MRS_A，MRS_B）。由此，可以得到满足帕累托状态的必要条件：

$$MRT = MRS_A + MRS_B$$

即公共物品与私人产品之间的边际生产转换率等于消费者 A 与消费者 B 对两种物品的边际替代率之和。这个结论可以进一步推广，在一般均衡分析中，撤销 B 的效用水平既定的条件后，在一个包含多个社会成员、存在多种公共物品与私人物品的社会中，公共物品最优供给的条件是：所有消费的边际替代率之和等于生产的边际转换率（Samuelson，1955）。这一均衡条件用公式表示如下：

$$\sum MRS_i^{jk} = MRT^{jk}$$

其中，$i = 1, 2, \cdots, n$（社会成员数量）；j、$k = 1, 2, \cdots, m$（消费品数量）。

事实上，每个人消费公共物品的数量是以减少其对私人产品的消费为代价的，即消费者对于公共物品与私人产品之间的边际消费替代率等于其公共物品与私人产品的价格比率：

$$MRS_A = \frac{P_G^A}{P_X^A} \quad MRS_B = \frac{P_G^B}{P_G^A}$$

又可知：

$$MRT = \frac{MC_G}{MC_X}$$

可得：

$$MRS_A + MRS_B = \frac{P_G^A}{P_X^A} + \frac{P_G^B}{P_X^B} = \frac{MC_G}{MC_X} = MRT$$

又由于：

$$P_X^A \equiv P_X^B \equiv P_X$$

可得：

$$\frac{P_G^A + P_G^B}{P_X} = \frac{MC_G}{MC_X} = MRT$$

设 $P_X = 1$，则有 $P_X = MC_X = 1$，即：

$$P_G^A + P_G^B = MC_G$$

这表明，公共物品最优供给的帕累托条件为，在一组公共物品的消费者中，所有消费者为公共物品支付的价格之和等于公共物品的边际成本（Samuelson，1954）。

萨缪尔森模型建立在一系列严格的假定条件基础上，该模型要求政府的行为方式追求公共利益极大化，并且足够有能力保证有效地提供公共物品并在社会成员之间公平分配；社会成员对公共物品的需求偏好真实表达；不存在不完全信息等。现实中，如此严格的假设条件很难满足。首先，即便不考虑政府出于自身利益最大化考虑而使政府行为偏离公共利益极大化的情况，也难以保证政府有足够的能力保证公共物品的有效供给及公平分配，事实上，在现实经济运行中也不可能存在一个"万能政府"负责一切公共事务。其次，"经济人"假设作为经济学的基本假设有其客观性与普遍性，难以避免社会成员出于利益考虑隐瞒自己对公共物品的真实需求偏好；再次，萨缪尔森模型中考虑的公共物品限定为纯公共品，现实经济社会中满足纯公共品定义的公共物品极少，这极大地限制了萨缪尔森模型在实践中的作用。

萨缪尔森模型对公共物品最优供给的研究是一种合理的理论抽象，为判断一种公共物品供给是否最优提供了理论上的标准或规范，具有极高的理论价值。但在现实中，萨缪尔森模型过于严格的假设条件难以满足，极大地影响了萨缪尔森模型在现实中的广泛应用。

参考文献：

Paul A. Samuelson，Diagrammatic Exposition of a Theory of Public Expenditure，*The Review of Economics and Statistics*，Vol. 37，No. 4，Nov. ，1955.

Paul A. Samuelson，The Pure Theory of Public Expenditure，*The Review of Economics and Statistics*，Vol. 36，No. 4，Nov. ，1954.

（吴俊培　安钢）

公共支出分配理论
Allocative Theory of Public Expenditure

公共支出分配理论是指由意大利学者潘塔莱奥尼（Pantaleoni）于1883年提出的关于公共支出分配标准的理论，即有限的公共支出在不同的支出项目之间的分配取决于不同项目间边际效用的比较。根据该理论，公共支出的分配标准总体上包含两个方面：一方面需要考虑支出项目本身的效用，另一方面需要考虑支出项目与其他可能支出项目的效用比较。潘塔莱奥尼进一步指出，如果财政收支之间存在直接的对应关系，如现行税制体系中每一种税收均与一定的财政支出项目相对应，则财政支出的分配标准需要进一步考虑两个因素：一是需要保证纳税人从财政支出项目中所获得的效用满足足以弥补其缴纳税款带来的效用下降；二是需要考虑特定的税收—支出组合与其他可能的组合之间效用的比较（熊彼特，1935）。

潘塔莱奥尼认为，在财政收支原则上，收入与支出没有先后之分。在确定财政收支计划时，根据实际以追求效用最大化为目标决定财政支出项目的取舍，二者又是对一定的财政收支组合根据边际效用进行分析，财政的收入与支出在决策过程中是并行的。

潘塔莱奥尼关于公共支出分配标准的理论建立在边际效用价值论基础之上，作为奥意学派的代表人物之一，潘塔莱奥尼积极将边际效用学说引入财政学研究，对西方财政学的发展产生了深远的影响。首先，公共支出分配理论的提出拓展了财政学的研究范畴，将财政支出研究微观化，而在此之前，财政学研究多数局限于财政收入领域；其次，公共支出分配理论强调考虑纳税人的个人需要，使得财政学对于财政活动的目的分析由政府需要转向公众个人需要；最后，公共支出分配理论引入了边际效用学说，使得政府部门提供的公共物品用价值度量成为可能，从此人们可以使用新古典方法研究财政支出，为公共物品理论的发展奠定了理论基础。

西方财政理论对于财政支出研究的发展经历了漫长的历史阶段，古典经济学家最早对政府公共支出展开研究。英国古典经济学家威廉·配第认为，政府开支的一般范围主要包括六项"公共经费"，即军事经费、行政经费、宗教费用、教育经费、赡养费用以及公共福利事业经费。威廉·配第主张增加前三项支出，缩减后两项支出，对于教育经费主张区别对待；大卫·李嘉图主张政府应尽量压缩开支，缩小政府活动范围，降低赋税负担（约瑟夫·熊彼特，1935）。作为古典经济学理论体系的奠基人，亚当·斯密认为财政支出是对国家经济资源的损耗，应尽可能缩小财政支出规模。他提出政府公共支出应主要集中于国防支出、司法支出、公共工程和公共机构支出三个方面（亚当·斯密，1776）。

英国经济学家凯恩斯强调政府应利用财政支出调节总需求，实现经济稳定增长，在经济萧条时期，扩大政府财政支出，可以有效刺激社会总需求（约翰·梅纳德·凯恩斯，1936）。凯恩斯学派主张政府积极干预经济，财政支出则是政府干预经济运行的最有效手段之一，通过相机抉择的财政政策，调整财政支出的规模和结构，利用财政手段调节总需求，保障经济均衡增长。

以萨缪尔森为代表的新古典综合学派重视通过实证研究分析财政支出，萨缪尔森认为政府公共支出对于产出与就业发挥着重要影响（萨缪尔森、诺德豪斯，1948）；而马斯格雷夫认为在经济发展的不同阶段应采取不同的财政支出政策，特定时期通过增加财政支出可以起到促进经济增长的作用（马斯格雷夫，2003）。以弗里德曼为代表的货币学派强调市场机制的自发调节，反对凯恩斯主义主张的相机抉择的宏观经济政策，在财政政策上主张实行平衡预算，反对基于干预经济的目的对财政支出进行调整（弗里德曼，1953）。以萨金特和卢卡斯为代表的理性预期学派认为，在理性预期下，经济政策是无效的，为保证宏观经济稳定，税率应保持稳定，同时财政支出政策应向公众公开（卢卡斯，1987）。

参考文献：

［美］约瑟夫·熊彼特：《经济分析史》第 3 卷，商务印书馆 2009 年版。

［英］亚当·斯密：《国富论》，上海三联书店 2009 年版。

［英］约翰·梅纳德·凯恩斯：《就业、利息和货币通论》，商务印书馆 1999 年版。

［美］保罗·A·萨缪尔森、威廉·D·诺德豪斯：《经济学》，人民邮电出版社 2008 年版。

［美］理查德·A·马斯格雷夫、佩吉·B·马斯格雷夫：《财政理论与实践》，中国财政经济出版社 2003 年版。

［美］米尔顿·弗里德曼：《弗里德曼文萃》，首都经济贸易大学出版社 2001 年版。

［美］罗伯特·卢卡斯：《经济周期模型》，中国人民大学出版社 2003 年版。

（吴俊培　安钢）

公共部门的集体决策
Collective Decision-making in Public Sector

公共部门的集体决策系指通过某种政治过程，将公众对公共物品的个人偏好加总或综合，从而决定公共物品提供的一种政治决策。在现代社会，民主体制分为直接民主制与代议民主制两种。在直接民主制下，投票者以投票直接反映个人对公共物品的偏好；在代议民主制下，投票者先选举代表，由这些代表投票决定公共物品的供给。投票规则是将个人对公共物品的偏好通过政治过程转移为集体行动的方法，主要包括了一致同意规则与多数同意规则。

一致同意规则是指只有当全体投票者毫无例外地一致赞同而没有任何一个人反对时，集体决策才能做出。一致同意规则实行的是一票否决制，投票者对于可能的集体决策，都会根据自己的切身利益通过投票，或支持或反对。若有一个人认为自己的利益受损，经由投票的集体决策就将不会做出。因此，一致同意规则可以使每个投票者都受益而不受损，因此可以达到帕累托最优状态。

一致同意规则从理论上看是一种理想的集体决策的规则，但现实中因存在明显的缺点得不到普遍采用。首先，一致同意的决策成本过高。全体投票者达到一致同意所需的时间往往非常长，投票人数越多，他们的偏好差异就越大，彼此间可能进行的协商与讨价还价所耗的时间与精力损失也许超过从公共物品供给中的受益。其次，这一规则鼓励了策略性行为。"为决策所需要的规则越是接近于全体一致同意，个体谈判者的权力就越大，而下述可能性也就越大：至少会有一些个人，将力图最大限度地利用他们的讨价还价地位"。最后，这一规则可能导致威胁和敲诈。如果一个人认识到某项议案或决策可以被他否决的话，那么他就会以抗拒的形式来敲诈那些想使这项议案或决策得以通过的人，从而使他和他的支持者获得好处（方福前，2000）。

鉴于一致同意规则难以实现，因此多数同意规则成为最常用的集体决策方法，它多指一项集体决策只有在超过半数以上的赞成票时才能做出，过半数就能通过也称为简单多数，与此相对应的还有比例多数。过半数规则的显著优点是节省决策成本，决策成本包括解释待通过的议案、讨价还价、修改议案、协商、议案表决等花费的资源和时间成本，这种成本随着通过议案所需人数的增加而递增（杨龙，2003）。在多数同意规则下，若是从多项议案中选定一项，结果就不一定是唯一的，而可能存在不确定性的结果，这种可能出现的各种备选议案之间的循环，被称为投票悖论或孔多塞悖论（见图1）。

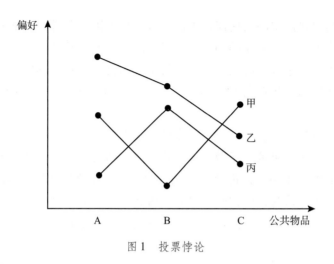

图 1　投票悖论

　　将图 1 中某个人的偏好比相邻点都高的点称为峰。如果一个投票者最偏好某一方案，当转向其他议案时，他的偏好程度都是下降的，那他就具有单峰偏好；如果转向其他议案时，他的偏好程度始而下降继而上升，则他具有双峰偏好。图 1 中，甲与丙是单峰偏好，乙是双峰偏好。正是由于乙是双峰偏好，所以在投票决定三个以及三个以上议案时，就会出现投票悖论。

　　如表 1 所示，甲对公共物品供给量的偏好由高到低依次为 C、A、B，同样，乙为 A、B、C，丙为 B、C、A。假如采用二选一的选择过程来确定公共物品供给量，在 A 与 B 之间，甲与乙会选择 A，丙则选择 B，A 以 2∶1 的票数胜出；同理，在 B 与 C 的选择中，B 以 2∶1 的票数胜出；在 A 与 C 的选择中，C 以 2∶1 的票数胜出。由此就导致了投票悖论。因为 A 优于 B，B 优于 C，所以按常理应得出 A 优于 C 的结果，但实际的投票结果却是 C 优于 A。如果改变投票顺序，先是在 A 与 B 之间进行选择，然后用胜出的 A 与 C 之间做选择，C 将最后胜出。同样，如果先是在 B 与 C 之间进行选择，

表 1　　　　　　　　　　　　　　导致循环的投票者偏好

选择	投票者		
	甲	乙	丙
第一种	C	A	B
第二种	A	B	C
第三种	B	C	A

再用胜出的 B 与 A 之间做选择，A 将成为最后的选择。这样的配对投票会一直持续下去而没有结果，从而出现投票循环。

对于可能成为集体决策的某项议案，除非允许交换选票，否则每个投票人将受到是对一个给定的议案投赞同票或是投反对票的约束（Mueller，1999）。在买卖选票为非法而被明令禁止的情形下，投票者之间可能会进行互投赞成票的交易。由于各投票者对不同议案有不同程度的偏好，如果投票者根据自己真实的偏好来投票，付诸投票的议案就可能得不到通过，而通过相互捧场，即投票者在投票时赞成自己最偏好的议案时，出于换取他人对自己最偏好议案的支持，也会赞成对自己无关紧要甚至有所损害但对另一投票者却至关重要的议案，这样就使得在多数同意规则下被否定的议案因互投赞成票而获得通过。互投赞成票既可能增加社会福利，也可能减少社会福利，导致塔洛克所认为的公共支出过度。

阿罗（Arrow）在其 1951 年出版的《社会选择与个人价值》一书中对多数同意的投票规则进行了研究，提出民主社会中集体决策规则应满足的条件：

第一，个人排序的普遍相容性。对于一个相当广泛的范围内的个人排序集合，都能根据社会福利函数给出一个真正的社会排序。

第二，社会价值与个人价值的正向关系。当每个人都认为 X 优于 Y 时，社会的排序也必须是 X 优于 Y。

第三，对无关备选对象的独立性。如果个人对备选方案 X 和 Y 的偏好顺序不变，X 和 Y 的社会偏好顺序不会因其他备选方案 Z 的中选或撤销而受到影响。

第四，不受限制的个人选择自由。每个人都能按照自己的价值观对可能的备选对象自由地进行选择，即个人的偏好顺序不受限制。

第五，不存在独裁。即集体选择不能完全由一个人的偏好来决定。

此外，阿罗提出了社会选择的两条公理：

公理 1：连贯性。在 X 和 Y 两个选项共存时，必定有 $X \geqslant Y$，或 $Y \geqslant X$。

公理 2：传递性。在有 X、Y 和 Z 三个选项时，若 $X \geqslant Y$，$Y \geqslant Z$，则必有 $X \geqslant Z$。

阿罗认为，投票规则必须同时满足上述五个条件和两个公理，才能把个人偏好顺序转换为社会偏好顺序或集体偏好顺序，但现实中它们不可能同时都得到满足。这就是阿罗不可能定理。因此，按照阿罗的理论，将个人偏好整合为合意的社会偏好的集体决策规则是不存在的。

　　政治家如同企业家一样是立法或公共物品的供给者，从事政治活动从严格意义上讲，除了个人的政治利益外，还可能有其他因素影响他们的参政活动，但政治家的最终动机，是使选票最大化。这意味着政治家不总是基于公共利益选择政策，他所关心的是在下次选举中能否再次当选。他所在的政党亦是如此，对选票的关心胜于对政策的关心。正如唐斯（Downs，2005）所说的，政党是为了赢得选举而制定政策，而不是为了制定政策而赢得选举。当然，政治家在考虑如何使选票最大化时，中间选民的偏好是在多数票规则中能否胜出的决定因素。在这种情形中，追求选票最大化的政治家将会采取能够反映中间选民偏好的政纲。

　　选民如同市场中的消费者，在政治市场中追求个人利益的极大化。对利己的考虑，意味着选民是理性的，他要在各种损益权衡后决定是否参与投票。但同时他缺乏投票所需要的候选人的详细信息，由于他以为他的个人选择对选举结果不太可能有重要的影响，因此他也没什么动力去花费时间了解应知的信息，这样的选民被称作理性而无知的。这在一定程度上说明了代议制民主制下投票率可能不高的原因。

　　官僚也可称作公务员，他们类似于企业经理与雇员，从事已确定公共物品产量的具体生产。没有官僚的存在，政府也就无法运转。一方面，官僚的工作可以在某种程度上解释为为了权力、收入、地位或安全，或着眼于公共利益，但另一方面，尼斯坎南（Niskanen，2004）认为，权力、地位等都与官僚的预算规模大小正相关，官僚是以预算最大化为目标，而非以公共物品的产出最大化为目标。

　　代议民主制以选举为特征，使政策的供给者与需求者相分离，虽然这种民主形式可以避免高的决策成本，但社会福利最大化无论在多党制下还是在两党制下都难以实现。

参考文献：

［荷］汉斯·范登·德本、本·范·韦尔瑟芬：《民主与福利经济学》，中国
　　社会科学出版社 1999 年版。

［美］安东尼·唐斯：《民主的经济理论》，上海人民出版社 2005 年版。

［美］丹尼斯·C·缪勒：《公共选择理论》，中国社会科学出版社 1999
　　年版。

［美］哈维·S·罗森、特德·盖亚：《财政学》第八版，中国人民大学出版
　　社 2009 年版。

［美］肯尼斯·阿罗：《社会选择和个人价值》，四川人民出版社1987年版。

［美］威廉姆·A·尼斯坎南：《官僚制与公共经济学》，中国青年出版社2004年版。

［美］詹姆斯·M·布坎南、戈登·塔洛克：《同意的计算——立宪民主的逻辑基础》，中国社会科学出版社2000年版。

方福前：《公共选择理论——政治的经济学》，中国人民大学出版社2000年版。

文建东：《公共选择学派》，武汉出版社1995年版。

杨龙：《西方新政治经济学的政治观》，天津人民出版社2003年版。

（张德勇）

偏好显示机制
Mechanism of Preference Revelation

偏好显示是与公共物品相联系的一个概念。公共物品具有非竞争性与非排他性的特征，这意味着公共物品的消费者会出于私利的考虑，提供虚假的信息，不显示自己的真正偏好，对公共物品的消费装作比自己真实需求更少的偏好，从而逃避因享用公共物品所应缴纳的税收份额，成为免费搭车者。因此，要确定公共物品该提供多少，就需要一定的偏好显示机制，即社会成员通过何种途径或方式能够真实地表达对公共物品需求的信息。

个人对公共物品的需求或偏好，可以通过一定的政治过程——投票过程——表达出来。一致同意规则的投票方式是一种理想的解决思路，但现实中因每个人的偏好情况不同而难以实现。于是，最常用的投票方式是多数票决，也就是基于多数同意规则下的投票。在多数投票情形下，如果投票人具有单峰偏好，由投票做出的选择是单向连续的，投票人按照自己的真实偏好进行投票，那么中间投票人所偏好的公共物品供给水平可以使整个群体的福利损失最小，因此可视为代表了社会整体对公共物品需求的偏好显示。这是一种无流动性的公共选择。"以手投票"可以一定程度上有助于实现公共物品的有效供给。当然，投票规则以及偏好是单峰还是多峰都会影响到偏好显示，如在多数投票情形下，如果社会成员具有多峰偏好，那么投票就可能没有确定的结果。

"以脚投票"是公共物品消费者表达偏好的另一种方式。蒂伯特（Tiebout，1956）的观点是，公共物品分为全国性的和地方性的，在每个地

123

区提供不同的税收与公共物品组合的情况下，公共物品消费者可以通过流动来显示自己的偏好。每个人都会选择一个最能满足其偏好的地区定居，并缴纳因享用当地政府提供的公共物品所需的税收。这样，每个人都可以根据自己的偏好迁移到相应的地区，类似于市场中的自愿交换，避免了以投票方式表达偏好的缺陷，也不再存在中间投票人定理。这是一种流动性的公共选择。然而，蒂布特模型的严格假设——消费者是充分流动的，消费者完全了解社区间税收与服务组合的差异，流动不受就业限制，公共服务的收益或税收没有外溢性，以及每个社区在管理者的领导下，试图吸引规模适当的人口以实现规模经济——与现实情况存在相当的距离。

在市场机制下，消费者对私人物品的偏好显示可以通过"货币投票"的方式实现，然而社会成员对公共物品的偏好因"免费搭车者"的存在而可能产生不真实的表达。迄今提出或尝试的偏好显示机制都不同程度存在这样或那样的缺陷，因此，探讨有效的偏好显示机制仍是各方努力的方向，如20世纪90年代以来旨在揭示人们对某种公共物品偏好的问卷调查法得到广泛采用。

参考文献：

［美］罗纳德·C·费雪：《州和地方财政学》，中国人民大学出版社 2000年版。

［美］詹姆斯·M·布坎南：《民主财政论——财政制度和个人选择》，商务印书馆 2009 年版。

［英］拉本德拉·贾：《现代公共经济学》，中国青年出版社 2004 年版。

Charles M. Tiebout, A Pure Theory of Local Expenditures, *Journal of Political Economy*, Vol. 64, No. 5, Oct. , 1956.

Paul A. Samuelson, The Pure Theory of Public Expenditure, *The Review of Economics and Statistics*, Vol. 36, No. 4, Nov. , 1954.

（张德勇）

一致同意规则
Rule of Unanimity

参见"公共部门的集体决策"。

多数投票规则
Majority Rule

多数投票规则是一种选举投票的方法，是政治市场中的人们表达公共需求偏好的一种规则和方式。由于一致同意规则在现实中很难实现，多数投票规则往往作为全体一致同意法则的重要弥补而成为民主国家政治生活中常用的选举制度，多用于政府官员的选举或作为立法机构、委员会进行决策的议事办法。多数投票规则要求方案或人选需获得多数，如获得 1/2 以上比例的选票，方能通过。当然，具体的比例要求也可根据实际情况而定。与一致同意规则相比，该法则的优点在于决策成本相对小，易作出决定，同时满足中立、匿名、公正、单一性等要求。

多数投票规则最基本和常用的模式是简单多数投票规则（Simple Majority Rule）。它是指投票人每人一票，对提案进行赞成或反对投票。只要获得 1/2 以上赞成票，则通过提案。若有多个提案，按照简单多数投票法则，方案先两两加以比较，再依据传递性公理得出最终结论。即若 X 被认为好于 Y，Y 被认为好于 Z，那么，X 必然好于 Z。简单多数投票规则的优点在于：简单易行，投票效率较高；每人都有且只有一票，保证投票的公平；由于要求占总数一半以上的成员赞成才能通过，避免了相对多数法则下相互矛盾的提案通过。

多数投票规则仅仅是一个实用性的法则，天生并不具有伦理的合法性，它伴随着社会民主的建立出现并发展。当所有常规性的社会交往还是依据习俗来约束时，"政府"的存在仅仅是遵从于传统而不是开创先例。社会新规则往往是由个人或是绝对权威来确定。但这并不意味着个体的决策就是鲁莽的、肤浅的。如在印度教义中就规定，国王需要指定 7～8 名部长帮助其决策。当面临战争、和平、收入等问题时，国王需分别咨询，再综合这些部长的意见，形成最有利的公共决策。这被认为是多数投票规则最早的雏形。很显然，多数投票规则在当时的决策过程中仍未发挥决定性的作用，直到出现能够颁布具有一定法令性规则的组织或机构。如斯巴达的长官就是由伯罗奔尼撒半岛联盟约定根据多数投票规则来确定。罗马元老院也是依据多数投票规则来制定决策。但是，此时实施的多数投票规则抑或是存在着制度漏洞，抑或是程序非常复杂。直到 1215 年，为限制王权，英国的《自由大宪章》执行条款中首次提到了多数投票规则。1430 年，该法则在英国下议院选举时发挥了决定性作用。16 世纪下半叶，多数投票规则成为下议院的议事规则。之后，英国的实践被西方世界广泛效仿。当然，作为一种规则，多数投票规则并非固化和绝对。其内容会依据投票方法、裁判官或主持者的力量、选举的程序以及使用的哲学理据而有所变化。

现实中，多数投票规则也遭到了公共选择学派的批评。他们认为多数投票规则是一种很不完善的制度，没有考虑到个人偏好的强度；以序数为基础的投票法，无法以集体方式对个人偏好进行真正意义上的归总和集中；用多数人的偏好代替了集体的偏好。尽管满足了多数人偏好，但对投反对票的少数人利益未得到充分的考虑和保障，意味着福利的损失。最严重的缺陷在于，在投票人存在多峰偏好的情况下，可能会出现投票循环悖论。

参考文献：

吴敬琏、张卓元：《中国市场经济建设百科全书》，中国工业大学出版社 1993 年版。

［美］理查·穆斯格雷夫、［美］皮吉·穆斯格雷夫：《美国财政理论与实践》，中国财政经济出版社 1987 年版。

J. Heinberg，History of the Majority Principle，*American Political Science Review*，1926.

J. Heinberg，Theories of Majority Rule，*American Political Science Review*，1932.

Mathias Risse，Arguing for Majority Rule，*The Journal of Political Philosophy*：Vol. 12，No. 1，2004.

Peter J. Coughlin，*Probabilistic Voting Theory*，Cambridge University Press，1992.

D. Rae and E. Schickler，Majority Rule. In Mueller，1997.

（冯静）

中间投票人定理
Median Voter Theorem

中间投票人定理亦称中位选民定理，最早由霍特林（Harold Hotelling，1929）在《竞争的稳定》中提及。在这篇关于地域竞争（Spatial Competition）的著名文章中，他假定选民是沿着一条直线标尺在空间分布，并证明在民主选举的过程中，为了争取更多的选票，两党体制竞争将导致每个政党在意识形态上向其对立面移动。当这种收敛产生时，两党各自的政策上会变得比较温和，激进程度降低，竞选人选举纲领趋同化。斯密驰（Arther Smithies，1941）把弹性需求引入模型，以反映选民的分布空间，对霍特林的结论进行补充修正。他认为由于担心失去极端投票人的支持，尽管两党纲领趋于一致，也会迫使两党保持一定的区别。1948 年，邓肯·布莱克（Duncan Black）在《集体决策的理性》一文专门论述了政治领域集体决策的问题。之后，经安东尼·唐斯（Anthony Downs，1957）在《民主的经济理论》一书中进一步提炼和深化，形成了中间投票定理。该理论逐步在公共政治领域得到广泛的关注。

所谓中间投票人定理是指在一个多数决策模型中，如果所有投票人偏好都是单峰型（Single-peaked）的——每一个投票人偏好都存在最优的可能选项，一旦偏离该选项（不论是向左，还是往右），投票人对选择项的满意度越来越低——那么，投票结果是反映中间投票人的偏好或意愿的方案总能击败其他方案而获得通过。即所有投票人偏好是单峰的条件下，依据多数同意规则，存在着唯一选择项的均衡状态。所谓中间投票人就是指处在所有投票者最优偏好结果中间状态的投票者。

用微观经济学术语解释，中间投票人定理是指在每一个投票人偏好都是严格凸函数的假设下，如果且只要存在所谓的中间投票人的最优选项，那么，在多数法则下，该选项就不可能被别的任何其他选项胜过，投票结果符合帕累托效率。当然，这一结论成立的重要假定是选民（投票人）对公共物品的偏好呈正态分布。若投票人对公共物品偏好呈偏态分布时，虽然中间投票人个人最优的公共物品水平仍是社会最终选择结果，但不再符合帕累托效率。

如图 1 所示，若众多投票人及其偏好呈现以 50 为均值的正态分布，A、B 两党初始状态分别位于 25、75，那么，两党将迅速收敛于中点。可能的极端投票人的损失将不能阻止它们的相向运动，因为在多数人选举制度中，中间可能争取到的投票人规模将远多于边际投票人。当然，这种政治的收敛和均衡依赖于投票人的单峰分布。或是分布尽管有很小差别，但也集中在一个模式附近。相反，若投票人分布呈现两极极端分布形态，则在两党体制中，每个获胜政党将执行与另一政党意识形态极为对立的政策，一方上台即可能把遭到另一方强烈反对的政策强加于人，这就意味着政策极为不稳定，公开冲突甚至战争可能爆发，民主制度陷入混乱。因此，除非投票人能向中间温和带运动，消除两极分化，否则，民主政府根本不能很好地发挥作用，政治体制无法实现长期的稳定均衡。

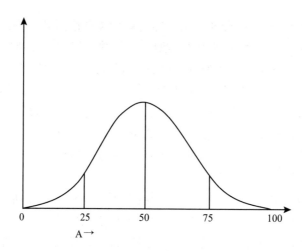

图1 投票人偏好的正态分布

中间投票人定理在公共选择学派的政治行为理论中具有重要地位，被广泛运用于解释多数人选举制度方面的问题。例如，在民主选举国家，公共政策往往比较"温和"。其一，因为政治均衡最终在中间投票者最偏好的结果上形成，即中位选民所选择的公共物品供给水平往往是多数决策机制下可能得出的政治均衡。因此，在民主国家，任何一个政党为获取多数选票，必须使自己的竞选方案、纲领符合中间投票人的意愿。公共政策往往走"温和"的中间路线。以美国为例，为赢得总统选举，民主党和共和党竞选人常常将各自竞选纲领迎合人口比例最高的中产阶级的观点或利益。其二，现实中，由于选民年龄、职业、收入、品位、信息量等的差异，许多人并不完全满意政府政策的选择。其三，投票人偏好分布离散度增加，对公共政策影响不大，除非这种离散程度的增加影响到中位投票人的分布。相反，任何中位投票人约束条件的变化或是身份变化都可能对政府政策规模和构成产生系统性影响。如由于中位选民对政府服务的需求随着其收入水平的提高而有所增加，可能导致政府供给的公共水平整体要求提升，等等。

当然，中间投票人定理也有一些不足之处。其一，克莱比（Keith Krehbie，2004）指出，在多数人投票过程中，由于投票人无法直接修订法律，会减低政治过程的效率。其二，为简化分析，中间投票人定理将集体决策过程的假设定义在一维政治序列当中，若选民同时面临超过一个以上的决策事项，该理论无法适用。另外，政府代表的激励结构也是一个问题。部分学者提出，政府官僚部门由个人官员组成，这些政府的代表是自利性的，除公共利益之外，也包括对权利、收入以及荣誉的追求。目标的偏离可能导致选举人政策有利于为自身争取更多的利益。

此外，现实中模型的运用也受到质疑。如实行两党制的国家，两党政策纲领并不都呈现出明显的趋同，也并非所有政党都会为了赢得选举，而一味迎合选民偏好，放弃自己所坚持的主张。

参考文献：

邓子基、林致远：《财政学》，清华大学出版社 2008 年版。

杨志勇、张馨：《公共经济学》，清华大学出版社 2008 年版。

Anthony Downs, An Economic Theory of Political Action in a Democracy, *Journal of Political Economy*, Vol. 65, No. 2, 1957.

Anthony Downs, *An Economic Theory of Democracy*, Harper Collins, 1957.

Anthony Downs, A Theory of Bureaucracy, *The American Economic Review*, Vol. 55, 1965.

Arther Smithies, Optimum Location in Spatial Competition, *The Journal of Political Economy*, XLIX. 1941.

Congleton, Roger, The Median Voter Model, In Charles K. Rowley, Friedrich, 2002.

Schneider (Ed.), *The Encyclopedia of Public Choice*, Kluwer Academic Press, 2003, ISBN 978-0-7923-8607-0.

Duncan Black, On the Rationale of Group Decision-making, *Journal of Political Economy*, Vol. 56, No. 1, 1948.

Harold Hotelling, Stability in Competition, *The Economic Journal*, Vol. 39, 1929.

Keith Krehbiel, Legislative Organization, *Journal of Economic Perspectives*, Vol. 18, No. 1, 2004.

（冯静）

孔多塞悖论
Condorcet's Paradox

孔多塞（Marquis de Condorcet）是 18 世纪法国启蒙运动时期最杰出的代表之一，同时也是一位数学家和哲学家。孔多塞于 1785 年提出了著名的

"孔多塞悖论"，又称"投票悖论"（The Voting Paradox）。

投票悖论是指在多数投票规则（Majority Voting Rules，参见相关词条）下个人偏好次序转化为社会偏好次序过程中出现的得不到稳定一致均衡结果的情况。

假设甲、乙、丙三个人对 A、B、C 三种方案进行两两投票，即先对其中两个方案进行投票，然后再对第一轮胜出的方案和第三个方案进行投票，以此决定最终的胜出方案。如果甲、乙、丙三人的个人偏好次序如下所示：

甲：A > B > C

乙：C > A > B

丙：B > C > A

如果先对 A、B 两个方案投票，A 方案将得到甲和乙的支持，会在第一轮胜出；然后对 A、C 两个方案投票，C 方案会得到乙和丙的支持最后胜出。但是如果先对 B、C 两个方案投票，B 方案将得到甲和丙的支持，然后对 A、B 两个方案投票，A 方案会得到甲和乙的支持最后胜出。如果先对 A、C 两个方案投票，则最终胜出的将是 B 方案。投票程序不同导致最终胜出的方案不同，这就是"投票悖论"。

还有另一种版本的投票悖论，假设甲、乙、丙三人的个人偏好次序不变，对 A、B、C 三个方案按照一定的顺序逐一表决，第一个得不到大多数人同意的方案将被淘汰。在这种投票规则下，三种方案的表决顺序仍然会决定最终胜出的方案。三个方案共有六种投票组合，分别是：

（1）ABC；（2）ACB；（3）BAC；（4）BCA；（5）CAB；（6）CBA

组合（1）和组合（2）首先表决 A 方案，只有甲认为 A 方案最优，因此 A 方案被淘汰，第二轮表决 B 方案和 C 方案，甲和丙均认为 B 方案优于 C 方案，B 方案胜出。组合（3）和组合（4）首先表决 B 方案，只有丙认为 B 方案最优，因此 B 方案并淘汰，第二轮表决 A 方案和 C 方案，乙和丙均认为 C 方案优于 A 方案，C 方案胜出。组合（5）和组合（6）首先表决 C 方案，C 方案会被淘汰，第二轮表决 A 方案和 B 方案，A 方案会胜出。

在上面的例子中，大多数人认为方案 A 要优于方案 B，方案 B 优于方案 C。按照逻辑的一致性，这种偏好应当是可传递的，即大多数人认为方案 A 要优于方案 C，但实际情况是大多数人认为方案 C 要优于方案 A。投票悖论揭示了在多数投票规则下，个人偏好次序转化为社会偏好次序的不稳定性，即个人的理性选择并不一定能得到符合理性的集体选择，这被视为民主制度的潜在缺陷。

投票悖论是社会选择理论以及社会福利函数研究关注的重要问题，肯尼斯·J·阿罗（Kenneth J. Arrow）在 1951 年出版的《社会选择与个人价值》一书中提出了著名的阿罗不可能定理，将投票悖论形式化和一般化了。如何解决投票悖论、绕过阿罗不可能定理的研究推动了社会选择理论的发展。

参考文献：

K. J. Arrow, A Difficulty in the Concept of Social Welfare, *Journal of Political Economy*, Vol. 58, 1950.

K. J. Arrow, *Social Choice and Individual Values*, New York：Wiley, 1951.

D. Black, *The Theory of Committees and Elections*, Cambridge：Cambridge University Press, 1958.

J. M. Buchanan and G. Tullock, *The Calculus of Consent*, Ann Arbor：University of Michigan Press, 1962.

M. Condorcet, *Essai Sur L'application de L'analyse a La Probabilite Des Decisions Rendues a La Pluralite Des Voix*, Paris, 1785.

A. Downs, *An Economic Theory of Democracy*, New York：Harper & Row, 1957.

K. May, A Set of Independent Necessary and Sufficient Conditions for Simple Majority Decision, *Econometirca*, Vol. 20, No. 4, 1952.

H. Moulin, *The Strategy of Social Choice*, Amsterdam：North Holland, 1983.

H. P. Young, Optimal Ranking and Choice form Pairwise Comparisons, In B. Grofman and G. Owen（eds.）, *Information Pooling and Group Decisionmaking*, Greenwich, Conn：JAL Press, 1986.

（张斌）

阿罗不可能定理
Arrow's Impossibility Theorem

在一个集体中，如果组成集体的个体之间存在着偏好差异，那么如何从个体的偏好出发得到集体的选择，即如何由个人偏好次序得到社会偏好次序，是社会选择理论研究的核心问题。人们通常认为，在多数投票规则下运行的民主制度，能够通过个人的理性选择（投票）产生理性的社会偏好。

但是，早在 18 世纪，法国启蒙思想家孔多塞就提出了著名的投票悖论，指出个人偏好次序转化为社会偏好次序的不稳定性，即个人的理性选择并不一定能得到符合理性的集体选择。而肯尼斯·J·阿罗（Kenneth J. Arrow）在 1951 年出版的《社会选择与个人价值》一书中提出了著名的阿罗不可能定理，将投票悖论形式化和一般化了。

阿罗在书中提出了这样一个问题：是否存在这样一种投票规则，在不限制投票人的偏好并进行独立决策的情况下，所产生的结果不受投票程序的影响，并能将个人偏好转化为前后一致的社会偏好（社会福利函数）。阿罗通过严格的公理化方法证明这是不可能做到的，这就是阿罗不可能定理。

阿罗不可能定理的核心，是对民主社会的集体决策规则提出了五个前提假设，即民主社会的集体决策规则应符合以下五个标准：

1. 无约束的定义域。在决策过程中所有个体均能毫无约束地表达他们的真实偏好，决策的备选方案应包含个人偏好排序的一切可能的组合。

2. 集体理性。集体理性是指社会选择具有传递性和连通性。传递性是指在集体选择过程中，如果方案 A 优于方案 B，方案 B 优于方案 C，那么方案 A 必然优于方案 C。连通性是指对任何两个方案 A 和 B，要么 A 优于 B、要么 B 优于 A，要么两者无差异。集体理性要求在个体能够自由做出选择的情况下，能够获得逻辑上前后一致的社会选择。

3. 帕累托原则。社会选择应符合帕累托原则，即如果社会中的每个个体都认为方案 A 优于方案 B，那么社会选择的结果也应是方案 A 优于方案 B。而且，如果个人偏好发生了变化，社会选择也应产生相应的变化。

4. 无关备选方案的独立性。社会选择依赖于个体对特定选择的排序，不受其他方案的影响。如果认为方案 A 优于方案 B，那么无论方案 C 是否存在，A 始终优于 B。

5. 非独裁。即在社会选择过程中，不存在这样一个人或一组人，如果他们认为方案 A 优于方案 B，那么社会选择的结果就是方案 A 优于方案 B，而不管其他人的选择如何。

阿罗提出的上述五个前提假设是相当合理的，符合民主社会的基本要求。但阿罗证明在这五个前提下，不可能存在一个能够将个体偏好转化为逻辑上前后一致的社会决策规则。这一结论说明民主社会普遍采用的多数投票规则是有缺陷和不可靠的，在这一规则下可能产生不合理的结果。

阿罗不可能定理的影响不仅限于对投票悖论的研究，对社会福利函数的研究也产生了巨大冲击。社会福利函数是福利经济学研究的核心问题，长期以来，福利经济学家假定社会福利基于个人效用，而个人效用源于个人偏好，社会福利函数是集合了所有个人偏好，反映社会利益最大化的数学表达式。然而，由于阿罗证明了不可能存在逻辑上前后一致的将个人偏好转化为社会偏好的规则，因此也不存在符合所有个人偏好的社会福利函数。

阿罗不可能定理提出后，围绕如何解决投票悖论从而绕过阿罗不可能定理产生了一系列研究成果，推动了社会选择理论和社会福利函数的发展。

解决阿罗不可能定理的一种思路是放松阿罗提出的五个条件，如对个人偏好进行限制。邓肯·布莱克（Duncan Black）提出了单峰偏好理论（Single Peak Preference Theory），并证明如果每个选民的偏好都是单峰偏好，那么就可以避免投票悖论，得到确定的唯一社会偏好。

阿玛蒂亚·森（Amartya Sen）提出了价值限制理论，在任意三个备选方案中，如果所有投票人对其中一个方案达成一致意见（即价值限制，Value Restriction）就可以消除投票悖论。一致意见有三种模式：

1. 所有投票人都同意其中一个方案不是"最优的"。

2. 所有投票人都同意其中一个方案不是"次优的"。

3. 所有投票人都同意其中一个方案不是"最差的"。

在有四项或四项以上的备选方案时，每个包括三项选择的子集合须符合这三种条件之一。价值限制理论通过放松阿罗的条件使阿罗不可能定理失效。

解决阿罗不可能定理的另一个思路是采用基数效用论来构建社会福利函数，阿罗的研究以序数效用论为基础，假设人与人之间的效用无法比较。许多学者，如黄有光和阿玛蒂亚·森都指出以基数法度量个体效用，增加人与人之间效用比较的信息有助于解决阿罗不可能定理。

参考文献：

M. Allais, Le Comportement De L'homme Rationnel Devant Le Risque: Critique Des Postulats Et Axiomes De L'école Américaine, *Econometrica*, Vol. 21, No. 4, 1953.

Sen Amartya, The Impossibility of a Paretian Liberal, *The Journal of Political Economy*, Vol. 78, No. 2, 1970.

K. J. Arrow, *Social Choice and Individual Values*, New York: Wiley, 1951.

D. Black, *The Theory of Committees and Elections*, Cambridge: Cambridge University Press, 1958.

M. Friedman, and J. L. Savage, The Utility Analysis of Choices Involving Risk,

Journal of Political Economy，Vol. 56，August 1948.

J. Marschak，Rational Behavior，Uncertain Prospects and Measurable Utility，*Econometrica*，Vol. 18，No. 2，April 1950.

J. Marschak，Why "Should" Statisticians and Businessmen Maximize Moral Expectation? In *Proceedings of the Second Berkeley Symposium on Mathematical Statistics and Probability*，Berkeley：University of California Press，1951.

J. Von Neumann and O. Morgenstern，*The Theory of Games and Economic Behavior*，Princeton：Princeton University Press，1953.

L. Savage，*The Foundations of Statistics*，New York：Wiley，1954.

（张斌）

互投赞成票
Logrolling

互投赞成票是一种最为常见的选票交易行为。"投票人之间在投票表决的内容方面进行的相互交易，表现为投票人将投票赞成他们实际上反对但反对不强烈的候选对象，以换取其他投票人投票支持他们想要得到的候选对象。"（塔洛克，2007）

塔洛克（Tullock）是较早使用"互投赞成票"这一术语的学者。"他在与布坎南合作撰写《同意的计算》时，查阅了许多政治学基础教材的索引，发现'互投赞成票'这一术语并未在这些索引中出现。尽管许多严肃的政治学家都知道互投赞成票这个事实，但互投赞成票却没有成为一个常用术语。"（塔洛克，2007）为了研究互投赞成票的现象，塔洛克以公共选择理论为基础，从方法论的个体主义出发，构建了一个简单的模型，论证了在多数票规则的条件下出现互投赞成票的逻辑及其可能存在的问题。

互投赞成票包括两种基本形式。第一种形式是显性互投赞成票（Explicit Logrolling）。简单地说，这种形式是一种"今天我帮你，明天你帮我"的情况，即"我同意投票赞成你想要的东西，而你同意在以后投票赞成我想要的东西作为报答"（塔洛克，2007）。在西方民主国家的许多政治选择制度之中，"当对一系列连续议案中的每一个议案都进行公开投票的个人数合理地少时，这种现象几乎无所不在。通常，这正是代议制议会的特征，而且还有可能存在于使用'直接民主'的小政治单位之中"（布坎南、塔洛克，2000）。第二种形式是隐性互投赞成票（Implicit Logrolling）。简言之，为了使不同投票人关注的议案获得通过，或者为了使不同投票人所支持的政党赢得选举，可以将各自赞成的事项纳入同一个议案进行表决。具体而言，"大批的投票者被号召拢来决定各种复杂的问题，诸如由哪个党派统治或在某次全民复决投票中哪些议案将获得通过等。在这里，不存在任何正式的选票交易，但发生了一种类似的过程。那些向投票人提供候选人或选举纲领的政治'企业家'，编织了一个复杂的政治混合体，以吸引支持。在这样做时，他们牢牢地记着下述事实：单个的投票者也许对一个具体议案的结果非常感兴趣，以致他会投票赞成那个支持议案的党派，尽管他可能反对该党派在所有议案上的立场。以这种隐含的互投赞成票为特征的制度，是许多现代民主程序的特征。"（布坎南、塔洛克，2000）

以政党与议案为划分标准，可以进一步将隐性互投赞成票细分为两类："第一，在投票选举执政党的情形下，假设一个政党的一部分议案与一些选民的偏好相互冲突，但是这些选民对该政党的另外几个议案强烈支持，非常关注这几个议案的结果。在此情况下，该政党为了赢得这些选民的支持，就把所有议案作为一个整体或者叫作'政策混合体'，从而使得这些选民因为强烈支持少数几个议案而忽略其他略为反对的议案，仍然投票支持这个政党。第二，在投票决定议案的情形下，此时执政党的目的不是为了赢得选举而迎合选民的偏好，而是以执政党的身份为了实行一些竞选政纲中没有体现的议案而争取选民的支持。此时，投票者可能对一些议案非常感兴趣，然而执政党的目的是想要通过其他一些略微不受投票者欢迎的议案。于是，执政党会把所有这些议案作为一个单位进行全民公决，从而通过他们想要施行的议案。"（吕普生，2008）

至于如何评价显性与隐性两种不同形式的互投赞成票，学者们有不同看法。"从数学和理论的角度看，塔洛克认为这两种形式之间没有什么差别，但许多人认为他们之间存在很大的道德差别。例如，邓肯·布莱克（Duncan Black）就认为，第一种形式极不道德，但第二种完全正确。因为，在布莱克看来，第一种形式意味着人们统一投票赞成自己不认可的东西，因此他的投票是在说谎。相反，在第二种形式中，尽管人们自然不赞成议案中某部分内容，但他们赞成整个议案，因此他没有说谎。塔洛克觉得这种看法有点天真，既然一项议案由两部分各自赞成的内容组成，将这两部分各自赞成的内容组成一项议案就是在说谎，只不过是在立法机构不是在委员会而已。尽管多数人很看重这一点，但塔洛克并不以此为然。"（塔洛克，2007）

通常而言，发生互投赞成票的现象需要一些必要条件。这些条件主要包括：第一，在多数表决的规则下，投票人的偏好强度应有所差异，更确切地说，少数派的偏好应比多数派的偏好更为强烈。如果所有投票人对所有议案或政党的偏好强度都一样，则不会发生互投赞成票的现象。"权利的交换所以发生，是因为人们之间是不同的，无论这种区别是基于生理的能力（由于天赋的分布），还是由于品位或偏好的差别。"（布坎南、塔洛克，2000）第二，投票在一定时间内可以重复，或者说，投票行为是一个持续的独立决策流，具有时间序列的特点。"在这个时间序列中，任何一个对某一问题偏好强烈的投票者都会愿意用他在其他问题上的选票来换取其他投票者在这一问题上对他的利益的互惠性支持。"（吕普生，2008）如果仅有一次性投票，显性互投赞成票的情况不会发生。第三，选票应具有经济价值。"通过经济向度的引入，政治选票已经不单纯是一种政治意义，它还可以用经济学的收益与损失来度量，这赋予了政治选票以经济价值。"（吕普生，2008）如果选票没有经济价值，互投赞成票的行为也自然不会出现。因此，促成互投赞成票至少需要满足以上这三个条件。

尽管互投赞成票是政治投票过程中经常发生的现象，但是，我们却无法断定互投赞成票所产生的结果。为便于理解，试举一例，说明互投赞成票可能产生的不同结果。假设：投票人1、2、3对A、B两个议案进行投票，投票规则采用简单多数原则；三个投票人对A的支付为（5，−1，−1），对B的支付为（−1，5，−1）。如果每个投票人都诚实投票，则A、B都无法获得多数票，也就无法获得通过。但是，如果投票人1和2愿意达成投票协议：投票人1同意赞同B，投票人2作为交换要同意支持A。有了互投赞成票的承诺（投票人1与2结成联盟），两个议案都能获得通过。与此前两个议案都无法通过相比，互投赞成票的结果是，每个议案的总效用都增加了3。在这个例子中，互投赞成票增强了社会福利，其结果是一个正和博弈。但是，如果改变一下初始条件，将支付矩阵中的"−1"变为"−3"，则结果会发生逆转。在新的支付条件下，投票人1和2仍然愿意达成交易，因为他们都会从投票交易中获益。但是，对于每个议案而言，社会总收益都是−1。也就是说，互投赞成票降低了社会总体福利，其结果变成了负和博弈。

在现实中，为了研究清楚互投赞成票的结果是正和博弈还是负和博弈，人们进行了实证分析。研究的总体结论表明，在现实中，两种情况（正和博弈与负和博弈）都有可能发生。维克塞尔（Wicksell，1896）、黑费尔（Haefele，1971）与科福特（Koford，1982）的分析认为，互投赞成票的最终结果将是正和博弈。与其相反，塔洛克（Tullock，1959）的分析表明，互投赞成票引发了较高的政府支出水平，降低了社会的经济效率，其结果是负和博弈的一种表现。由此可见，互投赞成票的结果并不稳定，可能是正和博弈，也可能是负和博弈。换言之，对于投票交易市场来说，不存在稳定的均衡解（Mueller，1967；Park，1967）。

  与互投赞成票结果相关的另一个问题是，互投赞成票所形成的联盟是否稳定。多数学者［例如，施特拉特曼（Stratmann，1992；1995；1996）与梅休（Mayhew，1966）］认为，人们不会普遍背弃互投赞成票的协定，使得互投赞成票所形成的联盟较为稳定。因为如果互投赞成票所形成的联盟总是不稳定的，那么，在现实中就很难长期存在互投赞成票的现象。这与我们通常所见的事实（互投赞成票的现象普遍存在）并不相符。因此，互投赞成票所结成的联盟是稳定的。不过，也有少数学者认为，遭受损失的投票人总希望打破原有联盟，使其能够成为受益的一方，这一动机会破坏联盟的稳定性。由此可见，在互投赞成票所形成的联盟是否稳定这一问题上，现有研究仍存在一定争议。

参考文献：

［美］戈登·塔洛克：《贫富与政治》，长春出版社 2006 年版。

［美］戈登·塔洛克：《论投票——一个公共选择的分析》，西南财经大学出版社 2007 年版。

吕普生：《公共选择理论中互投赞成票的逻辑与模型》，载于《公共管理学报》2008 年第 2 期。

［美］詹姆斯·M·布坎南、戈登·塔洛克：《同意的计算———立宪民主的逻辑基础》，中国社会科学出版社 2000 年版。

［美］詹姆斯·布坎南：《自由的界限》，台湾地区联经出版事业公司 2002 年版。

Charles K. Rowley and Friedrich Schneide，*Encyclopedia of Public Choice*，Kluwer Academic Publishers，2004.

E. T. Haefele，A Utility Theory of Representative Government，*American Economic Review*，Vol. 61，1971.

K. J. Koford，Centralized Vote-trading，*Public Choice*，Vol. 39，No. 2，1982.

D. R. Mayhew，*Party Loyalty among Congressmen：The Difference between Democrats and Republicans*，Cambridge：Harvard University Press，1966.

D. C. Mueller，The Possibility of a Social Welfare Function：Comment，*American*

Economic Review, Vol. 57, 1967.

R. E. Park, The Possibility of a Social Welfare Function: Comment, *American Economic Review*, Vol. 57, 1967.

T. Stratmann, The Effects of Logrolling on Congressional Voting, *The American Economic Review*, Vol. 82, No. 5, 1992.

T. Stratmann, Instability in Collective Decisions? Testing for Cyclical Majorities, *Public Choice*, Vol. 88, 1996.

T. Stratmann, Logrolling in the U. S. Congress, *Economic Inquiry*, Vol. 23, July 1995.

G. Tullock, Problems of Majority Voting, *Journal of Political Economy*, Vol. 67, No. 6, 1959.

K. Wicksell, A New Principle of Just Taxation, 1896, In Musgrave and Peacock, *Finanztheoretische Untersuchungen*, 1967.

（姜明耀）

工具性投票
Instrumental Voting

工具性投票是理性投票人模型（The Rational-Voter Model）发展过程中的一个代表性成果。在理性投票人模型的最初发展阶段，投票只不过是一种纯粹的工具性行为。对理性选民而言，投票只是实现效用最大化的手段或工具。投票行为本身并不能为选民带来效用，理性选民参与投票的目的是为了实现投票人所期望的最满意的选举结果。

投票作为一种广泛的政治行为，是民主社会政治活动的基础。从投票行为看，人们可以选择参与投票，也可以选择放弃投票。研究人们的投票行为有多种方法与视角。其中，"政治学对投票行为的分析主要依靠的是社会心理学的模型。这些模型认为，人们是否参与投票，主要取决于一些心理上的变量。例如，对政党的认同感、参与政治活动的兴趣、公民的责任感等"。与政治学所使用的研究工具不同，公共选择理论在分析投票行为时，主要借助了理性投票人模型。

理性投票人模型将选民看成经济学中的"经济人"，认为理性的选民会在比较投票的成本与收益后，根据效用最大化的目标做出是否投票的决定。理性选民假说由唐斯（Downs，1957）首次提出，而后经瑞克与沃尔德舒克

（Riker and Ordeshook，1968）等得以完善。在发展过程中，产生了两个代表性的成果：工具性投票与表达性投票（Expressive Voting）。

工具性投票起步较早，且在很长一段时间内占有主流地位，有时甚至被当作理性投票人模型的基本特点。作为理性投票人模型的开山之作，唐斯（1957）分析了投票的工具性动机。其模型具体如下：

如果 p 代表投票影响选举结果的概率（投票人的选票成为最终决定票的概率）；B 代表投票人所选的候选人赢得选举后的净收益（在只有两个候选人的模型中，投票人所偏好的候选人赢得选举为投票人所带来的收益与另一候选人赢得选举对投票人所带来的收益之间的差额）；C 代表投票的成本，那么，理性选民参与投票的条件是 pB-C > 0。这意味着，理性选民只有在投票所产生的结果的收益大于成本时，才会选择投票。

不过，唐斯（1957）也注意到了工具性投票所产生的一个悖论。从工具性投票的分析中可以看出，如果参与投票的选民数量众多，那么，每一个选民决定选举结果的可能性会非常小（即 p 很小，甚至接近于 0）。但是，投票的成本（注册、搜集候选人立场的信息、游行、标记选票等）往往是较高的。其结果是，投票的成本可能远大于收益。在这样的条件下，理性选民不会参与投票。但问题是，从民主选举的实践看，投票率（Turnout）并没有像只包含工具性动机的理性投票人模型所预测的那样低。理性选民似乎是参与了成本大于收益的投票行为，这有悖于"经济人"的基本假设，对早期的理性投票人模型提出了严峻挑战。

随后，许多学者都试图破解这一投票悖论。其中一个重要的解决思路是，"理性选民参与投票，可能并非只是要把所偏好的选举结果变成现实，也可能有其他因素促使理性选民做出投票的决定"（Ashworth et al.，2006）。瑞克与沃尔德舒克（1968）在保留唐斯（1957）理性投票人模型的工具性动机的基础上，加入了表达性动机。这一改进使表达性投票成为对理性投票人模型的一项重要突破。在瑞克与沃尔德舒克（1968）的模型中，除了工具性动机之外，参与投票还可以使选民从表达政治偏好或履行公民义务的过程中获得直接效用。理性选民参与投票的条件变为：pB + D > C。其中，D 代表投票的非工具性回报（比如说，履行了公民义务所产生的满足感）。即使 pB 为 0，只要 D > C，理性选民也会选择参与投票。

表达性动机的合理性虽然也得到了实证研究的检验（Copeland and La-band，2001），但是不得不承认，"即使是极为爱国的人，仅仅因为参与投票带来的满足感而投票似乎不太合乎情理"（Stigler and Becker，1977）。因此人们普遍认为，工具性动机与表达性动机共同制约着人们的投票行为，是投票率的两个主要影响因素（Butler et al.，1969）。工具性投票与表达性投票的融合成为公共选择理论研究投票行为的一个新的发展方向。

　　尽管工具性投票与表达性投票同属于理性投票人模型，但两者仍有明显区别。其区别主要体现为，工具性投票的效用来自选举结果，而表达性投票则更加强调投票行为本身所产生的效用。"如果将工具性投票类比为市场中消费者购买行为的话，那么，表达性投票则更像是足球比赛中的掌声。"（Brennan and Hamlin，1998）

参考文献：

［美］丹尼斯·C·缪勒：《公共选择理论》，中国社会科学出版社 1999年版。

G. Brennan and L. Lomasky, *Democracy and Decision*, Cambridge：Cambridge University Press，1993.

Brennan and Hamlin, Expressive Voting and Electoral Equilibrium, *Public Choice*，Vol. 95，No. 1-2，1998.

C. Copeland and D. N. Laband, Expressiveness and Voting, *Public Choice*，Vol. 110，No. 3，2001.

Charles K. Rowley and Friedrich Schneide, *Encyclopedia of Public Choice*，Kluwer Academic Publishers，2004.

A. Downs, *An Economic Theory of Democracy*，New York：Harper & Row，1957.

David Butler and Donald Stokes, *Political Change in Britain*，New York：St. Martin's，1969.

A. C. Elms, *Social Psychology and Social Relevance*，Boston：Little Brown，1972.

John Ashworth, Benny Geys and Bruno Heyndels, Everyone Likes a Winner：An Empirical Test of the Effect of Electoral Closeness on Turnout in a Context of Expressive Voting, *Public Choice*，Vol. 128，No. 3-4，2006.

K. Kan, and C. C. Yang, On Expressive Voting：Evidence from the 1988 US Presidential Election, *Public Choice*，Vol. 108，No. 9，2001.

Morris P. Fiorina, The Voting Decision：Instrumental and Expressive Aspects, *The Journal of Politics*，Vol. 38，No. 2，1976.

W. Riker, and P. C. Ordeshook, A Theory of the Calculus of Voting, *American Political Science Review*, Vol. 62, No. 3, 1968.

G. J. Stigler, and G. S. Becker, De Gustibus Non Est Disputandum, *American Economic Review*, Vol. 67, No. 3, 1977.

G. Tullock, The Charity of the Uncharitable, *Western Economic Journal*, Vol. 9, No. 9, 1971.

（姜明耀）

寻租
Rent-seeking

寻租是市场主体为了获得或维持其垄断地位而对公共政策施加影响的行为。与企业的正常经营行为相比，寻租是非生产性的。

寻租的概念最早是由克鲁格（Krueger）在其 1974 年发表的《寻租社会的政治经济学》一文中提出的。克鲁格以印度、土耳其为例，阐述了国际贸易中因进口许可证而产生的寻租问题。不过，关于寻租的基本思想是由塔洛克 1967 年发表的《关税、垄断与盗窃的福利成本》做了具体的阐释。因此，一般认为，克鲁格与塔洛克是寻租理论的奠基者。

关于寻租的定义，塔洛克（Tullock, 1989）曾经说过，"我们需要一个一般性的定义，这个定义使我们既可以考虑不合理的经济制度，又可以考虑我们所称的销售努力上的过度投资。遗憾的是，我们并没有这样的定义。"当然，最具代表性的是布坎南（Buchanan）在 1980 年发表的《寻求租金与寻求利润》中，将"寻租"定义为"寻求租金一词是要描述这样一种制度背景中的行为，在那里，个人竭力使价值极大化造成社会浪费而不是社会剩余。"与寻租不同，寻利（寻求利润）虽然是一种追求私利的活动，但能够产生足够的外部经济效应（有时伴有外部不经济现象），但结果是有益于社会的。

与寻租一词所表达的意涵很相近，也是寻租文献中经常用的一个术语是巴格瓦蒂（Bhagwati, 1982）提出的"直接非生产性寻利活动"（DUP）。他指出，直接非生产性寻利活动是指产生货币收益但并不产出货物与劳务的活动，包括四种情况：一是为寻求关税好处的院外游说活动，目的是通过改变税率和要素收入获得货币收益；二是为寻求收入好处的院外游说活动，目的是把收入从政府引向自己；三是为寻求垄断利益的院外活动，目的是形成一种人为的、产生租金那样性质的垄断；四是逃避关税或走私，目的是减少或取消关税，并通过缴纳关税的合法进口品与不缴纳关税的非法进口品之间的价差获得收益。

在相关理论研究中，寻租与直接非生产性寻利活动常常混合起来使用。对于两者之间的微妙关系，柯兰德（Colander，1984）指出，"每个人都同意'寻租'这个名称不理想，但也别无一致的替代词。由于缺乏更好的名称，大多数公共选择经济学家愿意继续使用'寻租'，许多国际贸易理论家喜欢用'直接非生产性寻利活动（DUP）'。"由此也可以看出，对于寻租理论，大致主要是沿着两个轨迹来进行的，一条轨迹是公共选择理论，另一条是国际贸易理论，但就实质内容上，两者之间并无大的差别；而区别在于方法论上，公共选择学者用思想推理代替数学模型，国际贸易学者则是用各种数学模型来推导。

寻租理论多是把政府对自由市场经济的干预当作寻租现象出现的原因。政府通过特许、许可证、配额、批准等法律或行政手段，有意或无意地对市场经济设限，如行业准入限制，使市场经济处于不完全竞争状态，此时，一些人或企业通过游说活动，企图将这种不完全竞争所产生的好处占为己有，从而形成寻租。

布坎南（1980）以某市政府限制出租车数量为例，对寻租活动做了三个层次的剖析。他指出，如果发放数额有限的出租车营运牌照，人们就会进行疏通活动，通过各路手段以期从政府官员那里获得出租车营运牌照，这是寻租活动的第一层次；如果市政府决定拍卖牌照，"潜在的政府企业家现在可能想法进入的，不是直接进入出租车行业，而是进入各种政治的官僚职位或能获得拍卖权力的职业"，即"直接进入政治，以便能够取得决策权"，这是寻租活动的第二层次；当市政府因干预出租车市场得到一部分财政收入时，各利益集团又可能为此笔收入的归宿展开竞争，从而形成寻租活动的第三层次。

寻租活动虽然是无益于社会的一种极大的浪费活动，但它能给一部分人带来好处。这部分人因此就会采取诸如游说、行贿等各种手段，促使政府用行政命令的方式设立各式各样的可据租金，如实施新的关税、以新的考试资格限制他人进入某一职业。另外，某些政府官员也会因政府的这些限制性规定而获益。其结果是，社会上的部分人与某些政府官员，共同参与了寻租活动，并导致利益集团的建立，对社会而言这是不小的浪费。据克鲁格（1974）的估算，1964 年印度在公共投资、进口、控制商品、贷款分配、铁路方面因寻租而形成的租金约占其国民收入的 7.3%，土耳其 1968 年进口许可带来的租金占其国民生产总值的 15%。

对于寻租行为的治理，克鲁格（1974）认为，没有限制的制度与完全限制的制度这两种极端的制度都不可能存在，因此人们需要在这两者之间的连线上寻找某些最佳点。既然无法根除寻租行为，科福特（Koford，1984）等提出了减少寻租行为成功的几点政策建议：（1）对寻租行为予以揭露；（2）形成一种反对寻租的道德或思想环境；（3）改进调整财产权的程序；（4）制定结束性条款，使既得利益在法律上无保障；（5）出钱使垄断者放弃垄断地位；（6）变革制度结构，使所有寻租活动都更加困难，例如建立公开咨询制度；（7）对特定的寻租活动征税，并对破坏寻租和反寻租行为给予补贴。但是，他们也承认，这些政策存在着内在矛盾，"通过政府部门来限制寻租的企图本身为寻租创造了新的可能性，实行新政策所带来的新的寻租问题可能远远多于该政策在减少寻租活动中所取得的成就。因此，制定新政策时必须谨慎从事。"

参考文献：

［美］大卫·柯兰德：《新古典政治经济学：寻租和 DUP 行动分析》，长春出版社 2005 年版。

［美］戈登·塔洛克：《特权和寻租的经济学》，上海人民出版社 2008 年版。

［美］詹姆斯·布坎南：《寻求租金和寻求利润》，载于《经济社会体制比较》1988 年第 6 期。

贺卫：《寻租经济学》，中国发展出版社 1999 年版。

李政军：《寻租与 DUP 活动：一个比较分析》，载于《江海学刊》2000 年第 9 期。

钱颖一：《克鲁格模型与寻租理论》，载于《经济社会体制比较》1988 年第 5 期。

张春魁：《"寻租理论"述评》，载于《学术研究》1996 年第 9 期。

Anne O. Krueger, The Political Economy of the Rent-seeking Society, *American Economic Review*, Vol. 64, No. 3, Jun., 1974.

Gordon Tullock, The Welfare Cost of Tariffs, Monopolies, and Theft, *Western Economic Journal* (*now Economic Inquiry*), Vol. 5, No. 3, 1967.

Jagdish N. Bhagwati, Directly Unproductive Profit-Seeking (DUP) Activities, *Journal of Political Economy* Vol. 90, No. 5, Oct., 1982.

（张德勇）

近似一致原则（维克塞尔）
Principle of Approximate Unanimity（Wicksell）

维克塞尔（Kunt Wicksell）是 19 世纪末至 20 世纪初享誉世界的经济学者，他在资本、生产和边际生产率理论，货币、利息和经济稳定理论以及财政税收、政治决策理论等诸多领域都有卓著贡献。然而，在他有生之年，其在财政领域和政治决策规则方面的贡献所获关注甚少。直到 1958 年其著作《财政学研究》（*Finanztheoretische Untersuchungen*）第二部分的主要内容［即"正义税收的新原则"（Wicksell，1958），马斯格雷夫（Musgrave，1939）称之为"自愿交换的财政理论"］被译为英文出版，维克塞尔对于财政学的贡献才广为人知。"近似一致同意"原则即是威克塞尔在此所提出的用于判断税收政策"正义"与否的新标准。

在这里，维克塞尔提出的一个主要问题是：应实施一种怎样的议会决策规则，才利于发挥国家在社会经济生活中的生产性角色？人们通常不会反对，只要国家提供的服务带给纳税人的利益尚未超过后者通过税收为此支付的成本，继续扩大国家的功能就是值得的。然而，要将这一原则付诸实施并不容易。为此很多学者总是避开试图这一难题，他们要么根本不研究政府问题，要么假定既定的政府预算规模是合适的（Wagner，2012）。

不同的是，维克塞尔选择直面这一难题。他为此类问题的解决提供了一个制度框架，即：在代议制下的税收决策中运用一致同意规则，以推动实现税收正义。其基本的精神是，个人是自我利益的最佳判断者，当每个社会成员都对某一税收政策的变化表示同意时，意味着这一政策变化对所有人都有利，或者至少没有人遭受损失。

维克塞尔的财政研究是有所针对的。19 世纪末已经形成了两种竞争性的财政理论。其中之一是理论—选择取向的英美财政理论，其主要内容是关于税收、税收负担、税负归宿的分析，缺乏对财政支出和国家的分析。它承袭英国古典政治政治经济学中"劳动价值论"的观点，认为劳动是创造价值的唯一源泉，国家活动是非生产性的，税收因此是纳税人的纯粹牺牲，并不能给后者带来利益。自斯密（其《国富论》第五篇是此后英美财政学的基础）以来，非生产性国家的理念便根深蒂固地植入英美财政传统。既然如此，税收负担便不应按纳税人从财政支出中受益的比例来分担，而只应按纳税人承受牺牲的能力来分担，这就是"按能力纳税"原则的由来。于是，一个社会的税收分配或者税制的正义性，就看它是如何按能力分配"牺牲"

的。英美传统下的财政学者提出了"均等牺牲"、"比例牺牲"、"最小牺牲"等诸原则，无论是哪一种，都是依据某一外在的规范标准（如某一形式的社会福利函数），求解使某个单一决策主体效用最大的那些条件。

另一种便是维克塞尔为代表的交换财政理论。依据威克塞尔对当时民主制度实践的看法，在社会成员已经参与政治决策的情况下，英美传统财政理论仍把税收问题当作某个权威者福利最大化的问题来看待，实在是不合时宜。税收也不只是社会成员的无谓牺牲。在威克塞尔看来，国家并非外在于社会的、暴力性的介入力量。它是一系列规定社会成员之间如何交往和相互作用的规则，是社会成员为寻求共同利益而互动的舞台。在这个意义上，国家活动能够发挥生产性的作用，带来社会成员私人利益的增进。问题是在一种怎样的决策规则下，财政决策的结果才能对全体（或尽量多的多数）社会成员都有利。很显然，在政治活动中运用一致同意，能够保护每个社会成员的利益都不会受到损害。

维克塞尔的《财政学研究》共分为三个部分。其中第一部分研究了传统的税负归宿理论；第二部分提出了与之相对的"交换财政理论"；第三部分则以瑞典本国的经验，证明（接近）一致同意原则，并非只是一种理论构想，它在现实政治中是可行的。他认为，在瑞典这样人口较少的国家，依比例代表制选出代表组成议会，若议会实行一致同意规则，可近似等于直接民主制下的全体公民一致同意。

不过，由于在现实中应用一致同意决策规则必定导致决策成本增加，甚至出现"议而不决"的情况，威克塞尔并不主张在实际的决策中应用一致同意规则。一致同意只是现实政治决策规则的理想标准，他提出了一种妥协方案，即近似一致同意。也就是说，只要议会中表示同意的多数达到某一规定的标准——即"合格多数"（Qualified Majority），比如75%、78%——即可。近似一致同意是出于现实便利的考虑而对一致同意原则做出的理性妥协。

之所以有人批评维克塞尔的一致同意原则和近似一致同意原则缺乏现实性，另一个重要原因就是，威克塞尔是在日常政治层面来讨论这些决策规则的。受弗兰克·奈特"相对绝对的绝对"哲学原则的影响，布坎南区分了"两个立宪阶段"——"立宪阶段"与"后立宪阶段"，并与戈登·塔洛克一起创立了宪法经济分析的框架（Buchanan, 2007; Buchanan and Tullock, 1962）。对应地，他将政治过程分为日常政治和立宪政治两个层面。日常政治层面就具体的公共事务进行决策，立宪政治层面的人们就日常政治决策的规则进行选择。

理性的个人为了最大化其长远利益，有可能选择日常政治中的自我约束，接受那些对自己来说既无效率，又有失公正的集体行动规则。在立宪阶段，个人将根据事务本身的重要性、对决策成本和外部成本的承受能力，决定是否通过集体行动处理此类事务。采取集体行动的目的，是为了减少私人行动的外部性。但集体行动同样会发生组织成本（含强制成本和外部成本），一个重要的问题是如何确定投票规则，以使组织成本最小化？或者说，对于一项集体行动，需经多少集体成员同意后才能成为有效的决议？

理性的个人将根据事务本身的重要性，以及各自对于不同决策规则下外部成本和组织成本的权衡，来选择在何种程度上趋向一致同意规则。

一般而言，越是事关社会成员的基本权利的问题、集体决议的实施将使团体中持不同意见者感受到的外部成本（或强制成本）越巨大的问题、集体行动本身具有重大再分配性质的问题，其决策规则越应当朝一致同意的方向确定合格多数规则（Qualified Majority Rule）。

有些问题尽管需要集体地完成，但活动本身并无重大的分配效果，即使个人处于政治少数派的地位，其福利也不受重大影响，为了提高决策效率，简单多数决策规则（Simple Majority Rule）便是较佳的选择。最好的例子便是交通法规中关于交通规则（如靠左行还是靠右行、驾驶速度限制、交通标志的含义）的规定。

此外，还有一些权利性的事务，由于在非一致同意规则下，其牵涉的外部成本和组织成本过高，人们倾向于将之列入宪法的权利条款予以保护。假定对个人的偏好域不做限制，不同的个人所珍视的自由有可能相互冲突。因此，个人权利获得实施，必然以其他社会成员的消极同意，即承诺不干预为前提。从整个社会来讲，意味着个人欲选择行使某些自由权利，必然要同时放弃另一些自由权利。有些自由权利的行使，对于个人来说意义重大，但同时有可能给其他社会成员造成巨大的负外部性，而招致其他多数成员的反对，或立法禁止。处于无知面纱之下而做理性计算的个人，为了防止这种情况出现以最大化自己的效用，倾向于同意将这类自由权利写入宪法而加以明文保护，此为宪法权利。一项行动被列入宪法权利，表明个人实施该项行动时，自动获得了社会的一致同意。但是，与单纯的一致同意规则相比，其成本（包括决策成本和外部成本）被降到极低（Muller, 1997）。

所有这些事务，均涉及宗教信仰、言论及表达、通信、人身、人格尊严等各项基本自由，以及获得知识和教育、工作、休息和退休、各项保障和救济等基本生存权。在以上领域，个人的自由权利是民主社会所要捍卫的基本价值。因此，尽管对于此类自由权利的个人偏好可能五花八门，但仍然可以低成本地一致同意。如果适用多数规则进行决策的话，那些权利未得到保护的个体，将承受重大的外部成本。而如果适用一致同意规则，又往往难于达成一致意见。因此，将这些内容归入宪法的权利条款，是保障个人基本自由与权利，同时节约集体活动成本的好办法。

不过，何种个人权利能够被写入宪法，与制宪者所处的现实情境紧密相关。任何现实的立宪过程，都不可能在真正意义上的无知之幕背后进行。这也解释了为什么美国的制宪元勋们将宗教自由列为宪法权利，而奴隶的人身及财产权利却不受保护。其中，制宪者对其自身及其他社会成员所处社会状态，及权利条款对各自利益的潜在影响，都将影响到实际的制宪过程及其结果。

参考文献：

James M. Buchanan and Gordon Tullock, *The Calculus of Consent*, Ann Arbor：University of Michigan Press，1962.

James M. Buchanan, *Economics From the Outside In：Better than Plowing and Beyond*, Texas A&M University Press, College Station, 2007.

Dennis C. Muller, Constitutional Public Choice, In Dennis C. Muller, *Perspective on Public Choice：A Handbook*, Cambridge University Press，1997.

Richard A. Musgrave, The Voluntary Exchange Theory of Public Economy, *Quarterly Journal of Economics*, Vol. 53, Issue 2, Feb.，1939.

Richard E. Wagner, Knut Wicksell, In Ronald Hamoway, *Eycyclopedia of Libertarianism*, Los Angeles：Sage, 2008.

Richard E. Wagner, Knut Wicksell and Contemporary Political Economy, In Jürgen G. Backhaus, *Handbook for the History of Economic Thought*, Dordrecht：Springer, 2012.

Knut Wicksell, A New Principle of Just Taxation, In Richard A. Musgrave and Alan T. Peacock, *Classics in the Theory of Public Finance*, London：Macmillan, 1958.

（马珺）

公共物品的提供与生产
Provision and Production of Public Goods

公共物品的提供与生产有时也称为公共物品的供给与生产。

公共物品的提供与生产是两个不同的概念，或者说是两个不同的环节。典型的例子是美国国防。美国国防的重要内容——各种武器装备等军品都是由私人企业生产，但美国国防的各种费用却是通过美国联邦预算安排。从中可以看出，公共物品生产的实质则是利用各种资源，产出公共物品（或服务）的过程；而公共物品提供的关键是谁来提供（提供主体选择）以及资金如何筹集。奥斯特罗姆、蒂伯特和瓦伦对公共服务的生产与提供进行了区分，他们认为，"生产是指物理过程，据此公益物品或服务得以成为存在物，而提供则是消费者得到产品的过程"（麦金尼斯，2000）。

供给公共物品是政府的主要职责，但这并不意味着公共物品唯一由政府提供。根据不同的供给主体，公共物品可以有三种提供机制，即政府提供、市场提供和自愿提供。而且，政府提供公共物品并不意味着一定要由政府组织生产，从生产主体来看，一般可以采取政府生产和市场生产两种方式。这样一来，公共物品的提供与生产可以形成多种组合模式，如表1所示。

表1　　　　　　　　　　　公共物品的提供与生产

提供＼生产	政府生产	市场生产
政府提供	**政府提供、政府生产** 比如：学生去公立学校接受基础教育	**政府提供、市场生产** 比如：政府发放教育券，学生可以选择去私立学校
市场提供	**市场提供、政府生产** 比如：根据 TOT 模式，政府把已有的基础设施转让给私人企业运营	**市场提供、市场生产** 比如：私人投资兴建跨河桥梁，收费弥补成本
自愿提供	**自愿提供、政府生产** 比如：通过福利彩票筹集资金，举办社会福利院	**自愿提供、市场生产** 比如：非营利组织向私人企业采购体育器材，捐赠给偏远地区中小学校

区分公共物品的提供与生产具有重要的意义。奥斯特罗姆、蒂伯特和瓦伦认为，"公益物品和服务的提供与其生产相区分，开启了最大的可能性，来重新界定其公共服务经济中的政府职能。"……"把公益物品的生产与提

供区分开来，这就有可能分化、利用和衡量生产，同时继续对公民消费提供无差别的公益物品。"……"生产与提供相分离，也可能有使地方政府变成等同于消费者协会的效应"（麦金尼斯，2000）。我国正处于经济社会快速发展的阶段，整体公共物品的供给数量、质量以及结构都有待进一步完善和加强。如果完全采取政府提供及政府生产公共物品的模式，可能会因受到财政收入水平的制约，或是政府生产效率的影响，导致不能实现公共物品的有效供给。近年来，我国逐渐放宽对民间资本的限制，允许社会资本进入一些垄断行业，并且不断加强社会组织在公共服务提供中的作用。因此，在公共物品提供与生产领域中，政府采购、BOT、TOT 等项目管理方式、NPO（NGO）组织等现象不断增多，这不仅有助于提高财政资金的使用效率，而且还可以促进整体公共物品供给水平的提高，最大程度上满足了社会发展对公共物品的需求。

参考文献：

［美］迈克尔·麦金尼斯：《多中心体制与地方公共经济》，上海三联书店 2000 年版。

［美］奥斯特罗姆、［美］帕克斯、［美］惠特克：《公共服务的制度建构》，上海三联书店 2000 年版。

［美］戴维·奥斯本、［美］特德·盖布勒：《改革政府：企业家精神如何改革着公共部门》，上海译文出版社 2006 年版。

（樊丽明）

公共物品的自愿供给
Voluntary Provision of Public Goods

公共物品自愿供给机制是公民个人或组织，以自愿为基础，以社会捐赠或公益彩票等形式无偿或部分无偿地筹集资金，直接或间接地用于教育、体育、济贫等公益用途，并接受公众监督的一种机制。它是在市场、政府机制发生作用的基础上进行资源配置的，因而可被称为"第三层次"的机制。比如，美国是世界上非营利组织最发达的国家，全美约有 160 万个非营利组织，其中 101 万个从事教育、健康、退休保护等服务，6.5 万个私人基金会，35 万个免税宗教组织。58% 以上的医院、46% 以上的高校、86% 以上的艺术组织以及近 60% 的社会服务都是由非营利组织负责。

　　公共物品自愿供给机制的特点在于：（1）决策机制。它是以公民或单位的独立、分散、自愿决策为基础的，较充分地尊重其个人选择，既可以对指定项目和对象提供捐助，也可以对已知用途的不确定对象捐赠，还可以对特定对象提供不限用途的捐赠。（2）使用机制。自愿供给的公共物品主要是基础教育、公共体育、社会救助、公共福利等公益事业，这些公益事业提供的大都属于准公共物品。自愿供给公共物品或通过出资人直接捐赠给受益人而实现，或以民办慈善机构等社会团体（非营利机构）、政府民政部门、社区为中介而间接实现。（3）筹资机制。筹资形式主要有两类：一是无偿的社会捐赠（含捐款收入，捐物折合收入或捐物变卖收入）；二是部分无偿的政府或慈善机构发行的公益彩票，如福利彩票、体育彩票等，彩票发行收入扣除奖金、费用之后的余额形成社会公益基金。（4）激励约束机制。由于自愿出资人关心捐资使用状况，因而要求国家制订实施有关法律，中介机构定期公布捐资使用情况，通过政府审计部门予以监督；在直接捐助的情况下，出资人往往与受助人保持联系获取信息，并据以做出是否满意的表示和是否继续捐赠的选择。与上述两种机制相比，监督力度较大。政府对捐助的优惠税收政策、返还或褒奖政策，以及有效的捐助管理和透明度，会对自愿供给公共物品产生激励作用。

　　在我国，"希望工程"是一个典型的公共物品自愿供给的案例。中国青少年发展基金会（简称中国青基会）是 1989 年 3 月由共青团中央、中华全国青年联合会、中华全国学生联合会和全国少先队工作委员会联合创办的、具有独立法人地位的全国性非营利社会团体。"希望工程"即是由其于 1989 年发起实施的一项社会公益事业，主要内容是援建希望小学与资助贫困学生。截至 2010 年年底，"希望工程"累计募集捐款达 70 亿元人民币，资助农村家庭经济困难学生（包括小学、中学、大学生）逾 380 万名，建设希望小学 17079 所，建设希望工程图书室 14753 个，配备希望工程快乐体育园地 3188 套，配备希望工程快乐音乐教室 163 个，配备希望工程快乐电影放映设备 241 套，培训农村小学教师 62000 余名。"希望工程"的实施，改变了一大批失学儿童的命运，改善了贫困地区的办学条件，促进了我国贫困地区基础教育的发展。

参考文献：
樊丽明：《中国公共物品市场与自愿供给分析》，上海人民出版社 2005年版。

Bergstrom，Theodore & Blume，Lawrence & Varian，Hal，On the Private Provision of Public Goods，*Journal of Public Economics*，*Elsevier*，Vol. 29（1），February，1986.

（樊丽明）

基本公共服务均等化
Equalization of Basic Public Service

基本公共服务主要是指根据当时的社会共同价值信念，全体居民共同需要的基本层次的公共服务。基本公共服务的特征包括基本层次性、同质性和动态性等三个方面。基本公共服务的外延与人的基本需求密切相关，并随社会共同价值信念与政府财力的变化而变迁，结合当前我国国情，目前基本公共服务的外延至少应包括安全保障、基础教育、医疗卫生、养老保障、住房保障、就业保障、基础设施等内容。

基本公共服务的均等化强调机会公平，为保证居民拥有相等的对基本公共服务的消费权利，向全体社会公众提供最低水平的基本公共服务，也是政府为促进人的自由发展，维护公平秩序，承担保证市场经济发展"托底"之责的重要表现。因此，基本公共服务均等化实质上是一种"底线均等"，其宗旨是保障公民的基本生存权和发展权，确保宪法和法律规定的公民基本权利，确保每个公民能够共享改革发展成果、平等消费基本公共服务。

在我国，由于长期以来重建设轻发展，重城市轻农村，以及严格户口登记管理制度等原因，城乡之间、地区之间以及不同群体之间的基本公共服务存在不均等的情况，特别是城乡之间，基本公共服务的差距十分悬殊。如果任由这种不均等的局面持续，不仅会影响居民生活水平的提高，更会影响到中国经济社会的持续稳定发展。

从西方发达国家的实践经验来看，其基本公共服务均等化的实现都要求具备一定的前提条件，即经济发展水平、城市化水平、政府财力丰裕程度、责任的明晰划分以及政府治理的民主性等五个方面。改革开放三十多年来，中国的经济社会不断发展进步，GDP 总量及人均 GDP 快速增长，经济结构发生重大变化，居民收入持续提高，城市化进程加快，财政保障能力不断提高，政府间事权财力配置关系趋于规范，服务型政府的雏形开始显现，目前在中国已经基本具备了实行基本公共服务均等化的条件。

2006 年 10 月召开的中共中央十六届六中全会审议通过了《中共中央关

于构建社会主义和谐社会若干重大问题的决定》。其中，"基本公共服务体系更加完备"被明确列为到 2020 年中国构建社会主义和谐社会的九大目标和主要任务之一，并把"完善公共财政制度，逐步实现基本公共服务均等化"作为加强制度建设、保障社会公平正义的重要方面予以规划和要求。这是中国执政党和政府在中国社会转型的关键时期做出的战略决策，也是向中国人民的郑重承诺。由此，"逐步实现基本公共服务均等化"成为中国各级政府在现阶段的重要职责。

实现基本公共服务均等化是中国发展现实的迫切需求。经过 30 余年的改革开放，中国综合国力显著增强，2010 年国内生产总值超日本，成为世界第二经济体；我国人均 GDP2003 年超过 1000 美元，2008 年超过 3000 美元，2010 年达到 4382 美元〔国际货币基金组织（IMF）公布的数据〕；公共财政收入规模连年高速增长，2011 年财政收入超过 10 万亿元；城乡居民收入增长迅速，扣除物价上涨因素年均增长 7% 以上。这标志着我国社会从温饱型、生存型转为小康型、发展型。但这一转型期不容忽视的问题之一是居民的财富差距和收入差距也在不断拉大。其结果是不仅扩大了居民的衣、食、住、行等个人消费水平差距，而且在现有制度框架下，大大限制了医疗卫生、教育、文化等主要由政府提供的公共服务消费的可及性和可获得性，扩大了整体消费的差距。而消费的不平等又反过来进一步加大了居民之间获取要素、取得收入、积累财富的能力差异，进一步扩大了城乡居民的消费差距，导致实质上的更大不平等。如此恶性循环，一方面容易造成国内消费需求不足、增长乏力的经济问题，同时不可避免地引发影响社会稳定的突出矛盾和突发群体事件，甚至诱发局部政治危机。因此，逐步实现基本公共服务均等化，有助于缩小居民的收入差距和消费差距，实现经济发展、政治稳定和社会和谐。

实现基本公共服务均等化是我国政府的战略选择。中共中央十六届六中全会决议明确提出，构建社会主义和谐社会的原则之一是"必须坚持以人为本"，十七大报告则明确系统地阐述了科学发展观。"要始终把实现好、维护好、发展好最广大人民的根本利益作为党和国家一切工作的出发点和落脚点，尊重人民主体地位，发挥人民首创精神，保障人民各项权益，走共同富裕道路，促进人的全面发展，做到发展为了人民、发展依靠人民、发展成果由人民共享。"科学发展观昭示了党的执政理念的深刻变化，体现了现代政府的公共责任，意味着我国社会转型期政府职责的重心将由促进经济增长转向改善公共服务，而公共财政的目标和重点任务则是"完善公共财政制度，逐步实现基本公共服务均等化”。

实现城乡基本公共服务均等化将是中国社会进步的历史性突破。回顾我国历史，不难得出这一结论。新中国成立前的中国战乱频仍，满目疮痍，积贫积弱，国破民穷。新中国成立后，尤其是改革开放以后，我国公共服务水平明显提高，但城乡之间、地区之间差异甚大。应该说，我国面向全体公民的公共服务正在逐步改善，但对于一个拥有 13 亿人口的国家而言，实现基本公共服务均等化对中国政府是一个严峻的挑战，需要较长时期的艰苦不懈的努力。

参考文献：

中国海南改革发展研究院：《基本公共服务与中国人类发展》，中国经济出版社 2008 年版。

中国海南改革发展研究院：《中国基本公共服务建设路线图》，世界知识出版社 2010 年版。

樊丽明、石绍宾等：《城乡基本公共服务均等化研究》，经济科学出版社 2010 年版。

卢洪友：《中国基本公共服务均等化进程报告》，人民出版社 2012 年版。

（樊丽明）

公私部门的伙伴关系
Public-Private Partnership，PPP

公私伙伴关系，一般是指政府部门与一个或多个私人公司，通过契约形式构成伙伴关系，以向社会公众提供公共物品或服务，其中主要是在基础设施领域。

公私伙伴关系最早起源于英国。为应对 20 世纪 70 年代和 80 年代的经济衰退，世界各国政府都大量举债债务。为减少公共部门的借债需求，1992 年，英国保守党政府首次引入了“民间融资计划”（Private Finance Initiative），旨在鼓励公私伙伴关系，吸引民间资本投资基础设施。此后，迅速在欧洲、美洲等国推广开来。根据欧洲各国的统计，截至 2009 年，累计有 1340 个项目通过公私伙伴关系建立，项目总值超过 2500 亿欧元。

与完全由政府提供相比，通过公私伙伴关系提供基础设施，主要有以下优势：可以弥补政府部门在专业知识方面的不足；节省投资成本和运营费用；能更好满足公众需求等。在具体运营形式上，可以灵活多样。根据萨瓦斯（2002）的分析，公私合作可以采取多种形式，如表1所示。

表1   公私合作类型连续体

政府部门	
国有企业	完全公营
服务的外包	↑
运营和维护的外包（Operations and Maintenance Contract or Lease）	
合作组织	
租赁—建设—经营（Lease-Build-Operate，LBO）	
建设—转让—经营（Build-Transfer-Operate，BTO）	
建设—经营—转让（Build-Operate-Transfer，BOT）	
外围建设（Wraparound Addition）	完全民营
购买—建设—经营（Buy-Build-Operate，BBO）	↓
建设—拥有—经营（Build-Own-Operate，BOO）	

资料来源：〔美〕E. S. 萨瓦斯：《民营化与公私部门的伙伴关系》，中国人民大学出版社2002年版，第254页。

但同时需要指出，基础设施领域引入公私伙伴关系也一直伴随着反对声音，其中最主要的理由包括价格上涨、垄断、腐败等。比如，印度尼西亚自1997年东南亚金融危机后，接受世界银行和国际货币基金组织的建议，推行供水行业私有化。结果英国泰晤士供水集团和法国苏伊士集团两家外资水务公司垄断了首都雅加达的自来水供应，以筹资维修供水工程为名连续提高水价，导致有一半左右的市民家中没有接入自来水，不得不依靠水车送水。

长期以来，我国城市的公用行业领域以政府投资为主。2002年建设部推出《关于加快市政公用行业市场化进程的意见》，鼓励民间资本和外资进入我国的市政公共行业。之后许多城市掀起了"合资风"，但从实际运行效果来看，许多城市基础设施项目并没有实现预期的目的，反而是进一步加剧了城市财政的负担。究其根源，改革方案简单、过度让利、政府监管不到位等是主要原因。未来一方面要降低进入壁垒，吸引民间资本和外资进入基础设施领域；另一方面还要完善政策，加强监管，以促进我国在公私伙伴关系实践的健康发展。

参考文献：

［美］E. S. 萨瓦斯：《民营化与公私部门的伙伴关系》，中国人民大学出版社2002年版。

［英］达霖·格里姆赛、［澳］莫文·K·刘易斯：《公私合作伙伴关系：基础设施供给和项目融资的全球革命》，中国人民大学出版社2008年版。

（樊丽明）

中国事业单位
Public Service Units（PSUs）in China

事业单位是一个具有中国特色的概念。尽管它与源自国外的非营利组织、非政府组织、社会公益组织、第三部门等概念有某些类似之处，但又不尽相同。

事业单位的存在与发展，是政府部门行政管理的自然延伸与有效补充，一定程度上满足了各阶层社会成员基本的社会公共需要，促进了中国教育、科技、文化、卫生等各项事业的蓬勃发展。但是，事业单位在发挥其积极作用的同时，自身的一些问题也逐渐显露出来。从中国开始经济体制改革伊始，事业单位改革就成为其中的重要的一部分，改革也在一直持续探讨和进行中。

1984年中共十二届三中全会通过了《中共中央关于经济体制改革的决定》。在经济体制改革的推动下，事业单位改革开始从科教文卫等具体领域起步。1985年3月，中央发布《关于科学技术体制改革的决定》；4月，国务院批转卫生部《关于卫生工作改革若干政策问题的报告》，中共中央办公厅、国务院办公厅转发文化部《关于艺术表演团体的改革意见》；5月中央发布《关于教育体制改革的决定》等，这些政策文件的出台，通过简政放权、内部搞活、转换机制等手段，旨在增强事业单位活力，调动单位职工的工作积极性，改变长期以来计划经济体制下所形成的僵化的事业单位体制。

进入20世纪90年代，1992年党的十四大提出，加快工资、人事制度改革，逐步建立起符合企业、事业单位和机关各自特点的科学的分类管理体制和有效的激励机制。1993年，党中央印发的《关于党政机构改革的方案》和《关于党政机构改革方案的实施意见》中明确提出，事业单位改革的方向是实行政事分开，推进事业单位的社会化；事业单位在职能、人事制度、工资制度、管理体制等方面，都要与党政机关区别开来。1996年7月，中共中央办公厅、国务院办公厅印发的《中央机构编制委员会关于事业单位机构改革若干问题的意见》指出，遵循政事分开、推进事业单位社会化的方向，建立起适应社会主义市场经济体制需要和符合事业单位自身发展规律、充满生机与活力的管理体制、运行机制和自我约束机制；改革的基本思路是：确立科学化的总体布局，坚持社会化的发展方向，推行多样化的分类管理，实行制度化的总量控制。

发端于 20 世纪 80 年代的事业单位改革，起初是着眼于增强事业单位活力、提高其发展事业的效率，精简机构与人员，逐步走向社会化与市场化，减轻政府财政负担，但是这种改革思路，并未解决事业单位发展的根本性问题，特别是严重影响了诸如教育、卫生、科研等公益性事业单位的良性发展，导致它们在追求社会公共利益与追求机构本身利益中出现偏差，造成中国公共服务提供数量和质量与广大社会成员的需要相差不小。对此，中国政府也意识到了这个问题，逐步将分类改革作为深化事业单位改革的方向。

进入 21 世纪后，事业单位改革速度在加快，改革方向进一步得到明确。2003 年党的十六大报告进一步指出，按照政事分开原则，改革事业单位管理体制。2008 年党的十七届二中全会通过的《关于深化行政管理体制改革的意见》，对推进事业单位分类改革指明了方向，要按照政事分开、事企分开和管办分离的原则，对现有事业单位分三类进行改革。主要承担行政职能的，逐步转为行政机构或将行政职能划归行政机构；主要从事生产经营活动的，逐步转为企业；主要从事公益服务的，强化公益属性，整合资源，完善法人治理结构，加强政府监管。推进事业单位养老保险制度和人事制度改革，完善相关财政政策。2008 年 8 月，经中央编委领导批准，中央编办会同有关部门制定的《关于事业单位分类试点的意见》正式印发，选择山西省、上海市、浙江省、广东省、重庆市作为试点地区，全面推进事业单位分类工作。2011 年 3 月发布的《中华人民共和国国民经济和社会发展第十二个五年规划纲要》要求"按照政事分开、事企分开、管办分开、营利性与非营利性分开的要求，积极稳妥推进科技、教育、文化、卫生、体育等事业单位分类改革。"

2011 年 3 月，《中共中央、国务院关于分类推进事业单位改革的指导意见》（以下简称《指导意见》）进一步明确提出，"在清理规范基础上，按照社会功能将现有事业单位划分为承担行政职能、从事生产经营活动和从事公益服务三个类别。对承担行政职能的，逐步将其行政职能划归行政机构或转为行政机构；对从事生产经营活动的，逐步将其转为企业；对从事公益服务的，继续将其保留在事业单位序列、强化其公益属性。今后，不再批准设立承担行政职能的事业单位和从事生产经营活动的事业单位。""根据职责任务、服务对象和资源配置方式等情况，将从事公益服务的事业单位细分为两类：承担义务教育、基础性科研、公共文化、公共卫生及基层的基本医疗服务等基本公益服务，不能或不宜由市场配置资源的，划入公益一类；承担高等教育、非营利医疗等公益服务，可部分由市场配置资源的，划入公益二类。"

上述行政类、生产经营类与公益服务类事业单位的划分，是一种暂时性的临时安排，随着事业单位改革的深入，行政类事业单位与生产经营类事业单位将分别通过"转行政"与"转企业"而消失，而公益服务类事业单位将因此成为切实提供能够满足社会公共需要的公共服务的机构，其公益属性得到进一步强化，并就公益一类与公益二类事业单位的不同特点，将实施不同的改革与管理。

《指导意见》确定事业单位改革的总体目标是"到 2020 年，建立起功能明确、治理完善、运行高效、监管有力的管理体制和运行机制，形成基本服务优先、供给水平适度、布局结构合理、服务公平公正的中国特色公益服务体系。"今后 5 年的阶段性目标是"在清理规范基础上完成事业单位分类，承担行政职能的事业单位和从事生产经营活动的事业单位的改革基本完成，从事公益服务事业单位在人事管理、收入分配、社会保险、财税政策和机构编制等方面的改革取得明显进展，管办分离、完善治理结构等改革取得较大突破，社会力量兴办公益事业的制度环境进一步优化，为实现改革的总体目标奠定坚实基础。"

事业单位改革是否能取得成效、达到预期的效果，要取决于政府、事业单位与个人以及中央与地方之间的利益如何实现平衡。当前及今后的改革，已不再是简单的"减负"，而是在科学分类的基础上，重构中国事业单位管理体制。一部分事业单位转为政府行政部门以及为数不少的公益类事业单位，都需要政府拿出一定的财政资金满足这些单位正常运转的经费需要，这就很可能会增加政府的财力负担。如何分类，事关事业单位的切身利益，尤其关系到财政拨款方式，"转行政"与公益一类事业单位，其经费都会得到财政的全额保障。因此，在具体分类过程中，某个事业单位应归于哪一类，自然免不了事业单位与政府之间的讨价还价。改革还将冲击到事业单位员工的切身利益。如 2008 年年底，人力资源和社会保障部出台了《事业单位养老保险制度改革方案》，将山西、上海、浙江、广东、重庆五省市列为试点地区。此方案一出台，有的地区的事业单位出现了提前退休的苗头，以避免将来按正常年龄退休后退休金福利的降低。此外，事业单位改革必然会增加地方政府的财力负担，这部分改革成本在现行财政体制下是由中央财政负担，或是由地方财政自我消化，或是由中央与地方财政共同负担，也是事业单位改革需要面临的考验。

参考文献：

成思危：《中国事业单位改革——模式选择与分类引导》，民主与建设出版社 2000 年版。

迟福林：《以公共服务体系建设为目标的事业单位改革》，载于《中国机构改革与管理》2012 年第 1 期。

范恒山：《事业单位改革：国际经验与中国探索》，中国财政经济出版社2004 年版。

世界银行：《中国：深化事业单位改革，改善公共服务提供》，研究报告，2005 年 6 月。

王保安：《创新政策完善制度　大力支持分类推进事业单位改革》，载于《中国机构改革与管理》2012 年第 1 期。

王澜明：《改革开放以来我国事业单位改革的历史回顾》，载于《中国行政管理》2010 年第 6 期。

王明珠、黄宏志：《关于分类推进事业单位改革　加快建设服务型政府的几点思考》，载于《中国机构改革与管理》2011 年第 5 期。

赵立波：《公共事业主体多元化及规制探析——事业单位改革视角的研究》，载于《国家行政学院学报》2005 年第 5 期。

赵路：《公共财政框架下事业单位改革的几个问题》，载于《中国机构改革与管理》2011 年第 5 期。

左然：《构建中国特色的现代事业制度——论事业单位改革方向、目标模式及路径选择》，载于《中国行政管理》2009 年第 1 期。

（张德勇）

公共部门规模的计量
Measuring the Size of Public Sector

公共部门规模历来为人们所关心，特别是对中国政府规模的讨论。评判一个社会公共部门规模大小的标准到底应该是什么是一个比较复杂的问题，仅凭数字指标并不足以说明问题，还牵涉到方方面面的内容。客观来看，判断公共部门的规模，不仅应有数量的标准，还应有质量的标准，更有测量方法。这就是我们要说的公共部门规模计量。在中国，大家更多关注到了政府规模的计量，其中包含经济指标和非经济指标两大类。

第一，瓦格纳（Wagner）法则。

第二，最优政府规模的计量。

既然政府规模随经济增长而变动，那么就存在一定时期之中最合适的政府规模大小，这被学者们称之为"最优政府规模"。多数经济学家习惯选用经济增长最大化作为"最优政府规模"的评价标准，但并非无懈可击。事实证明，政府必须承担保护私有财产、提供公共服务、设立行业标准、保卫国家安全、立法执法等职能，此时保持足够大的政府规模确有利于经济增长。然而，现实却复杂得多，随着政府规模的持续增加，政府开始越界去承担一些更适合私人部门来做的事情，这时候，再扩大政府规模很可能就有损市场效率乃至经济增长。因此，如果以经济增长为主要为目标，政府规模应该存在一个最有利于经济增长的临界点，这个临界点就是最优政府规模。然而这个临界点的找寻并不那么容易，近几十年来，关注最优政府规模的研究始终是经济学与管理学的难点。

从宏观经济大视角来看，政府收支行为被作为研究最优政府规模的切入点，受到广泛关注。最开始是巴罗（Barro，1990）提出了这样的计量方法。他认为按政府支出和税收衡量的政府规模的扩大会对经济增长产生双重效应：增税将降低政策对经济发展的激励效应，从而降低经济增长；政府支出的增加提高了资本的边际生产率，可以提升经济增长。当一国政府规模较小时，后一效应占主导地位，但政府规模较大时，前一效应将占主导地位。因而，政府规模的扩大对经济增长的影响并不是线性的，政府规模与经济增长之间存在着倒"U"关系论。

这样总结经验其实并不够细致，计量政府最优规模的不仅是一般规律，还有很多特定的外部条件。为此，雅凡斯（Yavas，1998）按照经济发展状态分析了政府规模与经济增长之间的互动关系。他认为如果经济的稳态水平较低，政府规模的扩大将会提高稳态的产出水平；如果经济的稳态水平已经很高，则政府规模的扩大只会降低稳态的产出水平。他分析认为，造成这种非线性关系的主要原因在于：在经济稳态水平较低的不发达国家中，大部分政府支出用于兴建基础设施，属于生产性行为，这对提高私人部门的生产率有益；而在经济稳态水平高的发达国家，其基础设施已经比较完善，所以政府支出主要集中于社会福利项目上，侧重于消费支出，其促进私人部门生产率提高方面的作用显然要比生产性投资弱。

实际上，私人物品供给递增引致的政府规模的扩大不利于经济增长，而核心公共物品（如法律和秩序的维护、知识产权的保护、国家安全等）供给递增引致的政府规模的扩大则有助于经济增长。赫特格（Heitger）就指出了政府规模过大对经济增长的两种不利影响：高额税收降低了工作、投资和创新激励，私人物品的政府供应挤出了更有效的私人部门供应。

判断公共部门规模计量有两个主要的非经济指标："官民比系数"和"公民自主系数"。"官民比系数"是指一个社会的公共部门人员占总人口的比重，他是从人口数量的角度，衡量公共部门的大小。"公民自主系数"相对抽象，是指现实社会民众自我管理的能力与未来共产主义社会公民自治能力的对比关系。两个指数既包含了现实人数规模，又体现了公众基本素质和能力，是公共管理通向公共治理的主要测量指标。

"官民比系数"和"公民自主系数"有着彼此相依的紧密联系。事实上，对一个社会共同体公共部门的规模不能仅从一个经济或人数数量的标准做出简单的定论，还应看"公民社会"的发育状况。因为，现代社会要求了公众的基本自主能力，所以对两个社会共同体的公共部门规模作比较，必须在"公民自主系数"相同的前提下比较"官民比系数"。然而，现实中的人们往往容易在国家间或者地域间或者时间上作简单的数量对比，而忽视一个基本的常识：各国发展的起点并不一致，各个社会的发展进度也并不整齐划一，各自选择的道路往往因势利导，因此，具体到发展的历程更是不尽相同。这就要求我们在判断公共部门规模的时候，选取标准应该更具代表性、更有参考性，不仅是单一的数量标准，或者静态的质量标准。

事实上，影响公共部门规模的因素非常多样，既有内生的，也有外生的。然而，"官民比系数"和"公民自主系数"是最基本的因素，它们两个共同决定着公共部门的状态，主导着公共部门的发展，而其他的因素则会在这两个指数上反映出来，从而使两个指数的变化呈现出短暂的蜿蜒曲折，有助于我们大致勾勒出公共部门规模的发展及演化历程。

中国公共部门（政府）规模的计量，起步相对较晚，但近些年来的研究进展较快，虽然有的研究内容有待完善，但其中的发展轨迹折射出了中国公共管理的研究特色。可以将制约官员规模的因素分为两类：一类为外生变量，另一类是内生变量。其中，外生变量指经济发展水平、城乡社会结构、政府能力；内生变量指政府职能、政府财力及官员薪酬水平。倪海东和安秀梅认为，政府行政成本较高由以下四个方面的因素所决定：一是政府职能转变不到位，公共服务供给过宽；二是政府行政层级设置不合理；三是政府机构重叠，不仅有职能交叉的问题，还有冗员的问题；四是行政支出管理不健全，政府行为约束机制不足。

　　总的来看，中国公共部门（政府）规模的计量发掘了现阶段中国的一些现实，很多新的研究方法，研究设计及研究结果较之国外公共管理的传统范式都有创新。这一方面受益于我国经济社会转轨的现实环境，另一方面得益于日趋优越的研究环境及数据来源。相信这样的研究特色不仅有益于我国公共部门规模计量的发展，而且有益于加快经济发展方式转变，并作为推动行政体制的有益参考，乃至重要依据。

参考文献：

《马克思恩格斯全集》第 4 卷，人民出版社 1956 年版。

［德］恩格斯：《家庭、私有制和国家的起源》，人民出版社 1999 年版。

张康之：《公共管理伦理学》，中国人民大学出版社 2003 年版。

江泽民：《在庆祝中国共产党成立八十周年大会上的讲话》，人民出版社 2002 年版。

陈志尚：《人的自由全面发展论》，中国人民大学出版社 2004 年版。

谢庆奎：《政府学概论》，中国社会科学出版社 2005 年版。

［美］詹姆斯·M·布坎南、理查德·A·马斯格雷夫：《公共财政与公共选择》，中国财政经济出版社 2000 年版。

［美］丹尼斯·C·缪勒：《公共选择理论》，中国社会科学出版社 1999 年版。

钟正、饶晓辉：《我国存在最优政府规模曲线吗?》，载于《财贸研究》2006 年第 6 期。

胡家勇：《我国政府规模的系统分析》，载于《经济研究》1996 年第 2 期。

胡德仁、任康、曹铂：《县级政府规模影响因素的实证研究》，载于《公共管理学报》2010 年第 3 期。

张光：《"官民比"及差异原因研究》，载于《公共行政评论》2006 年第 1 期。

张光：《规模经济与县政区划：以江西省为例的实证研究》，载于《当代财经》2006 年第 8 期。

方福前：《公共选择理论——政治的经济学》，中国人民大学出版社 2000 年版。

周黎安、陶婧：《政府规模、市场化与地区腐败问题研究》，载于《经济研究》2009 年第 1 期。

吴木銮、林谧：《政府规模扩张：成因及启示》，载于《公共管理学报》2010 年第 4 期。

孙群力：《经济增长对中国地方政府规模的影响》，载于《江西财经大学学报》2007 年第 2 期。

R. M. Bird, Wagner's Law of Expanding State Activity, *Public Finance*, Vol. 26, 1971.

R. J. Barro, Government Spending in a Simple Model of Endogenous Growth, *Journal of Political Economy*, Vol. 98, 1990.

G. Brennan and J. Buchannan, *The Power to Tax Analytical Foundations of a Fiscal Constitution*, Cambridge University Press, 1980.

A. Yavas, Does Too Much Government Investment Retard Economic Development of a Country? *Journal of Economic Studies*, Vol. 25, No. 4, 1998.

（何代欣）

政府活动扩张法则——瓦格纳法则
Wagner's Law of Expanding State Activity

19 世纪 80 年代，德国著名经济学家阿道夫·瓦格纳（Adolph Wagner）在对诸多国家的资料进行实证分析的基础上，得出了政府支出规模不断扩张是社会经济发展之客观规律的结论。他认为当国民收入增长时，政府支出会以更大的比例增长；随着人均收入水平的提高，政府支出占 GNP 的比重将会提高。这一结论后被人归纳为"瓦格纳法则"（见图 1）。

瓦格纳是对欧洲国家和美国、日本等工业化国家的资料进行分析后得到这个结论的。他认为这种政府支出增长趋势可以从两个方面加以解释：政治因素和经济因素。

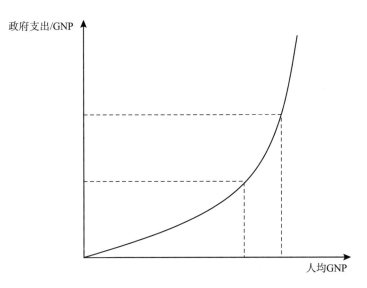

图 1　瓦格纳法则

　　在政治因素方面，随着经济的工业化，正在扩张的市场与这些市场中的当事人之间的关系会更加复杂，市场关系的复杂化引起了对商业法律和契约的需求，并要求建立司法机构执行这些法律。这样，就需要把更多资源用于提供治安和法律设施。

　　在经济因素方面，工业发展推动了都市化的进程，人口居住将呈现密集化，由此将产生拥挤等外部性问题。这样就需要政府进行管理与调节，需要政府不断介入物质产品生产领域，故而形成了很多公共企业。

　　此外，瓦格纳还把对教育、娱乐、文化、保健与福利服务等方面的支出增长归因于需求的收入弹性，即随着实际收入的上升，用于这些项目的政府支出增长将会快于国民经济增长。

　　瓦格纳法则适应了当时俾斯麦政府强化国家机器，扩大干预经济，以加紧对内镇压、对外扩张的帝国主义政策需要，成为包括德国在内的各个帝国主义国家推行帝国主义财政政策的理论基础。

参考文献：

A. Wagner, Three Extracts on Public Finance, In R. A. Musgrave and A. T. Peacock (1958), *Classics in the Theory of Public Finance* (Eds), London: MacMillan, 1883.

A. Wagner, Zur Methodik der Statistik des Volkseinkommens und Volksvermögens, Zeitschrift der Königlich-Preussischen Statistischen Bureaus, 1904.

A. Wagner, Staat in Nationalökonomischer Hinsicht, Handw-örterbuch der Staatswissenschaften, 743-745, Third edition, Book VII. Jena: Lexis, 1911.

（苑德宇）

公共支出增长的历史
History of Public Expenditure Growth

公共支出的增长在工业化国家和发展中国家显示出不同趋势。

在过去的一个多世纪中，当今工业化国家的公共支出发生了巨大变化。从 1870 年开始这些国家的政府支出经历了大幅增长。20 世纪 80 年代初，很多工业化国家的公共支出增长开始降速，甚至有一些国家出现了下降。可以将整个时期划分为四个阶段（见表 1）。

表1　　　　　　　　1870～2010 年发达国家一般政府支出的
增长情况（占 GDP 比重）　　　　　　单位：%

国家	19 世纪末 约1870 年	"一战"前 1913 年	"一战"后 1920 年	"二战"前 1937 年	"二战"后				
					1960 年	1980 年	1990 年	1996 年	2005 年
澳大利亚	18.3	16.5	19.3	14.8	21.2	34.1	34.9	35.9	34.0
奥地利	10.5	17.0	14.7	20.6	35.7	48.1	38.6	51.6	50.4
加拿大	—	—	16.7	25.0	28.6	38.8	46.0	44.7	39.3
法国	12.6	17.0	27.6	29.0	34.6	46.1	49.8	55.0	53.4
德国	10.0	14.8	25.0	34.1	32.4	47.9	45.1	49.1	46.9
意大利	13.7	17.1	30.1	31.1	30.1	42.1	53.4	52.7	48.1
爱尔兰	—	—	18.8	25.5	28.0	48.9	41.2	42.0	34.0
日本	8.8	8.3	14.8	25.4	17.5	32.0	31.3	35.9	38.4
新西兰	—	—	24.6	25.3	26.9	38.1	41.3	34.7	38.2
挪威	5.9	9.3	16.0	11.8	29.9	43.8	54.9	49.2	42.3
瑞典	5.7	10.4	10.9	16.5	31.0	60.1	59.1	64.2	53.9
瑞士	16.5	14.0	17.0	24.1	17.2	32.8	33.5	39.4	35.3
英国	9.4	12.7	26.2	30.0	32.2	43.0	39.9	43.0	44.0
美国	7.3	7.5	12.1	19.7	27.0	31.4	32.8	32.4	36.2
比利时	—	13.8	22.1	21.8	30.3	57.8	54.3	52.9	52.1

续表

国家	19 世纪末	"一战"前	"一战"后	"二战"前	"二战"后				
	约 1870 年	1913 年	1920 年	1937 年	1960 年	1980 年	1990 年	1996 年	2005 年
荷兰	9.1	9.0	13.5	19.0	33.7	55.8	54.1	49.3	44.8
西班牙	—	11.0	8.3	13.2	18.8	32.2	42.0	43.7	38.4
平均	10.7	12.7	18.7	22.8	27.9	43.1	44.8	45.6	42.9

资料来源：Vito Tanzi and Ludger Schuknecht, *The Public Spending in 20th Century: A Global Perspective*, Cambridge University Press; OECD, 2000.

第一个阶段是在第一次世界大战结束之前的自由资本主义时期，古典经济学家通常主张政府的经济作用尽可能小。古典经济学家认为政府作用应被限制在国防、警察、行政管理等方面。1870 年美国的公共支出大约占其 GDP 的 7%；一些新兴工业化国家，比如德国、英国、荷兰等，公共支出占 GDP 的比重均未超过 10%。此时澳大利亚、意大利、瑞士、法国等国的公共支出占 GDP 的比重大约分布在 12% ~ 18% 之间，被认为是政府过度干预了经济。

到 19 世纪末，自由资本主义观点仍占主导地位，政府相当一部分作用也受到限制。在 1870 年至第一次世界大战前夕，大部分工业化国家公共支出占 GDP 的比重增长很缓慢，即仅从 1870 年的 10% 增长至 1913 年的 12% 左右。[1] 随着奥地利、德国、法国和英国参与第一次世界大战，其公共支出出现急剧膨胀。这段时间中，日本、挪威、荷兰等国家的公共支出占 GDP 的比重却低于 10%；在少数国家此比重甚至出现下降。

在 19 世纪末，德国经济学家施穆勒和瓦格纳开始强调政府对财富的分配功能，即从富人向穷人的财富转移。在那之前，政府的再分配功能仅体现在保护国民免受饥荒、融资危机等方面。而到那时，政府提供的初等教育已经占据主要位置，尽管仍有很大一部分人没有学上；第一个社会保障制度在德国建立，尽管只提供最低程度的保障水平（Altenstetter，1986）。

为第一次世界大战筹资成为政府支出增长的重要因素，用于军费和其他战争相关支出的增长。仅 1920 年或之后较短时间中，大部分国家公共支出占 GDP 的比重猛增至 18% 以上。其中，法国、德国、意大利和英国等受战争影响最为严重，公共支出占 GDP 的比重超过了 25%。此时，仅有少量国

---

① 这个比重包括中央、州/省、地方政府支出的总和。

家，如瑞典、西班牙和美国的公共支出占 GDP 比重仍处于 10% 左右。

第二个阶段是第一次世界大战结束至第二次世界大战期间自由资本主义的终结。凯恩斯《通论》中写道："政府最重要的作用不是做个人正在做之事，不是在于比个人做得更好些或更坏些，而是在于去做那些现在还没人在做的事情。"为应对"大萧条"，各国政府纷纷出台扩张性公共支出政策。美国开始了以增加公共支出项目为主的罗斯福新政；其他国家也批准了更高的失业支出和公共设施建设支出，以在大萧条的环境下创造更多就业。20世纪 20 年代末，很多国家建立了基本社会保障制度并提高了公共支出总体水平。从 20 世纪 30 年代中期开始，面对希特勒时期德国的威胁，各国政府做出回应并不断提高军事相关支出，进一步推高了欧洲国家的公共支出水平。到 1937 年，大部分国家的公共支出占 GDP 的比重已经上升到 24% 上下，相比于 1913 年水平普遍翻了一番。由于大萧条引起了 GDP 下降，这就部分抵销了公共支出绝对水平的真正增长。

第三阶段是 1980 年以前凯恩斯主义的蔓延时期。面对大萧条的影响和战后扩张财政支出政策的成功，加尔布雷斯（Galbraith，1958）认为，在需求不足之时，应该减税和增加公共支出。他认为所有时期均要求预算平衡的传统观点已经变得非常绝对，"公共短缺"（Public Poverty）不仅表现在教育方面，而且表现在基础研究、污染控制等方面，更多的公共支出可能会使"公共贫困"得到缓解。鉴于社会保障制度引入后的几十年中在消除人们生活不确定性方面所取得的成绩，加尔布雷斯认为应该加大社会保障支出。

由表 1 可以看出，在 1937～1960 年，大部分国家的公共支出占 GDP 的比重增长相当缓慢，并且部分增长可能与防御支出增加密切相关（特别在"二战"期间）。大部分国家公共支出占 GDP 的比重从 1937 年的 20% 左右增长到 1960 年的 28% 左右；日本、瑞士和西班牙等 1960 年的公共支出占 GDP 的比重低于 20%，出现了下降情况；而澳大利亚、匈牙利、荷兰、挪威、瑞典和美国公共支出却出现了大幅增长。在 1960～1980 年，大部分国家的公共支出占 GDP 的比重由 1960 年的 28% 左右增加到 1980 年的 43%。到 1980 年，比利时、荷兰、瑞典等国的公共支出占 GDP 的比重超过了50%，仅西班牙、日本、瑞士和美国这个比重保持在 30% 以下。政府在分配和再分配资源以及稳定经济方面的有效性已被广泛接受，各国纷纷建立基本社会保障制度，福利国家基本形成。

第四阶段是 20 世纪 80 年代至 21 世纪初，政府干预怀疑论的扩张，导致公共支出增长呈现新趋势。政府在 20 世纪 70 年代的滞胀时期稳定经济的失败，以及高税收对经济抑制作用相关研究结果的出现，使许多学者也开始质疑政府干预政策的现实效果。此外，随着赤字和公共债务不断增多，许多经济学家认为政府已经超出了其合理作用的界限，破坏了经济激励、财产权和经济自由，并且"抵押"了未来子孙后代的收入。

20世纪80年代开始，政府作用开始缩小。英国首相撒切尔夫人和美国总统里根，两个大政府的反对者上台在这两个国家产生了重要影响。从他们上台伊始，便开始了对大政府的政治攻击。在20世纪80年代至90年代整个过程中，越来越多的社会和政治团体开始抨击政府的过度支出和昂贵的社会福利，以及由政府批准和发起的改革。许多OECD国家也开始了对政府管制的强烈攻击。

到2005年为止，仅有很少一部分国家在减少政府干预和削减政府支出的方面取得成功。大部分国家的公共支出水平还在增长，但是步调明显放缓。1980~2005年公共支出占GDP的比重下降的有澳大利亚、比利时、爱尔兰、挪威、荷兰和瑞典；增加了超过5%的国家有法国、意大利、西班牙、日本、美国和瑞士。其中，挪威、意大利公共支出占GDP的比重在20世纪90年代增长超过了10%，但之后出现了一定幅度的下降；尽管在1980年后美国和英国采取了强有力的削减政府支出的措施，但是这两国并没有取得明显的成功。

与工业化国家相类似，发展中国家在经济发展中的过程也伴随着公共支出规模的不断扩张，特别是在20世纪80年代之后近30年的时间里，公共支出的增长态势更趋明显。

从公共支出绝对规模来看，1980年以后发展中国家的公共支出经历了持续增长的过程。从1980~1990年，发展中国家公共支出规模平均每年大约增长4%；在20世纪90年代，公共支出增长的势头有所加快，到1998年，年均增长超过了5%；进入21世纪后，发展中国家公共支出的快速增长态势得以进一步延续。从区域上看，20世纪80年代后，亚洲国家公共支出增长速度最快，相比之下，非洲和拉丁美洲国家公共支出增长速度则较缓。从公共支出相对规模来看，发展中国家公共支出占GDP的比重总体上呈现先下降后上升的态势，但具有明显的区域性（见表2）。亚洲国家公共支出占GDP的比重呈现不断下降态势，即从1980的20%下降到1998年的17%。非洲国家公共支出占GDP的比重最高，且呈现持续增长的态势。在1980~1998年近20年时间里，非洲国家公共支出占GDP的比重大体分布在23%~30%，大概比亚洲和拉丁美洲国家高5~10个百分点。

表2　　　　　　　　20世纪80年代后发展中国家公共
支出增长情况（占GDP比重）　　　单位：%

发展中国家	1980年	1990年	1998年	2007年
非洲	23.16	23.86	26.77	
博茨瓦纳	29.82	33.80	35.94	
布基纳法索	12.20	14.98	22.89	
喀麦隆	15.74	21.17	16.18	
科特迪瓦	31.68	24.48	23.99	19.37
埃及	50.28	27.81	30.12	
埃塞俄比亚	18.75	27.17	25.20	27.54
加纳	10.89	13.25	19.40	
肯尼亚	25.26	27.46	28.03	
摩洛哥	33.09	28.82	31.31	33.73
尼日利亚	12.80	24.49	19.79	
乌干达	9.47	15.60	16.15	
津巴布韦	27.92	27.32	52.23	
亚洲	20.29	17.09	16.39	
孟加拉国	7.41	11.06	13.77	11.92
中国	27.20	16.63	13.60	19.20
印度	12.25	15.96	14.37	
印度尼西亚	22.13	18.36	17.88	19.48
韩国	17.28	16.22	20.24	28.7
缅甸	15.85	16.03	7.71	8.46
斯里兰卡	41.36	28.37	25.02	
泰国	18.80	14.08	18.55	20.89
拉丁美洲	20.06	16.13	18.36	
阿根廷	18.23	10.57	15.41	28.74（2004年）
智利	28.01	20.38	21.57	20.49
哥伦比亚	11.48	9.94	16.00	
哥斯达黎加	25.04	25.61	29.06	23.00
萨尔多瓦	17.14	10.90	9.18	
危地马拉	14.32	10.04	12.24	
墨西哥	15.75	17.88	14.88	15.95
巴拿马	30.53	23.70	28.51	24.85
总平均	21.45	19.72	21.40	

资料来源：IMF统计资料；Fan, S. and Rao N., 2003, Public Spending in Developing Countries：Trends, Determination and Impact, EPTD Discussion Paper No. 99.

中国作为发展中国家典型代表，其公共支出增长具有发展中国家的普遍特征，即 20 世纪 80 年代后，中国的公共支出绝对规模持续快速增长，而相对规模呈现先下降后增长的态势。

以公共预算为例，1980 年后中国公共支出绝对规模除了 1981 年出现负增长外，其余年份均是增长的，而且增长速度很快。"六五"时期，中国公共支出年均增长速度为 10.8%，"七五"时期至"十一五"时期，其年均增长速度分别为 9.1%、17.4%、18.4%、16.4% 和 21.5%。因此，中国公共支出增长率基本是一条波折上升的曲线，而且有些年份波折程度较大。

然而，中国公共支出相对规模变化却呈现另一种情形。1995 年以前那段时期内，由于公共支出增长速度慢于 GDP 增长速度，导致公共支出占 GDP 的比重一路下滑，直至 1996 年（11.3%）才停止下滑，1997 年开始回升，而且回升速度较快，至 2002 年和 2010 年该比重分别上升至 18.5% 和 22.6%。总体来看，中国公共财政支出占 GDP 比重呈现先下降后上升的"V"型特征。

尽管中国公共支出增长具有发展中国家的一般特征，但究其原因却具有特殊性。中国的社会主义市场经济体制是从高度集中计划经济体制转变而来的。在这个转变过程中，政府财政的集中程度逐渐下降，国民收入分配开始向企业、个人倾斜，尽管公共支出绝对规模大幅增长，但 1980 ~ 1994 年财政支出占 GDP 的比重却不断下降。而在中国社会主义市场经济确立后，政府出于对经济建设的补偿支出，公共支出无论是绝对规模还是相对规模（占 GDP 的比重）均出现大幅度增长。特别的是，中国公共支出相对规模的这种"V"型变化特征说明了中国的公共支出在经济转型过程中的独特变化。

参考文献：

陈共：《财政学》第六版，中国人民大学出版社 2009 年版。

邓子基、陈工：《财政学》第二版，中国人民大学出版社 2010 年版。

J. M. Keynes, The End of Laissez-faire, In *Essays in Persuasion*, London：The Macmillan Press, 1926.

J. K. Galbraith, *The Affluent Society*, Boston：Houghton Mifflin, 1958.

C. Altenstetter, German Social Security Programs：An Interpretation of Their Development, 1883-1985, In D. E. Ashford, E. W. Kelley, *Nationalizing Social Security in Europe and America*, Greenwich, Connecticut：JAI Press, 1986.

V. Tanzi and L. Schuknecht, *Public Spending in the 20th Century*: *A Global Per-spective*, Cambridge: Cambridge University Press, 2000.

S. Fan and N. Rao, Public Spending in Developing Countries: Trends, Determi-nation and Impact, EPTD Discussion Paper No. 99, 2003.

（苑德宇）

公共支出增长：非政治解释
Growth of Public Expenditure：Apolitical Interpretation

1961 年，皮考克（Peacock）和魏斯曼（Wiseman）出版了《联合王国公共支出增长》（*The Growth of Public Expenditure in the United Kingdom*）一书，对英国从 1900~1955 年的公共部门成长情况进行了研究，提出了梯度渐进增长理论。此理论是基于一个假设提出的，即政府喜欢多花钱，而居民不愿意多缴税。

梯度渐进增长理论认为公共支出的增长并不是均衡、以同一速度向前发展的，而是在稳定增长的过程中，由于社会激变（如战争、饥荒等）的出现，不时会出现一种跳跃式的发展过程（见图 1）。因此又有人将这一理论称为"偶然事件理论"。这样的公共支出增长是在一个较长时期内进行的，在这一时期内稳定增长和突发性增长是交替进行的，因而这一理论又被称为"时间型态理论"。梯度渐进增长理论的关键之处在于：认为在社会激变后的公共支出仍将保持激变期间的增长态势。

皮考克和魏斯曼认为由于存在三种效应使得在社会激变后的公共支出仍延续激变期间的增长态势：（1）替代效应（Displacement Effect）。在战争等突发性事件出现时，社会公众能够忍受比平时更高的租税水平，当租税大量增加以满足公共支出需要时，相应地就挤压了整个社会的私人支出，这种公共支出代替私人支出的现象被称为"替代效应"。在社会激变结束后，公共支出并不会减少至动荡前的水平，这是因为社会激变所造成的后果还需要政府去处理。（2）审视效应（Inspection Effect）。社会激变出现，往往会暴露社会存在的许多问题，这些问题使人们认识到解决这些问题的重要性，在这种情况下，社会成员就会同意增加税收，以满足为解决这些问题所需的财政资金。（3）集中效应（Concentration Effect）。在正常时期，中央政府和地方政府的职责分工相对而言是固定的，但在社会激变时期，中央政府集中更多财权的这种做法却很容易受到社会的认同，中央政府职能的扩大增大了财政收支的规模，即出现了集中效应。由于集中效应的出现，使得政府公共支出规模趋向于进一步增长。

马斯格雷夫（Richard A. Musgrave）和罗斯托（Walt W. Rostow）在分析经济发展阶段与公共支出关系时，强调不同的经济发展阶段会形成不同的公共支出结构（Musgrave，1969；Musgrave and Musgrave，1988；罗斯托，1998；罗斯托，2001）。他们把公共支出按其经济性质又进一步划分为公共投资支出、公共消费支出和公共转移性支出；同时把经济发展划分为三个阶段，即初级阶段、中级阶段和成熟阶段，并认为在不同发展阶段，这三类支出增长情况也不同。

在经济发展初级阶段，公共投资支出所占比重大、增速快。这是因为，在此阶段各种基础设施均较落后，这就直接影响了私人生产性投资的效益，进而间接影响整个经济发展。然而，这些基础设施一般投资数量大、投资周期长、投资收益相对较小，私人部门通常不愿参与其中或没有能力参与其中。考虑到这些基础设施投资具有较强的外部经济效益，因此需要政府予以提供。在该阶段，由于私人资本积累是有限的，这就使得某些资本品必须由政府提供，即使这些资本品的利益是内在的、不具有外部性，也要求政府通过财政来提供。这些均在一定程度上促进了公共投资支出的增加。在这一阶段，人们的生活水平不高，主要是人们的基本生活需要，如吃、穿等，因而对政府的公共性消费支出需求不大。在这一阶段，主要考虑的是经济发展速度，对于公平方面的考虑欠缺，因而相关的公共转移性支出也不大。

在经济发展中级阶段，政府公共投资支出还在继续，但此时公共投资仅为对私人投资的补充而已。因为这时私人部门已经发展起来，资本存量不断扩张，那些需由政府提供的具有较强外部性的基础设施已经建成，对它们的强烈需求也逐渐缓和，此时私人投资开始上升，公共投资的增幅下降，公共投资支出占 GNP 的比重下降。在这一阶段，人们生活水平不断提高，他们在满足了基本生存需要的同时，开始关注其他方面的需要，如教育、卫生和安全等。随着人们对这些消费需求的增加，相应地，政府也就提高了公共消费支出在整个公共支出中的比重。在这一阶段，随着经济不断发展，贫富分化开始加剧，并逐渐成为一个社会问题。这就要求政府着手解决这一问题，因而用于解决收入分配问题的转移性支出开始增加。

在经济发展成熟阶段，公共投资支出又呈增长态势。人均收入水平有了较大提高，人们对生活的质量提出了更高要求，如汽车普及要求更为宽阔和发达的交通基础设施等，这些都需要政府参与投资。这一时期公共投资的特点为一种对私人消费的补偿性公共投资。但总体而言，公共投资占 GNP 的比重是呈现不断下降趋势的。在这一阶段，由于生活水平提高，人们对提高生活层次的消费性支出增加，资源更多地用于满足教育、卫生等方面的需要，这些消费性项目需要政府通过消费性支出方式对其进行补充，由此导致公共消费性支出占社会总消费支出的比重上升。在这一阶段，生产力水平已经很高，在效率与公平之间，政府更加强调对社会分配方面的作用，因而用于解决社会公平问题的转移性支出将会大幅增加。

上述三个理论主要是从宏观角度对公共支出增长现象进行解释，可以称之为"公共支出增长的宏观理论"。而公共支出增长的微观理论则是从微观角度把公共支出问题转化为公共物品的供给过程，并将私人产品市场的有效供应理论用于公共物品之中，从中得出公共支出增长的内在规律性。

公共部门的生产函数。公共支出的直接目的是服务于公共部门的产出。公共部门的产出很难度量，因为在多数情况下，公共物品和服务是无形的且具有多重性。例如，教育、警察、消防、卫生等公共物品和服务均具有这些特征。尽管如此，为简化分析，通常假设整个社会只提供或高或低的一种水平的教育、一种水平的警察保护或一种水平的医疗服务等。这就使得可以考虑有不同数量服务需求的个人（即不同服务水平），并且考察提供不同服务水平的公共部门情况。

假设第 i 个人（任何人均是消费者）从公共部门和私人部门的产品消费中获得的收益可用以下公式表示：

$$U^i = U^i(G, P) \tag{1}$$

其中，G 表示公共部门的最终产出向量；P 表示私人部门最终产出的向量；U 为效用函数。

这样，个人在一定的预算约束下要求特定公共物品水平 G_k（即第 k 种公共物品）。用 G_k^i 表示个人 i 对第 k 种公共物品（水平）的需求。为提供特定的公共物品水平 G_k，公共部门组织了若干劳动。公共部门的最终产出以及用于生产这些公共物品的公共部门活动之间的关系，可概括为：

$$X_k = X_k(L_k, M_k) \tag{2}$$

$$G_k = G_k(X_k, N) \tag{3}$$

其中，G_k 是第 k 种公共服务的最终产出；L_k 是生产 G_k 的劳动要素；X_k 是用于生产 G_k 的中间活动；M_k 是生产 G_k 的使用的物资；N 表示人口规模。式（2）表明用于生产公共物品 G_k 的中间活动的生产函数取决于劳动与物资的投入；式（3）表明 G_k 的规模是生产 G_k 中间活动和人口规模的函数。

由式（2）和式（3）可以得出影响公共支出增长的因素有：一是公共部门的产出水平；二是公共支出的环境因素；三是人口因素；四是公共物品的质量；五是公共部门投入品的价格。

公共产出水平决定理论认为公共物品是由需求和供给双方共同决定的，最终产出水平则取决于双方力量的对比。

作为公共物品的供给者——政治家的效用函数设为：

$$U^P = U^P(S, G, P) \tag{4}$$

其中，U^P 表示第 P 个政治家的效用函数；S 表示因职位而获得的个人收益。

政治家为了能够当选，通常要考虑中间投票人的偏好。按照唐斯的选票最大化模型，公共部门的产出水平是由中间投票人的效用函数所决定的，用公式可以描述如下：

$$\max U^i(G, P)$$
$$s.\,t.\; pP + tB_i \leqslant Y_i$$
$$T_i = tB_i$$
$$G_k = G_k(M_k, N) \tag{5}$$

其中，i 表示中间投票人；p 表示私人部门产品的相对价格向量；Y_i 表示中间投票人的收入；t 表示税率；B_i 表示中间投票人的税基；T_i 表示中间投票人的纳税总额。

为简化模型，假设经济中仅有一种税基，并且对于每个人而言只有一个税率，则有：

$$t \equiv \frac{eG}{\sum B_i} \tag{6}$$

其中，e 表示所有公共物品的单位成本向量，即 $e = \{e_1, \cdots, e_k \cdots, e_m\}$；$\sum B_i$ 表示经济中的总税基。式（6）表明，当经济中只有一种税基时，其税率取决于公共产出的总成本与总税基之比。当公共部门生产成本越高（效率越低）时，或者当税基越窄时，税率也就越高。

据此，可以推导中间投票人对公共部门产出的需求曲线以及由需求曲线所决定的公共产出的水平。

在其余变量不变时，当中间投票人的税基 B_i 相对减少，其可支付的实际收入提高，则他们对 G 的需求就会增加，即 B_i 下降产生了收入效应；若其他变量不变，中间投票人的实际收入 Y_i 上升，则他们也会增加对 G 的需求；其他变量不变，总税基 $\sum B_i$ 上升，t 因此而下降，从而使中间投票人对 G 的需求量上升。

以上各种情况也可以用图 1 表示。

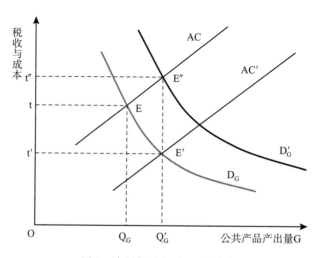

图 1　中间投票人对 G_k 的需求

由图 1 可知：当政府效率提高，生产公共物品的平均成本 AC 下降，从而可降低中间投票人的税基（从 t→t′），那么均衡点将从 E 移至 E′，公共产出的供给量增加；当中间投票人的收入增加，其税基 B_i 也随之增加，这会导致对 G 的需求以及 G 的供给增加，于是均衡点将从 E 移至 E″；在总税基 $\sum B_i$ 上升的情况下，税率 t 会下降，中间投票人对 G 的需求会增加，在公共产出的平均成本 AC 不变时，均衡点亦会从 E 移至 E″。

一是服务环境变化对公共物品产量的影响。

用于生产公共物品的中间活动是决定公共支出的又一重要因素，这些中间活动实际上是提供公共物品的生产组合，它随着服务环境的变化而改变。

这里说的环境，是指生产一定水平的产出量所需资源的社会经济变量和地理变量。由于不同的生产活动对资源的需求不同，因此随着环境的变化和生产活动方式的调整，相同的公共产量水平会需要不同的公共支出水平。

随着社会的不断发展，公共劳务的服务环境越来越复杂，公共服务的难度也有所加大，这使得公共部门维持原有公共服务水平的投入增加。

以警察为例。中间投票人任何时候都有某一水平的需求。假设供应的是均衡水平，提供社会治安保护和公共安全的警察活动将随着特定环境变化而变化，而该环境则是由该地区的"赃物"数量、逮捕犯人的概率以及该地区总的社会稳定状态和人口构成形态等因素所构成。

二是人口因素的影响。

首先，人口的规模会对公共支出产生影响。就纯公共物品而言，由于它具有消费的非竞争性，人口规模的增长不会引起公共支出增长，但是每个人分摊的公共物品成本反而会下降。这种下降，即相对于价格变化，会导致对服务需求水平的上升。

对于公共部门提供的产品，从人口规模对公共支出影响的角度出发，可以将两者之间的关系用"拥挤函数"来表示，即：

$$A_k = \frac{X_k}{N^a} \tag{7}$$

其中，A_k 为第 k 种公共物品为各个社会成员提供的服务；X_k 为用于生产 G_k 的活动费用（设备）；N 为人口规模；a 为拥挤系数。此关系式表明：人口规模和公共支出规模之间的关系，取决于被提供的公共物品和服务的性质。具体情况如下：

当公共部门所提供的是纯公共物品时，a = 0，则 $N^a = 1$，$A_k = X_k$。这时，各人得到的公共物品服务是整个社会所提供的第 k 种服务的总量。这表明人口增加后，由于每增加一个消费者的边际成本为零，所以公共支出不会增加；但随着人口的增加，公共总支出将由更多的人来负担，使每一成员承担的成本份额得以下降，如果考虑这一价格效应的话，将会使每个人对公共物品的需求上升，从而使公共支出有所增加。

如果公共部门提供的是私人物品，则 a = 1，则有 $N^a = N$，即产品的效用可以分割，每个成员得到的效用为 $\frac{X_k}{N}$。人口增加将会导致每个人的效用以相同比例减少，因此它至少要求公共支出以同等速度增加。

如果公共部门提供的是混合品，则 0 < a < 1，这时每个成员得到的效用满足程度将会随人口的增加而减少。因此，要保持原有的效用水平，必然要求增加公共支出，只是公共支出增速小于人口的增速。

其次，人口结构变化也会对公共支出的增长产生影响。从人口结构考察，人口中某一特定人群的增长或某一地区人口密度的增长，对公共支出需求的影响较为显著。例如，适龄儿童比重的增加，必然要求政府扩大教育开支；人口老龄化，将要求政府扩大对社会保障的支出；城镇化建设带来的城市人口密度增加，就要求政府增加城市基础设施的供给等。

三是公共物品质量的影响。

对公共物品质量的精确测定是非常困难的，但可以大致上进行区分。例如，当人们享受政府的某一项公共服务时，如果需要较长时间的排队，则可认为该项公共服务的质量较差，而当政府雇用更多职员以解决排队问题时，则可认为该项公共服务的质量有了提高。

居民对公共物品的需求增长，包含着两个层次的内容：一是指愿意在相同价格下购买更多的产品，即相同的公共支出要求更多的公共服务；二是指在相同需求数量上，对产品质量要求的提高。一般而言，公共物品质量的高低取决于生产该公共物品有效投入的多少；也就是说，如果公共物品的生产是有效率的，那么投入（公共支出）越多，质量就越高。可见，公共物品的质量作为社会公众一个更高层次的需求，它对公共支出有着不容忽视的影响。

随着社会经济的发展，对质量的需求更能代表人们对公共物品需求的增长趋势。它不仅反映在人们对更高水平的安全、教育、保健、环境的需求上，而且也反映在人们希望获得更快捷、高效、公正的公共部门服务的需求上。这必然促使公共部门更多地加大投入，引进先进设备和先进技术。因此，公共物品质量的提高是导致公共支出增长的又一重要因素。

除了公共物品最终需求变化、环境变化、人口增长以及公共物品质量高低外，公共物品投入价格的变化也是影响公共支出增长的重要因素。美国经济学家鲍莫尔（William J. Baumol）对此进行了深入研究。

1967 年鲍莫尔发表了论文《不平衡增长的宏观经济学》（*Macroeconomics of Unbalanced Growth: The Anatomy of Urban Crisis*, 1967, AER），通过建立"非均衡增长模型"分析了当公共部门投入价格上升不能被技术进步、规模经济所抵销时，公共支出如何增长的问题。

在非均衡增长模型中，鲍莫尔将经济分为两个部门：进步部门和非进步部门。进步部门是指通过技术进步及规模经济能带来劳动生产率大幅提高的部门。非进步部门是指与进步部门相比，劳动生产率提高缓慢的部门。非均衡增长模型正是建立在这两个部门的劳动生产率差异的基础之上的。

在进步部门中，劳动只是一种基本手段，它被用来生产最终产品，因而劳动可以由资本来替代，比如以机器代替劳动力，而不影响产品的性能。在非进步部门中，劳动本身就是最终产品，因而劳动投入的减少就可能引起产品性能发生变化。比如，政府服务、餐馆、手工业等劳动密集型产业都可以称之为非进步部门。这些部门的劳动生产率并不是没有可能提高，而是在以很低的速度提高。

进步部门的劳动生产率的提高会导致工资率的提高，假定这种提高和劳动生产率提高是同步的。为了防止劳动力从非进步部门流向进步部门，非进步部门的工资率也必须作相应提高，其增长率要与进步部门的工资增长率保持一致。考虑到非进步部门的劳动生产率提高缓慢，因而其单位成本会上升。这意味着相对于进步部门而言，非进步部门下一时期产出的机会成本是要提高的。如果非进步部门的产出水平没有减少，而单位成本上升了，则非进步部门的总成本必然上升。

鲍莫尔将公共部门视为非进步部门，把私人部门视为进步部门，于是得出结论：如果公共部门的生产率增长比私人部门的生产率慢，而公共部门的工资水平又要和私人部门的工资水平保持同步增长，在其他条件不变的情况下，公共支出将会增加。

参考文献：

［美］ W. 罗斯托：《从起飞进入持续增长的经济学》，四川人民出版社 1988 年版。

［美］ R. 马斯格雷夫：《比较财政分析》，上海人民出版社、上海三联书店 1996 年版。

［英］ C. 布朗、［英］ P. 杰克逊：《公共部门经济学》第四版，中国人民大学出版社 2000 年版。

［美］ W. 罗斯托：《经济增长的阶段——非共产党宣言》，中国社会科学出版社 2001 年版。

［美］ R. 马斯格雷夫、［美］ P. 马斯格雷夫：《财政理论与实践》，中国财政经济出版社 2003 年版。

杨志勇、张馨：《公共经济学》，清华大学出版社 2008 年版。

Peacock, A. T. and Wiseman, J., *The Growth of Public Expenditure in the United Kingdom*, Princeton, NJ: Princeton University Press, 1961.

Musgrave, R. A. and Musgrave, P. B., *Public Finance in Theory and Practice*, New York: McGraw-Hill Book Company, 1988.

Peacock A. T. and Wiseman J., *The Growth of Public Expenditure in the United*

Kingdom, London：George Allen and Unwin，1967.

Baumol，W. J.，Macroeconomics of Unbalanced Growth：The Anatomy of Urban Crisis，*American Economic Review*，Vol. 6，No. 57，1967.

Rosen，H. S.，*Public Finance*，9th ed.，New York：McGraw-Hill，2010.

（苑德宇）

公共支出增长：政治解释
Growth of Public Expenditure：Political Interpretation

从政治角度来解释和分析公共支出增长的理论主要有：官僚行为增长论、多数投票规则增长论、选举权扩大增长论。

在西方许多国家，政府预算通常是多个政党交易的结果。在预算形成过程中，官僚与选民、政治家一样也起到重要作用。按照公共选择理论的观点，官僚是指负责执行通过政治制度作出集体选择的集团，与其他所有人一样，官僚也是效用最大化者。官僚效用可以是他的薪金、为他工作的职员人数及薪金、他的公共声誉、他的额外收入、他的权力或地位、现代化的办公设施、公费活动等变量的函数。为了达到效用最大化，官僚竭力追求机构最大化。因为机构规模越大，他们的权力就越大。鉴于官僚效用函数中的许多变量与预算规模直接相关，因此可以认为，作为效用最大化者的官僚同时也是预算规模的最大化者。

正因为官僚机构以机构规模最大化作为目标，导致公共支出规模不断扩大，甚至公共支出规模增长超出了公共物品最优产出所需要的支出水平。利用这种官僚行为模型，可以考察官僚的产量决策。像非营利私人部门组织和垄断者那样，官僚是不受竞争力量影响的。然而，官僚行为与其他组织行为之间确有差异：垄断者选择在市场上出售的产量水平，以便使其利润最大化；而官僚从上级机关（如财政部门）取得一次性拨款，并保证提供一定数量的公共物品产量。官僚机构与拨款单位之间的关系类似于双边垄断情况。虽然从正常情况来看，拨款单位拥有立法权和权威，但在实践中他们主要依靠官僚取得有关服务提供的信息；正因为是官僚对有关服务提供、投入价格以及服务需求趋势等了如指掌，故拨款单位没有足够的信息对官僚的预算要求提出质疑。

20 世纪 60 年代末和 70 年代初，尼斯克南（William A. Niskanen）通过构建模型全面系统地对官僚行为对公共支出增长的影响进行了分析，即

"尼斯克南模型"。该模型表明，政府官僚机构具有把公共部门产量扩大到2倍于"社会最适产量"的趋势。选民选举政治家，他们代表了选民对公共物品的偏好。立法机关决定公共物品的不同产量水平，反映出中间投票人的评价。因此，立法机关拨给官僚机构的用以购买公共物品的预算，将满足中间投票人的偏好。而官僚机构需要的预算不仅满足反映公共物品供给的生产函数和成本函数，而且还要满足官僚自身的效用函数。

在图1中，纵、横轴分别表示价格和公共物品数量，（a）图表示社会总成本曲线与社会总收益曲线，（b）图表示社会边际成本曲线与社会边际收益曲线。效率所要求的产量应由社会边际成本曲线与社会边际收益曲线的

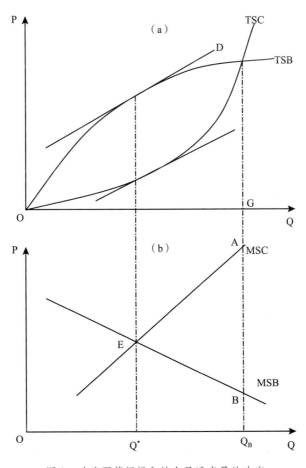

图1　政府预算规模和社会最适产量的决定

交点 E 所决定，即公共物品数量为 Q^*；而官僚只强调公共物品应由社会总成本曲线与社会总收益曲线的交点 D 决定，即公共物品数量为 Q_B。EAB 的面积为由 E 点移到 D 点所形成的效率损失。

设图中总收益曲线为 TB，总成本曲线为 TC，且：

$$TB = aQ - bQ^2 \tag{1}$$

$$TC = cQ + dQ^2 \tag{2}$$

两式中，a、b、c、d 均为大于 0 的常数。

官僚通常认为凡是总成本不超过总收益的政府预算方案均是可取的，即从 0 点到 G 点之间的产出对他们都是有意义的。若按照总收益等于总成本的原则决定产量，那么：

$$aQ - bQ^2 = cQ + dQ^2 \tag{3}$$

易得"官僚垄断产量"：

$$Q_B = \frac{a - c}{b + d} \tag{4}$$

实际上，要使资源配置富有效率，不仅应当满足"总收益大于总成本"这个条件，而且必须满足"边际成本等于边际收益"这一条件。根据边际成本等于边际收益原则求得的预算规模才是"社会最适规模"，即图中 MB 线与 MC 线的交点 E 所对应的产量。

由总收益函数与总成本函数可得边际收益函数与边际成本函数：

$$MB = dTB = a - 2bQ \tag{5}$$

$$MC = dTC = a + 2dQ \tag{6}$$

当 MB = MC 时，

$$Q^* = \frac{a - c}{2(b + d)} \tag{7}$$

可见，社会最适产量（Q^*）是总收益等于总成本时规模（Q_B）的一半。

之所以出现这种结果，是因为官僚机构作为公共物品（公共服务）的专门供给者，他们对生产函数和成本函数的了解远比拨款单位多。由于存在这种信息不对称性，当讨论预算时，官僚机构能够索取消费者剩余（总收益曲线与总成本曲线之间的差额），并把它们转化成更多的产量，从而扩大了政府预算规模。此外，由于官僚机构通常拥有提供公共物品的垄断权，例如，环境保护、国防、社会保险等都是由专门机构提供的。在很多情况下，官僚们独家掌握着特殊信息，这就使他们能够让政治家们相信他们确定的产出水平的社会收益比较高，从而实现预算规模最大化的产出。

然而，杰克逊（Jackson，1982）认为，对官僚行为的这种描述事实上不尽合理。官僚的效用函数要比尼斯克南所说的复杂得多。在很多情况下，官僚的动机是服务于公共利益或为了完成公共职责，而不是通过预算最大化使其自身效用最大化。

从现实情况来看，有些公共服务的消费者（选民）认为产量水平太低，而有些人认为产量水平太高，这说明在每个人都是公共物品的数量接受者，中间投票人决定公共物品数量的情况下，不可能使所有人在任何时候都感到满意。此外，一些经济发达国家的公共支出增长很大程度上是由转移性支出增加导致的。由于这种支出对官僚机构没有什么直接利益，受益者是广大公众，因此官僚没有明显的动力来增加这类支出。因此，公共支出扩张的此类解释实际上没有说明公共支出增长的根源。

众多学者研究了在简单多数票规则这种政治程序下所形成公共部门预算的规模"过度"扩张的情况，包括塔洛克、唐斯（Downs，1967）等。塔洛克认为，多数投票可能导致公共部门比私人部门提供更多的私人产品。他举了五个农场主作为例子，这五个农场主利用简单多数投票规则决定维护通往农场道路的公共支出方案。在 A、B、C、D 和 E 这五个农场主当中，多数人可能会投票赞同用于其道路上的支出达到某一水平，即维护道路的边际成本等于其边际收益。对 A、B 和 C 而言，维护道路的资金用一般税收来筹措，故 2/5 的税收成本由 D 和 E 来承担。对 D 和 E 而言，即使他们没有道路支出计划，只要遵循中间投票人规则，A、B 和 C 依然会投票赞同并通过这项计划。这项计划成本由整个经济来分担，实际上是把某些成本转嫁给利益无关者，因此只要多数人有这种隐含的好处，他们就会赞同更多的道路维护支出。公共支出增长的一种政治解释是由唐斯（1967）提出的财政幻觉分析。

所谓选举权扩大是指选举权扩大到更多的贫穷阶层，这种政治权利从一国的富人阶层转向穷人阶层，导致社会福利性支出显著增加，从而促使公共支出总规模不断扩张。这种解释分为两类模型：一种是收入再分配模型，另一种是政府服务模型。

收入再分配模型又分为三种，即纯再分配模型、利他主义的中间投票人模型和特殊利益集团模型。①纯再分配模型。麦尔特泽和理查德（Meltzer and Richard，1981）认为公共支出的增长在一定程度上是因为投票选举权扩大所致，因为收入分配中最低阶层的人加入选民行列，一般会拥护"大政府"，以便获得更多的再分配利益。在他们的模型中，假定人们的人力资本是不同的。每个人获得相同的一次性转移支付，这种转移性支付是按收入的一定比例融资的。人力资本最少的人没有工作，希望税率提高；而工作的那些人随着人力资本的增加而希望税率降低。在该模型中，该税率是由中间投票人决定的，而中间投票人的人数因投票选举权的扩大，增加了穷人的人数，因此税率可能会提高，再分配性的公共支出会增加。②利他主义的中间投票人模型。利他主义的中间投票人模型假定不是福利受益者的中间投票人出于利他主义（或关心犯罪率和社会安定问题）而偏向穷人，从而使再分配性的公共支出增加。后来，又有学者从利他主义和自身利益出发构建再分配模型，认为潜在的和现有的福利受益者的自身利益将促使他们投赞同提高福利支出的利他主义富人的票。这些人掌政之后，无疑要考虑增加福利性的公共支出。③特殊利益集团模型。特殊利益集团模型也可以解释福利性公共支出水平的增长趋势。在这个模型中，选票最大化的政治家会在来自穷人的选票与失去其他集团的选票之间进行权衡；由于福利性支出的受益人口所掌握的选票数量增加了，特殊利益集团就会支持增加福利性公共支出，以赢得选票。

政府服务模型旨在解释对政府服务的需求状况，强调投票选举权扩大在公共支出增长中的重要作用。该模型假定税收按收入的一定比例征收。拥有收入 M_k 的个人能够购买 C_k 单位的私人产品，有：

$$M_k = C_k + tM_k \tag{8}$$

其中，t 表示税率。在政府服务模型中，政府服务水平 G 用税收来融资，这些服务由全体公民消费，即政府预算约束要求总收入等于总支出：

$$tMR = PG \times G \times N \tag{9}$$

其中，MR 代表该社会的总收入，PG 代表政府所提供服务的单位价格，N 代表该社会的人数。根据（9）式，可以得到 t 的表达式：

$$t = PG \times G \times N / MR$$
$$= PG \times G / Mm \tag{10}$$

其中，Mm 代表平均收入。把（10）式代入（8）式，得到：

$$M_k = C_k + PG \times G \times M_k / Mm \tag{11}$$

可见，政府服务的相对价格（ $PG \times M_k/Mm$ ）与个人收入—平均收入比率（ M_k/Mm ）成正比。如果改善社会的收入分配状况使穷人状况变好，政府服务的相对价格下降，政府服务需求就会增加。相反，如果穷人的境况变差，他们对政府服务的需求就会减少。

在政府服务的价格弹性大于其收入弹性的情况下，增加穷人选民的这种投票选举权扩大将使政府服务的支出增加。但是，有学者利用经验估计结果表明，政府服务的价格弹性不一定大于其收入弹性，二者很可能相等。由此，投票选举权的扩大会明显推动福利性公共支出，但其他公共支出不会改变。

参考文献：

G. Tullock, *The Politics of Bureaucracy*, Washington: Public Affairs Press, 1965.

A. Downs, *Inside Bureaucracy*, Boston: Little Brown, 1967.

H. Hochman and J. Rodgers, Pareto Optimal Redistribution, *American Economic Review*, Vol. 59, 1969.

W. A. Niskanen, *Bureaucracy and Representative Government*, Chicago: Aldine-Atherton, 1971.

W. A. Niskanen, Bureaucrats and Politicians, *Journal of Law and Economics*, Vol. 18, 1975.

A. H. Meltzer, and Richard, S. F., A Rational Theory of the Size of Government, *Journal of Political Economy*, Vol. 89, 1981.

P. M. Jackson, *The Political Economy of Bureaucracy*, Oxford: Philip Alan, 1982.

B. A. Abrams and Lewis, K., A Median-voter Model of Economic Regulation, *Public Choice*, Vol. 52, 1987.

J. Alm and M. Evers, The Item Veto and State Government Expenditures, *Public Choice*, Vol. 49, 1991.

T. W. Gilligan and J. G. Matsusaka, Deviations from Constituent Interest: The Role of Legislative Structure and Political Parties in the States, Working Paper, University of Southern California, 1994.

（苑德宇）

财政补贴
Financial Subsidy

财政补贴是国家财政部门在一定的时期内，根据国家政策的需要，对某

183

些特定的产业、部门、地区、企事业单位或某些特定的产品、事项给予的补助和津贴。它属于财政转移性支出，其实质是国民收入的再分配，是国家在经济管理中自觉运用价值规律、实现宏观经济调控的一个重要经济杠杆。财政补贴的对象、数额、环节、时期等具体内容，都由财政部门根据国家政策的需要来确定。财政补贴具有鲜明的政策性、灵活性和时效性特征，在弥补市场缺陷、调节供求结构、贯彻产业政策和推行价格改革过程中发挥着积极作用。

联合国经济和社会事务部统计处编辑的《国民经济核算体系》一书，对财政补贴所做的定义为"政府对生产者的现期转移"，并对补贴所包括的内容作了详细的说明："包括现期账户上私营产业部门从政府取得一切补助金"，"补助金可以用于所生产的、所出口的或所消费的商品数额或价值，生产中使用的劳动力或土地，或者以组织和经营生产的情况为基础。而政府当局为投资目的或为补偿破坏、损毁及其他资本和流动资产损失而对私营产业部门的转移则归入资本转移。"并且，满足下列等式：补贴＝按要素收入计算的国内生产总值－按购买者价值计算的国内生产总值＋间接税。

《国际社会科学百科全书》（*International Encyclopedia of the Social Sciences*）中将财政补贴看作为一种"负税"——"很多补贴都可看成是负的税收，从而可以运用税收分析的工具来估价补贴的效果"。我国也有学者支持财政补贴的负税论，宋则行、汪祥春（1986）认为"可以把财政补贴看作是一种负税，当价格高于价值时，用税收调节；当价格低于价值时，用财政补贴来调节"。也就是说，可以把财政补贴看成正的财政支出，也可把它视为负的财政收入。相应地，可以把税收看作为正的财政收入，也可把它视为负的财政支出。

在理论研究方面，马克思虽没有直接论述财政补贴，但其讨论的很多内容都与财政补贴有关。在《哥达纲领批判》中就明确指出："用来应付不幸事故、自然灾害等的后备基金或保险基金，如国家的原料、燃料、粮食等储备和人民公社的粮食储备等是必要的"。这些基金具有财政补贴的性质，涵盖了工业补贴、农业补贴、价格补贴等内容。庇古在其著作《福利经济学》中表示，为了纠正自由竞争的市场经济所造成的不利后果，政府应当一方面通过累进的所得税限制那些边际私人纯产值小于边际社会纯产值的产业的发展，一方面通过补贴鼓励那些边际私人纯产值大于边际社会纯产值的产业的发展。希克斯的研究为分析财政补贴的经济效应提供了重要的分析工具，他所著的《价值与资本》一书较全面地分析了相对价格结构变动所带来的两种经济效应——收入效应和替代效应,而财政补贴能够改变相对价格,能够产生收入效应和替代效应。

在实践方面,我国早在春秋时期就运用财政补贴来调节经济,"平粜"就是运用价格补贴将谷价限制在一定幅度内的政策。在计划经济阶段,财政补贴对于避免经济行为失常,保证国民经济顺畅运行具有重大意义。发展到市场经济阶段,由于市场失效的存在以及与经济体制转轨相关的各项改革的要求,财政补贴仍然发挥着不可替代的重要作用。西方国家的财政补贴制度,可追溯到1601年,英国伊丽莎白女王颁布《济贫法》,包含了通过国家财政对贫民实行补贴的规定。目前,世界上许多国家都实行财政补贴政策,并且其发展很快,数量日益增多,内容日益丰富,已经发展成为政府干预经济、缓解社会矛盾、参与国际竞争的一项重要经济手段。

财政补贴的类别多样。按财政补贴的环节可分为对生产的补贴、对流通的补贴和对消费的补贴三种。我国主要集中在消费和流通环节,对生产者的直接补贴不多,大多是通过对商业部门的补贴间接惠及生产者。西方国家则主要集中于生产环节,对农产品生产和出口的补贴较多。我国还常常按照补贴方式将财政补贴分为价格补贴、企业亏损补贴、财政贴息、税式支出等,其中价格补贴所占比重最大;财政贴息对经济发展方式转变的作用较大;企业亏损补贴相对盲目,没有区分经营性亏损和政策性亏损,影响了补贴效率;税式支出的项目繁杂,管理混乱,难以实现既定目标。此外,还按照补贴的手段将财政补贴分为实物补贴(暗补)和现金补贴(明补)。实物补贴是政府通过政府采购的形式购买某种或某类商品,并按规定发放给既定人群的政府行为。现金补贴是政府直接面向公民发放现金,以增加公民的现金收入,但依靠货币发行来发放现金补贴会产生很大的通货膨胀风险,并不可取。

由于实施财政补贴必然会形成一定数量的货币购买力,所以财政补贴会改变相对价格体系,进而改变需求结构,再通过供需链条影响企业的利润水平,进而改变供给结构。正因如此,财政补贴的作用是正反两个方面的,必须辩证分析。首先,财政补贴具有优化资源配置、改善经济结构、实现供需平衡、保持销售价格稳定、保证人民基本生活水平、有利于经济稳定和社会安定等方面的积极作用。但是财政补贴运用不当会产生一系列负面效应,例如财政赤字、价格扭曲、对经营不善形成"负激励"、对工资收入的补贴具有一定的"累退性"等等。目前我国财政补贴的规模大、范围广、渠道多、管理乱,已经成为财政的沉重负担,甚至越来越成为经济改革的拖累,阻滞经济发展速度。所以财政补贴必须在充分考虑国家财力的前提下量力而行，最大化地发挥其积极作用，减轻财政负担。

　　针对我国具体情况，可考虑从如下几个方面加以改进：第一，优化财政支出结构，合理控制财政补贴规模，调整财政补贴占国家财政收入的比重处于合理限度，防止财政补贴破坏财政收支平衡。第二，调整财政补贴结构，增加直补比例，使财政补贴从单一环节向生产、流通、消费多重环节扩展，同时，增加对落后地区的补贴、环保补贴，调整粮食补贴和农业补贴政策，取消对企业经营亏损的补贴。第三，改善财政补贴的管理监督机制，提高财政补贴政策的执行效率。

参考文献：

［德］马克思：《哥达纲领批判》，引自《马克思恩格斯全集》，人民出版社
　　1973 年版。

［英］希克斯：《价值与资本》，商务印书馆 1982 年版。

宋则行、汪祥春：《社会主义经济调节概论》，辽宁大学出版社 1986 年版。

胡寄窗、谈敏：《中国财政思想史》，中国财政经济出版社 1989 年版。

联合国经济和社会事务部统计处：《国民经济核算体系》，中国财政经济出
　　版社 1982 年版。

［美］D. L. 西尔斯：《国际社会科学百科全书》，美国麦克米兰出版公司、
　　自由出版社 1979 年版。

A. C. Pigou, *The Economics of Welfare*, MacMillan Company Ltd. , 1952.

H. Hotelling, *The General Welfare in Relation to Problem of Taxation and of Rail-
way and Utility Rates*, Richard D. Irwin Inc. , 1969.

（于树一）

公共收入

公共收入
Public Revenue

　　公共收入通常也被称为财政收入或政府收入，是政府为了履行其职能，凭借其所拥有的公共权利筹集的一部分社会产品，而在货币经济条件下，这

种社会产品表现为一定数量的货币资金。

公共收入是公共支出的前提，公共支出则是公共收入的去向。在一般情况下公共收入的数量决定着公共支出的规模，掌握一定数量的社会产品是实现国家职能的财力保证。公共收入的取得并不是单纯的资金筹集过程，通过采取不同的收入形式和调节收入数量的机制与政策，可以起到维护经济稳定、优化资源配置和调节收入分配等作用。

公共收入最常用的分类形式是按收入来源渠道。我国目前的公共收入分类是在 2007 年政府收支分类改革中确立的，这次改革对全部公共收入进行统一分类，将原一般预算收入、基金预算收入、社会保险基金收入和预算外收入等都统一纳入政府收入分类体系，并按国际通行做法划分为税收收入、社会保险基金收入、非税收入、贷款转贷回收本金收入、债务收入以及转移性收入等，形成了一个既可继续按一般预算收入和基金预算收入分别编制、执行预算，又可根据需要汇总、分析整个政府收入的分类统计体系。在公共收入构成中，税收是其主要收入形式，市场经济国家中税收收入占公共收入的比例通常在 90% 以上。改革开放后，我国通过"利改税"等财税体制改革举措，税收收入比例由占预算收入不足一半上升至 90% 左右。

公共收入的取得要遵循一定的原则：公共收入的规模取决于经济发展状况，不能超越经济发展水平；公共收入的取得方式必须有利于国民经济协调发展；公共收入政策要有利于新财源的拓宽，为扩大财源创造条件，例如以税收优惠扶持某些新兴产业的发展；公共收入的取得要兼顾国家、企业和个人的收入分配，调动和发挥企业和个人的积极性。

公共收入规模受到经济发展水平、经济体制、传统及风俗习惯、政府职能范围和国家经济政策等因素的影响。衡量公共收入规模有公共收入绝对规模和公共收入相对规模两个指标。公共收入绝对规模是指在一定时期内各种公共收入的总量；公共收入相对规模是指一定时期内公共收入占 GDP 的比重，它主要反映一国政府集中财力的能力，在时间序列上能反映变化趋势及其相关问题。发达国家公共收入占 GDP 的比例一般在 35% ~45% 或更高，发展中国家这一比例较低，约为 20% ~30% 。

参考文献：
黄恒学：《公共经济学》，北京大学出版社 2009 年版。
黄达：《黄达书集》，中国金融出版社 2005 年版。
［美］阿尔伯特·C·海迪：《公共预算经典》第二卷，上海财经大学出版社

2006 年版。

胡乐亭：《财政学》，中国财政经济出版社 2002 年版。

（贾康　程瑜　花爱岩）

财政收入
Fiscal Revenue

参见"公共收入"。

政府收入
Government Revenue

参见"公共收入"。

税收
Tax，Taxation

税收是政府为履行公共职能和满足公共需要按照法律规定的范围与标准对经济主体收入进行的强制征收，是政府公共财政最主要的收入形式和来源。

税收的产生与存在首先是由政府履行公共职能的需要决定的。在经济社会中，人的需要可以分为私人需要和公共需要两部分。私人需要主要是社会成员个体对包括生活资料和生产资料的私人物品的需要，公共需要是全体社会成员对生活和生产的共同外部条件即公共物品的需要。由此决定，社会活动包括私人事务和公共事务两部分。私人事务是提供私人物品、满足私人需要的活动，公共事务是提供公共物品、满足公共需要的活动。为有效提供私人物品和公共物品，必须对私人事务和公共事务实行相对确定的社会分工。私人事务主要由私人部门——经济主体负责，公共事务主要由公共部门——政府负责。政府为履行公共职能，必然要发生各种费用，为了补偿这些费用，政府必须取得一部分收入，这是税收产生与存在的必要条件。

税收的产生与存在还取决于税收的相对优越性。一般来讲，政府取得收入有两种规范形式：一是占有一部分土地与资本，直接从事生产经营活动，获取生产经营收益，或通过所有权与经营权的分离，向经营者收取租金或利息；二是以履行公共职能为依据向经济主体征收一部分收入，包括以履行公共职能产生的共同利益为依据取得的税收和以履行公共职能产生的特定利益为依据收取的规费与使用费。在以上收入不足以满足政府支出需要时，政府还可以借债。与其他各种收入形式相比，税收具有以下三个方面的优越性：（1）税收以政府履行公共职能产生的共同利益为依据，不受占有资产等情况的限制，具有来源的广泛性；（2）税收以法律形式规定，不受经济主体支付意愿变化的支配，具有数额的确定性；（3）税收不需要归还，也不需要支付利息，具有占有的直观的无偿性。税收的这些优越性，使税收成为政府取得收入的主要形式。

在市场经济条件下，政府不仅要提供公共物品，还要调节经济活动，包括调节资源配置，提高经济效率，调节收入分配，实现社会公平，调节经济总量与结构，保持经济的稳定与增长。由此决定，税收不仅是政府取得收入的主要形式，而且是政府调节经济的重要杠杆。税收调节职能的产生与存在，对税收的发展演变产生了重要影响。

在西方，早在古希腊和古罗马，政府为满足其支出需要，一方面向农民征收土地租金与矿山租金，另一方面向市民征收人头税，同时对进出口货物和过往商旅征收港口税与关税。到中世纪，随着土地的私有化，土地租金逐渐演变为土地税，形成了土地税、人头税与关税并存的税收制度。到近现代，随着商品经济与民主政治的发展，多数国家开始对商品征收消费税，人头税则逐渐消亡，形成了土地税、消费税与关税并存的税收制度。并且随着市场化程度的提高与政府职能的扩大，越来越多的国家开始征收个人所得税、公司所得税与社会保障税，形成了个人所得税、公司所得税、社会保障税、国内消费税、进出口税、财产税并存的税收制度。在中国，有关税收的传说始于夏代的"贡"、商代的"助"和周代的"彻"，有文献记载的税收则始于春秋战国时期的土地税，如齐国的"相地衰征"（前685年）、鲁国的"初税亩"（前594年）和"作丘甲"（前590年）、郑国的"作丘赋"（前538年）与秦国的"初租禾"（前408年）。秦汉时期，在继续征收土地税（称"田租"）的同时，开始按人口征收人头税（称"口赋"与"算赋"），此外，还对矿产、渔猎、农林等资源产品及手工业、服务业等征收工商业税，形成了人头税、土地税与工商业税并存的税收制度。清代康熙年间，为减轻无地或少地农民与工商业者的税收负担，实行了"摊丁入亩"，不再单独征收人头税，形成了土地税（农业税）、工商业税与财产税并存的税收制度。民国时期，借鉴西方国家税收制度建设的成功经验，在工商税收领域，开始征收消费税与所得税，为建立现代税收制度奠定了重要基础。中华人民共和国成立后，为减轻农民负担，2006年取消了农业税，形成了所得税、商品与劳务税和财产税并存的现代税收制度。

　　目前，世界各国的税收主要有以下几种类型：（1）所得税，包括个人所得税、公司所得税和资本利得税；（2）社会保障税，又称税收保障缴款，包括雇员的社会保障缴款、雇主的社会保障缴款和自主经营者的社会保障缴款；（3）国内商品和劳务税，包括销售税（主要是增值税）与货物税；（4）国际贸易和交易税，包括进口税与出口税；（5）财产税，包括财产占有税、遗产税与赠与税等；（6）其他税，包括印花税等。中国 2015 年时的税种主要有增值税、营业税、消费税、关税、资源税、企业所得税、个人所得税、土地增值税、耕地占用税、土地使用税、房产税、城市维护建设税、车船税、车辆购置税、契税、印花税、烟叶税、船舶吨税等。

参考文献：

［日］小川乡太郎：《租税总论》，商务印书馆 1931 年版。

胡善恒：《赋税论》，商务印书馆 1934 年版。

侯梦蟾：《税收概论》，中国人民大学出版社 1986 年版。

侯梦蟾：《税收经济学导论》，中国财政经济出版社 1990 年版。

马国强：《税收学原理》，中国财政经济出版社 1992 年版。

马国强：《税收概论》，中国财政经济出版社 1995 年版。

马国强：《中国税收》，东北财经大学出版社 2012 年版。

王诚尧：《国家税收教程》，中国财政经济出版社 1995 年版。

（马国强）

税制结构
Structure of Taxation

　　税制结构是指构成税制的各税种在社会再生产及收入分配中的分布状况及相互之间的比例关系，包括税种的设置（Tax Mix）与各种税占税收总额的比重（Tax Share）。从表现形式来看，可以从两个角度理解税制结构：（1）纵向税制结构，即中央税与地方税的设置及中央税与地方税占税收总额的比重；（2）横向税制结构，即直接税与间接税的设置及直接税与间接税占税收总额的比重。

　　一国税制结构，主要由以下因素决定：（1）各税种的收入能力和调节能力。收入能力和调节能力大的税种，如所得税与商品劳务税，通常会成为主体税种，收入能力和调节能力小的税种，如行为税，通常会成为辅助税种。（2）各税种的公平符合度和效率符合度。一般而言，所得税更符合公平原则，商品劳务税更符合效率原则。某国或某阶段，在更加关注公平税时，会将所得税确立为主体税种，在更加关注效率时，会将商品劳务税确立为主体税种。（3）各税种的稽征难度。一般认为，所得税的稽征难度大，商品劳务税的稽征难度小。一国在税收稽征水平比较低的情况下，会将商品劳务税确立为主体税种，在税收稽征水平比较高的情况下，会将所得税确立为主体税种。

世界各国的税制结构有三种基本类型：（1）以所得税为主的税制结构；（2）以商品劳务税为主的税制结构；（3）所得税与商品劳务税并重的税制结构。

进入 20 世纪后，世界上多数国家税制结构变化的总趋势是：（1）财产税占税收总额的比重降低，所得税与商品劳务税占税收总额的比重提高；（2）在所得税与商品劳务税之间，商品劳务与国际交易税的比重降低，所得税的比重提高；（3）在国内商品劳务税与进出口税之间，进出口税的比重降低，国内商品劳务税的比重提高；（4）在所得税中，企业所得税的比重降低，个人所得税的比重提高。

中国的情况则有所不同，中国 2012 年的税制结构如表 1 所示。

表1　　　　　中国现阶段各种税占税收总额的比重（2012 年）

类别	税种	税收收入（亿元）	占税收总额（%）
商品劳务类	国内增值税	26415.51	52.5
	国内消费税	7875.58	
	营业税	15747.64	
	关税	2783.93	
进出口环节	进口货物增值税、消费税	14802.16	4.3
	出口货物退增值税、消费税	−10428.89	
所得类	企业所得税	19654.53	25.32
	个人所得税	5820.28	
财产类	房产税	1372.49	6.11
	土地增值税	2719.06	
	耕地占用税	1620.71	
	车船税	393.02	
	船舶吨税	40.98	

续表

类别	税种	税收收入（亿元）	占税收总额（%）
资源税类	资源税	904.37	2.43
	城镇土地使用税	1541.72	
行为税类	城市维护建设税	3125.63	9.29
	印花税	985.64	
	契税	2874.01	
	烟叶税	131.78	
	车辆购置税	2228.91	
其他税收	其他	5.22	0.005
各类税收总计		100614.28	

资料来源：《中国统计年鉴（2013）》，中国统计出版社2013年版。

参考文献：

［美］理查德·A·马斯格雷夫：《比较财政分析》，上海人民出版社、上海
  三联出版社1996年版。

［美］V. 坦齐：《发展中国家税收制度的数量特点》，引自［美］大卫·纽
  伯里、尼古拉斯·斯特恩：《发展中国家税收理论》，中国财政经济出版
  社1992年版。

叶静：《税收结构的决定因素》，载于《浙江省委党校学报》2010年第
  4期。

马拴友：《税收结构与经济增长的实证分析》，载于《经济理论与经济管理》
  2001年第7期。

李绍荣、耿莹：《中国的税收结构、经济增长与收入分配》，载于《经济研
  究》2005年第5期。

（马国强）

税收分类
Classification of Taxation

参见"税制结构"。

宏观税负

Macro Tax Burden

在西方财政学文献中，宏观税负通常被称作税收水平（Tax Level）或税收比重（Tax Ratio），是税收总量的相对表现形式，通常以一定时期（一般为一年）的税收总量占国内生产总值或国民收入（NI）的比重来测度。这一指标也有加入非税收入的广义口径。

宏观税负水平的高低，一方面取决于政治偏好，另一方面取决于经济发展水平。政治偏好对宏观税负水平的决定作用表现为：集权制国家倾向于"求取高税"，宏观税负水平偏高；分权制国家倾向于"求取低税"，宏观税负水平偏低。从经济发展角度讲，一方面，随着经济发展和居民收入水平的提高，收入中满足生存消费之后的剩余越来越多，为宏观税负水平的提高提供了可能；另一方面，经济结构与社会结构也发生一系列变化，公共需要的范围与规模不断扩大，政府职能随之扩张，对宏观税负水平的提高提出了要求。首先，随着经济发展和居民收入水平的提高，消费结构不断升级，在满足生存消费的基础上，发展性消费与享乐性消费不断增加，出现了医疗卫生、文化教育等方面新的公共需要，要求政府发展医疗卫生、文化教育等公共事业。其次，随着消费结构的升级，产业结构不断优化，城市化水平不断提高，公共服务业比重不断上升，出现了交通运输、邮政电讯等方面新的公共需要，要求政府发展交通运输、邮政电讯等基础设施和公共工程。最后，随着生活水平提高，人口的平均寿命不断增加，出现了社会保障等方面新的公共需要，要求政府增加社会保障职能。

从历史上看，在较长时期内，宏观税负水平的变化呈现"S"型曲线的特点，可以分为三个发展阶段。第一阶段，在经济发展水平比较低且长期处于相对稳定状态的情况下，由于剩余收入比较少，政府职能比较窄，宏观税负水平也比较低并长期处于相对稳定状态，类似位于"S"型曲线的底部。第二阶段，随着经济发展水平的提高，剩余收入增加，政府职能扩张，宏观税负水平也相应提高，类似位于"S"型曲线的中部。第三阶段，在经济发展水平提高到一定程度后，经济结构与社会结构相对稳定，政府职能相对稳定，宏观税负水平比较高且长期处于相对稳定状态，类似位于"S"型曲线的顶部。

从现实情况看，由于各国经济发展水平不同，宏观税负水平也不同。目前，北欧各国的宏观税负水平为50%左右，西欧各国的宏观税负水平为

40%左右，美国与日本的宏观税负水平为30%左右，多数发展中国家的宏观税负水平为20%左右，少数发展中国家的宏观水平为10%左右。1994年以来，中国的宏观税负水平持续提高，目前为20%左右。

　　长期以来，经济学家一直在探讨宏观税负水平是否适度的判断方法。主要有四种方法：（1）支付能力法。具体标准是税收不可侵蚀资本和必要生活费用。（2）公共需要法。具体标准是税收必须满足政府履行公共职能发生的必要费用。（3）税收效应与政府支出效应均衡法。具体标准是，税收负担具有负效应且效应递增，政府支出具有正效应且效应递减，适度的宏观税负水平是税收负担负效应与政府支出正效应相等。（4）税收—产出法。具体标准是，随着宏观税负水平提高，若产出不断增加，则说明宏观税负水平不高，应继续提高宏观税负水平；若产出不断减少，则说明宏观税负水平过高，应降低宏观税负水平；适度的宏观税负水平是使产出最大化的宏观税负水平。

参考文献：

［美］理查德·A·马斯格雷夫：《比较财政分析》，上海人民出版社、上海三联出版社1996年版。

［美］V. 坦齐：《发展中国家税收制度的数量特点》，引自［美］大卫·纽伯里、尼古拉斯·斯特恩：《发展中国家税收理论》，中国财政经济出版社1992年版。

杨斌：《宏观税收负担总水平的现状分析及策略选择》，载于《经济研究》1998年第8期。

安体富、杨文利、石恩祥：《税收负担研究》，中国财政经济出版社1999年版。

许善达：《中国税收负担研究》，中国财政经济出版社1999年版。

马国强：《宏观税负变化与税制结构调整》，载于《税务研究》2011年第12期。

（马国强）

直接税与间接税
Direct and Indirect Tax

　　直接税是由纳税人直接负担的税，间接税是由纳税人缴纳并由纳税人通过提高商品销售价格或降低要素购买价格等方式转嫁给他人负担的税。

判断一种税是否由纳税人直接负担，或是否由纳税人转嫁给他人负担，理论探讨中主要涉及以下标准：（1）预期标准。J. S. 穆勒认为，预期由纳税人负担的税是直接税，预期由纳税人转嫁给他人负担的税是间接税。实际上，预期转嫁的税有可能不转嫁，预期不转嫁的税收有可能转嫁。按转嫁预期划分直接税与间接税，具有不确定性。（2）主体标准。多数经济学家认为，所有税收都由个人或家庭负担。直接对个人或家庭征的税是直接税，而对其他经济主体征收的税则是间接税。（3）客体标准。魁奈认为，一切税收都来自纯产品，只有农业能够生产纯产品。因此，所有课征于土地的税都是直接税，其他税则属于间接税。现代经济学家认为，一切税收都来自所得，直接对所得征的税是直接税，对所得之外的其他物征的税是间接税。

在现代税收制度中，一般认为所得税、支出税、净财富税、遗产税属于直接税。其中，所得税主要指个人所得税。对于公司所得税是否属于直接税，经济学家之间存在较大分歧。支出税又称直接消费税，是直接对消费支出征收的税。此税曾在印度和斯里兰卡短期施行过，但没有成功。净财富税是对净财富征的税。净财富 = 资产 – 负债。居民不动产税（亦称财产税、房地产税）很大程度上具有净财富税特征。遗产税包括两种形式：一是对继承人收到的遗产征收的税；二是对死者留下全部财产征的税。销售税、货物税、关税、印花税等属于间接税。其中，销售税是对所有商品与服务征收的税。从征税环节看，销售税包括单阶段销售税与多阶段销售税。单阶段销售税是在一个环节征收的销售税；多阶段销售税是在生产与流通的各环节征收的税。从税基看，销售税包括流转税和增值税。流转税（Turn-over Tax）亦称周转税，是在生产与流通各环节按商品价款征收的税，增值税（Value-added Tax）是在生产与分配各环节按增加值征收的税。货物税是对特定商品与服务征收的税。关税是对进出口商品征收的税。印花税是对财产转让行为征收的税，具体形式是在法律或商业文书上加盖印戳以证明纳税。

参考文献：

［日］小川乡太郎：《租税总论》，商务印书馆 1931 年版。

［美］理查德·A·马斯格雷夫、佩吉·B·马斯格雷夫：《财政理论与实践》，中国财政经济出版社 2003 年版。

胡善恒：《赋税论》，商务印书馆 1934 年版。

高培勇：《西方税收——理论与政策》，中国财政经济出版社 1993 年版。

马国强：《税收学原理》，中国财政经济出版社 1992 年版。

马国强：《税收概论》，中国财政经济出版社 1995 年版。

（马国强　王春雷）

税收公平：受益原则与支付能力原则
Tax Equity：Benefit Principle vs. Ability to Pay Principle

税收公平是指国家征税应使各类纳税人的税负与其纳税能力相适应，并使同类纳税人间的负担水平持平，包括横向公平与纵向公平两个方面。横行公平意味着对同等状况的纳税人同等对待，纵向公平意味着对不同等状况的纳税人适当区别对待。

对于税收负担公平分配的依据，或"同等状况"与"不同等状况"的衡量指标，经济学家提出了两种不同的思想，一种思想被称作"受益原则"，另一种思想被称作"支付能力原则"。

受益原则主张以受益作为税收负担公平分配的依据，实行受益大者多负担，受益小者少负担。

对于受益的衡量指标，经济学者之间存在很大分歧。早期学者认为，经济主体的受益程度可用财产、消费、收入（所得）衡量。例如，孟德斯鸠认为，受益是个人在国家保护下拥有的财产，实行受益原则应当征收财产税；霍布斯认为，受益是个人的消费，实行受益原则应当征收消费税；亚当·斯密认为，受益是个人在国家保护下享得的收入，实行受益原则应当征收所得税，包括地租税、利润税和工资税。

在税率确定方面，主张受益原则的早期学者大都主张实行比例税。现代学者认为，当需求的收入弹性大于价格弹性时，应当实行累进税率，当需求的收入弹性等于价格弹性时，应当实行比例税率，当需求的收入弹性小于价格弹性时，应当实行累退税率。

受益原则的优点是把税收负担的分配与政府支出的效应联系起来，在确定政府支出效应的同时确定税收负担的分配。受益原则的缺点主要是：公共物品具有非竞争性与非排他性，要准确衡量每个经济主体的受益程度其实是不可能的；作为理性经济人，经济主体也不会主动申报自己的受益并按受益程度负担税收。

支付能力原则主张以支付能力作为税收负担公平分配的依据，能力大者多负担，能力小者少负担。

对于支付能力的衡量指标，经济学家提出了三种选择：（1）所得标准。塞利格曼认为，所得能反映人们的真实纳税能力。海格和西斯蒙认为，所得是当期消费与净财富之和，包括各种来源的货币所得与非货币所得。一般认为，税收最终来自所得；以所得作为支付能力的衡量指标是最佳选择。所得标准的主要缺陷是：对于对工作与闲暇具有不同偏好的人，或对于劳动所得与非劳动所得比重不同的人，存在着横向不公平。（2）支出标准。谢夫勒认为，所得是直接的支付能力，支出是间接的支付能力。根据经济学恒等式，对支出征税意味着对储蓄不征税，有利于在现在消费与未来消费之间保持中性。支出标准的主要缺陷是：无论是直接计算支出还是通过所得与净财富增加间接计算支出，都是极其困难的。同时，对于一定时期所得与支出具有不同对应关系的人，存在着税收的横向不公平。（3）财富标准。财富是累积的购买力存量，是所得的来源，对财富征税等于对将来所得的现值征税。财富标准的主要缺陷是：一些资产没有市场价格；对资产进行估价存在困难。

在税率确定方面，主张支付能力原则的早期学者大都主张实行比例税。约翰·穆勒将功利主义哲学引入税收公平的规范分析，开创了均等牺牲分析方法，提出按均等牺牲程度求得税收公平。其之后，经济学用均等牺牲原则分析税率的确定问题，创立了绝对均等牺牲说、比例均等牺牲说与边际均等牺牲说。绝对均等牺牲说要求每个纳税人因纳税而牺牲的总效用相等。比例均等牺牲说要求每个纳税人因纳税而牺牲的效用与其收入成相等的比例。边际均等牺牲说要求税后每个纳税人的收入边际效用均相等。假定收入的边际效用递减，按均等绝对牺牲的要求，应根据效用的收入弹性确定税率，弹性大于 1 时实行累进税率，弹性等于 1 时实行比例税率，弹性小于 1 时实行累退税率，按均等比例牺牲的要求，应当实行累进税率，按均等边际牺牲的要求，应当实行高度的累进税率。

参考文献：

[美] 理查德·A·马斯格雷夫、佩吉·B·马斯格雷夫：《财政理论与实践》，中国财政经济出版社 2003 年版。

[美] 哈维·S·罗森、特德·盖亚：《财政学》第八版，中国人民大学出版社 2009 年版。

（马国强　王春雷）

税收转嫁与税负归宿
Shifting and Incidence of Taxation

税收转嫁是指纳税人将其所纳税款转移给他人负担，表现为税收负担在纳税人与负税人之间的再分配。税收归宿是指税收负担的最后归着点，表明税收负担最终由谁承担。

税收转嫁的主要手段是变动价格。纳税人将其所纳税款顺着商品流转方向，通过提高商品价格的方法，转移给商品的购买者或最终消费者，为"前转"，也称之为"顺转"。纳税人将其所纳税款，逆商品流转的方向，以压低商品（要素）价格的方式，向后转移给商品（要素）提供者，为"后转"，也称之为"逆转"。若既向前转嫁又向后转嫁，为"复转"，也称之为"散转"。

西方对税收转嫁的讨论，始于17世纪的英国，为18世纪重农学派所特别关注。而后逐步形成了"绝对转嫁论"和"相对转嫁论"两种转嫁理论学说。"绝对转嫁论"认为一切税收皆可转嫁，此学说始于18世纪的欧洲国家，盛行于19世纪中叶以前。"相对转嫁论"认为税收负担是否转嫁以及转嫁的程度如何，视税种、课税商品的性质、供求关系以及其他经济条件的不同而异。有时可以转嫁，或完全转嫁，有时则不能转嫁，或只能部分转嫁。"相对转嫁论"最先由德国财政学家劳（Rau）提出，至赫克（Von Hock）有所发展，后由美国经济学家塞利格曼（E. R. A. Seligman）系统化。此观点于现代依然占主流地位。

在市场经济条件下，商品的供求弹性是制约税负转嫁形式及规模的关键因素。商品需求弹性愈大，税负前转的可能性愈小；商品需求弹性愈小，税负前转的可能性愈大。特别地，当需求完全无弹性时，税负将全部前转；当需求有完全弹性时，税负将不能前转，只能实现后转或不能转嫁。商品供给弹性愈大，税负前转的可能性愈大；供给弹性愈小，税负前转的可能性较少。特别地，当商品供给完全无弹性时，税负将全部后转或不能转嫁；当供给有完全弹性时，税负将全部前转。当商品的需求弹性大于供给弹性时，则税负向后转嫁或不能转嫁的可能性较大，税负转嫁规模较小；当商品的需求弹性小于供给弹性时，税负前转的可能性较大，税负转嫁规模较大。

市场结构也是制约税负转嫁的重要因素：在完全竞争假设条件下，任何个别厂商都无法单独提高和控制商品的价格，故不能把税负向前转嫁给消费者（购买者），但从长期来看，各个生产者会形成一股整个行业的提价力量，从而实现一定的税负转嫁。在垄断竞争条件下，单个厂商可以利用自己产品的差异性对价格进行适当调整，税负可向前转嫁给消费者。但由于没有形成垄断市场，不能完全转嫁出去，因此只能实现部分转嫁。在寡头垄断条件下，各寡头生产厂商可在原价基础上，各自提高其价格，把大部分税负转给消费者（购买者）。在完全垄断市场结构下，垄断生产厂商会千方百计将税负转嫁给消费者。但转嫁多少及转嫁方式要视其产品的需求弹性大小而定。

除受供求弹性和市场结构影响外，税收转嫁还受其他因素的制约。主要包括：（1）课税范围的大小。一般而言，课税范围越宽，税负越易于转嫁；课税范围越窄，税负越不易转嫁。（2）课税商品的性质。对生产用品的课税，税负辗转次数多，转嫁速度快；对生活用品的课税，税负辗转次数小，转嫁速度慢。（3）税种。一般而言与价格密切的商品税较容易转嫁，与商品价格关系不大的所得税、财产税往往不容易转嫁。（4）市场期。税负转嫁一般是在经济交易发生时实现的。不同的市场期决定着税负转嫁可能的大小。短期市场可通过调整价格部分实现税负转嫁；长期市场可通过价格变动较充分地实现税负转嫁。

参考文献：

［美］塞力格曼：《租税转嫁与归宿》，商务印书馆 1931 年版。

［美］理查德·A·马斯格雷夫、佩吉·B·马斯格雷夫：《财政理论与实践》，中国财政经济出版社 2003 年版。

［美］哈维·S·罗森、特德·盖亚：《财政学》第八版，中国人民大学出版社 2009 年版。

于洪：《中国税负归宿研究》，上海财经大学出版社 2004 年版。

（马国强　王春雷）

超额负担
Excess Burden

超额负担亦称无谓损失（Deadweight Loss），是政府征税引起的社会福利损失大于税收收入的部分。由于社会福利一般用消费者剩余和生产者剩余来度量，所以，税收的超额负担通常被表述为消费者剩余损失和生产者剩余损失的总额超过税收收入的部分。

　　消费者剩余这一概念由法国工程师杜标特（J. Dupuit）在 1844 年提出。他在确定桥梁建设成本补贴数额时发现，消费者愿意支付的数额往往大于实际支付的数额，因此得到"超额满足"或剩余。马歇尔在《经济学原理》中将消费者剩余概念介绍到英语世界。他把消费者剩余看作是效用的变化，并用需求曲线以下、代表消费者实际支付的长方形以上的三角形表示消费者剩余。其后，经济学家倾向于把消费者剩余看作是支付意愿的一个客观度量。1943 年，希克斯还根据不同的补偿方式定义了消费者剩余的四种度量方式。如果不存在收入效应，消费者需求就不会因支付补偿而受到影响，已补偿的需求曲线和马歇尔需求曲线重合，根据马歇尔定义计算的消费者剩余和根据席克斯四种定义计算的消费者剩余就是一样的。

　　图 1 说明了超额负担的大小和影响因素。

　　假设消费者需求是线性的，并假设商品征税前后的需求弹性保持不变。由图 1 可以看出，征税前，商品价格为 p，消费量为 X^0，征收从量税 t 后 q = p + t，消费量下降为 X^1。价格的上涨和消费量的下降使消费者剩余减少为三角形 aef，税收筹集的收入为 tX^1，即区域 cdef，初始消费者剩余中没有被转化为税收收入的部分即区域 bde 就是超额负担，此时有：

$$EB = \frac{1}{2} \mid \varepsilon^d \mid \frac{X^0}{p} t^2$$

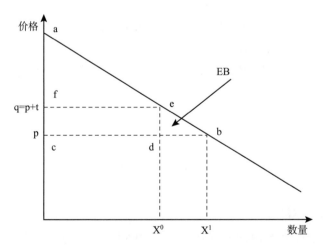

图 1　超额负担的大小和影响因素

　　其中，EB 是超额负担，ε^d 是需求弹性（假设征税前后的消费者需求弹性不变）。由此可以有如下结论：超额负担的大小和税率的平方成正比，随着税率的增加，超额负担会增加得更快；超额负担与需求弹性成正比，在税率给定时，商品的需求弹性越大，超额负担也就越大。

超额负担的度量，除剩余外，还可用无差异曲线来进行。图2中的点a代表没有税收时的初始状态，现在比较总额税与对商品1征收的商品税（假定两种税收工具筹集的收入相同）。在图2中，总额税由点a到点b的变动表示，预算线向内移动，但斜率不变，效用水平由U_0下降到U_1。对商品1征收商品税提高了商品1对商品2的相对价格，使预算线变得更陡。在点c商品税筹集的收入与总额税相同，这是由于在点c消费的商品价值与点b相等，在这两种情形下政府征收到的税额也一定相同。商品税使得效用水平下降到U_2，低于U_1。$U_2 - U_1$的数值就是直接用效用度量的超额负担。

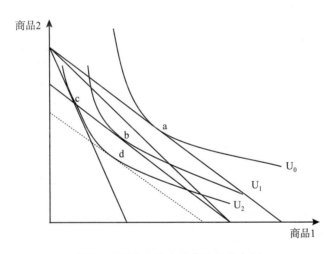

图2　采用无差异曲线度量超额负担

商品税与使消费者达到d点的总额税产生的效用相同，这个总额税的数额显然大于使消费者达到b的总额税，这两个总额税的差异提供了对超额负担的一种货币度量方法。商品税的效应现在可以分为两个部分：首先从初始点a移到点d，这就是收入效应；其次是由于商品1对于商品2的相对价格上升，替代效应使消费者的选择沿着无差异曲线由点d转向点c。对图2进行扩展论证可以说明导致超额负担的正是替代效应。注意到图3中的消费者无差异曲线都是L形的，即两种商品是完全互补品，这样就不存在需求的替代效应，相对价格的改变仅仅使预算约束线以无差异曲线的拐角为中心转动，如图 3 所示，此时总额税与商品税导致的结果完全相同，商品税的超额负担是零。没有税收的初始状态位于点 a，两种税收工具最后导致的均衡都位于点 b。这就说明超额负担是由商品间的替代所导致的。

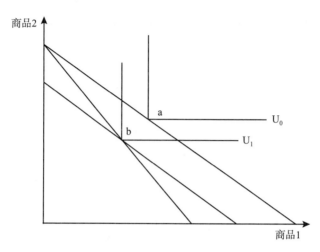

图 3　完全互补品的超额负担

无差异曲线的分析方法既揭示了超额负担产生的原因，也指出了消除商品税的超额负担的出路。理论上说，如果能够选择一种税，使政府能够得到消费者的全部损失，那么商品税的超额负担就可以消除。人们曾认为，由于不存在替代效应，按照人头征收的总额税满足这样的条件。但 20 世纪 80 年代末，英国向消费者征收人头税，由于纳税人可以通过搬家并不向政府报告新地址来确保自己的名字不被登记以达到逃避税收的目的，同时税务机关收集和维护所有纳税人的家庭住址信息非常困难，使得征税成本一直居高不下。所以，总额税除了没有体现公平的原则外，在实践中也很难实行。

参考文献：

［美］大卫·纽伯里、［英］尼古拉斯·斯特恩：《发展中国家的税收理论》，中国财政经济出版社 1992 年版。

［英］安东尼·B·阿特金森、［美］约瑟夫·E·斯蒂格利茨：《公共经济学》，上海三联书店、上海人民出版社 1994 年版。

［比］吉恩·希瑞克斯、［英］加雷思·D·迈尔斯：《中级公共经济学》，格致出版社、上海人民出版社、上海三联书店 2011 年版。

［英］加雷斯·D·迈尔斯：《公共经济学》，中国人民大学出版社 2001
年版。

［美］约瑟夫·E·斯蒂格利茨：《公共部门经济学》，中国人民大学出版社
2005 年版。

（马国强　孙永君）

最优税收理论
Theory of Optimal Taxation

税收会扭曲经济行为，产生超额负担。在获取一定数额税收收入的同时，如何使超额负担最小，就是最优税收问题。

最优税收理论最早可追溯至拉姆齐（Ramsey）在 1927 年发表的最优商品税论文（*A Contribution to the Theory of Taxation*）。在拉姆齐的最优商品税理论提出前，经济学界流行的是埃奇沃思（Edgeworth）的商品税原则。埃奇沃思认为，只有当每个人在消费上花费的最后一个单位货币的边际效用都相等时，社会福利才能实现最大化。在效率与公平的权衡上，埃奇沃思的商品税原则明显地偏向于公平。庇古（Pigou）和凯恩斯（Keynes）对这一忽视效率的商品税原则并不满意。1927 年，他们的学生拉姆齐在只考虑效率的基础上得出了后来广为人知的拉姆齐规则，即著名的商品税效率准则。1971 年，戴蒙德（Diamond）和米尔利斯（Mirrlees）在其论文（*Optimal Taxation and Public Production*）中推广了拉姆齐的结论，得出了兼顾效率与公平的戴蒙德－米尔利斯规则。此后，最优税收理论的发展集中于所得税方面，并与信息经济学的发展同步而行。在这方面做出重要贡献的是维克雷（Vickrey）和米尔利斯，他们在最优税收理论方面的贡献也是其获得 1996 年度诺贝尔经济学奖的重要原因。在此之后，最优税收理论的发展主要是沿着维克雷和米尔利斯开拓的分析范式进行的。

最优商品税理论研究的主要内容是，如果政府只以商品税作为筹集既定收入的工具，设计怎样的商品税才能使税收的超额负担最小化。

最优商品税理论最早的正式表述为拉姆齐规则，是在单一家庭的框架下基于效率准则分析最优商品税问题的，其主要结论是，相对于税前状态，最优商品税制应使每种商品的补偿需求以相同比例下降，其中的补偿需求是指剔除收入效应影响以后的需求。如果进一步假设商品之间的交叉弹性为零，则拉姆齐规则退化为逆弹性规则，即最优商品税的税率应该和商品的需求弹

性成反比。

戴蒙德—米尔利斯规则推广了拉姆齐规则，考虑了异质消费者的情况，兼顾了效率与公平，这样就在拉姆齐的效率规则基础上，将公平问题纳入最优商品税的分析框架。戴蒙德—米尔利斯规则的主要结论是，税收的引进会使商品的消费下降，由于对公平的关注，那么以政府收入来衡量有较大净社会边际效用值的消费者所消费商品的下降程度就应小一些，在实践中就是对这些商品征收较少的税。一般来说，若有较高净社会边际效用且对征税商品有较高边际消费倾向的消费者消费的商品越多，则因征税所引起的需求下降就应该越少。

关于最优商品税理论的详细推导可以参考迈尔斯（Myles）于 1995 年出版的《公共经济学》（*Public Economics*）。

最优所得税理论研究的主要内容是，如果政府只以所得税作为筹集既定收入的工具，设计怎样的所得税才能使税收的超额负担最小化。

由于变量的内生性，最优所得税的分析结果严重依赖于模拟结果。在线性所得税假设下，斯特恩（Stern）在 1976 年的文章（*On the Specification of Models of Optimum Income Taxation*）中得出如下模拟结果：假设消费和劳动的替代弹性是 0.4，政府取得 20% 的国民收入，所得的社会边际评价大约随收入的平方下降，在这些假设下，最优所得税率是 54%。最优政府补助比例占个人平均收入的 34%，如果几乎不考虑公平，则最优所得税率仅为 25%，如果赋予公平很高的权重，则所得税率为 87%，如果劳动供给弹性非常低，则最优所得税率为 79%，如果劳动供给弹性很高，则最优所得税率为 35%。如果考虑非线性的税率表，而不再是单一的比例税率，则最优所得税的主要结论是：随着收入的下降，所得税率应该提高，在极端的情况下，高收入群体的最优边际税率会趋于零。这一结论对估计最优所得税率表的传统观念形成了很大冲击。实际中观察到的边际税率总是随着收入的增加而增加，这使得高收入者面临最高的边际税率，而不是零边际税率。根据这一分析，这种所得税率表不是最优的。如果边际税率随所得增加而提高，那么税收体系将是累进的，而最优所得税的启示在于最高收入者面临的边际税率为零，因此，最优的税收体系不可能全部是边际税率累进的。同样，由于变量的内生性和处理上的复杂性，非线性最优所得税的结论具有局限性。

最优商品和所得税理论研究的主要内容是，如果政府可以采用商品税和所得税作为筹集既定收入的工具，设计怎样的税制才能使税收的超额负担最小化。

最优所得税的分析框架可以用来分析最优所得和商品税问题。最优商品和所得税理论的主要结论是：如果效用函数对劳动是可分的，在所得税已经实现最优时，最优商品税的税率为零。在这一分析框架内，只要是使税后消费者价格与生产者价格同比例变化的商品税率，都是最优的。这背后的逻辑关系是简单的，比如商品税率是 10%，那么可以调整所得税率表，使得相应的可支配收入也上升 10%，这样，商品税率上升的影响被所得税的调整所消除。上述结论也符合直觉，尽管由于存在所得税对劳动努力供给的扭曲作用，经济是次优的，但如果效用函数对劳动是可分的，商品税除了扭曲消费以外，再不会起到其他作用。

关于最优所得税和最优商品和所得税的理论分析可以参考阿特金森（Atkinson）和斯蒂格利茨（Stiglitz）1980 年出版的《公共经济学讲义》（*Lectures on Public Economics*），以及斯蒂格利茨 1987 年的文章（*Pareto Efficient and Optimal Taxation and the New Welfare Economics*）。

参考文献：

[美] 大卫·纽伯里、[英] 尼古拉斯·斯特恩：《发展中国家的税收理论》，中国财政经济出版社 1992 年版。

[英] 安东尼·B·阿特金森、[美] 约瑟夫·E·斯蒂格利茨：《公共经济学》，上海三联书店、上海人民出版社 1994 年版。

[英] 加雷斯·D·迈尔斯：《公共经济学》，中国人民大学出版社 2001 年版。

[美] 伯纳德·萨拉尼：《税收经济学》，中国人民大学出版社 2005 年版。

Peter A. Diamond and James A. Mirrlees, Optimal Taxation and Public Production: I-Production Efficiency, *American Economic Review*, *American Economic Association*, Vol. 61 (1), March, 1971.

James A. Mirrlees, An Exploration in the Theory of Optimum Income Taxation, *Review of Economic Studies*, Wiley Blackwell, Vol. 38 (114), April, 1971.

Torsten Persson, *Nobel Lectures in Economic Sciences* (1996-2000), World Scientific Publishing Co. Pte. Ltd. , 2003.

Frank P. Ramsey, A Contribution to the Theory of Taxation, *The Economic Journal*, Vol. 37 (145), Mar. , 1927.

Nicholas Stern, On the Specification of Models of Optimum Income Taxation, *Journal of Public Economics*, 6 (1-2), 1976.

Joseph E. Stiglitz, Pareto Efficient and Optimal Taxation and the New Welfare Economics, In A. J. Auerbach & M. Feldstein, *Handbook of Public Economics*, Vol. 2, Chapter 15, 1987.

（马国强　孙永君）

中性税收与税收中性
Neutral Taxation and Taxation Neutrality

中性税收是指不影响社会经济活动按市场机制正常运行的税收。其理论假设是，征税如不影响社会资源在市场自身调节作用下形成的最佳配置，不影响人们按市场取向做出的投资和消费等决策，不产生税收之外的超额负担，即为中性税收。与中性税收相对应的是扭曲性税收，即带来超额负担，影响人们的投资和消费等决策，使社会资源偏离市场调节下最优配置的税收。

经济学文献中关于中性税收的重要思路有两条。一是对效率原则的强调（即要消除效率损失），征税有可能带来效率损失，由此要求政府征税应尽量减少对经济个体行为的不正常干扰，一个理想的税收制度应是超额负担最小的制度，其评价依据是课税对消费选择和生产决策的影响程度；二是对普遍原则的强调，即"对价值增值普遍征税，也就是对所有经济活动按统一税率普遍征税。"作为政府管理国家经济的一种手段，税收很难避免对市场机制效率构成损害，其关键是如何减少损失，普遍原则反对差别课税的原因即在于此。在上述认识的基础上，明确提出政府征税应当对市场资源配置作用保持中性的主张。

从实践来看，20 世纪 50 年代前没有一个国家真正实行过中性税收。1954 年以后，前欧洲经济共同体相继推行税率比较单一的增值税制度，是一种近似中性的税收。

税收中性是指政府课税不扭曲市场机制正常运行的取向性表达。一般包括两种含义：一是国家征税使社会所付出的代价以税款为限，尽可能不给纳税人或社会带来其他的额外损失或负担；二是国家征税应避免对市场经济正常运行的干扰，特别是不能使税收超越市场机制而成为资源配置的决定因素。

实际上，中性税收只是一种理论上的设想，在现实中是不可能的。由于税收涉及面广，渗透各方，个人或企业总要考虑税收的作用，税收对经济的影响不可能仅限于征税额本身而保持"中性"，必然会存在税收额之外的收益和损失。因此，"中性税收"和"税收中性"只是相对概念和取向表达，通常用来表示政府利用税收干预经济的程度应力求节制。

参考文献：

[英] 伊特韦尔等：《新帕尔格雷夫经济学大辞典》，经济科学出版社 1996 年版。

胡代光、高鸿业：《西方经济学大辞典》，经济科学出版社 2000 年版。

项怀诚、郑家亨：《新财税大辞典》，中国统计出版社 1995 年版。

（温娇秀）

负所得税
Negative Income Tax

负所得税是政府对于低收入者，按照其实际收入与政府确定的维持一定社会生活水平所需要的收入保障（最低收入水平）之间的差额，借用税收形式，依率计算给予低收入者补助的一种方法。计算公式是：

负所得税 = 收入保障数 − （个人实际收入 × 负所得税税率）

个人可支配收入 = 个人实际收入 + 负所得税

负所得税是货币学派的主要代表人物米尔顿·弗里德曼（Milton Friedma）提出的用以代替现行的对低收入者补助制度的一种方案。1962 年，弗里德曼在其《资本主义与自由》一书中，第一次明确提出了实行负所得税（Negative Income Tax）的建议。弗里德曼认为应该逐步取消各种政府福利计划，代之以负所得税。这一思路实际上是试图将所得税的累进税率结构进一步扩展到最低的收入阶层去。通过负所得税对那些纳税所得低于某一标准的人提供补助，补助的依据是被补助人的收入水平，补助的程度取决于被补助人的所得低到何种程度，补助的数额随着其实际收入的增加而逐步减少。严格地说，负所得税实质上是一种财政转移支付制度，目的是提高低收入者的福利水平，实现收入公平分配。

负所得税的主要优点是：（1）低收入者得到负所得税补助产生收入效应，其福利水平会大大提高；（2）实行自动累进机制，可消除定额补助下临界点附近的不公平现象与负激励影响，改善社会保障机制，使公平和效率均有所提高；（3）解决了福利制度中现金和物品救济并存、申请手续复杂等问题，在管理上更方便有效，同时克服了社会福利政策与国家税制在管理上脱节的不足。

负所得税的主要缺点是：（1）无法按照每一贫困家庭的特定需要来进行逐一调查；（2）部分反对者认为，政府填平了某一特定的收入水平与每一家庭的实际收入标准之间的差额，会影响劳动者工作积极性；（3）由于地区差异，很难形成一个统一的负所得税制度，付诸实施有技术难度。

实践中，人们对负所得税持有不同的看法，在美国争论更为激烈。一个主要观点就是负所得税会对工作努力产生负面影响。为了揭示负所得税对工作的影响究竟有多大，一些人在美国进行了负所得税的实验。第一次试行负所得税实验是 1967～1969 年，时间长达 3 年之久，对象是新泽西州和宾夕法尼亚州的城市居民。美国还在北卡罗来纳和艾奥瓦两个农业州进行过负所得税实验。为了评价税率随着收入上升而下降这样一种制度的影响，在西雅图和丹佛两个城市进行了试验。为了把握负所得税的长期影响，部分样本试验长达 20 年之久，短的也有 3～5 年。这些试验后来所得出的许多结论同新泽西州试行负所得税所得出来的结论大致相同，即负所得税妨碍了大多数人的工作积极性，对已婚妇女的影响更大。

1969 年，美国尼克松政府曾提出一项采用了负所得税概念的家庭救济计划（Family Assistance Plan，FAP），该提案在众议院通过，但在参议院未获批准，终未实施。

参考文献：

[美] 米尔顿·弗里德曼：《资本主义与自由》，商务印书馆 1988 年版。

[英] 西蒙·詹姆斯、[英] 克里斯托弗·诺布斯：《税收经济学》，中国财政经济出版社 1988 年版。

（马国强　王春雷）

单一税制
Flat Tax

单一税制是指一个国家的税收制度由一个税类构成，也包括表示所得税只设一个比率税率。

美国经济学家在 20 世纪 80 年代初期提出了以消费性所得为基础、按单一税率征收的单一税制概念，又称"统一税"、"归一税"。

依据霍尔和拉布什卡（Hall and Rabushka，2003）的分析，严格意义的单一税具有以下特点：（1）实行单一税率。对各种所得，包括营业所得与工资（包括薪金和退休金），不论数额多大，只要超过规定的免征额，均按一个相同的税率征税。（2）以消费为税基。在企业和个人的全部收入中，对用于投资的部分免税，用于消费的部分征税，税基相当于 GDP 减去投资后的余额。（3）取消全部或大部分特定类型消费或投资的优惠政策。

单一税的优点主要是：（1）适应经济变化的要求。在现代经济体中，社会分工体系日益复杂，交易过程以及交易主体之间的关系错综交织，商品流转环节日渐模糊，特别是随着电子商务的发展，间接税的某些课税环节已经无法捕捉。因此，间接税所具有的先天缺陷逐渐使其难以适应后工业时代的社会生产方式变迁。单一税所倡导的就所得或消费课税的税制设计思想将课税的标的指向最终收益主体，从源头上捕捉税源，规避了千变万化的商品流转环节，符合社会分工演进的时代要求。（2）有助于免除重复征税。对各类所得采用统一的平等税率，且只征一次税，可以免除重复征税。（3）有助于提高税收确定性。在现行税制下，实际财政收入经常大幅度超过预算收入，二者差异已超出预测误差的正常变动区间，导致企业对于政府税收规模预期的混乱，影响企业的投资预期和永续经营信念。实行单一税，可以提高税收的确定性和稳定性。（4）适应征收管理实际。现实中，对小型企业和个体工商户采用简易征税办法，根据收益率确定综合课征率，再以此征税，已具有了某种单一税制的雏形。实行单一税，只是在立法上确认实际中应用的这种税收征管模式。

单一税的设计思想对世界各国的税制改革产生了重要影响。20 世纪 80 年代中期，牙买加率先实行单一税率的所得税。20 世纪 90 年代，爱沙尼亚、立陶宛和拉脱维亚在欧洲国家中最早实行了单一税。进入 21 世纪后，俄罗斯也加入单一税的改革行列。随后，乌克兰、斯洛伐克、罗马尼亚、吉尔吉斯斯坦、马其顿、哈萨克斯坦、冰岛、黑山、捷克和保加利亚等国也先后加入。

欧盟各国实行的单一税率的所得税均未扣除资本所得，与严格理论意义上的单一税还有一定差距，只是近似的"单一税"。

参考文献：

[美] 罗伯特·E·霍尔、阿尔文·拉布什卡：《单一税》，中国财政经济出版社 2003 年版。

（马国强　李晶）

非税收入
Non-tax Revenue

非税收入是指除税收以外，由各级政府、国家机关、代行政府职能的社会团体、事业单位及其他组织利用政府权力、国家资源、国有资产提供特定公共服务、准公共服务取得的财政性资金。

非税收入是政府收入财政资金的重要组成部分。狭义的非税收入是指纳入政府预算管理的非税预算收入，包括收费、基金等收入。中义的非税收入是指在狭义的基础上加上没有纳入政府预算的预算外收入，即地方财政部门集中管理的预算外资金和由财政拨款的行政、事业单位自收自支、自行管理的财政性资金。广义的非税收入是指政府体系获得的除税收以外的一切收入。根据财政部《关于加强政府非税收入管理的通知》的规定，政府非税收入管理范围包括行政事业性收费、政府性基金、国有资源有偿使用收入、国有资产有偿使用收入、国有资本经营收益、彩票公益金、罚没收入、以政府名义接受的捐赠收入、主管部门集中收入以及政府财政资金产生的利息收入等。

我国曾长期使用"预算外资金"的概念。非税收入与预算外资金相比，既有区别又有联系。非税收入是按照收入形式对政府收入进行的分类，预算外资金则是按照资金管理方式对政府收入进行的分类。从实践上看，非税收入的主体长期表现为预算外资金，预算外资金则全是非税收入。随着部门预算和综合预算改革推进，从 2011 年开始，我国预算外资金概念已告别历史舞台，所有政府财力全部纳入预算管理，广义的非税收入概念得以被规范的预算形式全面覆盖。

（申长平　吉淑英）

预算外资金
Extra-budgetary Funds

我国政府预算外资金的定义和实际范围在历史上屡有变化。在这一概念于 2012 年不再使用之前，预算外资金是指国家机关（即国家权力机关、国家行政机关、审判机关和检察机关）、事业单位、社会团体、具有行政管理职能的企业主管部门（集团）和政府委托的其他机构，为履行或代行政府职能，依据国家法律法规和具有法律效力的规章而收取、提取、募集和安排使用的未纳入财政预算管理的各种财政性资金。

预算外资金是国家财政性资金，依照部门和单位的财政隶属关系，实行统一领导、分级管理，按预算外资金的用途分类进行核算。预算外资金包括以下未纳入财政预算管理的财政性资金：（1）根据国家法律、法规和具有法律效力的规章收取、提取的各种行政事业性收费、基金和附加收入等；（2）按照国务院和省、自治区、直辖市人民政府及其财政和计划（物价）部门共同审批的项目和标准，收取和提取的各种行政事业性收费收入；（3）按照国务院或财政部审批的项目和标准向企事业单位和个人征收、募集或以政府信誉建立的具有特定用途的各种基金、附加收入等；（4）主管部门按照国家规定从所属企事业单位集中的上缴资金；（5）用于乡镇政府开支的乡自筹和乡统筹资金；（6）其他未纳入预算管理的财政性资金。

预算外资金是新中国成立初期高度集中、统收统支财政体制的产物。国家财政集中了国营企业、事业单位的全部收入，支出则由国家财政拨付，地方的财政收支也均由中央财政直接掌握安排。这种统收统支的财政管理方式，不能适应经济发展的客观要求，不能调动地方、企业、部门的积极性。为了弥补高度集中体制的缺陷，国家设置一些收支项目放在预算外管理，从而形成了预算外资金。比如，1950年中央人民政府政务院在《关于统一管理1950年度财政收支的决定》中明确规定："乡村各项经费可由县人民政府征收地方附加公粮解决，各城市市政建设开支，可征收城市附加政教事业费解决"。再如，自1954年起，经政务院全国财经会议决定，允许各省、直辖市、自治区自筹一部分资金，放在预算外管理，当时主要有工商税附加、育林费收入、中小学杂费收入、养路费收入等。不过，当时的预算外资金规模很小，1953年只占当年预算资金的4.2%。预算外资金的设置，对于各地区、各部门因地制宜灵活机动地进行经济建设，发展各项事业起到了积极作用。

随着经济体制的改革，地方、企业的自主权不断扩大，预算外资金的数量也随之逐步增加，1985年预算外资金相当于预算资金的8%，到1995年则与预算资金基本相当。预算外资金规模的不断扩大带来了不少问题，分散了政府财力，削弱了政府宏观调控能力，助长了不正之风和滋生腐败现象，导致地方、部门和企业乱上项目，重复投资，降低资金使用效益，严重干扰了正常的财政经济秩序。

国务院曾于1986年下发《关于加强预算外资金管理的通知》，要求对预算外资金实行规范管理，各级政府和财政部门据此相继实行了"计划管理，财政审批，专户储存，银行监督"的管理办法。但是，随着我国经济体制改革的不断深入，社会财力分配格局和经济活动发生了很大变化，原有的预算外资金管理制度已不能适应市场经济发展和宏观调控的需要，也难以达到防范腐败和廉政建设的要求。针对预算外资金制度以其管理中存在的问题，国务院、全国人民代表大会分别于1996年、1999年下发了《关于加强预算外资金管理的决定》《关于加强中央预算审查监督的决定》。这两个"决定"以及财政部配套下发的一系列规定，主要内容包括：重新界定预算外资金的范围；控制规模，严肃法纪，约束行为；将部分预算外资金纳入预算管理；建立预算外资金预决算制度；编制综合预算，将预算外资金全面纳入政府预算。这标志着我国预算外资金管理进入一个崭新的阶段。

为了从根本上解决预算外资金管理中存在的突出问题，2010年6月财政部颁发《关于将按预算外资金管理的收入纳入预算管理的通知》，规定自2011年1月1日起，除教育收费纳入财政专户管理外，中央各部门各单位的全部预算外收入纳入预算管理，收入全额上缴国库，支出通过公共财政预算或政府性基金预算安排。地方各级财政部门要按照国务院规定，自2011年1月1日起将全部预算外收支纳入预算管理。相应修订《政府收支分类科目》，取消全部预算外收支科目。从此，预算外资金正式退出历史舞台，财政管理进入了全面综合预算管理的新阶段。

（申长平）

制度外资金
Funds Beyond the Regulation

制度外资金是指由各级政府及其职能部门自定规章、自行收取、自行使用、自行管理的一部分资金。制度外资金收入又被称为"非规范收入"、"预算外的预算外收入"，由于这类收入既不列入预算也没有专门的规定列入预算外管理，而是由征收主体自由支配、几乎没有任何法律约束，故这部分资金被称为"制度外资金"。

制度外资金的形成和发展依附的是预算外资金的政策环境，二者既有共同点也有区别。共同点是都属于非预算收入，带有明显的非规范性和历史过渡性的特点。二者的区别表现在：（1）征收依据不同——预算外资金的征收依据是国家、法规和财政规章中的有关规定，制度外资金的征收依据则是各级政府及部门的自定规章；（2）监督部门不同。预算外资金虽然存在监督不力问题，但至少有较为确定的监督部门；而制度外资金则完全脱离于监督之外，自行管理，成为部门和单位的私有财产。

制度外资金来源主要包括制度外收费、制度外集资摊派和制度外罚没，实际管理中将这三部分来源统称为"三乱"。通过这三种方式筹集的资金相当一部分被存入各单位私自开设的"小金库"之中，成为拥有部门和单位经费开支的来源之一。利用"三乱"等不规范行为形成的资金，名目繁多、秩序混乱，具有极强的不规范性和隐蔽性。它的大量存在给社会生活带来了严重危害，引发了诸多不良后果，危及国家稳定和发展大局。为了制止"三乱"，国家出台了很多措施和办法，并多次清理整治"小金库"，取得了显著成效。根治制度外资金，需要进一步深化财政分配体制改革和配套措施。

参考文献：

高培勇：《市场经济条件下的政府收入机制问题》，载于《上海财税》1998年第 1 期。

（申长平　吉淑英）

特许权收入
Royalties Revenue

特许权收入全称为特许权使用费收入，是指纳税人提供或者转让专利权、非专利技术、商标权、著作权以及其他特许权的使用权而取得的收入。

特许权使用费是一个综合性概念，这一类权利绝大部分属于知识产权类（非专利技术除外）。

特许权收入是财政收入的来源，是通过对其征收一定的税收形成的，可从企业所得税、个人所得税、营业税三方面分析。

企业所得税方面。根据《中华人民共和国企业所得税法实施条例》规定，特许权使用费收入作为企业的一项应税收入，应依法缴纳企业所得税。特许权使用费收入，应当按照合同约定的特许权使用人应付特许权使用费的日期确认收入的实现，即应于特许权已经转让，同时收讫价款或取得收取价款的凭证时确认收入的实现。特许权使用费收入的方式有两种，一是转让所有权，二是转让使用权。在财务上，所取得的收入均应作为企业的销售收入处理。企业应纳税所得额为企业每一纳税年度的收入总额，减除不征税收入、免税收入、各项扣除以及允许弥补的以前年度亏损后的余额，特许权使用费收入构成企业收入总额中的其中一项。

个人所得税方面。根据《中华人民共和国个人所得税法实施条例》（2011 年）第八条规定，个人提供专利权、商标权、著作权、非专利技术以及其他特许权的使用权取得的所得应缴纳个人所得税。但提供著作权的使用权取得的所得，不包括稿酬所得。对于专利权，许多国家只将提供他人使用取得的所得，列入特许权使用费，而将转让专利权所得列为资本利得税的征税对象。我国没有开征资本利得税，因此将个人提供和转让专利权取得的所得，都列入特许权使用费所得征收个人所得税。一个纳税义务人，可能不仅拥有一项特许权利，每一项特许权的使用权也可能不止一次地向他人提供。因此，对特许权使用费所得的"次"的界定，明确为每一项使用权的每次转让所取得的收入为一次。如果该次转让取得的收入是分笔支付的，则应将各笔收入相加为一次的收入，计征个人所得税。特许权使用费所得，适用20%的比例税率。应纳税所得额的计算，每次收入不超过 4000 元的，减除费用 800 元；4000 元以上的，减除 20% 的费用，其余额为应纳税所得额。

营业税方面。根据《中华人民共和国营业税暂行条例》的有关规定，对于个人获得的特许权使用费，应按 5% 的税率征收营业税，可以在个人所得税前扣除。其中减征或免征营业税的项目有：对单位和个人（包括外商投资企业、外商投资设立的研究开发中心、外国企业和外籍个人）从事技术转让、技术开发业务和与之相关的技术咨询、技术服务业务取得的收入，免征营业税。个人转让著作权，免征营业税。

参考文献：

中国注册会计师协会：《税法》，经济科学出版社 2011 年版。

（申长平　刘彩丽）

国有企业利润上缴
SOE's Profit Delivery

国有企业利润上缴是国家以投资者身份从企业税后利润中获得的收益。作为投资者，国家享有企业所有者拥有的各项权利，包括税后利润分配权。国有企业上缴利润属于财政的一种非税收入。

国家与国有企业之间利润分配模式的设置与政治权力、财产权力的行使方式及其与之相适应的政治、经济体制密切联系。新中国成立以来，国有企业利润分配制度大体经历了以下阶段：（1）高度集中（1949～1978年）。经济恢复时期，国有企业实行利润全额上缴制度，企业所需固定资产投资和定额流动资金全部由财政拨付。（2）放权让利（1978～1992年）。从1978年开始，先后实行了国有企业基金制度、利润留成制度、两步利改税制度、承包制度、税利分流制度，为建立现代企业制度奠定了基础。（3）利润留存（1992～2007年）。1992年后加快了市场化进程。1993年12月，国务院下发《关于实行分税制财政管理体制的决定》，规定国有企业统一按国家规定的33%税率交纳企业所得税，增设27%和18%两档照顾税率。取消对国有大中型企业征收的调节税，取消对国有企业征收的能源交通重点建设基金和预算调节基金。1993年以前注册的多数国有全资老企业实行税后利润不上缴的办法，并逐步建立国有资产投资收益按股分红、按资分利或税后利润上缴的分配制度。（4）分类上缴（2007年至今）。随着国有企业的外部经营环境和盈利状况的显著改善，2007年9月，国务院发布《关于试行国有资本经营预算的意见》。同年12月，财政部会同国资委发布《中央企业国有资本收益收取管理办法》，明确国有资本收益主要形式是国有企业上缴的税后利润，国有资本收益收取对象为中央管理的一级企业，中央企业上缴利润的比例分三类执行：第一类为资源型特征的企业，上缴比例为10%；第二类为一般竞争性企业，上缴比例为5%；第三类为军工企业、转制科研院所企业，上缴比例3年后再定。由于这一上缴比例与国有企业利润的大幅度上涨不相适宜，为进一步完善中央国有资本经营预算制度，财政部决定从2011年起扩大中央国有资本经营预算实施范围，将5个中央部门（单位）和2个企业集团所属共1631户企业纳入中央国有资本经营预算实施范围，同时，兼顾中央企业承受能力和扩大中央国有资本经营预算收入规模，适当提高中央企业国有资本收益收取比例。除中国储备粮管理总公司和中国储备棉管理总公司继续免交国有资本收益外，其余央企税后利润提交比例统一提高了5%，并逐步将金融类国有企业也纳入收缴范围。

《关于完善中央国有资本经营预算有关事项的通知》规定，从2011年起，将适当提高中央企业国有资本收益收取比例，并按四类方式执行：第一类为企业税后利润的15%，如中国烟草总公司、中石油、中石化、中海油、国家电网、长江三峡集团、中电投、华能集团、国电集团、华电集团、大唐集团、神华集团、中煤能源集团、中国移动、中国电信等15家公司被列为第一类企业；第二类为企业税后利润的10%，如中国铝业、中国有色、宝钢等78家企业被列为第二类企业；第三类为企业税后利润的5%；第四类免交国有资本收益。

2013 年 11 月中国共产党第十八届中央委员会第三次全体会议通过的《中共中央关于全面深化改革若干重大问题的决定》中要求："提高国有资本收益上缴公共财政比例，二〇二〇年提到百分之三十，更多用于保障和改善民生。"

政府一方面作为社会管理者向国有企业征税，另一方面作为出资人获得国有企业国有资本收益。国有企业利润分配制度的不断发展与完善，为建立现代企业制度、增加财政收入、规范国有企业与国家的财政分配关系、促进社会经济的协调发展奠定了坚实基础。

参考文献：

邓子基：《财政学》，高等教育出版社 2005 年版。

陈少强：《国有企业利润分配制度变迁与完善》，载于《中国财政》2009 年第 8 期。

韩洁、徐蕊：《财政部：2011 年起扩大中央国有资本经营预算实施范围》，新华网，2010 年 12 月 30 日。

（申长平）

国有企业利改税
SOE's Substitution of Tax Payment for Profit Delivery

国有企业利改税是指将国有企业向国家交纳的纯收入由利润形式改为税收形式，企业纳税后剩余的利润，则全部留归企业支配使用。这是改革国家与国有企业利润分配关系特定阶段上的一项重大措施。

经济体制改革中，为了建立国家与国有企业之间以法律为依据的、稳定的利润分配关系，使国有企业逐步走上自主经营、自负盈亏的道路，从1980 年起，中国先后在 18 个省市的几百户国有企业中进行了利改税试点工作，并在总结经验的基础上全面推行，实施了两步"利改税"。

第一步"利改税"：1983 年初，国务院决定在全国试行国有企业利改税。同年 2 月 28 日，国务院批转《财政部关于国营企业利改税试行办法（草案）的报告》，以开征国有企业所得税为中心，对不同规模、不同行业企业采取了不完全相同的办法，开始了利改税的第一步改革。基本内容为：(1) 凡有盈利的国营大中型企业，对其利润按 55% 的税率上缴所得税；

（2）有盈利的国营小型企业，其利润则按八级超额累进税率上缴所得税，税后利润由企业自主支配；（3）国营企业归还各种专项贷款时，经财政部门审查同意后，可用缴纳所得税之前该贷款项目新增加的利润归还。实施"利改税"，是国家与企业之间分配关系的一次重大调整，把企业中的大部分利润通过征收所得税的办法上缴国家，用法律形式把国家与企业的分配关系固定下来，较好地处理国家与国有企业的分配关系。

第二步"利改税"：1984 年 10 月，国有企业开始实施第二步"利改税"。1984 年 9 月 18 日国务院批准颁布《国营企业第二步利改税试行办法》。基本内容为：（1）改革工商税制。将工商税按照纳税对象分为产品税、增值税、营业税、盐税，增加资源税、城市维护建设税、房产税、城镇土地使用税、车船使用税等新税种。（2）改革利润分配办法。将国有大中型企业所得税后利润上缴形式改为征收国有企业调节税，对小型企业的所得税，实行新的八级超额累进税率征收。（3）经财政部门批准，企业的专项贷款可在缴纳所得税前，用贷款项目投产后的新增利润归还，并根据规定的比例按还款利润提取职工福利基金和职工奖励基金；对微利和亏损企业给予一定的补贴和减免税。实施第二步"利改税"，是国有企业改革的一个重要组成部分，把国家与企业的收益分配关系用"税"的形式固定下来，为落实企业自主权和以商品生产经营者身份加入市场公平竞争，调动企业和职工的积极性提供了必要条件，以使企业逐步做到"自主经营，自负盈亏"。

两步"利改税"的实施，在利用税收杠杆调节经济、促进生产、调动企业和职工积极性方面起到了一定作用，同时在明确政企关系、确保国家财政收入方面也收到预期效果。但在实践中还存在一定缺陷，表现为：（1）在指导思想上企图用单一的税收形式完全替代利润上缴形式，混淆了"利"和"税"两个不同的概念；（2）虽然对国有企业征收所得税，但却按企业经济性质设立不同的所得税率，打击国有大中型企业的生产积极性，而且也不利于企业间横向经济联合，有悖于市场竞争的公平性。

为了消除利改税的上述缺陷，国家又先后实行税利分流制度以及分税制财政体制改革，取消了对大中型国有企业征收的调节税，并不断建立和完善国有企业的税后利润分配制度。

参考文献：
邓子基：《财政学》，高等教育出版社 2005 年版。
刘玉平：《国有资产管理与评估》，经济科学出版社 2004 年版。

朱永德、付伟：《财政学》，北京理工大学出版社 2011 年版。

（申长平）

国家能源交通重点建设基金
State Construction Funds for Key Projects in Energy and Transportation

国家能源交通重点建设基金是指按照税收强制性和无偿性原则，从预算外资金中筹集用于国家能源开发和交通建设的专项基金。

1978～1992 年，针对能源、交通对国民经济的"瓶颈"制约，国家急需加大交通等基础设施和能源等基础建设。改革开放初期，高度集中的计划经济投资体制尚未改变，能源和交通基本建设投资的筹资渠道窄，基本依靠国家财政投入。当时国家财政支出压力很大，而同期财政对国有企业的不断放权让利又导致财政预算内收入大幅下滑，难以满足能源交通重点建设的需要。当时，还出现了国家计划内的重点建设项目缺乏资金，而地方、企业自有资金大幅度上升，计划外建设项目大大增加的现象。为此，国务院于 1982 年 12 月 15 日发布《关于征集国家能源交通重点建设基金的通知》及《国家能源交通重点建设基金征集办法》（以下简称《征集办法》），决定从 1983 年 1 月 1 日起开征国家能源交通重点建设基金。主要内容有：

一是征集范围。包括地方财政的预算外资金，行政事业单位的预算外资金，国营企业及其主管部门提取的各项专项基金，其他没有纳入预算管理的资金，以及城乡集体企业、私营企业和个体工商业户缴纳所得税后的利润。

二是征集比例。按 15% 计征。对纳入征集范围的城镇合作商店、运输合作社、街道企业、知青办企业、乡村办的乡镇集体企业、农村信用合作社和经工商行政管理部门批准的其他城乡集体企业，以及私营企业和城乡个体工商户缴纳所得税后的利润，从 1987 年 5 月 1 日起按 7% 计征。

三是减免规定。对地方财政的农（牧）业税附加、中小学校的学杂费、国营企业的大修理基金、国营石油企业的油田维护费、林业部门的育林基金，以及城乡集体企业、私营企业和个体工商户的税后利润不足 5000 元的，都予以免征，对因遭受自然灾害需要给予减征或免征照顾的，根据单位申请报告，由省、自治区、直辖市和计划单列市税务局审核批准，给予定期减征或免征照顾。为了增强企业活力，国务院决定，从 1991 年起，分 3 年免征国营大中型工业企业用税后利润缴纳的国家能源交通重点建设基金。

四是中央与地方的基金收入分成比例。能源交通重点建设基金开征以后，中央与地方的分成比例做过几次调整：从 1986 年起，将原来与地方按分配的任务超收分成的办法改为总额分成办法，即省、自治区、直辖市和计划单列市征收的地方单位能源基金总额中，30% 留给地方财政，70% 上缴中央财政。为了鼓励各地征收的积极性，对当年超额完成国家下达任务的部分，多给地方分成 20%。

该项基金由地方各级政府和中央各主管部门负责分配，实行专款专用，各级税务部门负责征收。国家能源交通重点建设基金自 1983 年开征到 1993 年停止征收，1994～1996 年对尾欠款进行了清收，该项基金累计征收 1810.89 亿元。2001 年 10 月依据《国务院关于废止 2000 年年底以前发布的部分行政法规的决定》，国家能源交通重点建设基金正式停止征收。

国家能源交通重点建设基金对发展电力、煤炭、交通运输和通信等重点建设事业起到了非常重要的作用，成为支援重点建设、调整产业结构和增强国家宏观调控能力的重要物质基础和调控手段，一批能源、交通重点建设项目的建成投产，对国民经济和社会可持续发展以及改善人民生活作出了贡献。

参考文献：
谢旭人：《中国财政 60 年》，经济科学出版社 2009 年版。

（申长平）

使用费
User Fees

使用费是政府依法向特定公众提供特定公共服务或转让特许权所收取的费用，用于支付提供特定公共服务的全部或部分成本。

长期以来，学术界对于使用费的定义不尽一致。有学者从政府收费的角度，将规费（Fees）与使用费（User Charges）区分开来，前者专指政府部门对公民个人提供特定服务或实施特定行政管理所收取的工本费或手续费，如行政规费（护照费、商标登记费，律师执照费等）和司法规费（民事诉讼费、刑事诉讼费、结婚登记费等）；后者指政府部门对公共设施的使用者按一定的标准收取的费用，如高速公路通行费、桥梁通行费、汽车驾驶执照费。可以看出，无论规费还是使用费，实质都是政府为履行其职能而取得收入的形式。还有学者认为，使用费是一个存在于政府部门的关于特定支出与特定收益的市场化交易形式，包括规费、收费、租金和特许权使用费、证照许可费、政府资产转让收入、政府性贷款利息、公共企业收益、政府性养老和健康保险收入等形式（弗里德曼，1981）。使用费相对狭义的定义，是消费者自愿购买政府公共服务或公共产品时的价格。这一定义排除了像自来水、煤气和污水处理的收费，理由是上述物品并不是消费者自愿购买的（Mikesell，1986）。

使用费大致可以分成三类：一是对使用公共设施或消费物品和服务的直接收费（Direct Charges）；二是对转让从事某种活动特许权收取的执照税或费（License Tax or Fee）；三是公共事业特种费（Special Assessments），属于财产税的一种，按财产的某种物质特征征收，为特定公共服务融资。另一视角的分类是：使用费的构成包括三个部分：一是准入费，用以弥补全部或部分公共产品和服务的生产成本；二是使用费，用以维持公共服务的正常运行；三是拥挤费，用于弥补因额外增加消费者造成的拥挤成本。

使用费与税收有明显区别：一是使用费的收取与获得服务之间具有直接联系，而纳税与获得公共服务没有直接联系；二是使用费一般用于特定用途，即"专款专用"，而税收作为政府一般性收入，用于政府提供基本公共服务；三是使用费不具有强制性。

使用费表现为政府非税收入。使用费的优点也可通过与税收的比较呈现出来。一是它是公众对政府公共服务的需求信号，可以反映政府公共服务的供求状况；二是可以减少在公共服务消费上的浪费；三是可以有效取得财政收入；四是可以避免"搭便车"，促进公平。

使用费的一般原则是：非盈利原则；支付能力原则；受益等价原则。

参考文献：

高培勇：《财政税务部门的历史责任》，载于《中国人民大学学报》2000 年第 1 期。

郭庆旺、赵志耘：《财政理论与政策》，经济科学出版社 2002 年版。

Fred L. Smith, Prospective and Historic Role of User Charges as an Alternative to Taxation, Proceedings of the National Tax Association-Tax Institute of America, 1981.

John L. Mikesell, *Fiscal Administration*, Chicago：The Dorsey Press, 1986.

（申长平　冷永生）

行政事业性收费
Administrative Charges

行政事业性收费是指国家机关、事业单位、代行政府职能的社会团体及其他组织根据法律、行政法规、地方性法规等有关规定，依照国务院规定程序批准，在向公民、法人提供特定公共服务的过程中，按照成本补偿和非营利原则向特定服务对象收取的费用。

行政事业性收费项目和收费标准实行中央和省两级审批制度。国务院和省、自治区、直辖市人民政府及其财政、价格主管部门按照国家规定权限审批管理收费项目和审批收费标准。

行政事业性收费包括行政性收费和事业性收费两部分。行政性收费，是指具有行政管理职能的国家机关、事业单位在其公务活动和管理职责范围以外，应社会或公众要求履行某一特定职责时，依据法律、法规、规章需收取的费用。行政性收费一般分为以下几种：（1）劳动管理收费，如劳动力管理费、招工手续费等；（2）企业管理收费，如集体企业管理费、企业登记费、商标注册费、经济合同仲裁签证费、药品审批管理费、酒类生产许可证、酒类经销许可证、烟草专卖生产许可证、烟草专卖零售许可证等收费；（3）交通管理收费，如航道养护费、运输管理费、交通监理收费、公路养护费等；（4）民事管理收费，如律师收费、公证费、民事诉讼费等；（5）婚姻管理收费，如办理结婚证、离婚证、婚姻关系证明等收费；（6）户籍管理收费、如常住户口簿、临时居住户口簿，寄居证、暂住证、迁移证、准迁证等收费；（7）资源管理收费，如土地管理费、办理土地证收费、草原管理费、办理草原管理证收费、地下水资源费等。上述各项收费主要用于国家机关进行管理的一些成本性开支，如各种证件工本费、办公费等。事业性收费，指事业单位在为社会、公众提供某一特定服务时，依据法律、法规、规章或由物价管理机关批准所需收取的费用。

为了激励企业和地方发展经济的积极性，改革开放之初我国实行了"放权让利"政策，同时在国家财政收支矛盾较为突出的情况下，一方面开始发行国债，另一方面也鼓励行政事业单位利用服务性收费进行融资。20世纪80年代初期行政事业性收费呈现快速增长，对缓解当时政府财力不足、促进经济建设和发展社会事业起到一定的积极作用。1987年，国家制定了《价格管理条例》，条例附则中要求将行政事业性收费比照价格管理。由于把政府部门行为作为经营行为对待，收费项目越来越多，出现了一定程度的管理失控、加重企业和群众负担等问题。1990年，国务院发布《关于坚决制止乱收费、乱罚款和各种摊派的决定》，在全国范围内开展治理"三乱"的工作。1991年，国务院决定重新调整收费管理权限，收费审批权集中在中央和省两级，由财政部门会同物价部门审批。

以1994年工商税制改革为标志，我国政府收入体系改革进入一个新的历史时期，逐步形成了"税收收入为主，非税收入为辅"的收入格局。在清理收费的基础上，财政部不断规范行政事业性收费管理，会同有关部门每年向社会公布《全国性及中央部门和单位行政事业性收费目录》，凡未列入《收费目录》的行政事业性收费项目，公民、法人和其他组织有权拒缴。各省、自治区、直辖市每年也编制本行政区域的行政事业性收费目录。2004年财政部颁布的《关于加强政府非税收入管理的通知》正式将行政事业性收费纳入非税收入管理范围。2011年起全面改革非税收入管理办法，将各部门收取的行政事业性收费全部纳入预算管理，落实"收支两条线"管理规定，切断部门和单位支出与其收费、罚没收入之间的利益联系，消除引发乱收费、乱罚款的制度性因素。

参考文献：

何盛明：《财经大辞典·上卷》，中国财政经济出版社1990年版。

谢旭人：《中国财政改革三十年》，中国财政经济出版社2008年版。

（申长平　冷永生）

国有土地使用权出让收入
Revenue of Assignment and Transfer of the Right to the Use of the State-owned Land

国有土地使用权出让，是指国家将国有土地使用权（以下简称土地使用权）在一定年限内出让给土地使用者，由土地使用者向国家支付土地使用权出让金的行为。国有土地使用权出让收入（以下简称土地出让收入）是政府以出让等方式配置国有土地使用权取得的全部土地价款，其中可包括受让人支付的征地和拆迁补偿费用、土地前期开发费用和政府土地出让收益等。土地价款的具体范围包括：以招标、拍卖、挂牌和协议方式出让国有土地使用权所确定的总成交价款；转让划拨国有土地使用权或依法利用原划拨土地进行经营性建设应当补缴的土地价款；变现处置抵押划拨国有土地使用权应当补缴的土地价款；转让房改房、经济适用住房按照规定应当补缴的土地价款；改变出让国有土地使用权的土地用途、容积率等土地使用条件应当补缴的土地价款，以及其他和国有土地使用权出让或变更有关的收入等。按照土地出让合同规定依法向受让人收取的定金、保证金和预付款，在土地出让合同生效后可以抵作土地价款。

传统体制下，我国的国有土地使用一直实行划拨制度。改革开放后，以深圳特区为代表的部分地区开始尝试土地有偿使用制度。1988 年修订的《中华人民共和国宪法》第十条第四款规定："土地的使用权可以依照法律的规定转让。"同年修订的《中华人民共和国土地管理法》第二条规定："国有土地和集体所有的土地的使用权可以依法转让。土地使用权转让的具体办法，由国务院另行规定。国家依法实行国有土地有偿使用制度。国有土地有偿使用的具体办法，由国务院另行规定。"1990 年 5 月 19 日国务院颁布第 55 号令，即《城镇国有土地使用权出让和转让暂行条例》，首次以法规的形式对土地使用权出让和转让的概念、范围和方法等作出具体规定。

1994 年 7 月颁布的《中华人民共和国城市房地产管理法》第十九条规定："土地使用权出让金应当全部上缴财政，列入预算，用于城市基础设施建设和土地开发。土地使用权出让金上缴和使用的具体办法由国务院规定。"

国有土地使用权出让收入作为地方政府性基金，曾长期游离于政府预算之外。2006 年 12 月国务院下发《关于规范国有土地使用权出让收支管理的通知》，对国有土地使用权出让收入管理作了进一步规定，一方面明确了国有土地使用权出让收入范围，规范了国有土地使用权出让收入的征收管理机制；另一方面明确从 2007 年 1 月 1 日起，将土地出让收支全额纳入地方基金预算管理，实行彻底的"收支两条线"管理，在地方国库中设立专账，专门核算土地出让收入和支出情况，同时要求建立健全年度土地出让收支预决算管理制度。

参考文献：
《中华人民共和国城市房地产管理法》，法律出版社 2009 年版。

（申长平　冷永生）

赤字融资

Deficit Financing

赤字融资，是指政府以弥补财政赤字为目的的融资行为。

财政赤字，是政府经常性支出超过经常性收入的差额。政府融资的根本原因是出现了支出大于收入的情况即财政赤字，因此广义上讲政府的一切融资行为都属于赤字融资，也就是说，政府非赤字融资在理论上讲是不存在的。

在现代市场经济下，当一国政府出现预算赤字后，必须通过一定方式予以弥补。在财政赤字的弥补方式上，主要有四种：动用历年财政结余、增加税收、向中央银行借贷（透支）和举借公债。其中，一般将向中央银行借贷和举借公债称为赤字融资。动用历年财政结余的方法，被认为是一种最安全的弥补财政赤字的方式。但以有财政结余为前提，这一方法在实践中有较明显的局限性。增加税收是最简单的一种赤字弥补方式，但由于税收具有法定性、对国民经济运行影响的直接性以及社会成员对增税的敏感性等特点，在历史上除战争、特大自然灾害等特殊情况外，较少有政府轻易采取这一形式。向中央银行借贷（透支）实质上是通过发行货币的办法来弥补赤字。这种方法也被称为弥补赤字的货币融资法。主要有两种形式：（1）中央政府直接指令中央银行向财政部透支，在增加财政在中央银行账户上存款余额的同时，中央银行释放等量的基础货币。（2）如法律限制中央银行向财政透支，中央银行可直接购买政府（财政部）发行的公债券或国库券。同样，中央银行在买入一定数额的公债增加财政部门在中央银行存款余额的同时，也释放了等量的基础货币。总之，央行采用货币融资法进行赤字融资，必然会增加基础货币的投放，引发通货膨胀效应。

举借公债也叫债务融资法，即政府向公众发行债券以弥补财政赤字。公债的形式包括短期国债、中期国债、长期国债，发行对象包括公众个人和各类机构，发行范围可以是国内也可以是国外。利用债务融资法进行赤字融资是目前世界各国的普遍做法。与增加税收的方法相比，发行公债具有自愿性、低风险性、可流通性和收益稳定性的特点；与货币融资法相比，发行公债不会直接增加基础货币的供给，对流动性影响较小，一般认为不会对通货膨胀产生直接影响。但也有学者认为，在货币供给不变的情况下，发行公债一方面有可能对私人部门产生"挤出效应"，另一方面会增加未来的债务本息支出负担，这种负债很可能会越背越重，从而产生未来的通货膨胀或税负压力。

债务融资的对象除了国内公众和机构外，还包括国外公众和机构，形式主要有：取得国际贷款（包括外国政府贷款、国际组织贷款和国际商业贷款）和向国外发行国际公债。

自 20 世纪凯恩斯主义盛行以来，世界各国政府对财政赤字利弊以及规模限度的认识和把握不断发生变化，但到目前并未形成完全统一的认识和标准。一般认为，一定规模的财政赤字及赤字融资对促进经济社会发展，特别是公共基础设施建设是有益的；但过量的财政赤字必然会积聚一定的财政风险，从而影响经济发展。因此，尽管以举借公债为主的现代赤字融资方式已成为经常行为，但各国普遍认为将财政赤字的规模控制在一个合理、安全、可控的限度之内是十分重要的预算原则。

1995 年之前，我国财政支出大于财政收入的部分，在无可动用的结余的情况下，除了一部分依靠发行国债外，其余都是通过向央行透支或借款来解决，造成不仅央行的独立性无法得到保障，货币政策操作受到干扰，而且会引起通货膨胀。1993 年 12 月 25 日，《国务院关于金融体制改革的决定》正式下发，文件要求"财政部停止向中国人民银行借款，财政预算先支后收的头寸短缺靠短期国债解决，财政赤字通过发行国债弥补"。此后，《预算法》和《中国人民银行法》相继颁布实施，正式以立法形式切断了财政和央行货币发行的直接联系。其中《中国人民银行法》第二十九条明确规定，"中国人民银行不得对政府财政透支，不得直接认购、包销国债和其他政府债券。"

参考文献：

[美] 弗兰克·N·马吉尔：《经济学百科全书》上，中国人民大学出版社 2009 年版。

平新乔：《财政原理与比较财政制度》，三联书店上海分店、上海人民出版社 1995 年版。

郭庆旺等：《财政赤字概念问题新探》，载于《当代财经》1992 年第 9 期。

谢旭人：《中国财政 60 年》，经济科学出版社 2009 年版。

（申长平）

通货膨胀税
Inflation Tax

通货膨胀税是指在通货膨胀条件下，货币持有者的真实购买力下降，它显示以货币表示的社会资源通过物价和货币存量的变动向货币发行部门转移。在真实货币需求既定的情况下，物价上涨意味着货币贬值，公众由此损失的购买力转移到货币发行当局——政府手中，即被称为通货膨胀税，属于政府的一种隐蔽性征税。

通货膨胀导致公众所持有的非指数化货币（现金＋存款，以及非指数化债券）余额实际价值的降低。这种损失额的一部分虽然会在公众内部进行再分配，但公众作为一个整体所承担的净损失总额将转为政府的实际收益。因为纸币和硬币作为政府的一项负债，也是公众的一项资产，降低其实际价值则减少了政府未偿还的实际负债。因此，无论从政府而言，还是从公众而言，通货膨胀都产生了一种赋税效果——即所谓通货膨胀税，其课税对象或税基为公众以实际价值计算的货币余额。

实际生活中只要通货膨胀率不至于过高，那么在动态变化中居民的实际货币余额一般能保持在一个较高和较稳定的水准上，使通货膨胀税具有较深厚的税基。公众所持有的实际货币余额水平的高低，即税基的深度，则取决于既定收入水平下公众的货币支出行为对通货膨胀的反应。

若通货膨胀率较低较稳定，那么会产生较稳定的边际税率，使其具有较宽厚的税基，从而能为政府提供一个较为稳定的税额。

铸币税与通货膨胀税之间是有区别的。在稳定状态，真实的铸币税（S）等于流通中的货币增量，而通货膨胀税（T）是作为通货膨胀的结果使货币持有者遭受的损失。即：

$$S = \frac{\dot{M}}{P} = \frac{\dot{M}}{M} \times \frac{M}{P} = g_M \times \frac{M}{P}$$

$$T = \frac{M}{P_0} - \frac{M}{P} = M\left(\frac{1}{P_0} - \frac{1}{P}\right) = M\left(\frac{P - P_0}{PP_0}\right)$$

$$= \frac{M}{P}\left(\frac{P - P_0}{P_0}\right) = \pi \frac{M}{P}$$

如果货币供应量的增长速度完全等于物价上涨即通货膨胀的速度，即 $S_M = \pi$，那么可以认为铸币税等于通货膨胀税，货币持有者的损失完全由政府获得。但物价和通货膨胀未必完全像货币主义所说的单纯的是由货币供应量的增加所引起的，而且影响程度也未必是一对一的，在现实经济生活中，物价水平变化的幅度一般与货币供应量变化幅度不一致。

当经济增长时，如货币供给的增长完全被经济所吸收，即 $g_M > \pi = 0$，不会造成通货膨胀，铸币税收入就是增发货币取得的收入，并且其数量随着货币供给的增加而增加；通货膨胀税为 0，政府从通货膨胀中没有获得任何收入，相对应，货币持有者没有因货币存量的增加而遭受损失。

当经济停滞时，或者当货币供给的增长率大于经济增长率，货币供给的增长反映在物价水平上时，货币供给的增长引起通货膨胀，即 $g_M > \pi > 0$，货币贬值，购买力下降，政府铸币税收入的实际购买力也随着下降，此时的实际铸币税收入大于通货膨胀税。通货膨胀税的税率是货币贬值率，等于通货膨胀率，税基则是货币持有者实际持有的货币数量。货币持有者因通货膨胀遭受的损失完全转化为政府铸币税收入的一部分。在税基不变的情况下，通货膨胀率越高，政府的铸币税收入越高，即政府可以通过增发货币获得收入。但是，随着通货膨胀率上升，货币贬值加快，人们持有货币的机会成本就越高，个人倾向于持有更少的现金，银行也尽可能减少其超额准备金。这样因通货膨胀率提高所增加的政府铸币税会因为人们不愿意持币而使得税基缩小，进而铸币税也减少，它在达到一个最大值后迅速下降。这样，如出现恶性通货膨胀，政府最终趋向于无法征收通货膨胀税。

参考文献：

［英］约翰·F·乔恩：《货币史》，商务印书馆 2002 年版。

［美］卡尔·E·沃什：《货币理论与政策》，上海财经大学出版社 2004 年版。

［美］金德尔伯格：《西欧金融史》，中国金融出版社 1991 年版。

王雍君：《论通货膨胀的赋税效果》，载于《财政研究》1989 年第 2 期。

（贾康　刘薇）

税收扣除和税收抵免
Tax Deduction and Tax Credit

税收扣除和税收抵免都是为减轻税负或避免国际重复征税而采取的办法。二者在计算方法上存在一定差别，税收扣除是直接从应税收入中减去一定金额，而税收抵免则是在计算出应纳税额后，从中减去一定数额。

税收扣除是指在征税对象的全部收入中扣除一定的数额，只对超过扣除额的部分征税。应用于避免国际重复征税时，是指一国政府在对本国居民的国外所得征税时，允许其将该所得负担的外国税款作为费用从应税国外所得中扣除，只对扣除后的余额征税。由于扣除法只能在一定程度上减轻跨国纳税人的税收负担，不能从根本上解决国际重复征税问题，因此经合组织《关于对所得和财产的重复征税协定范本》与联合国《关于发达国家与发展中国家间双重征税的协定范本》没有推荐使用这种方法。

税收扣除有两种方法：直接扣除法和费用增加法。直接扣除法是允许纳税义务人就某些规定的项目所发生的费用作全部或部分扣除。如对法人所得的税收扣除采取了规定允许税前列支项目的形式，直接缩小所得税税基，减轻纳税义务人的税负。费用增加法是用增加费用、多计成本的办法来减少税收负担，如规定企业可按加速折旧提取多于实际发生的固定资产损耗的折旧额。税收扣除的作用在于减轻税负、对某些纳税人的照顾和体现国家的激励目的。因为在既定税率下，税收扣除相当于缩小税基，减轻税负。此外，如果在累进税制下，因税收扣除形成的缩小的税基将随之适用于较低税率，纳税人因此获得更多减负。

税收抵免是指允许纳税人按照规定以一定比率从其应纳税额中扣除一定数额，以减轻税负或避免国际重复征税，包含投资抵免和国外税收抵免。

投资抵免，类似于政府对投资的一种补贴，因此也称为投资津贴，是指政府规定投资者可在当年应付公司所得税额中扣除相当于新投资设备一定比率的税额，以减轻税负，促进资本形成和经济增长。例如，日本为促进科技创新和发展，从1966年起开始实行R&D税收抵免制度，在《增加实验研究经费的纳税减征办法》中规定，日本法人当年发生的R&D费用，同基准年度以后各年R&D费用的最高金额相比，超出部分可按20%抵免所得税，最高限额为法人税的15%。此外，还允许R&D密集型企业从税前销售额中提取10%作为损失准备金，以弥补万一产生的损失。

国外税收抵免，是为了避免国际重复征税，对纳税人来源于国内外的全部所得或财产课征所得税时允许以其在国外缴纳的所得税或财产税税款抵免应纳税款的一种税收优惠方式，也是解决国际上所得或财产重复课税的一种措施。其计算公式为：跨国总所得×居住国所得税税率－允许抵免的已缴来源国税款＝居住国应征所得税税额。抵免法可以有效地免除国际重复征税，是国际上比较通行的消除双重征税的方法。经合组织《关于对所得和财产的重复征税协定范本》与联合国《关于发达国家与发展中国家间双重征税的协定范本》特别推荐使用这种方法。

税收抵免也分为直接抵免和间接抵免两种。直接抵免，适用于同一经济实体的跨国纳税人，包括同一跨国自然人和同一跨国法人的总分支机构。间接抵免，适用于被同一经济渊源联系起来的不同经济实体的跨国纳税人，如跨国的母公司与子公司。不论是直接抵免还是间接抵免，其准许抵免的税额不得超过境外所得或一般财产价值按照居住国（或国籍国）税法计算的应纳税额，即通常所称的抵免限额。超过限额的部分不准抵免，也不得列为费用开支。

在国际税收实践中，有些国家在既采取税收抵免法的同时往往又采取税收扣除法，如新西兰规定，对本国居民来自英联邦成员国的所得已缴纳的所得税，可以用抵免法，而对来自英联邦以外国家的所得已缴纳的所得税，则列入费用，在应税所得中扣除。

参考文献：

吴昊：《境外所得税收抵免政策的分析与研究》，载于《中国财政》2012 年第 9 期。

（贾康 李成威）

消费税
Consumption Tax

消费税是对货物和劳务的最终消费课征的一种税，税基为个人对货物和劳务的消费支出金额。

消费税的征收一般采取间接税形式，如销售税、增值税、特殊消费税等，但也有一种特殊形式的消费税可称为直接税，这就是支出税，也称为个人消费税。

销售税是对货物和劳务在流通的所有环节或单一环节的流转总额课征的税收。

增值税是对货物和劳务在生产和流通中各个环节的新增价值课征的一种销售税。

特殊消费税是对一些特定消费品的流转额课征的一种税。

间接税形式的消费税在征收管理上具有很多优点，如它主要是对生产经营企业课征，征收管理比较便利；只要有市场交易行为发生就要课税，税收收入比较稳定。但是间接税形式的消费税也有许多缺点，比如，它的税收负担与纳税人的支付能力并不是对应的，而是累退的，但是如果要根据个人的不同支付能力实行差别对待又难以做到。一种新的征税方法可以解决这个问题，即以消费者在一定时期内的总消费支出为计税依据，直接对消费者课征税收，实质上是对所得课税的一种特殊形式，因而属于直接税的范畴。这种直接税形式的消费税被称为支出税，或者个人消费税。

支出税的概念最早是由霍布斯（Hobbes，1651）提出的，作为替代个人所得税的一种方法。霍布斯认为，一个人的消费支出比所得更能体现他的支付能力，因此，应该用消费而不是收入作为主要的课税基础。对这个问题的争议目前尚没有定论。可以确定的是，相比个人所得税而言，支出税的一个优点是可以避免对储蓄的双重征税。但是，如果课征支出税的话，征收管理将非常困难，这是因为个人的消费支出数据很难获取和核查。

从各国的征收实践来看，目前世界各国普遍征收的消费税是增值税和特殊消费税，此外还有一些国家课征了销售税和其他形式的间接消费税。而支出税则还处于理论探讨阶段，目前并没有一个主要国家采用，只有印度和斯里兰卡在20世纪50年代曾经短暂实行过。

我国目前课征的消费税税种包括增值税、营业税和消费税（也就是特殊消费税）。其中，增值税的征税对象是销售和进口货物以及加工、修理修配劳务，营业税的征税对象是除加工修理修配外的其他劳务、转让无形资产及销售不动产行为。而消费税的征税对象则包括烟、酒、成品油、小汽车等特定消费品。

参考文献：

张馨、杨志勇：《公共经济学》，清华大学出版社2008年版。

Hobbes, T., *Leviathan*, London：Andrew Crooke, 1651.

Kaldor, N., *An Expenditure Tax*, London：Allwen & Unwin, 1955.

Meade, J., *The Structure and Reform of Direct Taxation*, London：Allen & Unwin, 1978.

（贾康　施文泼）

增值税
Value-added Tax

增值税是消费税的一种，是对货物和劳务的最终消费课征的税收，在表现形式上是对货物和劳务在流转过程中产生的增值额课税。除了增值税这个一般性的称谓外，也有一些国家和地区采用了其他的称谓，如澳大利亚称为货物和劳务税，日本称为消费税。

增值税是针对原来的营业税或产品税等周转税的缺陷而设立的一种新税。周转税对商品在生产、流通等所有环节的流转额环环全额课征，具有严重的重复征税弊端，而增值税虽然也是在生产和消费的各个环节征收，但在中间每一环节，仅对流转额中的增值部分课税，从而有效避免了重复征税的问题。

增值税的优点，一是在避免其他流转税重复征税弊端的同时，体现了税收的中性原则，有利于资源配置效率的实现。二是具有充裕的税源，税基广且普遍征收，同时在征管上采取多环节征税、环环抵扣的方式，征收便利，因此具有很强的财政收入能力。当然，增值税也有其缺陷，这主要体现在它的累退性上。增值税以消费为税基，且中性原则要求尽可能地采取单一税率，产生了低收入阶层实际承担的增值税税负痛苦程度要高于高收入阶层的问题。

在理论上，增值税只对增值额征税，但在实践中，根据计税时对外购固定资产税额处理方法的不同，可以将增值税分为三种类型，即生产型增值税、收入型增值税和消费型增值税。生产型增值税在计算税金时不允许扣除购入固定资产中所含的税款，其税基相当于国内生产总值；收入型增值税只允许扣除固定资产折旧部分所含的税款，其税基相当于国民收入；消费型增值税则允许将购入固定资产价值中所含的税款一次性全部扣除，其税基相当于国民收入中用于消费支出的部分，目前大部分国家实行的是消费型增值税。

增值税的概念最早是由美国经济学家亚当斯（Adams，1917）和德国企业家西门子（Wilhelm von Siemens，1921）提出的。第一个将增值税从理论变成现实的国家是法国：1954 年法国开始在制造环节和批发环节实行增值税。随后近 60 年，增值税迅速被世界各国所采纳，到 2011 年，全球已有超过 170 个国家与地区采用了增值税。目前在主要的国家中，只有美国没有实行（全国性的）增值税。

我国从 1979 年开始在襄樊、上海和柳州等地对机器机械和农业机器两个行业以及自行车、缝纫机、电风扇三种产品试行增值税，1983 年试点地区扩大到全国。1984 年，第二步利改税改革中，国务院发布了《增值税条例（草案)》，标志着增值税成为一个独立的税种，但当时的征税范围仍只限于生产环节的 12 项工业产品。1994 年对增值税进行了全面、彻底的改革，把增值税征税范围扩大到货物的生产、批发、零售和进口环节以及加工、修理修配环节，成为我国的第一大税种，为促进经济发展和财政收入增长发挥了重要作用。

1994 年建立的增值税制度适应了当时的经济体制和税收征管能力，但它本身也包含了两个缺陷：一是实行生产型增值税，不利于投资和经济增长；二是征税范围较窄，没有覆盖全部的货物和劳务，对一些劳务行为课征营业税，破坏了增值税的抵扣链条，不能完全消除重复征税因素。从 2009年 1 月 1 日起，我国在全国范围内实行增值税转型改革，由生产型增值税转为消费型增值税。2012 年 1 月 1 日起，在上海市选择部分行业试点进行营业税改征增值税改革，并将择机逐步将改革推广到全国范围。改革的最终目标是建立一个覆盖全部货物和劳务的增值税。

参考文献：

韩绍初：《改革进程中的中国增值税》，中国税务出版社 2010 年版。

谢旭人：《中国财政 60 年》，经济科学出版社 2009 年版。

Adams，T. S.，The Taxation of Business，*Proceedings of the National Tax Association*，1917.

Schenk，A. and O. Oldman，*Value Added Tax：A Comparative Approach*，New York：Cambridge University Press，2007.

Simens，Von W.，*Verdelte Umstatsteuer*，Siemenstadt，Germany，1921.

（贾康　施文泼）

营业税
Business Tax

营业税是对工商业经营者的营业总收入课征的税收。

营业税的计税依据为各种应税行为主体的营业收入额，其收入不受企业成本、费用高低的影响，同时计征方法简单明确，易于征收管理，因此能带来稳定的税收收入。但是，营业税也存在一定的弊端。由于营业税是对营业额全额征税，货物和劳务每经过一道流通环节就要纳一次税，不可避免地会产生重复征税。为了消除重复征税，人们提出了一种改进的税——增值税。增值税只对每一环节新增加的价值征税，在保持营业税普遍征收优点的同时，又能克服营业税因重复征税而不利于经济发展的缺点。

现代意义上的营业税起源于法国。1791 年法国营利事业准许金改制，被认为是营业税制的创始。在增值税概念提出来之后，1954 年法国又第一个开征了增值税，取消了原来的营业税。随后世界各国纷纷开征增值税，逐步取代营业税。

我国古代并没有营业税这个概念，但对商人课征的具有营业税性质的税制自古就有，如秦汉时期的"市租"、唐朝的"除陌钱"、宋元时期的"住税"等。民国时期（1931 年）"国民政府"颁布《营业税法》，营业税制度基本建立，随后"国民政府"根据国内经济发展形势，多次对营业税进行调整，使营业税制度逐渐完善。

新中国成立后很长一段时期内，并没有设立单独的营业税，但在先后开征过的工商业税、工商统一税、工商税等税种中都设置了若干税目征收营业税的内容。1984 年，第二步利改税和工商税制全面改革中，营业税从工商税中分离出来成为独立的税种。

现行营业税税制是在 1994 年税制改革中确定的。1994 年把原对内资企业征收的产品税、增值税、营业税及对外商投资企业和外国企业征收的工商统一税，加以调整合并，形成了以增值税为主体的增值税、消费税、营业税三税并立的流转税制。其中，增值税是改革的核心，征税范围扩大到货物的生产、批发、零售和进口环节以及加工、修理修配环节。营业税则仅对原营业税改征增值税后的剩余项目征收，包括加工修理修配外的其他劳务、转让无形资产和销售不动产等经营行为。

营业税的征税范围很广，几乎覆盖了整个第三产业的所有劳务经营。随着我国第三产业的蓬勃发展，营业税在组织财政收入中的地位也不断提高，成为仅次于增值税、企业所得税的第三大税种。但是，随着我国经济的发展，营业税内在的重复征税弊病也变得越来越难以接受，对第三产业的发展和社会专业化分工程度的提高造成了严重影响。消除重复征税的途径则是对第三产业由征收营业税改为征收增值税。从 2012 年 1 月 1 日起我国开始进行营业税改征增值税的改革，首先在部分地区部分行业进行试点。随着改革的不断推进，我国的营业税最终将被增值税所取代。

参考文献：

谢旭人：《中国财政 60 年》，经济科学出版社 2009 年版。

刘佐：《新中国税制 60 年》，中国财政经济出版社 2009 年版。

张馨、杨志勇：《公共经济学》，清华大学出版社 2008 年版。

（贾康　施文泼）

销售税
Sales Tax

销售税是对货物和劳务从制造到零售等流通环节中的流转总额课征的税收。根据不同的标准，销售税可以分为不同的种类。

按照课税对象选择的不同，销售税可以分为一般性销售税（General Sales Tax）和选择性销售税（Selective Sales Tax）。一般性销售税对所有的商品和劳务的销售，都按照统一税率课税。选择性销售税，也称为特殊消费税（Exercise Tax），是对部分特定商品课征。从世界各国的征收实践看，各国大多是在课征一般性销售税后，再对部分特定商品课征一道选择性销售税。

按照课税环节的多少，销售税又可以分为多环节销售税和单一环节销售税。多环节销售税在商品从制造到销售的所有流通环节都对销售收入全额课税，因此一般又称为周转税或流转税（Turnover Tax）。单一环节销售税则只在商品的制造、批发、零售三个环节中的一个环节进行课税，按照选择的课税环节不同，又可以进一步分为制造商销售税（Manufacturing Sales Tax），批发销售税（Wholesale Sales Tax）和零售销售税（Retail Sales Tax）。

由于多环节销售税会造成严重的重复征税，因此在现代国家中已经很少采用，各国要么代之以增值税，要么课征单一环节的销售税。至于销售税选择在哪一个环节进行课征，不同国家的做法不同，如美国和加拿大只在零售环节课征销售税。

从理论上说，如果一般销售税只在零售环节课征，那么它与对生产和销售的所有环节征收的增值税在结果上是一样的，税收都是由最终消费者负担。但是在实践中，零售销售税与增值税相比仍有不少劣势，这是因为零售销售税的税基较窄，且单环节征收容易导致偷漏税行为，较难保证税收收入的充足稳定，而增值税的税基宽阔，环环抵扣的征管方式具有高效率，能够保证充足的财政收入。

我国在 1994 年之前课征的工商税、产品税等税种，就属于多环节销售税，具有严重的重复征税弊端。1994 年的税制改革取消了产品税，代之以在生产和流通环节普遍征收的增值税，在此基础上再选择少数消费品加征一道特殊消费税。但是，增值税并没有覆盖全部的货物和劳务，对大部分劳务仍然课征营业税，而营业税本质上仍属于一种多环节销售税，在劳务流通的所有环节道道全额征收，因此存在重复征税问题。2012 年 1 月 1 日起我国开始进行营业税改征增值税改革，最终将取消营业税，达到消除重复征税的效果。

参考文献：

谢旭人：《中国财政 60 年》，经济科学出版社 2009 年版。

刘佐：《新中国税制 60 年》，中国财政经济出版社 2009 年版。

张馨、杨志勇：《公共经济学》，清华大学出版社 2008 年版。

（贾康　施文泼）

特殊消费税
Special Consumption Tax

特殊消费税是指对一些特定消费品的流转额所课征的一种税，是政府基于一定的公共目的或者财政目的而对一些特殊类型的货物及劳务征收的特殊税种，也被称为选择性销售税、特殊货物税，等等，我国称之为消费税。

选择性课征的特殊消费税使政府可以通过它来实现特定的目的。比如，对烟、酒等有害或具有外部性的商品课税，可以起到"寓禁于征"、限制消费的作用；对贵重首饰、化妆品、游艇等奢侈品课税，可以起到收入再分配、缩小贫富差距的作用；对燃油等商品课税，可以用来对使用特定物品或服务的人群增加负担而调节其消费行为。

特殊消费税的开征具有悠久的历史，在西方最早可以追溯到古罗马帝国时代即有的对特定消费品的课税，如盐税、酒税、矿产品税等。18 世纪中叶西方各国随着工业革命后商品经济的快速发展，开始根据不同的目的，有选择性地对特定消费品和消费行为征税，特殊消费税由此盛行开来。目前特殊消费税已被世界各国广泛采用，在各国（特别是发展中国家）的税收收入中占有相当比重。

对特定消费品征税在我国的历史同样久远。我国早在周代就开征了

"山泽之赋"，春秋战国时期就有渔税、齿角等税，西汉时期开征了酒税，唐朝时开征了茶税。近代中国对特定消费品的课税则始于民国时期对卷烟、棉纱、火柴、水泥等商品课征的统税。

新中国成立后相当长一段时期内，我国没有开征特别消费税，但在货物税、商品流通税、工商税、工商统一税、产品税、增值税等先后开征的税种中，对烟、酒、化妆品、轮胎等商品都设计了较高的税率，1989 年国务院曾经开征过彩色电视机特别消费税和小轿车特别消费税，在一定程度上具有对特殊消费品课税的性质，但与国际通行的特殊消费税在调节目标、课税手段上都存在差异。

我国现行的符合国际规范的消费税是在 1994 年的税制改革中确立的，1994 年将原征收产品税的产品全部改为征收增值税后，考虑到将有不少产品的税负大幅下降，为了保证财政收入，体现基本保持原税负的原则，同时考虑对一些消费品进行特殊调节，所以，选择了少数消费品在征收增值税的基础上再课征一道消费税。消费税的税目设有 11 个，包括烟、酒、化妆品、贵重首饰、烟花爆竹、摩托车、小汽车、汽油、柴油等。此后，随着我国经济社会的发展，消费税也在不断进行改革完善。2006 年对消费税的税目、税率及相关政策进行调整，扩大了消费税的征收范围。2009 年实行燃油税费改革，取消了养路费，代之以提高成品油的消费税税额。此外，还调整了卷烟消费税的税率，并加强对酒消费税的征管。经过一系列的调整，我国的消费税制日益完善，其特殊调节功能和收入功能也不断加强。

参考文献：

谢旭人：《中国财政 60 年》，经济科学出版社 2009 年版。

刘佐：《新中国税制 60 年》，中国财政经济出版社 2009 年版。

张馨、杨志勇：《公共经济学》，清华大学出版社 2008 年版。

（贾康　施文泼）

支出税
Expenditure Tax

参见"消费税"。

所得税

Income Tax

所得税是以纳税人的所得额为课税对象的各种税收的统称。所得是一个比较模糊的概念，仅是从经济学角度分析，所得也有多种含义。国际上公认的权威解释为两位美国经济学家海格（R. Haig）和西蒙（H. Simons）共同提出的"纯资产增加"理论，即所得增加的评判标准为资产价值的净增长。

世界上大多数国家课征所得税。由于税种的设置取决于国家所要实现的政策目标，而政策目标又是由国情决定的，因此，各个国家所得税的构成体系不同。有的国家只设个人所得税，有的国家不仅设个人所得税，还设企业所得税，还有的国家设多种个人所得税或多种企业所得税，如德国的所得税包括个人所得税、公司所得税、工商税和附加税；美国的所得税包括个人所得税、社会保险税和公司所得税。我国现行的所得税主要是企业所得税和个人所得税，征税对象是自然人、法人和其他经济组织在一定时期内的纯所得额。

所得税的主要理论依据是公平课税论，其基本指导原则是税收待遇的统一性。具体表现在，所得税的纳税人和实际负担人通常是一致的，因而可以直接调节纳税人的收入，不存在税负转嫁的可能。另外，所得税是以所得的多少作为负担能力的标准，作为所得税课税对象的所得额，是扣除了企业等经济组织的成本、费用或个人的基本生活费之后的纯所得，不会侵蚀纳税人的营业资本或个人财产。在政府经济杠杆中，所得税（特别是具有超额累进税率设计的个人所得税）是具有"内在稳定器"功能的一种政策调节工具，在宏观和微观两个方面都是调节企业利润和个人收入的最佳杠杆。在宏观方面，所得税可以作为国家产业政策调整、稳定宏观经济的工具之一，即国家可以通过调整税率、税收优惠政策来鼓励或抑制某些行业的发展，并在经济过度繁荣或萧条时，影响消费、储蓄和投资，进而达到反周期的调控目的。在微观方面，所得税可以帮助国家调节收入分配，缩小贫富差距。因为所得税纳税人和实际负担人的一致性，使得国家可以通过税收优惠，对穷人实行免税照顾，通过采用累进税率对富人实行超额征税，抑制财富的过度聚集。

所得税产生于英国。1798 年，英国政府为弥补英法战争所需的经费，财政大臣威廉·彼得（William Pitt）创设了"三级税"，实为英国所得税之雏形。进入 19 世纪以后，大多数资本主义国家相继开征了所得税，其在市场经济发达国家的税收收入中所占比重不断提高，逐渐成为这些国家取得税收收入的主要税种。20 世纪 80 年代以来，随着经济全球化的加快发展，国际竞争日趋激烈，为提升本国企业的国际竞争力，促进本国经济的长期发展，许多国家纷纷推出以调低税负为核心的所得税改革政策，具体包括：降低所得税税率、简化所得税制度、减少所得税重复征税现象等，改革使所得税的国际协调进一步加强，所得税制结构出现国际趋同。

近代中国所得税的征收起源于南京国民政府执政期间，1936 年南京国民政府通过所得税八项"原则"，并经立法院审议修改后，于当年开征薪给报酬所得税与证券存款利息所得税。1937 年以后又陆续开征营利事业所得税、非常时期过分利得税、财产租赁出卖所得税等。新中国成立后，1950年政务院发布《全国税政实施要则》，规定所得税有工商税、存款利息所得税与薪给报酬所得税，这标志着所得税体系的初步建立。中国现行所得税制度是 1994 年税制改革时期奠定的，包括企业所得税和个人所得税两种，迄今的突出问题是所得税主体地位尚未确立，主要表现在所得税收入占 GDP 和税收总收入的比重偏低，这直接导致所得税在政府宏观调控中的作用不能够充分、有效地发挥出来。

参考文献：

解学智：《所得课税论》，辽宁人民出版社 1992 年版。

平新乔：《财政原理与比较财政制度》，上海三联书店 1992 年版。

高培勇：《西方税收——理论与政策》，中国财政经济出版社 1993 年版。

邓力平：《中国税制》，经济科学出版社 2005 年版。

（贾康　程瑜　何平）

工薪税
Payroll Tax

工薪税是以雇主向雇员支付的工资或薪金为课征对象、由雇员和雇主分别缴纳、为筹集社会保障基金而征收的一种专门目的的税。工薪税是社会保险税的主体，有时也称为社会保险税（Social Security Tax）。

工薪税的课税范围通常是参加本国社会保险，并存在雇佣关系的雇主和雇员在本国支付和取得的工资、薪金。雇主和雇员的纳税义务一般以境内就业为标准，即凡在征税国境内就业的雇主和雇员，不论国籍和居住地，都必须在该国承担纳税义务。对于本国居民为本国雇主雇佣但在国外工作取得的工资、薪金，一般不列入课税范围。

工薪税有如下几个特点：一是课税对象不包括纳税人工资薪金以外的其他收入，即不包括由雇主和雇员工资薪金以外的投资所得、资本利得等所得项目，但作为税基的工资薪金既包括由雇主支付的现金，还包括具有工资薪金性质的实物及其他等价物形成的收入。二是对应税工资薪金通常规定最高限额，超过部分不纳税。三是一般不规定个人宽免额和扣除额。因为社会保险税实行专税专用原则，筹集的保险基金将全部用于支付相关参保人的社会保障支出。

工薪税一般实行比例税率，雇主和雇员适用相同税率，各负担全部税额的50%（也有个别例外）。雇主应纳的税额由雇主自行申报纳税，雇员应纳的税额，由雇主在支付雇员工薪时预先扣除，定期报缴。

社会保障（险）费（工薪税）首创于19世纪末的德国，正式的工薪税名称起始于美国，现在已成为西方国家的主要税种之一。1935年，在罗斯福总统的领导和主持下，美国通过了历史上第一部社会保障法典——《社会保障法》，当时的目的是为老年人筹措退休金，其后陆续实行残疾人保险、医疗保险等。工薪税收入和个人所得税收入是联邦政府最重要的税收收入。

随着经济的发达和政治民主化趋势的加强，西方发达国家如英国、法国、加拿大等都实行了"普通福利"政策，纷纷征收社会保障税。1990年世界上大约已有80多个国家开征社会保障税，到1998年，全球开征社会保障税的国家增加至100多个。据国际货币基金组织统计，2010年，全世界170多个国家里至少有132个国家实行社会保障税制度。各国对社会保障筹资方式的称谓不尽相同。挪威等国家称"Social Security Contributions"（一般被译为社会保障税、社会保障缴款或社会保障捐），英国称"National Insurance Contributions"（一般被译为国民保险税或国民保险捐），爱尔兰称"Pay Related Social Security"（社会保障付款），美国等国家在立法中将社会保障筹资方式称为"税"（美国称为Payroll Tax，即工薪税）。有些国家将保障筹资收入归类为"Special Assessments"（特别税）。国际上对社会保障筹资方式没有统一的表述，不同的国家根据不同的国情和理解，各自确定本国社会保障筹资名称。

工薪税作为一种特殊形式的所得税，其税收收入专门用于社会福利、保障等支出，与一般税相比，具有两个主要特点：

一是累退性。工薪税采用比例税率，一般没有扣除额和免征额，同时规定有课税上限，也不考虑纳税家庭人口的多寡和其他特殊情况，具有较强烈的累退性。

二是有偿性。工薪税一般纳入政府成立的专门基金管理，指定用途，专款专用，因而带有有偿性质。也就是说权利与义务对等，只有缴费参加保险，才能在符合条件的时候享受相应的待遇。

作为包含工薪税的社会保障税，还具有内在稳定器功能。社会保障税的支出同一定时期的经济形势有相关性。当经济繁荣时，失业率下降，社会保障支出特别是失业救济支出减少，有利于抑制社会总需求。反之，当经济衰退时，失业率上升，社会保障支出特别是失业救济支出增加，有利于刺激社会总需求。所以，社会保障税及其社会保障制度具有内在灵活性特点，它与所得税相配合，可以起到对经济的自动稳定作用。

以工薪税为收入来源的社会保险，各国在理念上有不同，如在德国，虽然也具有权利与义务对等的含义，但不是特别强调，所以在以工薪税组织收入之外，政府也有财政补贴；在美国，以工薪税为收入来源的社会保险，则十分强调体系的自我平衡要求，但后来随体系的运行，也出现这种要求逐渐放松的倾向。目前各国以工薪税为收入来源的社会保险，一般或多或少都有政府财政补贴作配合。

在中国改革开放以来，随着市场经济发展和社会保障制度建设，已经征收社会保障费，关于"开征社会保障税"提法则出现在 1996 年。在国民经济和社会发展"九五"计划和 2010 年远景目标纲要中提出，要逐步开征社会保障税。在发达国家和大部分发展中国家，普遍设有社会保障税这一税种，以筹集社保资金，并在全国范围内统筹使用。而中国的养老、医疗和失业等社会保障，主要是以收取社会保险费的形式建立社保基金，经过多年努力，也大多仅做到在省一级统筹。各地筹集和发放的标准不一。如果按社会保障税筹集资金，势必要求全国统筹。因此，在中国一直存在社会保障费改税的争论。

主张开征社会保险税的人认为：首先，开征社会保险税，有利于增强筹资的强制性，强化社会保险基金的征收力度，为社会保障提供稳定的资金来源；其次，采取税收的征管形式，可以在全国范围内使用同一征税率，为劳动力在全国范围内无壁垒流动提供制度配套与物质保障；再次，开征社会保障税，有利于健全社会保障基金的监督机制，保证基金的安全性，降低征缴成本；最后，有利于与国际接轨。目前，全世界有 172 个以上的国家和地区建立了社会保障制度，100 多个国家开征了社会保险税。

反对开征社会保险税的人认为：首先，开征社会保险税与税收特性相冲突。税收具有强制性、无偿性和固定性三个特性，我国社会保险实行社会统筹和个人账户相结合，是社会保险与基金储备两种模式融合的部分积累模式，权利义务相对等的特征突出，尤其是个人账户具有私人所有性质，与税收特性相冲突；其次，开征社会保险税与我国社会保障制度模式相冲突。收费还是征税，关键取决于社会保障的制度模式，部分积累的社会保险制度适宜采取收费方式；第三，我国现实的社会经济状况决定社会保障制度安排的多样性，改变征缴方式不适应我国的实际情况，而社会保险税要求社会保险制度安排一体化；第四，开征社会保险税会使政府重新陷入负担沉重的困境。

总体而言，反对者的论据牵强、短视和片面的成分居多。

参考文献：

英国文书局：《贝弗里奇报告——社会保险和相关服务》，中国劳动和社会
　　保障出版社 2004 年版。

[英] 约翰·伊特韦尔等：《新帕尔格雷夫经济学大词典》第三卷，经济科
　　学出版社 1996 年版。

吴敬琏：《当代中国经济改革》，上海远东出版社 2004 年版。

Edward D. Berkowitz, *America's Welfare State from Roosevelt to Reagan*, Balti-
　　more and London：Johns Hopkins University Press，1991.

（贾康　赵福昌）

人头税
Poll Tax，Head Tax

人头税是以人为征税对象定额征收的一种直接税。一般来讲，由于只要具备良好的户籍管理制度就可以方便地计征人头税，因此人头税计税依据简单、征收简便、征税成本低、效率高。但由于没有考虑纳税人的支付能力，最富有的人和最贫穷的人要缴纳同样多的税款，因此富人福利损失少，穷人福利损失多，这与税收"按能力纳税"的原则相悖，导致税负不公。绝大多数现代国家已经不再征收人头税。

人头税是一个古老的税种。在我国可以追溯到战国时期，一直到清朝初

期延续了几千年。战国时期的秦、齐、魏等诸侯国开征了按户头征收的户赋税和按人头征收的口赋税，可谓我国最早的人头税。秦统一后，在按土地数量征收赋税的同时，也按人头征收人头税，正如《汉书·食货志》记载："田租口赋，盐铁之利，二十倍于古。"汉代的人头税制度渐趋规范，分为算赋和口赋，算赋对十五岁以上六十岁以下的成年人征收，用于国家购置车马兵器，口赋对七岁以上十四岁以下的未成年人征收，用于皇室支出。三国两晋南北朝时期，由于战事频繁，人口变动大，按人头征税非常困难，改由按户征收，名曰"户调"。唐朝初期为恢复农业生产，实行对每一男丁授田百亩的均田制，在此基础上实施租庸调法，规定每丁每年向国家输粟 2 石，为租；输绢 2 丈、绵 3 两（或布 2 丈 4 尺、麻 3 斤），为调；服役 20 日，称正役，不役者每日纳绢 3 尺（或布 3.6 尺），为庸。此后将"租庸调"改为"两税法"，即按田亩和财产数量征税，将对"人"征税改为对"物"征税，是税制发展的一大进步。到了宋朝，在沿袭唐朝两税法的同时，也开征了以男丁为征税对象的"身丁钱"，规定二十岁到六十岁的男丁都需缴纳，缴纳标准各地不一。元代仍然征收丁税，但地区间差异较大，西域以人丁为课税对象，南方汉民则按户征收。明朝在实行"一条鞭法"后，基本采取按田征税的制度，但仍随田征收丁税。清康熙年间实行"摊丁入亩"，丁税和田赋都改按田亩征收。自此，延续上千年的人头税几近绝迹。此后虽然北洋政府的地方税种中也有属于人头税范畴的税收，如自治捐、警税捐等，但数量有限。

国外的人头税也历史悠久，可追溯到古希腊、古罗马以及公元前 12 世纪的波斯，并在中世纪的欧洲盛行，英、德、法等国都曾开征。18 世纪末俄国的人头税收入曾占到其国家收入的一半以上。在美国，部分地区人头税曾被用来界定投票资格，以排除非裔美国人、美洲原住民及非英国后裔白人的投票权。加拿大也曾于 1885 年通过《1885 年华人移民法案》，向所有进入加拿大的华人征收 50 美元人头税，意在阻挠底层华人在加拿大太平洋铁路完工后继续向加拿大移民，但加拿大仍欢迎负担得起人头税的华人富商移民，并在 1900 年将人头税税额提高至 100 美元，1903 年提高至 500 美元，直至 1923 年该税被更严厉的排华法所取代。2006 年 6 月 22 日，加拿大政府对一百多年前向华裔移民征收人头税正式道歉。

随着商品经济的发展和社会的进步，税收理论日渐完善，目前除日本、韩国、非洲和拉美的几个国家还存在类似人头税性质的税收外，世界上征收人头税的国家已经不多。日本设有居民税，由道府县征收的称"道府县民税"，由市町村征收的称"市町村民税"，合称居民税。居民包括个人和法人，针对法人征收的是所得部分，针对个人的，则是按人头定额征收的人头税。韩国有四个城市首尔、釜山、大邱、仁川设有居民税，与日本居民税类似，也是同时对个人和法人征收，分为"按人头定额征收部分"和"所得部分"两部分。区别在于韩国只对缴纳个人所得税、公司税和农田税的纳税人征收居民税，所得部分分别依据应纳个人所得税额和农田税额的 7.5% 征收。此外，非洲的利比里亚、毛里塔尼亚、塞拉利昂、布基纳法索和拉丁美洲的洪都拉斯等国家也征收不同名称的"人头税"。英国曾经在 1989 年开征名为"社区税"的人头税，但受到国民反对而于 1993 年取消。

虽然我国早已取消人头税，但对税费制度的讨论也时常与人头税相联系。例如，2005 年后我国个人所得税费用扣除额为 1600 元，但随着经济发展和人均收入水平的提高，1600 元的费用扣除额大有把中低收入者"一网打尽"之势，而个人所得税的宗旨应该是调节居民个人收入所得，费用扣除额过低则使得个人所得税有成为普遍适用的"人头税"之嫌。2011 年 4 月，我国将个人所得税费用扣除标准提高至 3500 元。此外，还有人认为我国与计划生育相关的"社会抚养费"，也与人头税有某些相近之处。

人头税的负面影响大于正面作用。如管子所言："以正人籍，谓之离情也；以正户籍，谓之养赢也。"即对成年人征税，就会出现隐瞒人口的问题；按户征税就会出现有利于人口多的大户，而抑制弱小的小户。此外，人头税还会将人口束缚于土地不能自由流动，影响商品经济的产生和发展。从历史上也可以看出，只有在唐实行"两税法"以后，特别是在明实行"一条鞭法"和清实行"地丁银"以后，国家对户口逐渐放松管理，人口的流动性增强，中国才缓慢地出现了资本主义萌芽。

参考文献：

彭宁、石坚、龚辉文：《人头税制度与评述》，载于《涉外税务》1996 年第 2 期。

吴家俊：《话说人头税》，载于《税收与社会》1997 年第 10 期。

娄献忠：《个人所得税不能变成"人头税"》，载于《法人》2007 年第 12 期。

孙文学：《中国古代人头税制度的社会价值评估》，中央财经大学网站，

2009 年 1 月 1 日，http：//czs. cufe. edu. cn/html/kexueyanjiu/20090101/296. html。

（贾康　程瑜　李成威）

财产税
Property Tax

财产税是以法人和自然人拥有和归其支配的财产为对象所征收的税。财产税的课税对象一般可分为不动产（如土地和土地上的改良物）和动产两大类。动产又包括有形资产和无形资产，前者如耐用消费品、家具、车辆等，后者如股票、债券、借据、现金和银行存款等（马国强，2008）。财产税属于对社会财富的存量课税，通常不是课自当年的价值增量，而是课自以往各年度价值增量的各种积累形式。当今世界各国对财产课征的税种主要有：房屋税、土地税、土价税、土地增值税、固定资产税、流动资产税、遗产税和赠与税等（李国淮，2005）。

由于土地、房产等不动产的位置固定，标志明显，作为课税对象税收不易逃漏，具有收入上的稳定性（刘隆享，2006）。征收财产税还可以防抑财产过度集中于社会中的少数人，调节财富分配，因此，世界许多国家都将财产税作为税制中的地方税种。

财产课税既有对个人全部财产课税和对某一种财产课税的区别，又有对财产占有额课税和对转移中的财产额课税的区别。各国对财产课税的具体名称各不相同，如美国称财产税，英国称不动产税，联邦德国称不动产取得税，意大利称不动产增值税，荷兰称不动产转移税，墨西哥称房地产税等。西方国家对死亡者财产课征的有遗产税、赠与税和继承税等名称，如美国对死亡者的全部财产课征的称遗产税，对死者生前赠与他人的财产课征的称赠与税，由州政府课征的称继承税（杨志勇，2005）。

我国现行征收的财产税主要有房产税、土地使用税、土地增值税和契税。房产税以房产为对象，按照房产的现行评估价格计算征收，以房产的产权所有人为纳税人。房产属于全民所有的，以房屋的经营管理单位为纳税人；房产出典的，以房屋承典人（即受让人、使用人）为纳税人；对产权所有人、承典人不在房屋所在地的，或产权未确定及租典纠纷未解决的，应以房产使用人或代管人为纳税人。土地使用税是国家对拥有土地使用权的单位和个人，就其使用土地的面积按规定税额征收，由拥有土地使用权的单位和个人缴纳。若拥有土地使用权的纳税人不在土地所在地，则由代管人或实际使用人缴纳；土地使用权未确定或权属纠纷未解决的，由实际使用人纳税；土地使用权为共有的，则由共有各方分别纳税。土地增值税对有偿转让国有土地使用权、地面建筑物及其附着物（以下简称房地产）取得收入而就其增值的部分征收。凡有偿转让房地产并取得收入的单位和个人，为土地增值税的纳税人。严格说来，土地增值税是一种利得税而非财产税，非主营房地产业务的企业，因土地使用权已在无形资产账户中反映，则应将应纳的土地增值税记入其他业务支出账户。契税是对房产在买卖、典当、赠与（包括有奖储蓄中的中奖房产）和交换而订立契约时，向产权承受人征收的。

参考文献：

马国强：《中国税收》，东北财经大学出版社 2008 年版。

李国淮：《中国税收》，高等教育出版社 2005 年版。

刘隆享：《财产税法》，北京大学出版社 2006 年版。

江沁、杨卫：《政府经济学》，同济大学出版社 2009 年版。

杨志勇：《国际财税理论前沿报告 2005》，中国财政经济出版社 2005 年版。

（贾康　程瑜　李全）

房地产税
Real Estate Tax

我国现行的税收种类中并没有"房地产税"这一概念。房地产税在我国目前的学术讨论中主要有两种理解：一种是将房地产税等同于房地产保有环节曾做过"模拟评税试点"的物业税的概念。有些学者认为源自中国香港的"物业税"概念并不能贴切描述我国对房地产保有环节进行的税制改革思路，为避免混淆，就将涉及不动产保有环节的税收称作房地产税。实际上，在有关物业税的学术研究和讨论中，财产税、不动产税、房地产税和物业税四个概念经常被混淆和相互代用。中共中央十八届三中全会提出的"加快房地产税立法并适时推进改革"，所用的房地产税概念当属此种。另一种更为广义的理解是将房地产税作为一个从房地产行业角度理解的税收体系，包括与房地产有关的所有税种。我国现行的税制体系是在 1994 年税制改革的基础上建立起来的，属于房地产税的有两大类：一类是直接以房地产为征税对象的税种，具体有房产税、城镇土地使用税、耕地占用税、土地增值税和契税；另一类是在房地产发生相应的经济行为，如开发、保有和转让时，在相应环节上，与房地产紧密相关的税种，具体有营业税（还包括以营业税税额为计税依据，附加于营业税税额的城市维护建设税和教育费附加）、企业所得税、个人所得税和印花税。

参考文献：

谢伏瞻等：《中国不动产税收政策研究》，中国大地出版社 2005 年版。

安体富、王海勇：《重构我国房地产税制的基本思路》，载于《税务研究》2004 年第 9 期。

贾康：《对房地产税费改革思路与要点的认识》，载于《涉外税务》2005 年第 8 期。

吴俊培：《我国开征物业税的几个基础理论问题》，载于《涉外税务》2006 年第 1 期。

北京大学中国经济研究中心宏观组：《物业税改革与地方公共财政》，载于《经济研究》2006 年第 3 期。

（贾康　程瑜　何平）

物业税
Property Tax

"物业"一词源于中国香港，是粤港方言对房地产的称呼。在中国香港，物业税是对作为出租用途的房地产征收的，在每一个课税年度按照土地或楼宇的应评税净值，以标准税率向拥有土地或楼宇的业主征收。

目前在我国内地，"物业税"并没有十分明确的概念，一度被理解为针对土地、房屋等不动产在其保有环节征收的税种，具体课税对象为土地及附着于其上的建筑物等不动产，课税税基一般为不动产的市场价值或租金价值。因此，此物业税含义并不完全等同于中国香港的物业税概念，它的课税对象不仅是出租房产，还包括非出租房产，其实质更接近于"财产税"、"不动产税"。实际上，在有关物业税的学术研究和讨论中，财产税、不动产税、房地产税和物业税四个概念经常被混淆和相互代用。改革实践中，曾有若干城市以"物业税"称呼在不动产保有环节的模拟评税"空转"试点，意在为在不动产保有环节建立税种做准备。

世界上大多数成熟的市场经济国家，都对房地产征收物业税，只是名称不同，但多以财产的持有作为课税前提，以财产的价值作为计税依据。我国最早的类似物业税的税种始于唐代，公元 783 年，唐朝政府在全国开征"间架税"，将百姓的房产按照占地面积、修筑年代以及房屋质量的好坏作为标准进行征税。

到目前为止，"物业税"这一概念在我国内地经历了两个阶段。

第一阶段，"物业税"概念的提出、盛行阶段。"物业税"一词最早在我国内地被正式提出是在 2003 年中国共产党十六届三中全会上通过的《中共中央关于完善市场经济体制若干问题的决定》，文件明确提出："实施城镇化建设税费改革，条件具备时对不动产开征统一规范的物业税，相应取消有关收费"。虽然国家没有明确提出征收物业税的具体实施细则，但当时物业税改革的基本思路是将房产税、城市房地产税、土地增值税及土地出让金等税费合并，借鉴国外做法，转化为房产保有环节统一收取的物业税。

2003 年以后，随着房地产市场的快速发展，我国内地 1994 年建立起来的房地产税制"轻保有、重流转"，即在房地产保有环节税负轻、流转环节税负重的弊端逐渐显现出来，不利于房地产市场的健康发展。房地产保有环节的税制改革成了整个房地产税制改革的重点。此时，"物业税"被设计为增加房地产保有环节税收负担的税种，希望通过出台"物业税"来抑制房价过快增长，解决房地产资源闲置和使用低效率问题，并让国家参与房地产自然增值的收益分配。自 2003 年 5 月起，我国内地开始在北京、辽宁、江苏、深圳、重庆、宁夏、福建、安徽、河南、大连等 10 个省区市开展物业税"空转"试点工作。虽然一切步骤与真实收税流程相同，但"物业税"始终没有正式开征。主要原因是物业税属于新税种，开征需要启动立法程序，另外，开征物业税后取消已存在的可能产生重复征税的税种，又会涉及现行税务体系的调整和中央地方的税收分成等问题。

第二阶段，"物业税"名称的逐步淡化阶段。"稳步推行物业税"曾作为税制改革的一项重要内容写入"十一五"规划中，而"十二五"规划中，仅提出"研究推进房地产税改革"，没有明确提出物业税概念，表明此前设立物业税这样一个新税种作为住房保有环节税收改革方向的概念在淡化中由房地产税替代。2010 年 5 月 31 日，国务院批准并公布了国家发改委制定的《2010 年深化经济体制改革重点工作的意见》，将"逐步推进房产税改革"列入了财税体制改革的重要内容。随后，国务院常务会议同意在部分城市进行对个人住房征收房产税改革试点，具体征收办法由试点省（自治区、直辖市）人民政府从实际出发制定。2011 年 1 月 27 日，上海、重庆宣布开始试行房产税，上海征收对象为本市居民新购房且属于第二套及以上住房和非本市居民新购房，税率暂定为 0.4% ~ 0.6%；重庆征收对象是独栋别墅、高档公寓，以及无工作、无户口、无投资的三无人员所购的第二套房，税率为 0.5% ~ 1.2%。这表明，作为物业税的替代概念，在住房保有环节开始试行房产税改革。房产税作为一个地方税种一直存在，只是此前该税种仅对个人的经营性房产按租金的一定比例征收，对个人所拥有的非营业性用房免征房产税。房产税改革试点可在全国人大对国务院已有授权的框架下以该税名义加入新内容，正是针对个人所拥有的非营业用房产征税，所以房产税改革两地试点的内容与物业税一直被赋予的含义相趋同。

参考文献：

谢伏瞻等：《中国不动产税收政策研究》，中国大地出版社 2005 年版。

贾康：《对房地产税费改革思路与要点的认识》，载于《涉外税务》2005 年第 8 期。

吴俊培：《我国开征物业税的几个基础理论问题》，载于《涉外税务》2006 年第 1 期。

北京大学中国经济研究中心宏观组：《物业税改革与地方公共财政》，载于《经济研究》2006 年第 3 期。

（贾康　何平）

遗产税和赠与税
Inheritance Tax and Donation Tax

遗产税是以被继承人去世后所遗留的财产为征税对象，向遗产的继承人和受馈赠人征收的税。赠与税是以赠送的财产为课税对象，向赠与人或受赠人课征的税。

遗产税和赠与税本是两个税种，但它们之间的关系非常密切。征收赠与税，目的是防止财产所有人生前利用赠与的方式逃避死后应纳的遗产税，因此通常与遗产税同时实行。例如，美国 1976 年修改了联邦财产转移税，将原分别适用于遗产税和赠与税的两套税率，统一为同时适用于两种税的同一套税率，遗产税和赠与税都不再是独立的税种，而只是财产转移税的一个组成部分。再如中国台湾地区 1949 年开始课征遗产税，1973 年颁布专门的

"遗产及赠与税法"，遗产税和赠与税的应税财产相同，均实行累进税率，税率差别不大。

遗产税是一个历史悠久的税种，最早产生于4000多年前的古埃及，出于筹措军费的需要，由法老胡夫决定开征。近代遗产税始征于1598年的荷兰，其后英国、法国、德国、日本、美国等国相继开征。1924年，美国率先开征赠与税作为遗产税的配套税种。现在征收遗产税的国家和地区大多同时设置赠与税，如美国、法国、德国、日本、韩国、安哥拉、摩洛哥、智利、委内瑞拉、俄罗斯、匈牙利和中国的台湾地区等。也有少数国家和地区只设置遗产税，不设置赠与税，如英国、冰岛、罗马尼亚、新加坡、文莱、津巴布韦、马拉维等。还有极少数国家只设置赠与税，不设置遗产税，如新西兰、孟加拉国、加纳和巴拿马等，其中新西兰和孟加拉国都曾经征收过遗产税，后来分别于1992年和1982年停征。

总遗产税对财产所有人死亡后遗留的财产总额综合进行课征，规定有起征点，一般采用累进税率，不考虑继承人与被继承人的亲疏关系和继承的个人情况。分遗产税是对各个继承人分得的遗产分别进行课征，考虑继承人与被继承人的亲疏关系和继承人的实际负担能力，采用累进税率。总分遗产税是对被继承人的遗产先征收总遗产税，再对继承人所得的继承份额征收分遗产税，两税合征，互补长短。

目前各国实行的赠与税制度，按照纳税人的不同，可以分为总赠与税制和分赠与税制两类。总赠与税制也称赠与人税制，按照财产赠与人一定时期内赠与财产的总价值征税，纳税人为赠与人。分赠与税制也称受赠人税制，按照受赠人一定时期以内受赠财产的价值征税，纳税人为受赠人。

一般来讲，实行总遗产税制的国家往往同时采用总赠与税制，如美国就同时实行总遗产税制和总赠与税制；实行分遗产税制和混合遗产税制的国家通常采用分赠与税制，如日本实行分遗产税制，同时实行分赠与税制；意大利在2001年以前实行混合遗产税制，同时实行分赠与税制。但是也有例外，如韩国实行总遗产税制，但是赠与税的纳税人却是受赠人。

遗产与赠与税，作为财产课税体系中的重要分支，对公平社会财富、调节收入分配、抑制社会浪费、促进生产投资等方面，可起积极作用：一是调节社会分配。国家通过遗产与赠与税，实行区别税负，将拥有高额遗产者的一部分财产归为社会所有，用以扶持低收入者的生活及社会福利事业。二是增加财政收入。三是限制私人资本，在贫富悬殊社会里，缓和社会矛盾。四是抑制社会浪费。遗产继承所得和受赠财产，对接受者而言是不劳而获，容易使继承人和受赠人奢侈浪费。课征遗产税和赠与税，将一部分财产转为社会拥有，对抑制浪费，形成良好社会风气有一定作用。五是允许对公益事业的捐赠从财产额外负担中扣除，鼓励大众多向社会捐赠，有利于社会公益事业发展。六是平衡纳税人的心理。由于重课由继承遗产或接受赠与而得的非劳动所获财产，减少因血统、家庭等非主观因素带来的财富占有，使人们在心理上感觉较为公平。也有国家和地区出于吸引投资、吸引资金流入或其他考虑，没有设立遗产与赠与税或者废除遗产与赠与税。

参考文献：

蒋晓惠：《台湾遗产税和赠与税简介》，载于《涉外税务》1992 年第 12 期。

（贾康　李成威）

净财富税
Net Wealth Tax

净财富税又称净值税，是国家对纳税人的净财富征收的一种财产税，允许纳税人从财产总额中扣除债务及其他外在请求权，即就扣除后的财产余额课税。这里的纳税人根据国别不同有可能是企业也有可能是自然人，而净财富则是包括了动产和不动产在内的所有财产（王国清，2006）。

财富同收入一样，指某人或某企业所控制的经济资源。财富和收入的区别在于，财富一般指任何一时点上资源的存量，而收入是指一段时间内资源的流量。如果说所得税和商品税是对收入流量征税，那么，对财产或财富课税是对收入存量征税（李海莲，2004）。

财富税是包括在财产税之内的。但狭义的财富税，即净财富税，只对纳税人的全部净资产（包括动产和不动产）课征，因此，也称为"资产净值税"，有时也称为"资本税"。财富税可对企业、个人同时征收或区别化征收。

计算净财富税时，税基包括在适当估价日期所拥有的全部财产的净公平市场价值。也就是说，净值税是按财产总额减去债务部分，仅就其扣除后的余额课征。这种税同一般财产税有两点不同：第一，它是对财富征税，而不是对财产项目本身征税；第二，它是对净财富征税，即对资产和负债的差额征税，而不是对总财富征税。

净财富税是一种新的财产税，为许多国家（如德国、瑞士、荷兰、印度及拉丁美洲等国家）所采用，将它作为一种新的财政收入来源。

在大多数国家净财富税的纳税人仅为自然人，只有德国、印度等四个国家对公司也征此税，其课税对象是纳税人在一定时期中拥有的全部财产（包括动产和不动产），计税时要进行债务和有关项目扣除。各国都设有免税额，一般都比较低，是个人同期所得的 2～3 倍，而印度的净值税主要是对巨富者征收，免税额要高得多。多数国家采用比例税率，一般为 0.5% 或 1%，少数国家采用累进税率，为 0.5%～3%。税收征管时一般采用申报纳税，多以家庭为申报单位，配偶或子女的财产合并申报。一些由中央政府征收净值税的国家，在实际征收中与所得税同时申报，甚至用同一申报表。瑞士、丹麦则由地方政府征收（国家税务总局税科所，2009）。

参考文献：

王国清：《税收经济学》，西南财经大学出版社 2006 年版。

李海莲：《税收经济学》，对外经济贸易大学出版社 2004 年版。

［英］西蒙·詹姆斯：《税收经济学》，中国财政经济出版社 2005 年版。

国家税务总局税科所：《外国税制概览》，中国税务出版社 2009 年版。

财政部课题组：《财产税制国际比较》，中国财政经济出版社 1996 年版。

朱青：《国际税收》，中国人民大学出版社 2004 年版。

（贾康　李全）

一次总付税

Lump-sum Tax

一次总付税是一种定额税，纳税人采取任何行动都不能改变他的纳税义务，除非自杀或移民，而且税额不因纳税人的能力、财富、收入或支出的不同而不同。现实生活中几乎没有完全符合一次总付税定义的税种，唯历史上的人头税与此类似。

一次总付税是现代西方经济学重要的分析工具，特别是在一般均衡理论和福利经济学中得到应用，对经济模型的构建和经济理论的阐释起到特定作用。在一般均衡理论中，实施一次总付税或补贴等同于调整要素的最初禀赋，不会改变均衡的特征，而只会改变均衡点的位置。在福利经济学中，一次总付税用于对符合帕累托最优条件的社会福利状况进行调整。所谓帕累托最优是指资源分配的一种状态，即在不使任何人情况变坏的情况下，不可能再使其他人的处境变好。但达到这种最优条件时的社会财富分配却可能是不平均的，极端的情况是一个人拥有社会的全部财富，而其余人则一无所有。只有在这种情况下，用一次总付税办法可以纠正社会财富分配极端不平等的状况而不会破坏帕累托最优条件。

总体而言，由于一次总付税无视纳税人的纳税能力，如同人头税一样，因此不符合税收"按能力纳税"的原则，缺乏公平性。

参考文献：

华民：《公共经济学教程》，复旦大学出版社 1996 年版。

梁小民、睢国余、刘伟、杨云龙：《经济学大辞典》，团结出版社 1994 年版。

（贾康　李成威）

公司所得税
Company Income Tax，Company Tax

公司所得税以公司、企业法人取得的生产经营所得和其他所得为征税对象。世界上许多国家都将公司所得列为征税对象，并将这种所得税称为公司所得税。

法国税法规定，公司所得税是针对法人按年度征收的一种税，纳税人包括三类：一是资本公司，即股份公司、股份有限公司和责任有限公司，此类公司无论从事何种经营活动，均应缴纳所得税；二是选择缴纳公司所得税的其他企业，如民事公司、合伙公司、自由职业者等；三是从事盈利活动的民间团体、协会及政府管理的具有营利性质的服务机构。与大多数实行"全球性"原则的国家不同，法国公司所得税按"本土"原则征收。凡在法国境内从事经营活动的纳税人，无论法国公司还是外国公司均以平等身份照章纳税，在法国投资的外国企业不享受任何特殊优惠待遇。为避免双重征税，法国公司在境外经营所得只在所在国纳税，而法国政府不再对其征收所得税。

在英国，公司所得税是指公司税或法人税（Corporation Tax），于 1965年正式开征，结束了将公司视为非法人企业（Unincorporated Business）征收所得税和利润税（Profits Tax）的历史。

理论上，有法人实在说和法人拟制说两种不同观点。持法人实在说观点的人认为，公司法人是独立的经济实体，理应征税。持法人拟制说观点的人认为，公司组织的法人资格是虚构的，它是由自然人的股东组成的，不应当独立征税，否则会引起同个人所得税的重复课税。在实践中，世界各国已逐渐确立了单独课税制，对于重复课税问题已采取相应解决办法（解学智，2003）。

公司是依公司法规定设立的，全部资本由股东出资，并以股份形式构成的，以营利为目的的法人实体。而企业包括非法人企业（个人独资企业、合伙企业）和法人企业（公司）。我国实行的企业所得税，纳税人范围比公司所得税大。纳税人为所有实行独立经济核算的中华人民共和国境内的内外资企业，包括国有企业、集体企业、私人企业、外资企业、联营企业、股份制企业和有生产经营所得和其他所得的其他组织（是指经国家有关部门批准，依法注册、登记的，有生产经营所得和其他所得的事业单位、社会团体等组织）。独立经济核算是指同时具备在银行开设结算账户，独立建立账簿，编制财务会计报表，独立计算盈亏等条件。

我国实行的企业所得税有其制度演变过程，《中华人民共和国企业所得税暂行条例》在 1994 年工商税制改革后实行，把原国营企业所得税、集体企业所得税和私营企业所得税统一起来，克服了原来按企业经济性质的不同分设税种的种种弊端，贯彻"公平税负、促进竞争"原则，并为进一步统一内外资企业所得税打下了良好的基础。2008 年终于将此条例与《中华人民共和国外商投资企业和外国企业所得税法》合并为新的《中华人民共和国企业所得税法》。

参考文献：

解学智：《公司所得税（国外税制概览）》，中国财政经济出版社 2003 年版。

蔡昌：《新企业所得税法解读与运用技巧》，中国财政经济出版社 2008 年版。

李波：《我国个人所得税改革与国际比较》，中国财政经济出版社 2011 年版。

（贾康　李全）

个人所得税
Individual Income Tax

个人所得税是国家对本国和外国居住在本国境内的个人的所得以及境外

个人来源于本国的所得征收的一种收益税，不仅是国家财政收入的来源之一，而且也是调节收入分配、维持宏观经济稳定的手段之一。

个人所得有广义和狭义之分，个人所得税制中的个人所得概念，通常情况下是指广义的个人所得，即个人在一定期间内通过各种来源渠道或方式获得的一切经济利益，不论这种利益是常规取得还是偶然取得，是以货币、有价证券形式还是实物形式表现，都属于个人所得税课税对象。

目前，世界普遍实行的个人所得税制，大致分为分类所得税制、综合所得税制和混合所得税制三大类（韩国荣，2008）。我国目前对个人所得征税实行的是分类所得税制，将个人取得的各种所得具体划分为 11 大类，按不同的所得项目，分别采用不同的费用扣除标准、适用不同的税率和计税方法。

实行分类个人所得税税制，一般采用比例税率计征税款，其特点就是计算简便，便于源泉控管。可是，国家对个人征收所得税的另一目的是为了合理调节收入分配，促进社会公平。而最能体现这一功能特点的，就是对个人所得采用累进税率进行课税。我国现行的个人所得税制，仅对工薪收入部分实行超额累进税率，由纳税人所在公司或机构实行代扣代缴。

中国早在"中华民国"时期，就曾开征薪给报酬所得税、证券存款利息所得税。1950 年 7 月，政务院公布的《税政实施要则》中，就曾列举有对个人所得课税的税种，当时定名为"薪给报酬所得税"。1980 年 9 月 10 日第五届全国人民代表大会第三次会议通过《中华人民共和国个人所得税法》。现行的个人所得税制度于 1993 年颁布，经多次修订，最新版本是中华人民共和国第十一届全国人大常委会第二十一次会议于 2011 年 6 月 30 日表决通过的全国人大常委会关于修改个人所得税法的决定。根据决定，工薪收入的个税免征额从 2000 元提高到 3500 元，自 2011 年 9 月 1 日起施行。

参考文献：
韩国荣：《个人所得税实务》，中国财政经济出版社 2008 年版。
徐晔、袁莉莉、徐战平：《中国个人所得税制度》，复旦大学出版社 2010 年版。

（贾康　李全）

关税
Customs Duty，Tariff

关税是海关代表国家，对国家准许进出关境的货物和物品征收的一种流转税。

关税主要可分为进口关税、出口关税和过境关税。（1）进口关税是对进入关境的货物或物品所征收，是关税中最重要的一种，国际关税谈判中所指的关税就是进口关税。（2）出口关税是对本国出口的货物或物品征收。19世纪资本主义迅速发展后，国际贸易日益成为影响一国经济发展的重要因素，许多国家为降低本国产品成本而提高国际竞争力，已不征收出口关税。我国也在逐步缩小对本国出口商品的征税范围，现在的征税对象主要包括国内紧缺的原材料、矿产和一些受保护的稀有资源等。（3）过境关税是一国对通过其关境运往他国的货物或物品所征收，是关税最早期的一种形式。19世纪中后期以来，随着交通逐渐发达，国际贸易广泛开展，这种过境关税在许多国家被取消。1921年4月14日巴塞罗那会议上通过的过境自由公约正式宣布了过境关税的终结。

关税的主要职能为财政职能、保护职能和调节职能。财政职能和调节职能是指关税作为税收的一种，与其他税种一样具有筹集财政收入、调节经济的作用。保护职能主要指政府可以通过提高关税（进口关税）税率的办法限制和阻止外国商品输入本国，保护本国经济利益、政治利益等。但是"二战"后，随着国际经济一体化进程加快，各国实现全球贸易自由化的意愿加强，关税税率逐渐降低，其作为贸易壁垒的保护作用逐渐减弱。之后，通过各种隐藏的行政措施如"绿色壁垒"、"技术壁垒"、"环境关税"等，设置非关税壁垒来保护经济的办法在各国盛行起来。

从各个国家关税职能的发展历史来看，关税职能的发挥与一国的生产力发展水平密切相关，处于不同经济发展阶段，关税职能发挥的侧重点不同。在经济欠发达阶段，关税职能侧重于"财政"和"保护"；在经济发达阶段，关税职能侧重于"调节"。在当今开放的经济条件下，由于国际贸易日益发达，各国必须遵守与他国签订的贸易协定，且加入WTO（世界贸易组织）后，其关税制度还要受WTO规则的约束，所以，关税制度的具体设计是国家意志和国际惯例共同作用的结果，关税政策是关税职能发挥的重要载体。

关税是随着商品交换和商品流通领域的扩大以及国际贸易的发展而产生

和发展的，经历了使用费时代、国内关税时代和国境关税时代。最初的关税是征税人因纳税人的货物和物品使用了自己的道路、桥梁等设施而收取的使用费。早在公元前 5 世纪，古希腊就已经开始征收关税。当时，雅典是欧洲的贸易中心，作为使用港口的报酬，雅典对输出输入的货物征收 2% ~ 5% 的使用费。封建社会时期，封建主对其领地上的过往客商征收捐税，各城市也征收这种捐税。这一时期的关税为国内关税与国境关税并存，征收关税的主要目的是为了筹集财政收入。资产阶级政权建立后，为了发展资本主义生产，废除了封建割据形成的国内关税，实行统一的国境关税。1640 年，英国资产阶级革命取得胜利后，开始实行国境关税。随后，法国、比利时等国家也相继实行国境关税，关税的保护和调节职能才开始逐渐体现出来。

据史料记载，我国早在西周时期为防止外敌入侵和人员外逃就设有"关"，其主要任务是检查进出入境人员及其货物，但不征收关税。西周后期随着商品交换的发展，开始对通关的货物征收关税。鸦片战争后，我国关税自主权的丧失状况从清末一直延续到国民政府。新中国成立后，我国成立海关总署，由其统一领导全国海关机构和关境业务，并行使关税权。1949 ~ 1979 年，我国对外交往少，贸易额小，实行高关税保护本国产业的政策。1980 ~ 1992 年，我国对外经济贸易活动迅速发展，为保护和促进国民经济的发展而保证国家的关税收入，成为这一时期我国关税的主要特征。1992 年关税体制改革后，我国关税税率不断降低，关税职能的定位是以调节出口贸易和国际经贸关系为主，兼顾增加中央财政收入和保护幼稚产业。

关税按照计税标准的不同，可分为从价关税、从量关税、复合关税、选择关税以及滑准关税（指对同种商品制定适应其不同市价档次的税率，高档的税率低而低档的税率高，以稳定该种商品的国内市价，尽量减少国际市场价格波动影响）。以对进口货物的转出国的差别待遇为标准，关税又可以分为加重关税和优惠关税。其中，加重关税包括反倾销税和反补贴税；优惠关税包括互惠关税、特惠关税、普惠关税、最惠国关税。

参考文献：

平新乔：《财政原理与比较财政制度》，上海三联书店 1992 年版。

杨圣明：《中国关税制度改革》，中国社会科学出版社 1997 年版。

王普光：《关税理论政策与实务》，对外经济贸易大学出版社 1999 年版。

刘孝诚：《关税》，中国财政经济出版社 2002 年版。

黄天华：《中国关税制度》，上海财经大学出版社 2006 年版。

（贾康　程瑜　何平）

税收资本化
Capitalization of Taxation

税收资本化也称资本还原，或称"赋税折入资本"、"赋税资本化"、"税负资本化"等，是税收转嫁的一种特殊形式，即生产要素购买者将所购买的生产要素未来应纳税款，通过从购入价中预先扣除的方法，向后转移给生产要素出售者。比如纳税人在购买不动产或有价证券时，将以后应纳的税款在买价中预先扣除，以后虽然名义上是买方在按期缴纳税款，但实际上是由卖方负担。

税收资本化的实现是有条件的，要求被课税的商品必须具有耐久性，可以经受多次课税，而且可以预计今后各年应纳税额总数，如土地、房地产等，从而有助于从课税商品的资本价值中扣除；课税商品必须具有资本价值，而且拥有年利和租金额，比如长期债券、土地等，既有应纳税款，又有年利和租金，便于税款一次性收取和转嫁分期进行；课税商品不能是生产工具，因为生产工具如机器、设备、厂房等课税后税负可以转移到产品的价格上去，随产品出售而顺转给消费者，因此没有必要折入资本内，不能达到税收转化为资本的目的和要求（侯梦蟾，1990）。

税收资本化是商品经济发展到一定阶段的必然产物。在商品经济社会任何延迟纳税或预选征税的做法，都可成为税收资本化的表现形式。国外利润收入推迟汇回国的目的是推迟纳税，以便纳税者有更多的资本投入，扩大生产规模；国内纳税者延期纳税的目的，也是利用应纳税款协助其满足资本周转需要；政府预先征税是为了增加政府手中持有的资金量和投入资本量的目的。税收和资本有此种十分密切的关系，其原因在于税收和资本均以货币形态为其主要表现，征税要收取货币，资本投入也需要货币。货币可以是将税收转化为资本的联系纽带。

参考文献：
盖地：《税务会计与纳税筹划》，南开大学出版社 2003 年版。
侯梦蟾：《税收经济学导论》，中国财政经济出版社 1990 年版。
朱青：《企业转让定价税务管理操作实务》，中国税务出版社 2003 年版。

许善达：《中国税收负担研究》，中国经济出版社 1999 年版。

［美］迈伦·斯科尔斯等：《税收与企业战略》，中国财政经济出版社 2003 年版。

［美］哈维·S·罗森：《财政学》，中国财政经济出版社 1992 年版。

平新乔：《财政原理与比较财政制度》，上海人民出版社 1995 年版。

（贾康　李全）

资本利得税
Capital Gains Tax（CGT）

资本利得是指资本商品，如股票、债券、贵金属、房产、土地或土地使用权等，在出售或交易时发生收入大于支出而取得的收益，即资产增值。资本利得税是对投资者资本买卖所获取的价差收益（资本利得）所征的税。这仍然属于所得税的征税范畴，是公司、个人所得税应税所得纳税的组成部分。由于理解不同，在对资本利得是否征税，以及如何征税问题上形成了不同的处理方式，如视同普通所得征收资本利得税，以及对资本利得免税。

并不是所有国家都征收资本利得税。中国目前尚未开征资本利得税，但是有证券投资所得税，即对从事证券投资所获得的利息、股息、红利收入的征税。一般情况下，资本利得税并非独立存在，而是并入个人所得税体系。

目前，各国（地区）资本利得税的征收对长期投资资本利得与短期投资资本利得一般不作区分，但也有某些例外情况。德国对出售已持有 1 年以上的股票所获的收益和对出售已拥有 10 年以上的房地产所获的收益，都不征收资本利得税。中国香港地区没有资本利得税，以股票或股票期权形式获得的收入是不用缴税的，但中国香港地区的企业仍需为企业资本收益缴税。新西兰没有正式的资本利得税，但是某些资本利得被划入可征税的个人所得，因此将被征收个人所得税，比如股票交易所获收益。英国居民（以及信托的管理者）的资本利得，除了出售自己主要居所、个人储蓄账户（ISA）和持有英国国债所获的收益外，都要被征收资本利得税，但个人每年资本利得的一部分被豁免缴纳资本利得税。瑞典资本利得税率为已实现的资本利得的 30%。法国规定无论收入水平如何，资本利得税率统一，某些情况下，可以享受减免，比如出售自己的主要居所所获收益等。澳大利亚对已经实现的资本利得收益征收资本利得税，某些条款也规定对延期收益债征收资本利得税（国家税务总局税收科学研究所，2008）。美国个人和企业都要为资本利得缴税，但是，对于个人来说，长期投资的资本利得（超过 1 年的投资）税率较低，短期投资的资本利得税率较高，与一般所得税税率相同。美国允许个人利用有关税收规划策略来延迟缴纳资本利得税。与很多其他国家不同，美国公民无论居住在哪个国家，都要向美国国税局缴纳所得税。因此对美国公民来说，很难利用世界上的个人税收天堂来避税。虽然某些离岸银行账户宣称可以被用作税收天堂，但是事实上美国法律要求美国公民申报离岸银行账户的收入，否则将构成"漏税"。

参考文献：

资本利得课税研究小组：《资本利得课税理论与实践》，中国税务出版社 2003 年版。

王乔、席卫群：《比较税制》，复旦大学出版社 2004 年版。

国家税务总局税收科学研究所：《外国税制概览》，中国税务出版社 2008 年版。

财政部税收制度国际比较课题组：《美国税制》，中国财政经济出版社 2004 年版。

财政部税收制度国际比较课题组：《英国税制》，中国财政经济出版社 2004 年版。

［德］汉斯—沃纳、斯恩：《资本所得课税与资源配置》，中国财政经济出版社 1998 年版。

（贾康　李全）

边际税率
Marginal Tax Rate

边际税率是征税对象单位税基增加引起的税额增量占税基增量的比率。边际税率由税法规定，即征税对象每单位税基增加所适用的税率。以个人所得税为例，该税种的税基是个人应纳税所得额，个人所得税法规定的边际税率即为个人应纳税所得额增加时所适用的税率。当然，税法制定时不可能对每 1 元税额都规定相应的边际税率，而是按照一定数额的跨度划分等级的起点和止点的区间（即税收级距），并规定相应的边际税率。比如，税法可规定个人所得税中的劳务报酬实行 3 级超额累进税率，即对属于劳务报酬的应纳税所得额划分三个税收级距分别确定相应的边际税率。具体来讲，可规定个人劳务报酬应纳税所得额在 20000 元以下的部分，边际税率为 20%；超过 20000 元至 50000 元的部分，边际税率为 30%；超过 50000 元的部分，边际税率为 40%。这意味着，个人劳务报酬应纳税所得额只要在 20000 元以下，不论是第 1 元还是第 20000 元，适用的税率都为 20%；但是第 20001 元所适用的税率就为 30%，一直到第 50000 元适用的税率仍为 30%，第 50001 元适用的税率为 40%，以后无论再增加多少，每 1 元适用的税率都为 40%。由此可以计算，如果一个人的应纳税所得额为 60000 元，则其应纳税额为 17000 元（计算过程为：20000×20% +（50000 – 20000）×30% +（60000 – 50000）×40% =17000）。

与边际税率相对应的一个概念是平均税率，它是全部税额与税基之比。仍以个人所得税为例，平均税率为全部应纳税额与应纳税所得额之比。两者不同之处在于，边际税率是由税法规定的，而平均税率则是经过计算得出的。上例中个人应纳税所得额为 60000 元，其应纳税额经计算为 17000 元，则其平均税率可由计算得出为 28.3%（计算过程为：17000÷60000 = 28.3%）。边际税率有时不能全面真实反映纳税人的实际税负水平，而平均税率则可以。仍以个人所得税为例，如纳税人甲的劳务报酬应纳税所得额为 21000 元，纳税人乙的为 50000 元，则根据税法规定他们所适用的最高边际税率都是 30%；而甲的平均税率经过计算为 20.5%，乙的为 26%。可见，如果比较边际税率，甲乙适用的税率是相同的，而实际上两人的真实税负是不同的。因此，比较税负高低应该运用平均税率指标。

根据征税对象税基增加时边际税率不变、上升及下降的变化情况，可将税率依次划分为比例税率、累进税率和累退税率。比例税率是指边际税率不随税基规模的变动而变动，当税基规模增大时税率保持不变。对比例税率来说，平均税率与边际税率是相同的。累进税率是指边际税率随着税基规模的增大而提高的税率。对累进税率来说，其最高边际税率必定会超过平均税率。边际税率的提高会带动平均税率的上升，边际税率上升的幅度越大，平均税率提高就越多。累退税率与累进税率相反，是指边际税率随着税基规模的增大而降低的税率。对累退税率来说，其最低边际税率必定低于平均税率。边际税率的降低会带动平均税率的下降，边际税率下降的幅度越大，平均税率降低就越多。

边际税率的高低会影响经济主体的行为选择，比如在其他条件不变的情况下，所得税的边际税率越高，纳税人工作或生产的边际收益就越少，个人就可能越会倾向于以闲暇替代工作，企业就可能保持原有规模而放弃生产扩张。因此，边际税率的高低与税收收入的增减未必按同一方向变化，故边际税率的设置如何适度是十分重要的问题。

参考文献：

［英］西蒙·詹姆斯：《税收经济学》，中国财政经济出版社 1988 年版。

何振一：《理论财政学》，中国财政经济出版社 1988 年版。

（贾康　何平）

累进税率
Progressive Tax Rate

累进税率是税率的一种类型，为累退税率的对称，是指对同一征税对象，随其数量增加而征收比例也上升的税率，一般是将征税对象按数量的大小划分若干档次，对不同档次规定由低到高不同比率的税率。

累进税率作为一种税率结构，由来已久。早在 15 世纪的欧洲，佛罗伦萨就采用过累进税率（甘行琼，2005）。1791 年亚当·斯密在《国富论》中阐述了"公民对政府开支所做的贡献应与他们各自的能力成比例"的原则。同年，法国的《人权宣言》第 13 章中也提出，应根据每个公民的财力，平等分摊政府开支的负担。此后，"量能负税"（Ability to Pay）便成为税收公平的一个重要标志。而量能负税的具体实施就是采用累进税制。1889 年荷兰经济学家 A. J. 科恩·斯图亚特（Cohen Stuart）运用边际效用原理证明了累进税率的合理性。随着社会经济的发展，后来学者普遍认为，量能负税的原则还不足以证明一个特定的累进税收方案的合理性，也并不是累进的唯一根据，政府还从政治角度出发，为取得所需的货币收入而采用累进税率（杨晓明，1993）。

到 19 世纪初期，欧洲大陆开始普遍倡导累进税制。第二次世界大战以后，西方国家的累进税制变得十分复杂，边际税率之高、税率档次之多前所未有。早期的累进税率是作为与政府收入汲取机制相伴随的一种平等分配税收负担的工具出现的，到了后来更作为一种对收入进行再分配的手段而被重视。累进税率对近现代民族国家的发展做出了巨大贡献，在近现代政府职能目标的实现过程中发挥了重要作用。20 世纪 80 年代以来随着反政府干预思潮在西方的盛行，复杂的累进税制开始向较低税率、较少档次、较宽税基的简单累进税制演变（甘行琼，2005）。

按照累进依据和累进方式的不同，累进税率又可分为全额累进税率、超额累进税率、超率累进税率和超倍累进税率等（黄衍电，1998）。

全额累进税率是指征税对象的全部数额都按照与之相应等级的税率计税，一定征税对象的数额只适用一个等级的税率。其优点是计算简便，缺点是在所得额级距的分界点附近，税负不合理，往往造成纳税人增加的税额超过增加的所得额的不合理情况。

超额累进税率是将全部课税对象按照税率表的级距分割成若干段，分段使用由低到高不同的税率，各段课税对象应纳税额的总和，就是全部课税对象的应纳税额。超额累进税率在级距交界处税负累进较为合理，但计算较为复杂。为克服计算上的复杂性，在实际工作中，通常采用速算扣除数法计税（应纳税额＝用全额累进方法计算的税额－速算扣除数）。

超率累进税率是指对纳税人的全部征税对象，按其增长率规定相对量级距，划分为若干段分别适用由低到高不同的税率，各段应纳税额的总和就是全部征税对象的应纳税额。超率累进税率与超额累进税率的原理相同，不同的是前者以征税对象的增长率为累进依据，后者则以征税对象的数额为累进依据。如把前者各段的增长率换算成各段的绝对额，则超率累进税率就成为超额累进税率。

超倍累进税率是指对纳税人的全部征税对象按其数额增长中成倍的递进量值分段设计各级次适用的由低到高的征税比率。采用这种税率，先要对课税对象设计一个计税基数，作为累进依据。然后将课税对象的全部数额换算成计税基数的倍数，并从小到大设定级距分为若干级次，分别规定从低到高的税率。实际征税时，纳税人的全部课税对象数额就按相应级距划分为若干段，各段分别按相应的税率计算纳税。如果把上述基数的一定倍数换算成绝对额，则超倍累进税率就是超额累进税率。可见，超倍累进税率实际上是超额累进税率和超率累进税率的转化形式。

累进税率的特点是税率随税基的增大而逐步提高，税负呈累进趋势，使负担能力大者多负税，负担能力小者少负税，符合公平原则。由于累进税率对于调节纳税人收入有独特的作用和效果，所以在现代税收制度中，一般所得税都采用了累进税率。

参考文献：

贾康、白景明：《财政与发展》，浙江人民出版社 2000 年版。

高培勇：《公共部门经济学》，中国人民大学出版社 2001 年版。

何振一：《理论财政学》，中国财政经济出版社 2005 年版。

黄衍电：《中国税制》，中国财政经济出版社 1998 年第 3 版。

王诚尧：《中国社会主义税收》，黑龙江人民出版社 1986 年版。

马国强：《中国税收》，东北财经大学出版社 2008 年版。

杨晓明：《国外对累进税率与税收公平的新解》，载于《涉外税务》1993 年第 12 期。

甘行琼：《累进税率的制度经济学分析》，载于《税务研究》2005 年第 1 期。

董庆铮：《浅谈累进税率及其有关问题》，载于《中央财政金融学院学报》1983 年第 3 期。

（贾康　王敏）

累退税率
Regressive Tax Rate

累退税率也称"累减税率"、"逆进税率"，是指边际税率随课税对象的增加而递减的税率，与累进税率相反，征收累退税率，纳税人的收入越低，所承担的税负占其收入的比率越高。因此，它对收入再分配具有反向调节作用。

19 世纪后期西方经济学说提出了边际效用价值论，孕育了再分配论和累进税率的思想。20 世纪 30 年代，凯恩斯认为有效需求不足的一个重要原因就是社会消费倾向过低，而社会消费倾向过低又源自于所得和财富的分配不均，因此更加主张累进税率的扩张。同时，累退税率也因反向累进和进一步加剧贫富不均而被认为是"不良税率"。但是，20 世纪 70 年代后，西方经济陷入"滞胀"困境，供给学派认为，累进税率导致生产者的可自由支配收入太少，从而不利于投资和储蓄及经济的增长；累退税率则刚好相反，能够促进生产者扩大投资增加供给。虽然当时政府并没有采用累退税率，但20 世纪 80 年代以来美国的累进税率逐步下降了。

在世界各国税制中，对课税对象规定逐级递减的税率并不多见，但累退税率作为一种分析方法已被广泛使用，现代学者认为一些使用比例税率或定额税率的税种可能具有累退性（胡怡建，2004），如人头税的税率可以认为是累退的，因为边际税率和平均税率随课税对象的增加而下降，从税负占收入的比例看，这种税率就具有累退性；再如，对生活必需品征收的消费税一般采用比例税率，由于穷人与富人在必需品消费方面并无多大差别，故所承担的税负相近，但相对于穷人与富人的收入而言，却呈现出累退性（陈艳清，2008）。

累退税率具有有利于效用平等、鼓励提高资本效率和规模经济等优点，但它也存在着有违税收公平原则、影响社会稳定和计算比较复杂等缺陷。尽管如此，在某些特殊情况下，累退税率又有其他税率不可替代的作用。

参考文献：

贾康、阎坤：《中国财政：转轨与变革》，上海远东出版社 2000 年版。

杨志勇、张馨：《公共经济学》，清华大学出版社 2005 年版。

郝春虹：《我国现行税制结构考察——兼论现行流转税的累退性》，载于《财政研究》2006 年第 1 期。

廖又泉、龙菊梅：《实施负所得税制的必要性和可行性》，载于《华东经济管理》2005 年第 1 期。

陈艳清：《浅谈累退税率及其应用》，载于《经济视角》2008 年第 Z1 期。

尹佳利：《生态税收累退效应对策》，载于《公共财政》2007 年第 8 期。

（贾康　王敏）

公司现金流量税
Corporation Cash-flow Tax

公司现金流量税是以公司为纳税人和其在一定时期内的现金净流量（现金流入量减去现金流出量）为计税依据课征的税收。

这里的现金流量既包括真实交易，也包括金融交易和股权交易。因此，按照现金流量的不同衡量标准，公司现金流量税可以有不同的形式，但作为一种比较现实的选择，以真实交易为标准的公司现金流量税可能更为合适。因为在封闭经济中，股权交易和金融交易的现金流量在整体上可以相互抵消，因此征税的财政意义不大；在开放经济中，如果对股权交易的现金流量征税，就会干扰资本的国际流动，对征税国来说，会产生限制外国投资和鼓励本国资本对外投资的倾向，从而引起复杂的国际经济和政治问题。正因为如此，在国际税收学术讨论中，现金流量通常是以真实交易为标准的，而金融交易和股权交易的现金流量不纳入税基。因此，应纳入税基的现金流入主要包括公司销售商品或提供劳务获取的现金收入，而公司获得的借款和利息收入、吸收的现金股本和投资获得的股息收入均不征税；可以扣除的现金流出一般包括支付给职工的工薪支出和福利支出、支付给供货商的存货投资支出和设备投资支出等，而公司偿还的贷款和支付的利息支出、抽回的现金股本和支付的股息则不被列入扣除范围（朱为群，2001）。

公司现金流量税的典型特点是免除了对投资所得的税收，有利于促进储蓄和投资，进而推动经济的持续增长；若从技术上看，现金流量税是以收付实现制而不是权责发生制来确认收入和支出的，从而避免和摆脱了后者必然产生的许多问题，简化了税制，减少了随意性；而其在实务上的优点是定义的清晰和衡量的简便，克服了包括所得税内在的某些复杂性问题。这一税种在我国研究较少，在外国也鲜有实施，但却已引起了西方发达国家经济学家和政策制定者的关注。研究现金流量税的目的是试图用它来取代现行的所得税，将课税基础从所得转向消费，从而达到刺激储蓄、投资和经济增长的政策目标（迈克尔·J·博斯金，1997）。

现金流量税最早是由美国耶鲁大学的欧文·费雪（Irving Fisher）和他的兄弟赫勃特·费雪（Herbert Fisher）在他们开拓性的专著《建设性的所得税》中首次提出的，当时是想用以解决个人支出税的实施问题，后来才发展运用于公司部门（尼古拉斯·卡尔多，1955）。较早对公司现金流量税作出论证的是美国供给学派的代表人物马丁·费尔德斯坦，他提出改革公司所得税，建立公司现金流量税，就等同于对所有收入（除了新发行股票的收入）与所有现金支出（除了支付的股息）之间的差额课税，可消除对固定资本投资的歧视，也可以解决公司超额债务问题。

参考文献：

朱为群：《国外现金流量税研究情况》，载于《税务研究》2001 年第 6 期。

[美] 迈克尔·J·博斯金：《美国税制改革前沿》，经济科学出版社 1997 年版。

[英] 尼古拉斯·卡尔多：《支出税》，绿林出版社 1977 年版。

（贾康 李全）

自然资源税
Natural Resource Tax

我国的自然资源税，在立法上称为"资源税"。资源税是以各种自然资源的开发主体为纳税人，为促进资源集约开发利用、调节资源开发者的级差收入并体现国有资源有偿使用原则和增加政府收入，优化资源产品比价关系等目的而征收的一种税。

威廉·配第（William Petty）在《赋税论》（1662）中提出："土地乃财富之母，劳动乃财富之父"，成为资源经济学的思想发端。大卫·李嘉图（David Ricardo）在《政治经济学及其赋税原理》中提出了报酬递减规律，并专门论述了地租以及矿山租金。作为新古典经济学的集大成者以及剑桥学派的创始人，阿尔弗雷德·马歇尔（Alfred Marshall）最早提出了"内部经济"和"外部经济"，还指出依靠价格机制配置稀缺资源、以较高价格反映耗竭性资源的相对稀缺等资源经济领域的基础性理论，并分析了自然资源的级差收益以及准租金。

资源税可分为一般资源税和级差资源税两种类型。一般资源税是以自然资源的开发和利用为前提，而不管资源的好坏和收益的多少，其课征对象是绝对地租收入，带有资源补偿性质的税收；级差资源税是根据开发和使用自然资源的等级以及收益的多少而进行课征的税收，其课征对象是级差地租收入。世界各国大都将这两种类型的资源税结合在一起征收（安体富，2005）。

我国资源税具有以下特点：（1）对一些特定资源征税。自然资源是自然界存在的天然物质财富，如矿产资源、土地资源、森林资源、海洋资源、水资源、动物资源、植物资源、太阳能资源等。我国资源税是选择亟须用税收进行调节的一些矿产资源征税，如矿产品、盐等，但改革方向是扩大资源品种覆盖面。（2）具有收益税的特性。在我国，国家对自然资源拥有所有权，国家在凭借政治权力征税的同时，还有权利凭借对自然资源的所有权向资源的开发经营者收取占用费或租金。资源税的征收成为国家政治权利和所有权的统一，一方面体现了税收的强制性、固定性特征，另一方面则体现了国有资源占用的有偿性。（3）具有级差税的特性。不同的自然资源在客观上都存在着好坏、贫富、储存状况、开采条件、选矿条件、地理位置等很多差别，受这些客观条件的影响，不同资源的开采者和使用者在资源的丰富程度和收益的多少方面存在很大差距。对资源条件好、开采条件好、收入多的，多征税；对资源条件差、开采条件差、收入少的，少征税。（4）曾多年实行从量定额征收。即应纳税额的多少只与资源开采数量和销售数量有关系，与产品的成本和价格无关。在改革中的取向是改为从价定率征收。

资源税的功能和作用主要有：（1）调节自然资源的级差收益，排除因自然资源优劣而造成的分配上的不合理状况促进资源开发者公平竞争；（2）加强对资源的保护和管理,使资源得到合理开发和利用;(3)优化产业结构和区域经济结构;(4)与其他税种以及价格形成机制的市场化相互配合形成合力,发挥税收杠杆功能,促进降耗节能集约发展(贾康,2003)。

我国对资源课税,始于明末清初。如清康熙十四年(1675 年)颁布《开采铜铅之例》,规定:"采铜铅以十分内二分纳官,八分听民发卖"。纳官的二分称"矿税",便带有资源税性质。民国时期,北洋政府继续征收矿税,分为矿区税、矿产税、矿统税三种。1927 年国民政府将矿产税和矿统税合并为矿产税。1930 年公布矿业法后,规定矿商盘交矿区、矿产两种税。新中国成立后,资源税一度停征。1984 年 10 月 1 日,国务院决定开征资源税。鉴于当时的一些客观原因,资源税税目只有煤炭、石油和天然气三种,后来又扩大到对铁矿石征税。1987 年 4 月和 1988 年 11 月我国相继建立了耕地占用税制度和城镇土地使用税制度。国务院于 1993 年 12 月 25 日重新修订颁布了《中华人民共和国资源税暂行条例》,同年财政部还发布了资源税实施细则,自 1994 年 1 月 1 日起执行。修订后的"条例"扩大了资源税的征收范围,由过去的煤炭、石油、天然气、铁矿石少数几种资源扩大到原油、天然气、煤炭、其他非金属矿原矿、黑色金属矿原矿、有色金属矿原矿和盐等七种。2011 年 10 月 28 日,财政部发布《中华人民共和国资源税暂行条例实施细则》,从 2011 年 11 月 1 日起,石油、天然气将在全国范围内实行从价征收,税率定为 5%,煤炭等其他资源实行从量征收。2014 年 12 月 1 日起,煤炭资源税改为从价征收。但总的来看,我国资源税仍只囿于矿藏品,对大部分非矿藏品资源没有征税。未来资源税的改革方向是扩大征税范围、从价计税和提高征税标准。

参考文献:

贾康:《税制三题》,载于贾康:《转轨时代的执着探索——贾康财经文萃》,中国财政经济出版社 2003 年版。

许毅、陈宝森:《财政学》,中国财政经济出版社 1984 年版。

陈共:《财政理论与财政改革》,东北财经大学出版社 1995 年版。

马国强:《中国税收》,东北财经大学出版社 2008 年版。

贾康:《资源税改革时机已到可促相关经济关系优化调整》,载于《中国财政》2010 年第 10 期。

高培勇:《2010 年税改:将在审慎与务实中前行》,载于《中国税务》2010 年第 7 期。

张捷：《我国资源税改革设计》，载于《税务研究》2007 年第 11 期。

（贾康　王敏　程瑜）

环境税
Environmental Tax

环境税是指政府为实现特定的环境保护目标、筹集环境保护资金、强化纳税人环境保护行为而征收的税。也有人称之为生态税（Ecological Tax）、绿色税（Green Tax），是 20 世纪末国际税收学界提出的概念。环境税有狭义与广义之分。狭义的环境税是指国家为了保护环境与资源，对企业、单位和个人，按照其开发、利用自然资源的程度或污染、破坏环境资源的程度征收的税；广义的环境税是指国家开征的所有能够保护环境和资源的税收的总称，既包括为实现环保目的而专门征收的税收，也包括其他并非以环保为主要目的，但可对环境起到一定保护作用的税收。

环境税作为国家宏观调控的一个重要手段，其理论基础源于庇古税。剑桥学派的奠基人之一马歇尔在分析"公共物品"时提出了"外部性"概念，随后英国经济学家庇古（Pigou）在其 20 世纪 20 年代的名著《福利经济学》中对其进行了扩展和完善，将外部性分为正的外部性和负的外部性，纠正负的外部性的方案是政府通过征税来矫正经济当事人的私人成本。他认为污染是一种典型的负外部性，提出对单位污染征收等于污染所造成的边际社会损失的税收，即所谓庇古税。

环境税的积极作用主要有：（1）有利于资源优化配置。通过征收环境税，使环境污染和资源破坏者承担一定量的税收负担，外部成本内部化，有利于矫正他们对环境造成污染与破坏的行为，优化资源配置。（2）有利于促使企业改进技术，减少污染量。企业对环境污染程度越严重，缴纳的环境税就越多，成本随之增加，为了要获取最大利润，企业必须采用更先进的环境保护技术，减少环境污染。（3）环境税有利于环境资源的永续利用。通过征收环境税，既可调节环境和资源的利用，又能及时、稳定、足额筹集补偿资金，对环境综合治理和资源永续利用提供保障（邓筱燕、黄孝林，2000；白贵、周婷婷，2009）。

20 世纪，随着工业化的推进，许多国家发生了一系列重大环境污染事件，人类面临着日益严重的、累积性环境污染问题，生存和发展都受到严重威胁。加强环境保护，以税收强制手段控制全球环境退化问题，已成为世界经济可持续发展研究的核心问题。1972 年，联合国环境规划署召开了人类环境会议，强调发展与环境问题，并通过了《人类环境宣言》。1987 年，世界环境与发展委员会发表了《我们共同的未来》报告，使关注环境保护问题的可持续发展准则得以公认。随着全球宏观税负的提高，税收宏观调控的区域一体化发展，国际贸易中关税壁垒和绿色壁垒的宏观税收调控作用的凸显，世界各国已逐步开始探讨有关生态环境保护的"绿色环境税收"问题，促使经济学家庇古的"调节环境污染行为的绿色环境税收"理论得以付诸实践，于是顺应世界潮流的绿色环境税收应运而生。

国外环境税大体经历了三个阶段：（1）20 世纪 70 年代到 80 年代初。这个时期的环境税主要体现为补偿环境成本的收费，其产生主要是基于"污染者负担"原则，要求排污者承担监控排污行为的成本，主要包括用户费、特定用途收费等，尚不属于典型的环境税，只能说是环境税的雏形。（2）20 世纪 80 年代至 90 年代中期。这个时期的环境税种类日益增多，如排污税、产品税、能源税、二氧化碳税和二氧化硫税等纷纷出现。在功能上综合考虑了政策引导和财政功能。（3）20 世纪 90 年代中期至今。这个时期是环境税迅速发展的时期，为了实施可持续发展战略，各国纷纷推行有利于环保的财税政策以及碳税等新税种，许多国家还进行了综合的环境税制改革。总体来说，世界各国开征环境税愈加普遍，环境税费一体化进程也在不断加快，但由于各国国情、社会经济发展水平、面临的环境问题等有所不同，环境保护政策以及反映环境管理思路的具体税费结构存在很大差别，开征的具体税种、征管方法等也有很大不同。

我国自 1989 年颁布《环境保护法》以来，逐步发展了利用经济手段调控资源环境保护的环境费税制度。具体分为两类，一是环保方面的收费制度，如排污费、污染处理费、生态环境补偿费、水资源费等；二是涉及环保方面的税收制度，如对香烟、石油产品、交通设备、鞭炮焰火征收的消费税等。我国现行的环境收费制度存在诸多缺陷：因浪费和污染最严重的小企业量多面广难管理而收不到费，造成企业间不平等竞争；因资源补偿费远远低于资源本身价值，无法通过对供求关系的有效影响反映其稀缺性等。2011 年 10 月国务院发布了《关于加强环境保护重点工作的意见》指出，"积极推进环境税费改革，研究开征环境保护税"。2011 年 12 月财政部提出将适时开征环境税。2013 年十八届三中全会后，财税配套改革方案中，环境税改革是任务之一。

参考文献：

贾康、王桂娟：《改进完善我国环境税制的探讨》，载于《税务研究》2000
　　年第 9 期。

邓筱燕、黄孝林：《关于环境税的探析》，载于《上海会计》2000 年第
　　3 期。

雷明：《开征环境税的意义》，载于《时事报告》2007 年第 7 期。

吴俊培、李淼焱：《国际视角下中国环境税研究》，载于《涉外税务》2011
　　年第 8 期。

刘源、邹正峰：《国内外关于环境税问题研究的文献述评》，载于《财经政
　　法资讯》2011 年第 2 期。

葛蔡忠、王金南等：《环境税收与公共财政》，中国环境科学出版社 2006
　　年版。

高萍：《中国环境税制研究》，中国税务出版社 2010 年版。

（贾康　王敏）

中国的社会保险缴费
Social Insurance Contribution in China

　　社会保险是指依照国家法规，多渠道筹集资金，对劳动者在年老、失业、患病、工伤、生育而减少劳动收入时给予经济补偿，使他们能够享有基本生活条件的社会保障。社会保险费是指按当期职工工资总额的一定比例向社会保险机构缴纳的用于社会保险的款项。国际上很多国家将筹集社会保障（险）采用的税收形式，称为社会保障（险）税或工薪税。中国的社会保险缴费，则属于非税形式，由基本养老保险、基本医疗保险、工伤保险、失业保险、生育保险五个险种组成。

　　目前中国的社会保险仍然是一个带有"碎片式"特点的制度。基本养老和基本医疗保险，最开始是服务于企业改革而建立起来，覆盖的范围仅是城镇企业职工，随着经济社会发展，逐步覆盖全民，但按照人群区分城镇职工（城镇各类企业、事业单位职工、个体工商户和灵活就业人员）、城镇居民和农村居民三大群体。后两类人群的保险费多采用分档交费的模式，并不与工资水平挂钩，而城镇职工社会保险的缴费，则是采用比例费率的模式，与国外的工薪税有些类似。中国改革开放过程中社会保险缴费制度的初始规定是：

企业职工基本养老保险的缴纳比例是，职工所在企业缴纳 20%，职工个人承担 8%。按职工缴费工资的 11% 建立基本养老保险个人账户，职工个人缴费全部记入个人账户，其余部分从企业缴费中划入。职工退休后，个人账户养老金月标准为本人账户储存额除以 120。城镇个体工商户和灵活就业人员参加基本养老保险的缴费基数为当地上年度在岗职工平均工资，缴费比例为 20%，其中 8% 记入个人账户，退休后按企业职工基本养老金计发办法计发基本养老金。按照国家对基本养老保险制度的总体思路，未来基本养老保险的目标替代率确定为 58.5%。基本养老保险基金要纳入财政专户，实行收支两条线管理，严禁挤占挪用。

随着人口老龄化、就业方式多样化和城镇化的发展，现行企业职工基本养老保险制度还存在个人账户没有做实、计发办法不尽合理、覆盖范围不够广泛等问题。为与做实个人账户相衔接，从 2006 年 1 月 1 日起，个人账户的规模统一由本人缴费工资的 11% 调整为 8%，全部由个人缴费形成，单位缴费不再划入个人账户。同时，进一步完善鼓励职工参保缴费的激励约束机制，相应调整基本养老金计发办法。个人账户养老金月标准为个人账户储存额除以计发月数，计发月数根据职工退休时城镇人口平均预期寿命、本人退休年龄、利息等因素确定，由初始的 120 个月调整为 139 个月。

城镇居民养老保险和新型农村基本养老保险，缴费采取国家和个人共同负担的原则，个人缴费部分分为若干档，由参保人根据经济情况选择缴费的不同档次，国家财政给予适当补助。随着经济发展水平的提高，缴费和补助水平也不断提高。

基本医疗保险费的征缴范围：各企业职工，国家机关及其工作人员，事业单位及其职工，民办非企业单位及其职工，社会团体及其专职人员。按照不同的群体，设有不同的缴费比例，缴费比例为单位 6%，个人 2%；基本医疗保险基金由统筹基金和个人账户构成，个人缴费全部计入职工个人账户，单位缴费部分用于建立统筹基金，部分划入个人账户（一般为单位缴费的 30% 左右）。城镇居民医疗保险和新型农村合作医疗缴费则由国家和个人共同负担。

失业保险费的征缴范围：各类企业和事业单位及其职工。缴费比例为单位 2%，个人 1%。

上述三项社会保险缴费，加上工伤、生育保险缴费，中国的社会保险缴费达到工资的 40% 左右。

社会保险费实行集中、统一征收，具体征收机构由省、自治区、直辖市人民政府规定，可以由税务机关征收，也可以由劳动保障行政部门按照国务院规定设立的社会保险经办机构征收。

缴费单位必须向当地社会保险经办机构办理社会保险登记，参加社会保险。社会保险基金按照不同险种的统筹范围，分别建立基本养老保险、基本医疗保险、失业保险等基金，分别单独核算。社会保险基金不计征税费。

社会保险缴费所形成的基金，原来由各地分散管理，游离于预算之外。随着预算管理的加强，2012年后各级政府建立社会保险基金预算，纳入预算管理体系，进一步提高了社会保险缴费所形成基金的管理水平。

社会保险缴费的费改税和提高统筹层级问题一直成为人们讨论的焦点，有待在全面深化改革中形成基本共识与可行方案。

参考文献：

英国文书局：《贝弗里奇报告——社会保险和相关服务》，中国劳动和社会保障出版社2004年版。

世界银行报告：《防止老龄危机：保护老年人及促进经济增长的政策》，中国财政经济出版社1995年版。

葛寿昌：《社会保障经济学》，上海财经大学出版社1999年版。

吴敬琏：《当代中国经济改革》，上海远东出版社2004年版。

（贾康　赵福昌）

税收收入预测
Tax Revenues Forecasting

税收收入预测是指基于税收收入的主要影响因素和实证数据，运用数量模型和逻辑思维方法等手段进行分析推理，判断未来的税收收入情况。

税收收入预测对于制定税收计划，增强税收预见性，合理安排税收任务，正确处理税收与经济发展的相互关系具有重要现实意义。税收收入是衡量国家财力和政府在社会经济生活中职能范围的重要指标，税收收入预测和相应的税收计划也是世界各国政府普遍关心的问题。在市场经济条件下，国家预算既要考虑政府运转、宏观调控、基本建设支出的需要"量出制入"，又要以税收收入和非税收入为根据，"量入为出"。随着我国市场经济发展，国民经济的走向与变化已不再完全为计划所控制，无论是经济发展速度还是经济结构的调整都要受到市场变化的重大影响，这也要求我国的税收管理体系必须以基于市场机制的税收收入预测为重要信息，在依法经营的前提下力求掌握组织税收收入必要的主动性。

税收收入预测的内容首先是分税种预测，其后可合并为税收总量预测。根据不同税收类别和各个税种自身的特点，税收收入预测考虑的主要影响因素包括经济因素、政策因素、征管因素等。其中，经济因素主要为经济增长、投资、消费和进出口贸易等方面，政策因素主要为经济体制改革、税制改革和税收优惠政策调整等方面，征管因素主要为税收征管力度、征管模式和征管制度改革等方面。

税收收入预测方法和模型十分丰富，较为典型的有 IMF（国际货币基金组织）的税收努力指数分析法、美国政府间关系咨询委员会的代表性收入法等方法，以及回归模型、灰色模型、时间序列模型、CGE（可计算一般均衡）模型、投入产出法、神经网络模型、马尔可夫模型、组合模型等。我国政府对税收收入预测给予了很大关注，全国人大常委会预算工作委员会建立了全国税收收入预测模型和海关关税预测模型，国家税务总局等管理部门也组织有关单位对税收 CGE 模型进行了深入研究。

参考文献：

张晓峒：《计量经济分析》，经济科学出版社 2000 年版。

曾国祥：《税收学》，中国税务出版社 2000 年版。

国家税务总局：《中国税制》，中国税务出版社 2010 年版。

江之源：《经济预测方法与模型》，西南财经大学出版社 1999 年版。

何晓群、刘文卿：《应用回归分析》，中国人民大学出版社 2001 年版。

李子奈：《计量经济学》，高等教育出版社 2000 年版。

刘新利：《税收分析》，中国税务出版社 2000 年版。

何晓群：《现代统计分析方法与应用》，中国人民大学出版社 1999 年版。

（贾康　梁强）

中国 1994 年税制改革
Tax Reform of 1994 in China

中国 1994 年为匹配业已确立的社会主义市场经济体制目标模式，实施了与财政体制构建分税制相结合的全面税制改革。1992 年 10 月，党的十四大首次提出我国经济体制改革的目标是建立社会主义市场经济体制。此后一年多，积极酝酿、准备财税、金融等宏观经济体制改革，其中税制改革是重要组成部分。改革前，中国的税制虽已有"两步利改税"等重要进步，但仍存在税种重复设置、纳税人负担不合理、税收调节作用差等问题，更为严重的是，对许多企业实行的"包税制"，使税制名存实亡，已无法适应市场经济发展的需要。1993 年 8 月国务院常务会议通过了税制改革实施方案，经过准备于 1994 年 1 月 1 日起全面推行。

1994 年税制改革的指导思想是：统一税法、公平税负、简化税制、合理分权、理顺分配关系、保障财政收入，建立符合社会主义市场经济要求的税制体系。税制改革内容主要有以下几个方面：

第一，改革流转税制。原流转税体系是在 1984 年全面工商税制改革时建立起来的。主要税种有：产品税、增值税、营业税、对外商投资企业征收的工商统一税等。1994 年改革中，参照国际上流转税制改革的一般做法，根据公平、中性、透明、普遍的原则，保持流转税原有的总体负担水平，建立了以规范化的增值税为核心，消费税、营业税相互协调配套的新流转税体系。

改革增值税。改革后的增值税与原增值税相比，主要区别包括：一是扩大了征税范围。在货物的生产、批发、零售和进口环节以及加工、修理配节普遍征收增值税。对原增值税的征收范围，从工业环节部分工业品的销售，延伸到全部工业品，以及商业批发和商业零售环节。二是简化了税率。新老增值税均采用比例税率。原增值税有 11 档税率，新增值税只设三档税率，即 17%（基本税率）、13%（低税率）以及小规模纳税人的 6% 的征收率。三是由价内税改为价外税。原增值税是商品价格的组成部分，增值税的税金包含在价格之中。改革后，除销售环节外，新增值税不构成商品价格，按不含税金的销售额计算销项税金，由购货方支付。四是规范了计税方法。新增值税使用全国统一的专用发票，企业按发票上注明的税款进行扣除，简便易行。五是划分了小规模纳税人，简便计算征收。新增值税规定，生产经营规模小，会计核算制度不健全的纳税人为小规模纳税人，不能自己使用增值税专用发票，不进行税款抵扣，只按规定的征收率计算缴纳增值税。

开征消费税。消费税是对中国境内从事生产和进口应税消费品的单位和个人，就其销售收入或产品销售数量征收的一种税。征税的产品主要包括：烟、酒、化妆品、护肤护发品、贵重首饰及珠宝石、鞭炮及焰火、汽油、柴油、汽车轮胎、摩托车、小汽车 11 类产品。开征此税的目的，是调节消费结构，引导消费方向，并增加财政收入。

改革营业税。改革后的营业税与原营业税相比，主要区别包括：一是缩小了征税范围。改革后的营业税由原 14 个税目减为 9 个税目，原来的一些项目改征增值税。对提供劳务、转让无形资产和销售不动产征收营业税。二是简化了税率。根据基本保持原税负和中性、简便的原则，改革后的营业税，大部分行业税率为 5%，一小部分行业税率为 3%。

第二，改革所得税制度，包括企业所得税和个人所得税改革。

改革企业所得税。理顺并完善国家与企业的利润分配关系，为各种不同经济性质的企业创造平等竞争环境。改革的主要内容是取消按企业所有制形式设置所得税的做法，将国营企业所得税、集体企业所得税、私营企业所得税统一合并为企业所得税，实行统一的企业所得税制和 33% 的比例税率，对部分微利企业增设 27% 和 18% 两档优惠税率；同时，用税法规范税前列支项目和标准，建立新的规范化的企业还贷制度。

改革个人所得税。宗旨是对较高收入者征税，对中低收入者不征或少征，体现不使纳税人税负增加过多和总体税负有所降低的原则。改革的主要内容是将原个人所得税、个人收入调节税和城乡个体工商业户所得税合并，建立统一的个人所得税制。工资、薪金所得的月扣除额定为 800 元，对外籍人员另规定附加减除标准。其中，工资、薪金所得实行 5% ~ 45% 的九级超额累进税率；个体工商户的生产、经营所得实行 5% ~ 35% 的五级超额累进税率。

第三，改革其他税种。主要内容有：开征土地增值税、证券交易税、遗产和赠与税；改革城市维护建设税；调整撤并其他一些零星税种，包括取消集市交易税、牲畜交易税、资金税和工商调节税，将盐税并入资源税，将特别消费税和烧油特别税并入消费税；取消对外商投资企业，外国企业以及外籍人员征收的城市房地产税和车船使用牌照税，实行统一的房产税和车船使用税；调高土地使用税税额；下放屠宰税和筵席税；原有税种不作废的有外商投资企业和外国企业所得税、印花税、固定资产投资方向调节税。

1994 年的税制改革确立了社会主义市场经济税收制度的基本框架，形成了以流转税和所得税为主辅之以若干税种的较规范较完整的复合税制体系，是新中国成立以来规模最大、范围最广、内容最深刻的一次税制改革。经此改革，税种由原来的 43 个减少至 28 个，税制得到简化，结构趋于合理，税负趋于公平。在 1994 年改革基础上，逐步扭转了税收占国内生产总值比重逐年下降的局面，进一步增强了中央财政调控能力，为分税制创造了重要的配套条件。

参考文献：

谢旭人：《中国财政改革三十年》，中国财政经济出版社 2008 年版。

谢旭人：《中国财政 60 年》，经济科学出版社 2009 年版。

刘佐：《中国税制改革三十年》，中国财政经济出版社 2008 年版。

贾康：《中国财税改革 30 年：简要回顾与评述》，载于《财政研究》2008
年第 10 期。

丛明：《我国税制改革的成效、问题及展望》，载于《经济研究参考》2003
年第 87 期。

（贾康　程瑜　李婕）

费改税
Fee to Tax Reform

费改税也称税费改革，是指在对政府收费进行清理整顿的基础上，用税收取代一些具有税收特征的收费，进一步深化财税体制改革，建立起以税收为主，少量必要的政府收费为辅的政府收入体系。

改革开放以后，尤其是 20 世纪 90 年代后，我国收费项目和数额逐渐增加，预算外、"制度外"收费在若干年间不断膨胀。据有关部门统计，截至 1997 年年底，全国性的中央部门和行政事业性收费项目有 344 个，各类部门基金有 421 项，其中，经国务院或财政部批准的基金有 46 项，其余基金均为地方和有关部门自行设立。过多的收费直接加重了社会经济负担，严重影响企业的经营和投资。各行其是、不断膨胀的"乱收费"分散了政府财力，削弱了政府宏观调控能力，恶化了投资环境，造成整个社会资金运用的效率损失，严重危害了企业正常生产经营、农民群众正常生活、社会安定以及政府系统规范运作，对国民经济运行和改革的深化造成极大的负面影响，必须加以清理整顿。

我国"费改税"总的指导思想是分类进行，"分流归位"，即取消收费项目一部分，由费改税一部分，收费项目保留一部分，降低收费标准一部分，收费改为价格一部分。基本思路是：按照建立社会主义公共财政框架的要求，结合政府职能的转变，取消政府实施公共管理和提供普遍性服务收取的管理费，所需经费通过税收筹集，由财政预算统筹安排；将体现市场经营服务行为、由服务者向被服务者收取的费用转为经营性收费，所得收入依法征税；将政府为筹集资金支持某些重点产业和重点事业发展设立的政府性基金或专项收费，用相应的税收取代，通过税收形式筹集资金；保留政府向社会实施特定管理或提供特殊服务收取必要的规费，按照有偿使用原则，保留开发利用国有资源而向使用者收取的费用，并对资金实行规范化管理。

为建立规范的农村税费制度、探索从根本上减轻农民负担的有效办法，2000 年 3 月 2 日，中共中央、国务院印发了《关于进行农村税费改革试点工作的通知》，由此拉开税费改革序幕。农村税费改革首先在安徽以省为单位进行试点，并逐步扩大试点范围。其主要内容可以概括为："三取消、两调整、一改革"。"三取消"，是指取消乡统筹和农村教育集资等专门向农民征收的行政事业性收费和政府性基金、集资；取消屠宰税；取消统一规定的劳动积累工和义务工。"两调整"，是指调整现行农业税政策和调整农业特产税政策。"一改革"，是指改革"村提留"的征收使用办法。农村税费改革是规范农村分配制度，遏制面向农民的乱收费、乱集资、乱罚款和乱摊派，从根本上解决农民负担问题的一项重大措施，对于农民减负增收、促进农村发展、维护农村社会稳定具有重大意义。

除农村税费改革外，我国税费改革还有开征车辆购置税取代车辆购置附加费和实施成品油税费改革等。收费乃至乱收费产生的原因不仅仅是管理问题，更重要的是财税体制和深层次的制度问题，包括中央和地方财政管理体制、分税制的完善、税收制度、税收征管体制、地方税收管理权限、地方公债制度与地方国有资产管理制度以及政府职能转变等。这些问题需要综合考虑，纳入全面改革。

因此，按照社会公共需要与现代化发展战略重新界定政府职能，从而合理界定政府支出规模，在权衡"量出制入"和"量入为出"、规范政府收支行为的前提下，使税制改革和收费管理制度改革、公债与资产管理制度改革等多管齐下，实现财政体制、收入分配机制、民主和法制建设等的配合，应是今后税费改革的基础框架。

参考文献：

高培勇：《"费改税"经济学界如是说》，经济科学出版社 1999 年版。

贾康：《税费改革研究文集》，经济科学出版社 2000 年版。

高培勇：《中国税费改革问题研究》，经济科学出版社 2004 年版。

贾康、白景明、马晓玲：《"费改税"与政府收入规范化思路研究》，载于《管理世界（双月刊）》1999 年第 4 期。

（贾康　李婕）

增值税转型改革
Transformation of VAT Reform

我国的增值税转型改革是指将生产型增值税转为消费型增值税。增值税是对生产、销售商品或者提供劳务过程中实现的增值额征收的税种。根据对外购固定资产所含税金扣除方式的不同，增值税分为生产型、收入型和消费型三种类型。生产型对固定资产的增值税不予抵扣；消费型允许对固定资产的增值税进行一次性抵扣；收入型则是对固定资产当期实现的增值额（相当于折旧部分）征税。目前，世界上大多数国家都采用消费型增值税。

1994 年正式全面推行增值税时，正值宏观经济寻求"软着陆"，出于对投资过热、通货膨胀、财政资金紧张等综合因素的考虑，规定对购置固定资产所含进项税额不得抵扣。在当时，这既有利于遏止非理性投资、防止通货膨胀加剧，又能增加税收收入。其后随着我国经济发展，生产型增值税的重复征税、抑制投资、阻碍技术更新等弊端逐步显露出来，国家对增值税转型试点的研究随即展开。从 2004 年 7 月起，在东北地区"三省一市"（黑龙江省、吉林省、辽宁省和大连市）的装备制造业、石油化工业、冶金业、船舶制造业、汽车制造业、农产品加工业等 8 个行业开始实施扩大增值税抵扣范围，即"生产型"转为"消费型"的试点改革；2007 年 7 月起，又将增值税转型改革试点范围扩大到中部 6 省 26 个城市，2008 年继续扩大改革试点范围到内蒙古东部 5 盟市和汶川地震受灾严重地区（除国家限制发展的特定行业外的所有行业）。一系列试点为增值税的全面改革积累了经验。为抵御 2008 年国际金融危机后国际经济环境对我国的不利影响，2008 年 11 月 5 日，国务院第 34 次常务会议决定自 2009 年 1 月 1 日起在全国范围内实施增值税转型改革。

这次增值税转型改革的主要内容包括：允许企业抵扣新购入设备所含的增值税；取消进口设备免征增值税和外商投资企业采购国产设备增值税退税政策；将小规模纳税人的增值税征收率统一调低至 3%；将矿产品增值税税率恢复到 17%。与前期试点改革相比，此次全国增值税转型改革方案在三个方面作了调整：一是企业新购进设备所含进项税额不再采用退税办法，而是采取规范的抵扣办法，企业购进设备和原材料一样，按正常办法直接抵扣其进项税额；二是转型改革在全国所有地区推开，取消了地区和行业限制；三是为保证增值税转型改革对扩大内需的积极效用，转型改革后企业抵扣设备进项税额时不再受其是否有应交增值税增量的限制。

增值税转型改革允许企业抵扣其购进设备所含的增值税，也成为积极财政政策的重要组成部分，有利于消除生产型增值税制存在的重复征税因素，降低企业设备投资的税收负担，鼓励投资和扩大内需，促进企业技术进步、产业结构调整和经济增长方式转变，对于提高我国企业竞争力和抗风险能力，克服国际金融危机的不利影响，起到了积极作用。

但是，增值税转型改革全面推开后仍面临着一系列问题，需要进一步研究解决：

第一，财政收入先降后升，短期内造成财政压力。增值税在我国税收收入中占据着较大比重，转型后由于外购固定资产所含增值税款允许抵扣，使得消费型增值税的税基小于生产型增值税的税基，在保持原有税率不变的情况下，势必会在转型初期引起增值税减收。

第二，固定资产税款抵扣存在诸多问题。首先，存量固定资产的税款不能抵扣。这次增值税转型改革，只允许抵扣新增机器设备（固定资产）所含税款，对存量固定资产的税款则不准扣除。这将在一定程度上造成企业之间的不平等。经营好的企业在同等条件下宁愿购买新的固定资产而不愿实施兼并，从而不利于企业资产重组，诱发盲目投资和重复建设。其次，房屋建筑物税款不能抵扣。由于建造房屋建筑物所购各项材料需缴纳的增值税额不允许抵扣，无形地中断了增值税征收链条，造成重复征收问题。

第三，税制结构不合理，限制了增值税优越性的发挥。消费型增值税课税对象主要是商品，而劳务则属营业税征收范围，这就使增值税转型在第三产业领域的影响极为有限。增值税与营业税适用范围不同，抵扣衔接不顺畅，不能最大限度地发挥消费型增值税的优势。

第四，中央、地方税收利益分配矛盾更加凸显。在我国目前分税制体制中，增值税由中央与地方按照 75：25 的比例分成，营业税则基本归地方，在地方税收收入中占较大比例。随着增值税转型改革，增值税征税范围扩大，将使变化中的地方收入承受更大压力。

参考文献：
许善达：《国家税收》，中国税务出版社 2007 年版。
国家税务总局货物和劳务税司：《增值税转型：税制改革与经济发展共赢》，载于《中国税务》2009 年第 1 期。
刘剑文：《机遇与挑战：全球经济危机下的中国增值税转型改革》，载于《中国税务》2009 年第 1 期。

马国强：《增值税转型的预期效应》，载于《中国税务》2009 年第 1 期。
高培勇：《增值税转型改革：分析与前瞻》，载于《税务研究》2009 年第 8 期。
杨志安：《完善增值税转型改革的对策》，载于《税务研究》2010 年第 11 期。

（贾康　李婕）

增值税扩围改革
Expansion of VAT Reform

增值税扩围改革是指将增值税征税范围扩大至全部的商品和服务，以增值税取代营业税，简称"营改增"。

1994 年分税制改革以来，增值税和营业税是我国流转税领域的两大主要税种，其中增值税的征税范围包括在我国境内销售、进口货物以及提供加工、修理修配劳务，而营业税的征税范围主要覆盖了第三产业的大部分劳务行为以及无形资产转让和不动产销售。这一制度安排适应当时的经济体制和税收征管能力，为促进经济发展和财政收入增长发挥了重要作用。但随着市场经济的发展和完善，这种按行业分别适用不同税制的做法，日益显现出其内在的不合理性和缺陷，对经济运行造成了一系列扭曲，不利于经济结构转型。从完善税制的角度来看，增值税和营业税并行破坏了增值税的抵扣链条，使增值税的中性效应大打折扣。从产业发展和经济结构调整的角度来看，将大部分第三产业排除在增值税的征税范围之外，对服务业的发展造成了不利影响。从税收征管的角度看，两套税制并行造成了税收征管实践难题，特别是随着多样化经营和新经济形式的不断出现，税收征管面临新的挑战。

为进一步解决货物和劳务税制中的重复征税问题，完善税收制度，支持现代服务业发展，国务院决定，从 2012 年 1 月 1 日起，在上海交通运输业和部分现代服务业中开展营业税改征增值税试点，由此拉开了增值税扩围改革的序幕。此后，北京、深圳、江苏、天津、重庆等地相继提出了增值税扩围改革试点方案。随着试点范围的扩大，营业税改征增值税改革在"十二五"期间将逐步推向全国。

推行增值税扩围改革，是继 2009 年全面实施增值税转型之后，货物劳务税收制度的又一次重大改革，也是一项重要的结构性减税措施。它有利于完善税制，消除重复征税；有利于促进社会专业化分工和三次产业融合；有利于降低企业税收成本，增强企业发展能力；有利于优化投资、消费和出口结构。

虽然"营改增"意义深远，但是将服务业纳入增值税征收范围，对产品和服务实行统一的货物和劳务税制，也有许多棘手的问题需要解决，既有税收征管方面的技术性难题，也有财政管理方面的体制性障碍。主要包括：

一是扩围顺序如何选择。我国营业税征税范围包括建筑业、交通运输业、金融保险业、邮电通信业、文化体育业、服务业、转让无形资产、销售不动产、娱乐业共9个行业，这9个行业的特点各异，差异较大。在增值税的扩围上，首先要考虑这些行业是一次性全部纳入增值税征收范围，还是采取渐进方式分批纳入增值税征收范围？如果采取一次性全部纳入增值税征收范围，其优点是改革比较彻底，可以根本解决营业税与增值税两税并存对企业生产经营行为的扭曲，但是将对税收征管提出很高的要求。如果采取渐进方式分批纳入增值税征收范围，则可以将改革的负面影响控制在可承受范围内，但是改革不彻底，可能造成改革过渡时间太长，并且哪些行业先纳入增值税征收范围，哪些行业后纳入，分几步纳入，其依据是什么，要不要设定时间表，这些都必须周密考虑。

二是增值税税率如何设定。增值税取代营业税后，如何调整税率将成为一个共同关注的问题。在现行税收制度中，营业税按行业设置了三种税率，即交通运输业、建筑业、邮电通信业、文化体育业税率为3%，金融保险业、服务业、转让无形资产和销售不动产税率为5%，娱乐业税率为20%。如果这些项目全面纳入增值税征收范围后，是统一按现行的标准税率（17%）征税，还是另设一档税率？如果另设，税率水平多高合适？现行适用不同营业税税率的项目，是否适用同一档税率，还是应有所区别？

三是财政管理体制如何调整。根据我国目前的分税制体制，营业税（除了银行业、铁道部、保险公司外）属于地方税，由地方税务局征收；增值税属于中央、地方共享税，分成比例为75:25，由国家税务局征收。由于目前地方财政对营业税的依赖度较高，增值税扩围，将导致地方财政收入大幅度降低，势必对现行财政管理体制造成冲击。如果调整财政管理体制，是通过改变增值税的分成比例调整，还是通过其他方式调整？

虽然这一改革难度不小，但是，鉴于其对我国服务业发展和产业结构优化调整具有重要意义，同时，对货物和劳务实行统一的税制也是国际上通行的做法，因此，在坚定改革决心前提下形成了增值税扩围改革的思路：

关于增值税扩围顺序的选择。采取渐进方式分批进行更加符合我国改革的"路径依赖"。交通运输业与企业的生产经营活动关系密切，其他与生产密切相关的服务业（如物流业、融资租赁业）也应先行改革。考虑到我国税收征管情况以及财政承受能力，短期内把金融业、销售不动产纳入征收范围有难度，可以等条件更成熟后再行扩围。

关于增值税税率的设定。改革后增值税税率的确定必须兼顾产业发展、企业负担、政府收入、税制特点等各方面要求，不宜再提高增值税税率，档次也不宜设置过多，以免影响增值税中性特点的发挥。可以保持17%的基本税率不变，对于目前征收增值税的行业来说，由于其购进服务所承担的增值税可以抵扣，其实际税收负担情况也将下降。对于确因改革造成税收负担变化过大的行业，可以给予其一定的过渡期，最终通过价格的调整消化税收负担的变化。对于娱乐业，由于原适用的营业税税率较高，改革使其税收负担明显降低，可以通过消费税辅助进行调节。对于公共服务业，如教育、卫生、公共交通等，应给予免税或优惠税率。

关于财政管理体制的调整。在增值税扩围后，为弥补地方财政收入缺口，一个最简单的处理是相应提高增值税的地方分享比例。然而，这一简单的调整显然会进一步加剧现行增值税收入分享体制的弊病。有鉴于此，应该借增值税扩围这一契机，重新构建我国增值税的收入分享体制。为更好地发挥增值税的经济效率，促进各类经济要素在全国范围内的无碍流通和全国统一大市场的完善，增值税的税权应归属中央政府，由中央政府统一立法、在全国范围内统一征收管理，在分配上仍可实行中央和地方分成，但依据不再仅是各地征收的增值税数额，而是各地的人口数量、消费能力、基本公共服务需要，以及地方政府的财政收入能力等诸多因素。此外，有必要加快房产税改革和资源税改革，增加地方政府收入，使它们成为地方政府的主体税种，构建完善稳定的地方税体系。

参考文献：

许善达：《国家税收》，中国税务出版社 2007 年版。

汪德华、杨之刚：《增值税"扩围"——覆盖服务业的困难与建议》，载于《税务研究》2009 年第 12 期。

龚辉文：《关于增值税、营业税合并问题的思考》，载于《税务研究》2010 年第 5 期。

贾康、施文泼：《关于扩大增值税征收范围的思考》，载于《中国财政》

2010 年第 19 期。

魏陆：《扩大增值税征收范围改革研究》，载于《经济问题探索》2011 年第 7 期。

（贾康　程瑜　李婕）

税收征管与遵从
Tax Administration and Compliance

税收征管与税收遵从是税制运行的两大要素。由于征纳双方目标的天然差异性，再加上双方信息不对称等因素的长期客观存在，纳税遵从与税收征管两者间的博弈是一个永恒的话题。

税收征管是指国家税务征收机关依据税法、征管法等有关法律法规规定，对税款征收过程进行的组织、管理、检查等一系列工作的总称。广义的税收征管包括各税种的征收管理，主要是管理服务、征收监控、税务稽查、税收法制和税务执行五个方面，具体涉及税收行政执法，包括纳税人税务登记管理、申报纳税管理、减免缓税管理、稽查管理、行政处罚、行政复议等管理；以及税收内部管理，即以宏观经济管理需要出发而运用税收计划、税收会计、税务统计、税收票证等进行的内部管理活动。

税收征管是将潜在的税源变为现实的税收收入的实现手段，也是贯彻国家产业政策，指导、监督纳税人正确履行纳税义务，发挥税收作用的基础性工作。

税收遵从是从国外翻译过来的术语，简单说就是纳税人遵守税法之意。税收遵从的研究起源于美国，从新古典经济学理性经济人假定和经典博弈论到多因素分析，使研究接近现实情况。对影响遵从因素进行深入分析，有利于有针对性地强化税收征管。

对纳税人遵从行为的理论研究最早源于阿林哈姆和桑德默（1973）的逃税模型，该模型构建了一个基本的个人逃税决策框架，主要是从理论上分析纳税人在不确定情况下如何选择申报额，使自己预期效用最大化。该模型涉及影响纳税人逃税的主要因素是罚款率、查处概率。

西方经济学之父亚当·斯密在其著名的《国民财富的性质和原因的研究》一书中提出了赋税四大原则，其中有三个与税收遵从成本直接或者间接相关，其中"确定"和"简便"是针对税收遵从成本而言的，而"经济"原则既同征收成本有关，也同税收遵从成本有关。斯密在经济原则中谈到，"税吏频繁的访问及可厌稽查，常使纳税者遭受极不必要的麻烦、困扰与压迫。这种烦扰严格地讲，虽不是什么金钱上损失，但无疑是一种损失，因为人人都愿设法来摆脱这种烦扰"。这里提到的"烦扰"恰是税收遵从成本中的心理成本。19 世纪后期，德国政策学派的代表人物瓦格纳提出了税务行政原则，指出征收费用不单纯指税务稽征的费用，还应包括因征税而直接负担和间接负担的费用。

参考文献：

薛菁：《税收遵从成本研究：国外文献综述》，载于《西安财经学院学报》
　2009 年第 5 期。
李林木：《国外税收遵从成本研究述评》，载于《涉外税务》2004 年第 8 期。

（贾康　孙洁）

税收天堂
Tax Haven

税收天堂一般指以低税收或零税收来吸引外国投资的国家和地区。

税收天堂在向外国投资者提供有吸引力的低税甚至无税投资环境的同时，行政监管或限制力度也很小，投资活动缺乏信息透明度。税收天堂通常具有以下四个特点：一是政治稳定且具备健全完善的法律制度。税收天堂政治上的稳定性是其税收政策和制度稳定性的前提条件，而健全的法制可以保护外国投资者的权益，有利于高效率地从事经营管理活动。税收天堂基本都制定了严格保护银行秘密和商业秘密的法律制度，政府对商业活动的干预很少，投资者享有很大的经营自由权。二是低税率简税制。税收负担低是税收天堂的基本特征和最重要的条件，税收负担越低，对投资者越具有吸引力。税收天堂在重要的所得税类型上，几乎都是低税或不课税。税制结构也十分简单，基本没有流转税，商品进出口税十分宽松。三是地理位置优越且配套设施健全。税收天堂优越的地理环境、便利的外部交通和完善的内部设施能够充分满足跨国投资者往来以及现代生产、经营和管理的需要。大都具有发达的国际航空等交通基础设施，现代化、高效率的电讯设施，宽松的外汇管理手段，便利的资金筹措渠道，而且地理位置距北美、西欧、东南亚和澳大利亚等高税负的经济发达国家较近。四是对跨国投资者的经营活动以及财产的保密措施严密。有利于帮助国际投资者规避相关税收。税收天堂的商业、银行业几乎都具有完善严密的保密制度，甚至还以立法的形式对跨国投资者的经营活动及其财产实施保密。

按税收优惠的程度及相关条件，税收天堂大致可以分为三类：第一类，对投资者所得及财产完全不征税。这类国家和地区都有将来不会立法征税的法律保证，很少和其他国家签订税收协定，也不会主动与外国交换税收信息，并且为企业的合法经营提供财务保密，主要包括巴哈马、百慕大、开曼群岛、特克斯与凯科斯群岛、瓦努阿图等。第二类，对特定公司免税或低税。这类国家和地区普遍课征综合所得税，但控股公司、信箱公司、金融公司、投资公司、受控保险公司等合乎条件的特定公司例外，且要求公司全部或大部分经营活动必须在境外进行，主要包括巴巴多斯、根西和泽西两岛等海峡群岛、塞浦路斯、直布罗陀、马恩岛、卢森堡等。第三类，对外国来源的所得不征税，包括哥斯达黎加、马来西亚、巴拿马等。

参考文献：
朱青：《国际税收》，中国人民大学出版社 2001 年版。
刘隆亨：《国际税法》，法律出版社 2007 年版。
张诗伟：《离岸公司法理论、制度与实务》，法律出版社 2004 年版。
陈松林：《避税与逃税方式、实例、对策》，四川人民出版社 1993 年版。
廖益新：《国际税法学》，高等教育出版社 2008 年版。
邓力平、陈涛：《国际税收竞争研究》，中国财政经济出版社 2004 年版。

（贾康　梁强）

转移定价
Transfer Pricing

转移定价是指跨国公司内部关联企业之间相互销售货物、提供劳务、借贷资金以及租赁和转让有形与无形财产等经济往来时人为确定价格的方式。以这种形式确定的价格，也被称作转移价格。

转移定价主要分为三类：

第一，利用有形商品交易进行的转移定价。根据转移定价的动机，此类转移定价包括三种情形：一是以减轻所得税和预提税负担为目的的跨国公司转移定价。处在高税区的母公司（子公司）向处于低税区或无税区的子公司（母公司）出售商品时，采用调低价格的做法，减少位于高税区的关联企业利润。处于低税区或无税区的母公司（子公司）向位于高税区的子公司（母公司）出售商品时，采用调高价格的做法，将利润集中在低税区或无税区。高税区的关联企业减少了税前利润，就缩小了所得税与预提税的纳税基数，从而减轻了所得税和预提税负担。二是以降低关税负担为目的转移定价。出口商品的关联企业降低产品的价格，以降低纳税基数，在进口国税率不变时降低关税。三是以独占或多得合资企业利润、避免外汇风险、绕过东道国外汇管制为目的的转移定价。通过设在东道国的跨国公司"高价购进、低价销售"的方式，尽量减少东道国关联企业的利润。

第二，利用跨国公司内部贷款进行的转移定价。在外部交易市场上，资金借贷是有偿的，其价格就是利息。跨国公司的转移定价就是人为调高或降低利率或者是采用预付利息、不收取利息的方法来影响特定子公司的经营成本和利润水平，以增强子公司的实力，或减少税负支出。

第三，利用分摊管理费和支付特许使用费进行的转移定价。跨国公司的分支机构在开展业务工作中，经常会需要母公司提供管理、财会、审计、技术等方面的咨询以及培训、科研、设计、维修等服务。各子公司必须向母公司提供劳务费用、技术使用费用。如果要降低子公司、分公司在当地的利润水平，母公司就会提高劳务费、技术的特许使用费。这样也可以起到减少在东道国纳税、减少汇率变动的风险等作用。

转移定价对跨国公司具有显著的利益。

首先，可以减轻跨国公司的税收负担。跨国公司通过转移定价将利润集中在低税或无税的国家（地区），可以有效避税，达到少交或不交所得税的目的。大多数国家对外国公司或个人在本国境内取得的收入（例如股息、利息、租金、特许权使用费等），往往以毛所得为税基征收预提税，通过转移定价减少毛所得，可以减轻预提税负担，还可以通过调低商品价格降低缴纳关税的基数，以减轻关税负担。

其次，可以增加跨国公司利润转移收入。为了独占或多得利润，跨国公司母公司可以利用自己与海外子公司进行交易的机会，通过转移定价，将子公司利润转移到跨国公司的关联企业，使合资企业的利润减少或亏损。这样东道国合资方不仅无法得到自己应得的那部分利润，反而要分担一定比例的"亏损"。

再次，可以规避东道国的价格管制。跨国公司通常在需要实行垄断高价时，人为调高从国外进口原料、半制成品的价格，或者支付高昂的技术使用费，抬高生产成本；在需要低价倾销高品时，人为调低从国外进口原材料、半制成品的价格。在遇到东道国价格监管时，他们往往能够以正常利润水平为由，规避东道国的价格管制。

最后，可以规避外汇风险。当跨国公司预期某东道国的货币有贬值风险时，就通过高价向该东道国关联企业提供原材料、低价收购其产成品等方式，将利润从该关联企业转移出去，起到避免关联企业所得利润贬值的作用。

此外，还可以绕过东道国外汇管制。为了及时从东道国取得股息、红利，跨国公司也会使用转移定价让设在东道国的关联企业高进低出，或者支付母公司高额的技术指导费、劳务费等，及时将利润从关联企业调出。

参考文献：

计金标：《税收筹划》，中国人民大学出版社 2004 年版。

刘永伟：《转让定价法律问题研究》，北京大学出版社 2004 年版。

朱青：《国际税收》，中国人民大学出版社 2001 年版。

张诗伟：《离岸公司法理论、制度与实务》，法律出版社 2004 年版。

陈松林：《避税与逃税方式、实例、对策》，四川人民出版社 1993 年版。

孙国辉：《跨国公司内部贸易研究》，山东人民出版社 2002 年版。

朱青、汤坚、宋兴义：《企业转让定价税务管理操作实务》，中国税务出版社 2003 年版。

（贾康　梁强）

逃税与避税
Tax Evasion and Tax Avoidance

逃税是指纳税人故意或无意采用非法手段减轻税负的行为，包括以隐匿收入、虚开或不开相关发票、虚增可扣除的成本费用等方式逃避税收。避税是指纳税人利用税法上的漏洞或税法允许的办法，作适当的财务安排或税收策划，在不违反税法规定的前提下，达到减轻或避开税负的目的。

企业避税的方式主要包括以下几个方面：

一是利用税收的差异性。利用国与国之间、地区与地区之间税负差异避税，如经济特区，经济技术开发区等；利用行业税负差异避税，如生产性企业，商贸企业，外贸出口企业；利用不同纳税主体税负差异避税，如外资企业、民政福利企业等；利用不同投资方向进行避税，如高新技术企业；利用组织形式的改变避税，如分设、合并、新办；改变自身现有条件，享受低税收政策，如改变企业性质，改变产品构成，改变从业人员身份构成等。利用特殊税收政策，如三来一补、出口退税等。

二是利用税法本身存在的漏洞避税。利用税法中的选择性条文如增值税购进扣税的环节不同，房产税的计税方法（从租从价）不同；利用税法条文的不一致、不严密，如起征点、免征额等；还有利用一些优惠政策没有规定明确期限的，如投资能源、交通以及老少边穷地区再投资退税等，无时间限制。

三是通过转移定价避税。关联企业高进低出，或者低进高出，转移利润，涉及企业所得税，营业税或增值税等；改变利息、总机构管理费的支付，影响利润；改变出资情况，抽逃资本金等，逃避税收。

四是通过资产租赁避税。如关联企业中，效益好的向效益差的高价租赁设备，调节应纳税所得，以求得效益好的企业集团税收负担最小化；关联企业之间资产相互租赁，以低税负逃避高税负，如以缴纳营业税逃避缴纳所得税。

五是利用避税地避税。纳税人利用国与国之间、地区与地区之间特区、开发区、保税区的税收优惠政策，在这些低税负地区虚设常设机构营业、虚设中转销售公司或者设置信托投资公司，转移利润从而减少纳税。

六是通过让利销售避税。让利销售减少销项税额，大幅降低销售价格，以换取价格优势，增强产品市场竞争力，但国家税收（如增值税、企业所得税等）受到影响，对企业有益而对税收不利。

七是运用电子商务避税。电子商务活动具有交易无国籍无地域性、交易人员隐蔽性、交易场所虚拟化、交易信息载体数字化、交易商品来源模糊性等特征，给避税提供了更安全隐蔽的环境。企业利用电子商务的隐蔽性，避免成为常设机构和居民法人，逃避所得税；利用电子商务快速的流动性，虚拟避税地营业，逃避所得税、增值税和消费税；利用电子商务隐蔽进出口货物交易和劳务数量，逃避关税。因而电子商务的迅速发展既推动了世界经济和贸易的发展，同时也给包括我国在内的各国税收制度提出了国际反避税的新课题。

参考文献：

计金标：《税收筹划》，中国人民大学出版社 2004 年版。

陈松林：《避税与逃税方式、实例、对策》，四川人民出版社 1993 年版。

梁朋：《税收流失经济分析》，中国人民大学出版社 2000 年版。
贾绍华：《中国税收流失问题研究》，中国财政经济出版社 2002 年版。
梁云风：《税务筹划实务：纳税人节税指南》，经济科学出版社 2001 年版。
樊虹国、满莉：《新避税与反避税实务》，中国审计出版社 1999 年版。
张中秀：《现代企业的合理避税筹划》，中华工商联合出版社 2000 年版。

（贾康　梁强）

国际税收竞争与协调
International Taxation Competition and Coordination

　　国际税收竞争是国家或地区之间以税收为手段，采取各种能提高本国吸引力的税收措施（包括低税率、税收减免等优惠措施），吸引国际流动性资源，促进本国或地区经济发展的行为。国际税收协调是指通过国家之间的协调，遏制和消除有害的国际税收竞争，建立良好的税收竞争秩序，以实现国际税收一体化，减轻企业税负，促进资本在世界范围内合理流动，实现资源的优化配置。

　　国际税收竞争的手段包括减税、税收优惠和提高税收征管服务水平等方面。减税是国际税收竞争的主要手段和各国参与国际税收竞争的首选方式，可以有效减轻纳税人的税收负担，从而降低纳税人的投资成本，以吸引资本、技术及劳动力。税收优惠是不同于降低税率的另外一种减税方式，这里是指为了引导外资注入特定的项目或部门而给予的可使企业减少税收负担的任何优惠。通常来说，降低税率是同一课税对象的纳税人普遍享有的，而税收优惠则是部分纳税人享有，可通过税收差别待遇实现对纳税人税收利益的调整，以达到吸引国际资本、鼓励投资、调整产业结构等目的。此外，随着国际税收竞争的加剧，提供富有竞争力的税收征管服务也开始成为国际税收竞争的重要手段。

　　按照国际税收竞争主体的经济发展水平不同来划分，可以将国际税收竞争划分为发达国家间的税收竞争、发达国家与发展中国家间的税收竞争和发展中国家间的税收竞争。

　　根据税收竞争发生的层面，可以将国际税收竞争分为税收立法竞争、税收司法竞争和税收征管竞争。税收立法竞争是指主权国家通过制定税收法规等立法活动来影响税收资源在国际间的分配。税收司法竞争是主权国家通过司法手段，采用法律救济等方式来维护本国的税收资源，保护本国税收主权的完整。税收征管竞争是主权国家间为了争夺国际税收利益，在税收征管方面互不向对方国家提供有关的国际税收信息的非合作行为，同时税收征管竞争还表现为提高本国的征管服务水平和质量，为纳税人纳税提供便利。

根据国际税收竞争产生的结果来划分，可以将国际税收竞争划分为良性（共赢）国际税收竞争和恶性（有害）国际税收竞争。良性国际税收竞争是能够产生双赢或者多赢结果的税收竞争，而恶性国际税收竞争是最终导致两败俱伤的有害税收竞争。

国际税收协调主要可包括四种方式：一是单边主义协调模式，指一国或国际组织仅仅从本身的利益和本国的意志出发来要求他国有为或不为，以抑制并最终消除有害国际税收竞争。二是税收协定模式，指两国或者多国在相互协商的基础上，通过签订双边或多边税收协定，寻求消除国际间有害税收竞争以及由此引起的逃税和避税问题。三是区域税收一体化协调，指在区域经济一体化的背景下，区域经济组织成员对本国税收主权进行部分让渡，通过多边努力，逐步消除各国税制的差异，使成员国的某一税制乃至整个税制趋同化或一体化。四是全球协调，指建立一个全球性的政府间国际组织，对各国税收政策进行协调。

参考文献：

邓力平、陈涛：《国际税收竞争研究》，中国财政经济出版社 2004 年版。

朱青：《国际税收》，中国人民大学出版社 2001 年版。

邓力平：《经济全球化、WTO 与现代税收发展》，中国税务出版社 2000 年版。

靳东升：《税收国际化趋势》，中国税务出版社 2002 年版。

钟晓敏：《竞争还是协调——欧盟各国税收制度和政策的比较研究》，中国税务出版社 2002 年版。

余永定、李向阳：《经济全球化与世界经济发展趋势》，社会科学文献出版社 2002 年版。

（贾康　梁强）

关税同盟
Customs Union

关税同盟是指两个或两个以上国家缔结协定，建立统一的关境，在统一关境内缔约国相互间减让或取消关税，对从关境以外的国家或地区的商品进口则实行共同的关税税率和外贸政策。

关税同盟采取的政策措施主要包括：第一，减低直至取消同盟内部的关税。为达到这一目的，同盟往往规定成员国在同盟内部必须在一定期限内，分阶段、逐步从各自现行的对外关税税率过渡到同盟所规定的统一关税税率，直至最后取消成员国彼此间的关税。第二，制定统一的对外贸易政策和对外关税税率。在对外方面，同盟国成员必须在规定时间内，分别调高或调低各自原有的对外关税税率，最终建立共同的对外关税税率，且逐步统一各自的对外贸易政策，如对外歧视政策、进口数量限制等。第三，对从同盟外进口的商品，根据商品的种类和提供国的不同，征收共同的差别关税，如特惠税率、协定国税率、最惠国税率、普通优惠税率、普通税率。第四，制定统一的保护性措施，如进口限额、卫生防疫标准等。

关税同盟大体可分为两类：一类是发达国家间建立的关税同盟，如欧洲经济共同体，其目的是确保西欧国家的市场，抵制美国产品的竞争，促进内部贸易发展，推进欧洲经济一体化的进程。另一类是由发展中国家建立的关税同盟，其目的主要是为了维护本地区各国的民族利益，促进区域内的经济合作和共同发展。如中非关税同盟与经济联盟，安第斯条约组织、加勒比共同体和共同市场、西非国家经济共同体、大湖国家经济共同体、中非国家经济共同体等。

关税同盟对参与国具有显著的正效应，主要表现为：一是关税同盟内部取消关税，实行自由贸易后，关税同盟内某成员国国内成本高的产品被其他成员成本低的产品所替代，从成员国进口产品，创造了过去不发生的一部分新贸易。二是关税同盟建立后，为成员国之间产品的相互出口创造了良好条件。这种市场范围的扩大可促进企业生产的发展，使生产者可以扩大生产规模，降低成本，享受规模经济的好处，且可以进一步增强同盟内的企业对外与非成员国同类企业竞争的能力。因此关税同盟所创造的大市场效应引发了企业规模经济的实现。三是关税同盟的建立可促进成员国之间企业的竞争。在各成员国组成关税同盟以前，许多部门已经形成了国内垄断，几家企业长期占据国内市场，获取超额垄断利润，不利于各国的资源配置和技术进步。组成关税同盟以后，由于各国市场相互开放，各国企业面临来自于其他成员国同类企业的竞争。结果各企业为在竞争中取得有利地位，会纷纷改善生产经营，增加研究与开发投入，采用新技术，不断降低生产成本，从而在同盟内营造一种浓烈的竞争气氛，提高经济效率，促进技术进步。四是关税同盟的建立有助于吸引外部投资。关税同盟的建立意味着对来自非成员产品的排斥，同盟外的国家为了抵消这种不利影响，可能会将生产工厂转移到关税同盟内的一些国家，在当地直接生产并销售，以便绕过统一的关税和非关税壁垒，客观上产生了一种伴随生产转移而生的资本流入，可以吸引更多的外国直接投资。

参考文献：

宋岩：《关税同盟福利效应》，经济管理出版社 2007 年版。

黄天华：《中国关税制度》，上海财经大学出版社 2006 年版。

陈大钢：《海关关税制度》，上海财经大学出版社 2002 年版。

黄天华：《WTO 与中国关税》，复旦大学出版社 2002 年版。

吴家煌：《世界主要国家关税政策与措施》，法律出版社 1998 年版。

（贾康　梁强）

预算管理

公共预算
Public Budget

公共预算通常指公共部门的预算或政府预算。中国预算工作中，曾以"公共预算"或"公共收支预算"概念特指与国有资本金、社会保障预算和政府基金预算相对应的一个预算类别（大致相当于国际上通用的"一般预算"）。广义的公共预算指由预算原则、预算规则、预算程序和预算报告构成的整个预算体系。

作为民主政治的产物，现代公共预算诞生于 19 世纪的欧洲大陆，其主要功能是实现立法机关对政府收入和支出实施控制。"二战"以后，随着政府在经济社会生活中的作用日趋扩大和凯恩斯主义"功能财政观"的兴起，公共预算逐渐成为政府落实公共政策的主要管理工具。20 世纪 70 年代以后，在新公共管理运动（MPM）的推动下，公共预算成为妥善管理公共资源，确保效率和有效性的重要运作载体。此外，人们还认为公共预算在促进政治民主发展中扮演着重要角色。

普遍认为，公共预算除了应遵循年度（时段）原则、全面性（完整性）

原则等传统预算原则外，还应遵循受托责任、透明度、预见性和参与等现代原则，这些原则应该融入预算过程的各个阶段。一般来讲，预算过程可以划分为四个阶段（预算准备与编制、预算审查与表决、预算执行与监控、预算评估与审计），预算过程的运作必须受一系列相关规则的约束。这些规则界定了立法机关、行政部门和其他参与者在预算过程中的角色、职责和权限，以及必须遵循的相关特定约束，比如赤字率（预算赤字/GDP）、债务率（政府债务/GDP）、年度平衡和部门预算限额。

根据预算过程关注的焦点不同，公共预算大致分为投入导向（Input-orientation）和绩效导向（Performance-orientation）两类模式。前者是传统预算的典型特点，旨在引导对公共资源投入的合规性控制，由此制定的预算称为投入预算或条目预算（Line-item Budgeting）；后者指预算资源的分配与结果计量的绩效标尺——尤其是产出（Outputs）和成果（Outcomes）——相联系，旨在形成令人满意的财政成果。

根据制定预算的资源基础不同，预算方法可分为增量预算法（基数预算法）和零基预算法。前者在制定预算时不变动以前年度的支出"基数"，主要是就预算年度新增加的资源部分制定预算（保留基数）；零基预算法则要求对两者一并进行考虑，即在假设基数为零的基础上重新制定全套预算内容，工作量大而复杂。此外，预算方法还有一个重要类别是基线预算（基线筹划），包括线下预算法与线上预算法。前者在"假如维持现行政策和支出项目不变"的基础上制定预算；后者在"假如颁布和实施新的政策"的基础上制定预算。基线预算对于强化支出控制、财政纪律和优化预算资源配置有一定的意义。

参考文献：

王雍君：《公共预算管理》，经济科学出版社 2010 年版。

（王雍君　江月）

政府预算
Government Budget

政府预算是指以政府为主体的收支计划，通常指公共预算（参见"公共预算"）。

（王雍君　江月）

预算年度
Budget Year

预算年度又称财政年度，是指政府预算的法定起讫期限。在期限内，政府预算收支才被认为具有合法性。如果某个财政年度已经开始但预算尚未得到立法机关批准，许多国家规定，在此期间政府的财政支出需要经过特别的法律程序授权，才能获得合法性。

预算年度要求预算以年度为基础逐年准备、呈递（立法机关）、审查和执行。在现代预算制度确立的早期，年度预算的编制起源于立法机关的要求。在英法等国历史上，代表新兴资产阶级利益的议会（立法机关）经过与君主政体的长期斗争，最终取得了控制课税权和批准税收提案的权力，以后，立法机关对公共财政事务的注意力便转向支出控制，进而要求政府每年提交预算报告，经议会审批后方可实施。

根据起讫时间的不同，预算年度区分为日历年制和跨日历年制两类。日历年制又称为公历年制，以公历 1 月 1 日至 12 月 31 日作为预算年度，中国和大多数国家都采用这种预算年度；跨日历年制指预算年度跨越了两个日历年度的预算年度（总时仍是一年），大致可分为以下三种：一是从当年 4 月 1 日起至次年的 3 月 31 日止，英国、加拿大和日本等国采用这种预算年度；二是从当年 7 月 1 日起至次年 6 月 30 日止，瑞典、澳大利亚等国采用这种预算年度；三是从当年 10 月 1 日起至次年 9 月 30 日止，美国采用这种预算年度。各国对预算年度的选择主要受国会/议会开会时间、历史习惯和收入旺季等因素的影响。

设立财政年度的理由主要有两个：一是明确立法责任。立法机关是以年度为时间单位来审核政府预算的，而政府财政收支只有经过立法机关的审核并获得批准后，才具有法律效力。二是出于统计的需要。如果忽视时间因素，所有的统计数据就没有实际意义，也没有可比性。

预算年度原则是基于预算法定控制功能而产生的。现代预算可在形式上超越这个原则而采纳中期框架，即编制 3 ~ 5 年时间框架下的滚动预算。编制多年期预算有利于协调往往超过一年的预算政策周期，但尽管如此，其并不否定在各预算年度内预算内容的法定效力。

参考文献：
王雍君：《公共预算管理》，经济科学出版社 2010 年版。

（王雍君　江月）

预算报告
Budget Report

预算报告是预算过程中涉及的文件，包括指导行政部门编制预算的预算指南、宏观经济展望、财政政策报告和呈递立法机关审查的预算草案，以及预算执行情况的报告、预算评估报告和决算报告。20 世纪 80 年代以来，越来越多的国家将政府资产、政府负债、财政风险和财政支出绩效纳入预算报告的范围。

预算指南的关键是预算限额的确定，包括支出、赤字、债务和收入总量以及按功能、经济性质、规划和组织类别分类的部门支出限额。在美国预算系统中，确定支出限额被当作一项"由上至下的预算编制目标"，这些限额必须由法律确定，而且国会与总统最终必须就预算中设定的支出限额达成一致意见。

宏观经济展望重点预测未来宏观经济状况、收入、债务和财政赤字。这里涉及的关键问题是财政战略，即政府应该如何运用税收和支出去影响经济活动。

在年度预算的准备中，提供一份清晰的财政政策报告非常重要。其应阐明政府所关注的广泛的财政政策目标及优先性和当前财政政策对未来年份的含义，以及中长期财政状况的可持续性。关于财政可持续性的评估报告应尽可能量化。

经立法机关表决通过的预算报告具有法律效力，说明立法机关为政府活动提供的收入和支出授权。结构良好、清晰有序的预算报告不仅能表达政府活动和支出的法定目的和意图，也是其政策宣言和施政纲领。

预算报告是政府与公民沟通的桥梁，也是公民观察政府的主要窗口。一份清晰有序、公开透明、亲善公民的预算报告将帮助人们理解政府行为的范围和特征、政府的政治抱负、治国理念与智慧以及政策要领、受托责任。

参考文献：
王雍君：《公共预算管理》，经济科学出版社 2010 年版。

（王雍君　江月）

平衡预算
Balanced Budget

平衡预算是指预算收入与预算支出相等的预算。

预算政策手段的调节功能主要体现在财政收支规模、收支差额和收支结构上。预算通过对国民收入的集中再分配，可以影响民间部门的可支配收入规模，决定政府的投资规模和消费总额，从而对整个社会的总需求和总供求关系产生重大影响。

预算收支差额包括三种情况：预算赤字、预算盈余和预算平衡。赤字预算对总需求的影响是扩张性的，在有效需求不足时可以对总需求的增长起到一定刺激作用；盈余预算对总需求产生的影响是收缩性的，在总需求膨胀时，可以对总需求起到有效的抑制作用；平衡预算对总需求的影响是中性的，在总供求相适应时，有利于维系经济的稳定增长。

参考文献：
王雍君：《公共预算管理》，经济科学出版社 2010 年版。

（王雍君　谢林）

预算赤字
Budget Deficit

预算赤字可以简单地定义为预算总支出减去总收入得到的差额。

经济活动中支出多于收入的差额在进行会计处理时以红字书写，故称"赤字"。预算赤字的出现有两种情况：一种情况是政府有意安排形成的"赤字财政"或"赤字预算"，通常被视为扩张性财政政策的标志；另一种情况是预算并没有设计赤字，但在预算执行过程中由于种种原因产生了"财政赤字"或"预算赤字"。

当政府全部财政收入和支出都在年度预算报告中披露时，"预算赤字"与"财政赤字"的口径完全相同。但在实践中，许多国家的某些财政收入和支出并不全部反映在立法机关批准通过的年度预算报告中，或者某些项目只列示"净值"（收支相抵后的差额）而不是总值，在这种情况下，预算赤字只是展现政府财政赤字全景图中的部分图景。有关财政政策的宏观经济影响分析以及对政府财政状况的全面衡量，需要以全面的预算赤字概念为基础。

然而采用全面的预算赤字概念也有其局限性，当预算收入和支出中包含政府债务时尤其如此。如果以前年度债务本息某个预算年度进入偿债高峰时而使预算赤字看起来很大，这通常并非表明政府实施了大规模的扩张性财政政策。类似地，假设政府为实现比如8%的经济增长率目标和失业率低于3%的宏观经济政策目标需要5000亿元的预算赤字，当其中包含比如2000亿元的债务本金偿付时，这一口径的预算赤字总量对于上述目标而言很可能远远不够。由此可知，为确保实现宏观经济目标，政府和立法机关都需要对预算赤字（或盈余）作出严格的定义：预算赤字概念中应剔除政府债务，即支出中不包括债务本金的偿付，并且收入中不包含本年和以往结余的银行存款与现金。这一计算口径的预算赤字称为"基本赤字"，其大小恰好等于政府融资净额（借款—还款）。原则上，赤字通过债务（净融资）来弥补，1000亿元的预算赤字对应有1000亿元的净融资（借款）需求。只有当预算赤字定义为"基本赤字"而不是全口径赤字时，赤字才能真正反映政府的净融资需求。只是将预算赤字（或盈余）简单地定义为"总收入与总支出的差额"，并不与政府净借款需求相对应，并且不是政府财政政策取向和政府财政状况的良好指示器。为了将政府预算活动置于宏观经济政策的指导之下，政府与立法机关在预算过程的各个阶段都保持对预算赤字或盈余的清楚了解十分重要，这进一步要求在预算法案和预算分析中清楚地定义主要的财政收支概念，区分什么是真正的"收入"（资产销售收入应单独列示）、"财政拨款"、"借款"和"债务本金的偿付"等。

参考文献：

［美］艾伦·希克：《公共支出管理方法》，经济管理出版社2001年版。

［美］罗伊·T·梅耶斯等：《公共预算经典（第1卷）——面向绩效新发展》，上海财经大学出版社2005年版。

王雍君：《公共预算管理》，经济科学出版社2010年版。

王利民、左大培：《关于预算赤字、铸币税和货币扩张通货膨胀税的关系》，载于《经济研究》1999年第8期。

（王雍君　陈建华）

赤字支出
Deficit Spending

　　赤字的出现有两种情况，一是政策上的有意安排，被称为"赤字财政"或"赤字预算"，它属于财政政策的一种；另一种情况是预算并没有设计赤字，但执行到最后却出现了赤字，也就是"财政赤字"或"预算赤字"。赤字支出属于第一种情况，体现为赤字财政政策，属主动推动和设计的赤字财政（Deficit Financing）。

　　赤字财政的理论与政策出现于1929年世界经济危机之后，其中，英国经济学家约翰·梅纳德·凯恩斯（John Maynard Keynes）和美国经济学家阿尔文·汉森（Alvin H. Hansen）的理论最具代表性。他们认为，财政收支平衡不是国家理财的原则，负债多少并不是衡量一国财政稳定的标准。资本主义经济之所以陷入了长期萧条和危机，原因在于有效需求不足。为了促进就业和消除危机，国家应该积极进行经济干预，采用扩大国家预算支出的方式，举办公共工程、增加政府投资、增加军事订货、支付出口补贴等。国家在实行这些政策中难免会出现赤字，但可以刺激社会总需求，增加就业，从而增加国民收入，缓解或消除经济危机。第二次世界大战前后，西方许多国家使用了这种政策并取得了一定成效。但是，20世纪70年代以后，就业不足、经济停滞和通货膨胀同时出现，形成"滞胀"的严重问题，赤字支出手段的适用性就变得明显不足了。

　　一般而言，在短期内，经济若处于非充分就业状态、社会闲散资源并未充分利用时，财政赤字可扩大总需求，带动相关产业发展，刺激经济回升。实际上财政赤字是国家为经济发展、社会稳定等目标，依靠国家坚实稳定的国家信用调整和干预经济，在经济调控中发挥作用的表现。但是，赤字财政政策并不是包治百病的良药。财政赤字可能增加政府债务负担，可能诱发通货膨胀，引发财政危机。从长期来看，赤字财政是今天花明天的钱，这一代人花下一代人的钱，所以在国民经济中，财政赤字是负储蓄，即会减少储蓄，而长期经济增长要依靠投资，投资来自储蓄。美国的赤字财政政策本是应对大危机的短期政策，但政府却不自觉的使之长期化，给经济带来了严重危害，这足以作为中国的前车之鉴。

参考文献：

［英］约翰·梅纳德·凯恩斯：《就业、利息和货币通论》，华夏出版社

2005 年版。

［美］保罗·A·萨缪尔森、威廉·D·诺德豪斯：《经济学》，首都经贸大
学出版社 1996 年版。

王雍君：《支出周期：构造政府预算会计的逻辑起点——简论我国政府会计
改革的核心命题与战略次序》，载于《会计研究》2007 年第 5 期。

（王雍君　陈建华）

国债
National Debt

国债全称为"国家公债"，指中央政府或主权国家举借并由其负责偿还
的债务。与之相对应的是"地方公债"，即地方政府举借和负责偿还的公
债。国债和地方公债统称为公债，即与私债相对应的、由政府举借和偿还的
债务。

马克思曾指出，国债"在中世纪的热那亚和威尼斯就已产生，到工场
手工业时期流行于整个欧洲"（马克思：《资本论》第 1 卷，人民出版社
1975 年版，第 822 页）。国债是在政府职能不断扩大，支出日益增加，仅
靠税收已不能满足财政支出需要的情况下产生的。也就是说，国债在历史
时序上比税收晚，是作为弥补财政收支差额的来源而产生的。弥补财政赤
字是国债最基本的功能，其他功能都是在弥补财政赤字功能基础上派生出
来的。

中国历史上最早的国债出现于清朝光绪年间（1894 年）。因甲午战争爆
发需筹措巨额军费，故根据当时的户部建议，效法西方国家做法而向"富
商巨贾"借款。从此开了中国政府举债之先河。在北洋军阀政府时期和国
民政府时期，都曾举借过大量国债。新中国成立初期，曾先后发行过"人
民胜利折实公债"和"国家经济建设公债"。在 1959 ~ 1979 年，曾有过一
段"既无内债，又无外债"的国债"空白"期。从 1979 年起，中国政府恢
复了国债发行，包括国库券、国家重点建设债券、财政债券、国家建设债
券、转换债、特种国债、保值公债、长期建设国债和特别国债等国债券种。

参考文献：

马克思：《资本论》第 1 卷，人民出版社 1975 年版。

［美］A. 普雷姆詹德：《预算经济学》，中国财政经济出版社 1989 年版。

王雍君：《公共预算管理》，经济科学出版社 2010 年版。

（王雍君　陈建华）

公债
Public Debt

公债是指政府为了筹措资金等目的而向债权人承诺在一定时期支付利息和到期还本的信用活动，包括由中央政府举借的国债和地方政府举借的地方债。当政府收入不足以满足公共开支需求时，政府通常会举借公债。在法律不允许地方政府借债的国家，公债与国债这两个概念是一致的，都是指中央政府的借债。但在允许地方政府借债的国家，一般只把中央政府的借债称为国债，而地方政府的借债只能称为公债或地方债。所以，公债＝国债＋地方债券（法律允许前提下）。公债可以是国内公债，也可以是国外公债，可以是由地方政府举借的债，也可以是中央政府举借的债，但中央政府借债更为普遍。公债虽然是政府财政的一个重要来源，但按照国际惯例，在正式的政府财政统计中并不把公债收入作为政府的财政收入处理。从 1994 年开始，中国的政府财政统计中也采用了这种处理办法，在此以前，公债收入是作为政府经常性财政收入加以统计的。

公债是个古老的财政范畴。中国成语"债台高筑"的来历是：相传在战国时代，周赧王欠债很多，无法归还，被债主逼迫在宫内高台上，后人称为逃债台，并用此成语形容欠债很多。不过，纵观中国数千年封建历史，很少有以君主名义发行公债的记录，这与欧洲国家的情形有所差别。马克思曾经指出："公共信用制度，即国债制度，在中世纪的热那亚和威尼斯就已经产生，到了工场手工业时期流行于整个欧洲"（《马克思恩格斯全集》第 23 卷，人民出版社 1972 年版，第 822 页）。公债的历史虽然久远，但在财政体系中地位显著提升，则是在 20 世纪 30 年代以来随着凯恩斯主义的广泛传播才出现的。在此以前，欧美各国政府理财长期奉行收支平衡、不轻易举债的原则和信念，对举借公债持非常谨慎的态度。

公债是相对于私债而言的，虽然都是债，但两者之间存在关键的区别。在私债场合，个人的债务责任非常明确，因为债权人对债务人的个人资产拥有明确的债权要求；即使他人愿意，也不能将债务责任转移。对于公债来说，情况就不同了。政府决定借公债时，并未指定某个特定的债权人（包括政府官员）承担一个确定的偿付责任份额，因为这个责任属于整个社会。

公债与私债的这种区别，可能导致举借公债比举借私债更不谨慎，包括政府可能在不具备发行条件时也会决定举债。正是认识到这一点，古典学派主张对政府举借公债加以明确限制，并要求在限定时间内建立偿债基金或类似的专款，以保证到期时清偿债务。鉴于过度举债会带来许多消极后果，对公债规模与增长的有效控制在现代社会同样十分重要。许多国家建立了严格的公债规模控制制度。欧盟采纳的标准——政府债务余额占 GDP 的比率不应超过 60%——就是典型例子。

参考文献：

《马克思恩格斯全集》第 23 卷，人民出版社 1972 年版。

［美］理查德·A·马斯格雷夫、［美］佩吉·B·马斯格雷夫：《财政理论与实践》，中国财政经济出版社 2003 年版。

［美］爱伦·鲁宾：《公共预算中的政治：收入与支出，借贷与平衡》，中国人民大学出版社 2001 年版。

王雍君：《公共经济学》，高等教育出版社 2007 年版。

王雍君：《中国国库体制改革与防火墙建设：代理—经理之争的诠释》，载于《金融研究》2012 年第 7 期。

（王雍君　陈建华）

政府债务
Government Debt

　　根据发行主体不同，政府债务分为中央政府债务和地方政府债务。中央政府债务即国债。政府债务还可以按以下分类方法进行划分：第一，按发行的方式可分为强制公债和自愿公债。强制公债是国家凭借其政治权利，按照规定的计量标准，强制居民或团体购买的公债。这类公债一般是在战争时期或财政经济出现异常困难的情况下才采用的。自愿公债是政府按照信用原则发行的由居民或团体自愿认购的公债，这种公债容易被国民接受。第二，按发行对象可分为货币公债、实物公债和折实公债。第三，按流动性分为上市公债和非上市公债。第四，按偿还期限可分为短期（通常指偿付期不超过 1年）、中期（偿付期超过 1 年不超过 5 年）和长期公债（偿付期超过 5 年）。

　　政府债务与财政风险相关。基于管理财政风险的目的，目前国际上采用的政府债务分类标准是把政府债务分为四类：（1）显性负债和承诺（Explicit Liabilities and Commitments），无论特定事项是否发生，偿付这些负债和履行这些承诺都是政府必须承担的财政义务，例如，已纳入预算安排的支出项目，已纳入预算安排但尚未支付的负债、多年期投资合同、公务员薪金、养老金和负债；（2）显性或有负债（Explicit and Contingent Liabilities）。由可能发生或不发生的孤立事项触发的法定义务或合约性义务，例如，政府的贷款担保和政府对金融机构的存款保险；（3）隐性负债（Implicit Liabilities），由公众期待而非法律引起的支付义务或者预期的财政负担。例如，公众一般会期待政府维修基础设施，支持社会保障计划，即便法律并不要求政府这样做；（4）隐性或有负债（Implicit Contingent Liabilities）。这类财政义务具有最低的可预见性，是由可能发生（或不发生）的特定事项引起的"非法定的"财政义务，例如，当大的金融机构破产或大的自然灾害发生时，人们预期政府会进行干预。与直接举借的债务不同，政府或有负债系一种不确定性的债务，包括政府的担保、抵押、赔偿、针对政府的诉讼以及欠缴的资本（如应缴未缴国际金融机构的资本）等。

马克思关于政府债务问题的观点如下：（1）公债是未来的财政负担。"借债使政府可以抵补额外的开支，而纳税人又不会立即感到负担，但借债最终还是要求提高税收"（马克思：《资本论》第1卷，人民出版社1975年版，第824页）。（2）公债促进了资本原始积累。"公债成了原始积累的最强有力的手段之一。它像挥舞魔杖一样，使不生产的货币具有了生殖力，这样就使它转化为资本……国债还使股份公司、各种有价证券交易、证券投机，总之，使交易所投机和现代的银行统治兴盛起来。"（马克思：《资本论》第1卷，人民出版社1975年版，第823页）（3）举债会导致税收的增加。"由于债务的不断增加而引起的增税，又使政府在遇到新的额外开支时，总是要借新债……过重的课税与其说是一件偶然的事情，倒不如说是一个原则。"（马克思：《资本论》第1卷，人民出版社1975年版，第825页）

以亚当·斯密为代表的古典学派的公债理论，是以谨慎财政原则为核心内容的古典财政理论的重要组成部分。谨慎财政原则来源于古典学派对政府债务的两个基本认识：首先，债务财政足以导致牺牲人民将来的生活换取近期的生活改善，造成明显的社会浪费和纳税人的沉重负担；其次，发行公债是目前纳税人将一部分费用转移到将来纳税人身上的一种手段。这样的思想与后来的凯恩斯主义公债观截然不同。后者认为，政府只是把负担转移给以公共支出提供公共服务时期的公民身上，而无论这些公共服务是通过征税还是通过发行公债筹措，公债理论的这一变化对认可赤字至关重要。

　　古典公债理论并不主张禁止政府在任何时间、任何地点借债，只是必须附加一些限制性条件，主要指政府借债应被限定在支出需求在时间上很紧的情况下（如自然灾害或一项资本投资项目），并且每种情况都必须伴随一个预定的偿债计划。如果因创造资本而负债，偿债必须预先与资本资产的使用或生产情况相一致。比如，在发行公债修建公路的情况下，只要预定能够在多少年归还，以及在此时间内给居民带来足以偿债的收益，就是可行的。这样的考虑也为此后实行复式预算——短期预算（经济性预算）和资本预算——提供了材料。

　　与古典学派公债观相对立的是凯恩斯主义的公债观。后者认为，对于政府而言，借债并不存在负担的时间转移问题，因为政府需服务社会全体成员，不可能实现成本或负担的时间转移；而且，只要公债是由国内负担的，那么，"我们自己拥有它"，借贷双方的损益相互抵消，政府、公民、企业无论如何都不会负债。这意味着借款可以无代价地获取公共开支的利益，而对任何个人都不存在成本或负担问题。

　　凯恩斯关于公债无负担的新教条遇到的挑战是公共选择理论的代表人物布坎南于 1958 年提出的。他认为，从根本上讲，古典债务原理是正确的。这一观点受到广泛的批评，并于 20 世纪 60 年代初在经济学家中引起激烈的争论。公共选择学派的公债理论正是在清算凯恩斯主义公债理论，同时复兴和发展古典学派公债理论的基础上形成的。布坎南以非常严肃的笔调对政府公债提出了严厉的批评："民主政府经过深思熟虑决定以公债筹集日常支出资金，这是威胁社会秩序长期稳定的讯号，如果以最尖锐的形式提出问题，那么福利国家在发行第一张价值一美元的债券时，就已宣布它自己的死亡。"（布坎南，1989）之所以如此，布坎南认为原因在于政治家的不良习性和喜欢挥霍、日常压力、利益集团政治的诱惑以及缺乏道德制约，特别是凯恩斯主义别具一格的学说影响到政治家对大量举债无法抗拒。

参考文献：

[英] 亚当·斯密：《国富论》，湖南文艺出版社 2012 年版。

[德] 马克思：《资本论》第 1 卷，人民出版社 1975 年版。

[美] 詹姆斯·M·布坎南、理查德·E·瓦格纳：《赤字中的民主》，北京经济学院出版社 1988 年版。

[英] 安东尼·B·阿特金森、[美] 约瑟夫·E·斯蒂格利茨：《公共经济学》，上海三联书店、上海人民出版社 1994 年版。

［美］罗伯特·蒙克斯、［美］尼尔·米诺：《公司治理》，中国财政经济出
　版社 2004 年版。
王雍君：《公共预算管理》，经济科学出版社 2010 年版。

（王雍君　陈建华）

权利项目
Entitlement Programs

　　权利项目是由英语直译过来的一个词（也有人翻译为资格项目、应得
权益计划等），在国外是指政府对个体提供个人财政福利（有些时候是一些
政府特别给予的商品或服务）。这里的个体（通常数量很庞大）是指符合该
政府项目所规定资格条件的受益人。他们拥有法律权利（如果有必要，这
种权力需要通过认定生效）获得该福利。权利项目的潜在受益人通常是公
民或者是长期定居者，但是有些机构，比如说公司、地方政府以及政治团体
也可能在特定的项目下拥有相似的"权利"。在美国联邦政府层面上，权利
项目最重要的例子有社会保险、联邦医疗保险、医疗补助计划、大部分退伍
军人管理局的项目、联邦雇员和军人的退休计划、失业补偿、贫民粮票以及
农业价格补贴项目等。

　　从政治经济学的角度来看，权利项目的存在有重大影响。国会在制定年
度拨款数额的过程中，权利项目会给国会控制预算赤字与盈余带来一些难
题。通常情况下，在任何一个预算年度前很难预测将会有多少人符合资格条
件。所以，当起草下一个预算年度的拨款法案时，预测政府总共将会花费多
少钱是十分困难的。由于平稳渡过经济周期或者实现宏观经济目标需要对政
府预算赤字或者盈余的规模大小有一个量化预测，而预测的困难使得政府难
以通过财政政策来顺利实现上述目标。

　　建立一个权利项目所需要的资金量通常在事前难以预测，因为拥有权利
的个体数量会随着当时的经济状况而变化。比如，政府要拨付的失业救济金
取决于当年的失业人数。相当一部分权利项目（包括养老保险以及联邦雇
员退休计划）受到通货膨胀的影响。所以，要支付的资金就要通过固定的
公式作调整，而这个公式是以不易预测的 CPI 的变化为基础的。在美国，20
世纪 80 年代中期以来，权利项目占去了一半以上的政府支出。将一些（从
短期来看）不可控的政府债券利息支出以及来自政府已经签署的长期合同
的支付义务考虑进来，权利项目只给国会留下了大约 25% 的年度预算空间，

这实际上大大减少了政府通过财政政策来抵消经济上下波动的能力。因为在短时间内，拨款和预算委员会可以机动使用以进行一些有意义的改变的预算资金，实在显得太少。

参考文献：

http：//www. wisegeek. com/what-is-an-entitlement-program. htm.

http：//wiki. answers. com/Q/What _ are _ some _ government _ entitlement _ pro-grams.

http：//www. auburn. edu/ ~ johnspm/gloss/entitlement_program.

http：//uspolitics. about. com/od/thefederalbudget/a/Entitlement-Programs-And-Their-Role-In-The-Federal-Budget. htm.

（贾康　孙洁）

社会安全网
Social Safety Net

社会安全网一般泛指政府主导形成的社会安全保障系统，是指人们在遇到困难时可以依赖的社会保护体系和社会保障体系（包括社会保险）两个层次。由于涵盖内容非常广泛，没有特定和严密的法律概念，在政策法规的制定中较少使用这一概念，较多提到的"社会保障安全网"则是社会安全网的一部分。广义的社会安全网，是指那些具有保险、救助和服务等防范风险和不确定性功能的正规和非正规制度构成的社会保护体系。社会保障制度只是在现代工业国家才占据了社会保护体系的主导地位。在中国，社会安全网在正式文件中的第一次出现是在"九五"计划中，目的是保护穷人、妇女、儿童、失业人员、残疾人、老年人等弱势群体。

社会保障制度是当人们因疾病、生育、工伤、失业、残疾、年老和家庭成员死亡等原因造成收入下降或缺失的时候予以帮助，以渡过难关。我们平时所说的社会安全网多指社会保障安全网，由社会保险、社会救助、补贴和社会服务，以及其他辅助和补充计划所组成。一般包括三类项目：与就业相关的社会保险项目、普及性项目（也称人口项目，以统一的现金津贴支付给居民或国民，而不考虑其收入、财产和就业状况。它通常包括付给特定年龄界限以上的人群的养老金，发放给伤残工人和军人、遗属和孤儿的抚恤金，以及给予多子女家庭的补贴，等等）和以家庭经济情况调查为前提的

305

救济项目。从理论上来讲，这三类保障项目连接而成的安全网可以从不同方面对社会成员提供保护，以使受益人群免受生存危机的磨难。中国共产党的十四届三中全会《关于建立社会主义市场经济体制若干问题的决定》提出，把建立多层次的社会保障体系作为建立社会主义市场经济体系的重要组成部分，明确社会保障体系包括社会保险、社会救济、社会福利、优抚安置和社会互助、个人储蓄积累保障，它是国家、企业和个人三者责任共担而构建的一张适应社会主义市场经济体制要求的安全网。

社会安全网的建设要与一国经济社会发展能力相适应。一些国家曾经的高福利创造了"从摇篮到坟墓的社会"，但高额的财政负担压力往往使之难以为继，同时，采用高保障和高福利的社会政策会提高劳动力成本，削弱这些国家在国际市场上的竞争力。高保障高福利的社会政策尤其不适合中国这样的发展中国家。中国的社会安全网应以"基础普惠制"为方向，在考虑扩大覆盖面的同时，也强调社会安全网与国力相适应、注意激励公民就业，促进经济增长的作用。

政府应把对最困难的社会群体进行救助和提供服务的责任充分承担起来，兼顾收入安全和社会公平的政策目标，让能够自立的社会群体最大限度地自立，从而达成利用最低的经济成本保障社会安定的社会福利和社会保障政策。人们应最大限度地寻求家庭成员、亲属、朋友、社区、社会上的宗教或非宗教的慈善组织或慈善活动的帮助。政府的帮助实际上是发挥最后兜底的作用。

参考文献：

英国文书局：《贝弗里奇报告——社会保险和相关服务》，中国劳动和社会保障出版社 2004 年版。

尚晓援：《中国社会安全网的现状及政策选择》，载于《战略与管理》2001年第 5 期。

俞可平：《和谐社会与政府创新》，社会科学文献出版社 2008 年版。

朱玲：《试论社会安全网》，载于《中国人口科学》1999 年第 3 期。

丁开杰：《参与和治理：中国社会安全网建设的战略选择》，载于《经济社会体制比较》2003 年第 4 期。

Edward D. Berkowitz, *America's Welfare State from Roosevelt to Reagan*, Johns Hopkins University Press (Baltimore and London), 1991.

（贾康　赵福昌）

补贴及其经济后果
Subsidies and Their Economic Consequences

根据 WTO 的《补贴与反补贴措施协议》，补贴是指由一成员方境内的政府或公共机构提供的财政资助或其他任何形式的收入或价格支持措施。

《补贴与反补贴措施协议》将补贴分为禁止性、可诉性和不可诉性三类。禁止性补贴，也称红灯条款，包括出口补贴和进口替代补贴两类。禁止性补贴一旦被证实存在，无须证明其是否对其他成员方造成损害或损害威胁，都必须取消，否则会招致其他成员实施的经 WTO 争端解决机构授权的反补贴措施或征收反补贴税。可诉性补贴，也称黄灯条款，是指在一定范围内可以实施的补贴，但如果使用此类补贴的成员方在实施过程中对其他成员方的经济利益造成不利影响，则受损的成员方可以向使用此类补贴的成员方提起申诉。使用可诉补贴不能造成以下任何情况发生：第一，取代或阻碍另一成员方的产品进口；第二，取代或阻碍另一成员方对第三成员方的出口；第三，补贴造成大幅度削价、压价或销售量减少；第四，实施补贴后的商品在国际市场上的份额增加。不可诉补贴，也称绿灯条款，包括两大类：一类是不具有专向性的补贴，另一类是符合特定要求的专向性补贴。不具有专向性的补贴可普遍获得，不针对特定企业、特定产业和特定地区。符合特定要求的专向性补贴，包括研究和开发补贴、贫困地区补贴、环保补贴等。

我国采取的补贴方式主要包括拨款和转移支付、补助、税收减免、贷款贴息以及债务担保等。具体而言，其中的财政手段包括中央预算提供给亏损国有企业的补贴、地方预算提供给亏损国有企业的补贴、根据汽车生产的国产化率给予的优惠关税税率、外资企业优惠政策、出口产品的关税和国内税退税、企业关税和进口税减免、高科技企业优惠所得税待遇、技术转让企业优惠所得税待遇、受灾企业优惠所得税待遇、为失业者提供就业机会的企业的优惠所得税待遇、投资政府鼓励领域的投资者进口技术和设备的关税和增值税免除、技术革新和研发基金、用于水利和防洪项目、对某些林业企业的补贴、对废物利用企业优惠所得税待遇、贫困地区企业优惠所得税待遇等；金融手段包括国家政策性银行贷款等；外贸外汇手段包括以出口业绩为基础优先获得贷款和外汇等；物资供应手段包括对特殊产业部门提供的低价投入物等；区域优惠手段包括经济特区的优惠政策、经济技术开发区的优惠政策、用于扶贫的财政补贴等。

我国的补贴主要发挥了以下作用：

一是支持农业和特定产业的发展。我国的财政补贴曾大部分用于以粮、棉、油、猪为主的农产品价格补贴。同西方国家在农产品生产相对过剩的条件下，为了保持国内市场供求平衡和增强在国际市场的竞争力而对农产品实行保护价格和出口补贴不同，我国的农产品补贴政策主要立足于扶持农业生产的发展，增加农产品的生产量、增加农民收入。近些年有对种田农民的直接补贴，农用生产资料的补贴和能繁母猪补贴等。

二是稳定人民生活。长期以来，我国政府实行了保持人民生活基本必需品特别是粮油、猪肉、民用煤等价格基本稳定的政策，并对城市住房、水电、公共交通等实行低租金、低收费制度，经营主体因此而发生的政策性亏损由国家给予财政补贴。还曾在提高与人民生活关系密切的商品价格后，对职工或城镇居民给予适当的物价补贴。

三是缓解经济矛盾。在中国经济体制改革特别是价格改革的不断深入过程中，我国通过适当运用财政补贴政策，在很大程度上缓解了因价格和利益关系变动带来的矛盾，为价格改革的顺利进行和社会稳定创造了必要条件。

四是支持某些产品的推广应用。比如为释放农村居民中消费潜力的"家电下乡"补贴和为鼓励社会成员购买和使用新能源汽车而实行的购车补贴。

参考文献：

王新奎、刘光溪：《WTO 与反倾销、反补贴争端》，上海人民出版社 2001 年版。

李杨：《财政补贴经济分析》，上海三联书店 1990 年版。

平新乔：《财政原理与比较财政制度》，上海三联书店、上海人民出版社 1995 年版。

佟家栋：《贸易自由化、贸易保护与经济利益》，经济科学出版社 2002 年版。

石广生：《中国加入世界贸易组织知识读本》，人民出版社 2002 年版。

国家经贸委反倾销反补贴办公室：《反倾销反补贴保障措施知识读本》，中国经济出版社 2001 年版。

王琴华：《补贴与反补贴问题研究》，中国经济出版社 2002 年版。

段爱群：《论 WTO 中的财政补贴与我国的战略取向》，中国财政经济出版社 2003 年版。

（贾康　梁强）

财政透明度
Fiscal Transparency

财政透明度是指政府向公众最大限度地公开关于政府收支的信息，财政政策的目标和意向，公共部门账户的信息等，并且这些信息应是可靠的、详细的、及时的、容易理解并且可以进行比较的，以便于选民和金融市场准确地估计政府的财政地位和政府活动的真实成本和收益。通俗地讲，就是让反映政府活动、体现政府职能的财政收支公开可见，让公众看得到、看得懂、看得清。初始的财政透明度的定义是由乔治·考皮兹和乔恩·格雷格（George Kopits and Jon D. Craig, 1998）给出的，其含义可以从制度、会计、指标与预测的透明度等三个方面进行说明。

财政透明度是良好财政管理的一个方面，但财政透明本身不是目的，它是促进效率、保障政府和官员负起责任的一种方法，被视为宏观经济稳定、政府良治和财政公平的一个重要前提条件。在经济全球化的背景下，国际社会担心任何国家宏观经济的不稳定都会迅速对世界经济产生不良影响。为此，IMF 和 OECD 都制定了财政透明度的最佳做法准则，作为指导各国财政透明度实践的指南。

财政透明度最初在欧盟国家得以强调和执行。由于担心其中一国不良的财政政策造成的后果将成为其他国家的沉重负担，在面临各成员国为实现马斯特里赫特条约规定的财政目标而有可能大造假账的严峻形势下，欧盟国家首先对财政透明度问题进行讨论，并将其作为加强财政管理的首要目标。一些经济转型国家，如东欧各国，在转型过程中出现了严重的贫困问题，公众和一些非政府组织将解决此问题的希望寄托于预算改革，迫使政府增加财政透明度和民众参与度。

目前，大多数对财政透明度的研究都是通过经验证明来分析财政透明度的情况。由于各国的情况复杂不一，得出的结论并不一致，有的甚至截然相反。研究涉及财政透明度与政府规模、政治竞争、赤字和公债、反腐败、财政绩效、效率、媒体的关系。研究表明财政透明度具有众多优点，但是，是不是透明度越高越好呢？如果不是，怎样来确定一个合适的透明度？有学者认为透明应该有所限制，因为它可能会破坏某些支持社会正常运转的规则，而且，当某一领域存在难以调和的冲突时，过度的透明会不利于问题的解决。

中国近年在经济社会转轨和财政深化改革过程中高度重视和积极实施提

高财政透明度的措施，以此来落实公众对于公共资源配置与政府行为及其职能履行的知情权，进而则会推进发展公众的质询权、建议权、监督权和更体现民主法治特征的制度安排。已形成了以公开透明为常规、以保密为特例的取向。

参考文献：

国际货币基金组织编著，财政部财政科学研究所整理：《财政透明度》，人民出版社 2001 年版。

申亮：《财政透明度研究述评》，载于《经济学动态》2005 年第 12 期。

George Kopits, Jon D. Craig, Transparency in Government Operations, Occasional Paper, International Monetary Fund, January 1998。

（贾康　赵福昌）

一般预算收支
General Budgetary Revenue and Expenditure

一般预算收支是指通过一定的形式和程序，有计划地支配管理没有规定用途的资金收支，是与基金预算收支等相对而言的。一般预算收支和其他概念在中国预算管理制度变化过程中有它的演变过程。随着社会主义市场经济体制的发展，在财政管理实践中，1997 年将财政收支分为一般预算收支、基金预算收支、专用基金收支、资金调拨收支和财政周转金收支。2007 年起财政执行一般预算收支、基金预算收支、社会保障基金收支和预算外资金收支。一般预算收支是与基金预算收支相对而言的一个概念，实际上就是规定了资金用途的资金和未规定用途的资金的差别对待。

一般预算收入，是指通过一定的形式和程序，有计划有组织地由国家支配纳入预算管理的资金，包括税收收入和非税收入。一般预算收入在中央与地方间的划分是：

中央固定收入。包括关税以及海关代征的消费税和增值税；海洋石油资源税；消费税；中央企业上缴利润；铁道部门、各银行总行、保险总公司等集中缴纳的营业税、所得税、利润和城市维护建设税；地方银行和外资银行及非银行金融企业所得税等。

地方固定收入。包括营业税（不含铁道部门、各银行总行及保险公司集中缴纳的营业税）；地方企业上缴利润；城镇土地使用税；城市维护建设税（不含铁道部门、各银行总行、各保险总公司集中缴纳的部分）；房产税；车船税；印花税；屠宰税；农牧税；农业特产税；耕地占用税；土地增值税；国有土地有偿使用收入等。

中央与地方共享税。包括增值税、所得税；证券交易税；海洋石油资源以外的资源税等。

一般预算收入缴库方式有就地缴库、集中缴库、自缴自汇三种，其核算方法是：各级财政设"一般预算收入"科目核算国库报来的一般预算收入，该科目按"国家预算收支科目"中的一般预算收入科目设置明细账。

一般预算支出是指国家对集中的一般预算收入有计划地分配和使用而安排的支出，是与基金预算支出相对而言的。一般预算支出类别分为"类"、"款"、"项"、"目"四个级次，具体划分由国家财政部门统一规定。以《2000年政府预算收支科目》为例，一般预算支出的主要内容有以下几项：基本建设支出、企业挖潜改造资金、地质勘探费、科技三项费用、流动资金、支援农村生产支出、农业综合开发支出、农林水利气象等部门的事业费、工业交通等部门的事业费、流通部门事业费、文体广播事业费、教育事业费、科学事业费、卫生经费、税务等部门的事业费、抚恤和社会福利救济费、行政事业单位离退休经费、社会保障补助支出、国防支出、行政管理费、公检法司支出、城市维护费、政策性补贴支出、支援不发达地区支出、专项支出、其他支出、总预备费、一般预算调拨支出。2007年政府收支分类改革，执行一般预算支出，包括15类154款：一般公共服务类32款、外交类8款、国防类3款、公共安全类10款、教育类10款、科学技术类9款、文化体育与传媒类6款、社会保障和就业类17款、医疗卫生类10款、环境保护类10款、城乡社区事务类10款、农林水事务类7款、交通运输类4款、工业商业金融等事务类18款、其他支出。

参考文献：

陈共：《财政学》，中国人民大学出版社2009年版。

林新有：《浅谈财政总预算会计制度改革难点及解决思路》，载于《行政事业资产与财务》2011年第24期。

（贾康　赵福昌）

预算外收支
Extra-budgetary Revenue and Expenditure

参见公共收入部分的"预算外资金"。

制度外收支
Revenue and Expenditure Beyond the Regulation

参见公共收入部分的"制度外资金"。

经典预算原则
Classical Principles of Budgeting

经典预算原则又称古典预算原则，产生于 18 世纪末和 19 世纪初的欧洲。在此之前，欧洲各国基本处于君主专制时期，预算控制权完全掌握在各国君主手中。为了限制或剥夺封建君主的财政权，一些学者提出一系列经典预算原则，致力于将政治上的可靠性和有效的行政控制引入政府预算管理当中。

私有化和权宜性是君主专制财政管理模式的两大重要特征，它以最大限度地汲取收入为目的，然而，其代价是极低的预算管理可靠性（或负责程度）和行政控制。随着越来越多的欧洲国家过渡到民主政府，预算资源不再是由君主或某一政治团体垄断，预算资源的分配权通常由议会和政府来分享，并主要控制在议会手中，对预算收支进行控制往往是议会控制政府部门的重点。同时，19 世纪的工业革命和经济发展所带来的金融和技术上的进步，也大大地降低了实行严格预算控制所面临的交易费用。正是在这样一种新的历史需要和技术条件下，经典预算原则逐渐发展起来。

在经典预算原则形成过程中，具有代表性的有尼琪（Nitti）预算原则、纽玛克（Neumark）预算原则、舍德（Seidel）预算原则分类和桑德森（Sundelson）的预算原则分类框架。西方预算理论界对上述原则加以总结归纳，形成了一套为多数国家所接受的一般性预算原则。主要包括以下六条：一是全面性原则。要求政府预算应该包括其全部的财政收支，反映政府的全部财政活动。不允许有预算以外的政府收支活动，任何政府部门的收支都要以总额列入预算，而不应只列入收支相抵后的净额。二是一致性原则。要求预算收支按照统一的程序和标准来计量和编制。该原则强调对所有的政府收入和支出应该同等对待。纽玛克的"收入的非专用性原则"实际上可以视为达成预算一致性原则的重要途径。因为，收入的非专用性原则强调应该用"一般性收入"（General Revenue）为各种支出提供资金，而不能将某项收入变成某项特定支出的专项收入。三是可靠性原则。要求政府预算的编制和批准所依据的资料信息必须可靠，收支数据必须符合实际。四是严格性原则。该原则强调预算一经做出就必须严格执行，并能有效地约束各个政府部门的行为。该原则又包括定性和定量两个层面的内容。在定性层面上，预算拨款只能用于预先规定的预算目的，禁止将拨款从某一个项目（或部门）转移到另一个项目（或部门）。在定量层面上，该原则规定只有当政府决定在预算中提供某笔资金后才允许进行支出。五是公开性原则。要求各级政府的全部财政收支都必须经过立法权力机关审议批准，并向社会公布。六是年度性原则。要求所有政府预算都按预算年度编制，列出预算年度内收支总额。该原则意味着预算只能覆盖以年度为单位的某一个特定时期。与此相联系的是事前批准原则，即在进行预算支出前，必须确保所有的支出——有时也包括收入——必须通过立法机关投票获得批准。

经典预算原则是与自由资本主义时期"健全财政"的最高原则相一致的，即制定预算原则的指导思想是控制预算收支以达到预算平衡。这些传统的预算原则对实现政府对预算收支的计划管理与执行和立法机构对政府财政活动的控制与监督这两大传统预算目的，都具有重要的指导意义。

20世纪初30年代世界经济大危机后，凯恩斯主义风行于西方国家，各国政府对经济逐步进行了全面和深入的干预。与此相适应，西方各国政府在预算上明显地表现出主动性，传统的古典预算原则在一些方面已不再适应新的经济形势和政府职能的变化，于是，各国便开始对古典预算原则进行修改和补充。其中，最具有代表性的是1945年美国联邦政府预算局局长史密斯（H. D. Smith）提出的八条预算原则，表示出在当代社会经济条件下，美国行政机构谋求预算主动权的一种倾向性要求，也反映了当代西方国家预算原则变动的一种趋势。

20世纪70年代以后，各国的预算实践对古典预算原则提出了更大挑战。首先，古典预算原则强调预算的非连续性或年度性，但是，70年代以来，预算越来越具有连续性，过去形成的预算承诺，比如各种社会保障项目，常常不能随意终止，因此，许多预算决策就变成连续的而非年度性的。凯顿将其概括为"预算的非弹性"（Budgetary Inflexibility）。其次，由于长期性的预算承诺所导致的支出每年都在变化，并取决于不可改变的上一财政

313

年度的决策、涉及的受益人数和部门、经济波动等不可控制的因素，因此，预算变得越来越不可预测。凯顿将其概括为"预算的不可预测性"（Budgetary Unpredictability）。再次，古典预算原则强调预算的全面性或完整性，然而，20世纪70年代以来预算常常被各种隐蔽的方法拆散、某些领域逐渐形成供自己自由支配的资金预算外活动。预算外项目和基金的大量存在，以及复式预算的引入，致使预算的完整性原则逐渐被打破。因而凯顿将其概括为"预算的零碎化"（Budgetary Fragmentation）。最后，由于公共和私人部门之间的区别越来越模糊以及各种准政府组织参与到公共产品和服务的供给当中，一些私人部门和准政府组织实际上介入了政府收支活动，但是却常常不受政府预算控制。凯顿将其概括为"预算的私有化"（Privatization）。

参考文献：

陈工：《政府预算与管理》，清华大学出版社2004年版。

彭健：《政府预算理论演进与制度创新》，中国财政经济出版社2006年版。

马蔡琛：《政府预算》，东北财经大学出版社2007年版。

马骏：《公共预算原则：挑战与重构》，载于《经济学家》2003年第3期。

（贾康　李婕）

年度预算平衡论
Annual Budget Balance Theory

年度预算平衡论又称"年度财政平衡论"，是20世纪30年代大衰退之前的正统预算原则。在资本主义自由竞争时期，西方经济学家一般是主张经济自由，反对国家干预，体现在对财政预算行为准则的解释上，就是古典学派提出的、以严格的年度平衡为核心的谨慎财政原则。其内容包括：（1）公共财政实践中，预算如果不是有盈余，至少必须平衡，只有在非常特殊的情况下才容忍出现赤字；（2）虽然微小的赤字有时是难以避免的，但实践中要求在正常的年度预算中设计适量的盈余，用以弥补不景气年份的赤字，从而使赤字的可能性被降低到最低限度；（3）大量持续的财政赤字是愚蠢财政的标志；（4）当政府利用负债筹措资本开支时，必须建立并保持偿债基金。

古典学派并不苛刻地要求政府每年的预算必须平衡。考虑到波动问题，古典学派认为政府也可以出现赤字，但赤字应该主要出现在战争期间以及发生重大自然灾害的年份，在和平年代中政府的正常预算应该有盈余。

古典学派的经济学家们之所以主张年度预算平衡，主要有以下四个方面的原因：第一，政府对私人部门发行公债会延缓后者的发展，因为这会造成原可为私人部门用于生产投资的资本，被挪作政府花费。第二，政府支出是非生产性的，财政赤字更会造成巨大的浪费。第三，财政赤字必然导致通货膨胀。第四，年度预算平衡是控制政府支出增长的有效手段。

年度预算平衡的基本原理与亚当·斯密（Adam Smith）的古典经济学理论一脉相承。后者的基本内容包括：第一，一个国家的财政管理与一个家庭的财务管理道理是一样的。如果夫妻两人的支出多于他们的收入，那么他们将破产，困苦即将来临。这个道理同样适用于一个政府。第二，政府预算每年都要平衡。预算规模要小，其支出要节俭，支出用途要严加控制。第三，政府债务是给子孙后代造成的沉重负担，每一元的债务都是压在人们肩膀上的沉重石头。一切欠债都是罪恶，政府公债更是如此。

随着资本主义自由经济向垄断经济的转变，年度预算平衡在理论和实践上都面临无法解决的难题：第一，束缚了政府在反衰退方面采取有力的财政措施。第二，更为严重的是，年度预算平衡实际上起到了加剧经济波动的作用。在经济衰退时期，由于国民收入的大幅度下降，政府税收减少，而财政支出却往往处于上升或不变的状态。在这种情况下，为了实现年度预算平衡，政府面临的选择只有三种：要么提高税率，要么减少开支，要么增税和减支并举。很显然，这些都是紧缩需求的措施，其结果只能是给已经存在的以有效需求不足为特点的经济衰退雪上加霜。而在通货膨胀时期，由于国民收入增加，政府税收也自动增加，这时的支出则处于相对下降或不变状态。在这种情况下，为了平衡预算，政府面临的选择也只有三种：要么降低税率，要么增加开支，要么减税和增支并举。显然，这三种措施都是在加大需求，其结果只能是给已经出现的通货膨胀火上浇油。认识到这些局限性，凯恩斯学派提出了与年度平衡理论截然相反的周期预算平衡理论。

参考文献：

［英］亚当·斯密：《国富论》，湖南文艺出版社 2012 年版。

［英］约翰·梅纳德·凯恩斯：《就业、利息和货币通论》，华夏出版社 2005 年版。

［美］爱伦·鲁宾：《公共预算中的政治：收入与支出，借贷与平衡》，中国人民大学出版社 2001 年版。

王雍君、张拥军:《政府施政与预算改革》，经济科学出版社 2006 年版。

（王雍君　陈建华）

周期预算平衡论
Cyclical Budget Balance Theory

周期预算平衡论又称"长期预算平衡论"和"周期财政平衡"，与"年度预算平衡"相对称，主张财政发挥逆经济周期的调节作用。在经济衰退时期，为了消除衰退，政府应该减少税收，增加支出，有意识地使预算形成赤字；在经济繁荣时期，政府应该增加税收，紧缩开支，有意识地使预算形成盈余。这样，从整个经济周期来看，繁荣时期的盈余可以抵消衰退时期的赤字。尽管从年度看财政预算是不平衡的，但从一个经济周期看财政预算是平衡的。

1929 年大衰退的爆发动摇了西方经济学家对自由放任的市场经济内在稳定机制的信念，把政府干预经济提上了议事日程，反映在预算准则上，就是所谓"周期预算平衡论"的产生，一直到 20 世纪 70 年代止，都作为正统预算理论。

周期预算平衡论的出发点是主张财政发挥反经济周期的作用，同时也实现预算平衡。不过，这种平衡不是年度平衡，而是在控制经济周期波动的条件下，作预算周期平衡。其基本观点可概括为以下三个方面：

第一，在经济衰退时期，为了消除衰退，政府应该减少税收，增加支出，有意识地使预算形成赤字，这既可直接扩大投资和消费，补充私人投资和消费需求的不足，又可间接地刺激私人投资和消费需求，从而提高国民经济的有效需求水平。

第二，在经济繁荣时期，政府应该增加税收，紧缩开支，有意识地使预算形成盈余，这既可直接压缩投资和消费，抵消私人投资和消费需求的过旺，又可间接抑制私人投资和消费需求，从而降低国民经济的有效需求水平。在上述情况下，财政将发挥其反经济周期乃至"熨平"经济周期波动曲线的效力。

第三，政府仍可使其预算保持平衡。只不过这时的预算平衡，不是年度平衡，而是周期平衡，即从整个经济周期来看，繁荣时期的盈余可以抵消衰退时期的赤字。因此，从年度看财政预算是不平衡的，但从一个经济周期看财政预算是平衡的。

参考文献：

[美] 小罗伯特·D·李等：《公共预算制度》，上海财经大学出版社 2010年版。

王雍君：《公共预算管理》，经济科学出版社 2010 年版。

（王雍君　谢林）

功能财政论
Functional Finance Balance Theory

功能财政论又称"功能财政平衡论"，是由美国经济学家阿巴·勒纳提出的财政理论。强调财政预算应从其对经济的功能着眼，而不应仅仅注重其收支是否平衡。用财政政策的经济效果作为评判财政措施的准则，这种原则被称为功能财政准则。

功能财政论的基本观点认为：财政预算应从其对经济的功能上来着眼。政府财政的基本功能是稳定经济；政府预算的首要目的，是提供一个没有严重通货膨胀或通货紧缩的充分就业，即经济平衡，预算平衡只是第二位的；政府预算盈余或赤字的问题本身与严重的通货膨胀或持续的经济衰退相比是不重要的。

功能财政论将预算平衡与否的判断，从实际的预算收支差额转向对经济进行分析，这是预算平衡理论的重大转变。这一理论证明了经济衰退期存在预算赤字的必要性。但功能财政论是一个宏观静态理论，也有其局限性。例如，在通货膨胀时期，不管什么类型，只要实施减少总支出的办法，就可以取得货币稳定，但可能出现牺牲经济长远发展利益的局面。因此，功能财政论对于抑制短期的周期波动效果比较理想，而对长期的经济增长影响不够明显。此外，这一理论在实际运用中，由于存在认识时滞、执行时滞等因素，可能出现错过政策措施实施的最佳时机，或者实施不恰当的政策而加重经济波动的情况。

参考文献：

王雍君：《公共预算管理》，经济科学出版社 2010 年版。

[美] 罗伯特·D·李、罗纳德·W·约翰逊、菲利普·G·乔伊斯：《公共预算体系》，中国财政经济出版社 2011 年版。

（王雍君　谢林）

预算过程
Budgetary Process

在实务操作上，公共预算表现为一个周而复始的循环过程，始于预算准备，终于预算评估和决算审计，期间依次经历预算审查与辩论、预算执行与控制两大部分。每个国家的预算程序并不完全相同，但是通常都覆盖四个彼此相连的阶段，统称预算过程，依次为：

行政计划阶段（Executive Planning Stage），行政部门制定预算草案；

法定审批阶段（Legislative Approval Stage），立法机关对行政部门提交的预算草案进行审查和批准，使其具有合法性（形成法定授权）；

行政实施阶段，行政部门执行和实施预算；

基于法定授权的评估、检查和决算审计——事后的完结受托责任（Accountability）阶段。

预算过程（Budgetary Process）与预算程序（Budgetary Procedure）是两个相关但是含义有所不同的概念。预算程序是按照特定标准对预算过程所作的个性化阶段划分，通常因预算制度而异。预算制度将预算过程区分为不同步骤从而形成特定的预算程序，决定谁在某个步骤做什么，以及如何处理各阶段的接续关系。

参考文献：

王雍君：《公共预算管理》，经济科学出版社 2010 年版。

[美] 阿伦·威尔达夫斯基：《预算与治理》，上海财经大学出版社 2010 年版。

（王雍君　谢林）

预算控制
Budgetary Control

预算具有控制功能。公共预算的控制功能强调对公共资源进行法律、行政和其他方面的限制，这也通常被认为是政府履行对纳税人受托责任的机制。控制功能是公共预算最基本的功能。预算的本意就是控制政府支出，使其实际的开支水平、结构和实施支出的行为被约束在预算和法律的框架内。在民主政治和法治社会中，除非获得法律上（立法机关批准的预算本身就是具有法律效力的文件）的明确授权，否则，政府既不能从纳税人那里拿钱（征税），也不能实施任何支出，任何超越预算授权范围的开支都是不允许的。公共预算的控制功能是确保政府财政活动——重点是公共支出——遵守法律约束所不可或缺的。事实上，在西方较成熟的民主政体中，预算是议会控制政府最重要的工具，这也是约束政府的宪政功能在公共预算上的直接反映。

预算控制模式可区分为外部控制、内部控制以及产出控制。实施外部控制要求在政府预算体系中，由法律法规（甚至由宪法）加以规定或认可的一整套事前的、正式的预算管理程序和规则，这些程序和规则贯穿从预算编制到预算执行、评估和审计的整个预算过程，并规范着立法部门、行政部门和预算过程中其他的参与者的行为；内部控制强调分权，管理者在采取具体行动之前，并不需要得到支出控制者的批准，也不需要大量的自下而上的信息流动，支出机构必须确保其预算实施过程的合法性、适当性和效率，为此必须建立起服从于政府预算管理规则的内部管理制度，同时养成自觉服从正式预算规则与程序的良好习惯；与着眼于投入控制的外部控制和内部控制相比，产出控制将预算控制的重心转向了预算过程的产出（绩效）方面，通过赋予较低层的支出管理者更多的使用营运成本的自由裁量权，以及通过强调对产出及其成本进行计量和绩效审计评价，产出控制模式直指支出资金及支出管理机构的营运效率。

参考文献：

［美］艾伦·希克：《当代公共支出管理方法》，中国经济管理出版社 2001年版。

王雍君：《公共预算管理》，经济科学出版社 2010 年版。

（王雍君　谢林）

中国预算体制
China's Budgetary System

一国的预算管理体制是指国家处理中央与地方、地方各级政府之间预算资金分配关系，确定各级预算收支范围和管理职责权限的根本制度，其核心是预算管理权限的划分。政府预算体制是国家财政管理体制的重要组成部分。财政管理体制有广义和狭义之分。广义的财政管理体制一般由预算管理体制、税收管理体制、公共部门财务管理体制、国家金库管理体制、国有资产管理体制等组成。狭义的财政管理体制就是指政府预算体制。

我国现行预算管理体制是在 1994 年财税体制改革的基础上形成的，还在经历调整和完善。其基本内容如下：

根据现行体制文件规定，中央财政主要承担国家安全、外交和中央国家机关运转所需经费，调整国民经济结构、协调地区发展、实施宏观调控所必需的支出，涉及由中央直接管理的事业发展支出。具体包括：国防费，武警经费，外交和援外支出，中央级行政管理费，中央统管的基本建设投资，中央直属企业的技术改造和新产品试制费，地质勘探费，由中央财政安排的支农支出，由中央负担的公检法支出和文化、教育、卫生、科学等各项事业费支出。

地方财政主要承担本地区政权机关运转所需支出以及本地区经济、事业发展所需支出，具体包括：地方行政管理费、公检法支出、部分武警经费、民兵事业费、地方统筹的基本建设投资，地方企业的技术改造和新产品试制经费，支农支出，城市维护和建设经费，地方文化、教育、卫生等各项事业费，价格补贴支出以及其他支出。

根据分税制的基本原则，按税种划分中央与地方的收入，将维护国家收益、实现宏观调控所必需的税种划分为中央税；将同经济发展直接相关的主要税种划为中央与地方共享税；将适合地方征管的税种划为地方税，并补充地方税税种，增加地方收入。1994 年财税体制改革时具体划分如下：

中央固定收入包括：关税，海关代征的增值税和消费税，消费税，中央企业所得税，地方银行和外资银行及非银行金融企业所得税，铁道部门、各银行总行、各保险总公司等集中缴纳的收入（包括营业税、所得税、利润和城市维护建设税），中央企业上交利润等。外贸企业出口退税，除 1993 年地方已经负担的 20% 部分列入地方上交中央基数外，以后发生的出口退税全部由中央财政负担。

地方固定收入包括：营业税（不含铁道部门、各银行总行、各保险总公司集中交纳的营业税），地方企业所得税（不含地方银行和外资银行及非银行金融企业所得税），地方企业上交利润，个人所得税，城镇土地使用税，固定资产投资方向调节税，城市维护建设税（不含铁道部门、各银行总行、各保险总公司集中交纳的部分），房产税，车船使用税，印花税，屠宰税，农牧业税，对农业特产收入征收的农业税，耕地占用税，契税，遗产和赠与税，土地增值税，国有土地有偿使用收入等。

中央与地方共享收入包括：增值税、资源税、证券交易税。增值税中央分享 75%，地方分享 25%。资源税按不同的资源品种划分，大部分资源税作为地方收入，海洋石油资源税作为中央收入。证券交易税，中央与地方各分享 50%。

1994 年以来，中央与地方的收入划分有所调整，主要内容有：2002 年开始，除铁路运输、国家邮政、中国工行、农行、中行、建行、开发行、农发行、进出口行以及海洋石油天然气企业缴纳的所得税继续作为中央收入外，其他企业所得税和个人所得税一律由中央和地方按比例分享。中央保证各地区 2001 年地方实际的所得税收入基数，实施增量分成。2002 年纳入共享范围的企业所得税和个人所得税按五五比例分享。2003 年改为中央分享 60%，地方分享 40%。以 2001 年为基期，按改革方案确定的分享范围和比例计算，地方分享的所得税收入，如果小于地方实际所得税收入，差额部分由中央作为基数返还地方；如果大于地方实际所得税收入，差额部分由地方作为基数上解中央。2003 年 10 月，中央公布了《关于进行出口退税制度改革的决定》，对整个出口退税制度进行了较大的改革。主要内容包括：适当调整出口退税率，从 2004 年起，以 2003 年出口退税实退指标为基数，对超基数部分的应退税额，即出口退税的增量部分由中央和地方按 75% 和 25% 的比例负担，以前累计欠退税则仍由中央财政负担。同时为加大中央财政对出口退税的支持力度，2003 年后中央财政从进口环节所取得的增值税、消费税的增量部分首先用于出口退税；从 2005 年 1 月 1 日起，出口退税超基数部分将在原批准核定基数不变的基础上，按 92.5：7.5 的比例由中央与地方财政共同负担；2014 年后，再改为全部由中央负担。在 1994 年印花税分成比例中，国家和地方各 50%。1997 年 1 月 1 日起国务院决定将证券交易印花税分享比例调整为中央 80%、地方 20%。1997 年 5 月对证券交易印花税再次调整分享比例，改为中央 88%、地方 12%。2000 年国务院决定，将证券交易印花税分享比例由中央 88%、地方 12%，分三年调整到中央 97%、地方 3%。即 2000 年中央 91%、地方 9%；2001 年中央 94%、地方 6%；从 2002 年起中央 97%、地方 3%。其中，2000 年的分享比例，自 2000 年 10 月 1 日起执行。证券交易印花税中央分享 97%，上海、深圳分享 3%。从 2006 年停征了农业税。取消除烟叶外的农业特产税。另外车船使用税改为车船税。

中央财政对地方财政返还数额，以 1993 年为基期年，按照 1993 年地方实际收入以及税制改革和中央与地方收入划分情况，核定 1993 年中央从地方净上划的收入数额（即消费税 +75% 的增值税 – 中央下划收入）。1993 年中央净上划收入全额返还地方，保证现有地方既得财力，并以此作为以后税收返还基数；1994 年以后，税收返还基数在 1993 年基数上逐年递增，递增率按本地区增值税和消费税的平均增长率的 1：0.3 系数确定，即本地区上述两税平均每增长 1%，中央财政对地方的税收返还增长 0.3%，按环比计算，即每年在上年税收返还数额的基础上增长。如若 1994 年以后中央的净上划收入达不到 1993 年基数，则相应减少税收返还数额。

除税收返还外，1994 年后还实行"过渡时期转移支付办法"，由中央对地方按公式计算进行转移支付，以平衡地区财力差距，不过数额不大。目前，已将过渡时期转移支付改为一般性转移支付。现在中央对地方财政转移支付制度体系由一般性转移支付和专项转移支付构成，以 2010 年为例，一般性转移支付包括均衡性转移支付、民族地区转移支付、县级基本财力保障机制奖补资金、调整工资转移支付、农村税费改革转移支付等。专项转移支付是指中央财政为实现特定的宏观政策及事业发展目标，以及对委托地方政府代理的一些事务进行补偿而设立的补助资金，地方财政需按规定用途使用资金，专项转移支付重点用于教育、医疗卫生、社会保障、支农等公共服务领域。

采取原体制分配格局暂时不变、经过一段时间过渡再逐步规范的办法，以减少推行分税制改革的阻力。原体制中央对地方的补助继续按规定执行。原体制地方上解仍按不同体制类型处理；实行递增上解的地区，按原规定继续递增上解；实行定额上解的地区，按原规定的上解额继续定额上解；实行总额分成地区和原分税制试点地区按 1993 年实际上解数和递增额，并核定一个递增率，每年递增上解。原中央对地方下拨的一些专款，该下拨的继续下拨。地方 1993 年承担的 20% 部分出口退税以及其他年度结算的上解和补助项目相抵后，确定一个数额作为一般上解或一般补助处理，以后年度按此定额结算等。

1994 年预算管理体制改革以来，分税制体制运行中除了局部调整外，基本框架保持相对稳定。从经济社会发展实际、政府职能转变的具体进展以及预算体制自身运行存在问题分析，我国分税制预算管理体制还需要进一步改革和完善，基本思路如下：（1）在转变政府职能基础上，进一步明确划分各级政府事权和预算收支范围。（2）建立规范的转移支付制度，正确处理政府间财政关系。（3）进一步完善省级以下地方税体系和预算管理体制。

参考文献：

[美] 小罗伯特·D·李等：《公共预算制度》，上海财经大学出版社 2010 年版。

财政部预算司：《中央部门预算编制指南 (2011)》，中国财政经济出版社 2010 年版。

李燕：《政府预算管理》，北京大学出版社 2008 年版。

温来成：《预算管理》，中国人民大学出版社 2008 年版。

马海涛：《政府预算管理》，复旦大学出版社 2003 年版。

马蔡琛：《政府预算》，东北财经大学出版社 2007 年版。

（马海涛　温来成）

中国的预算改革
China's Budget Reform

中国的预算改革是指中国在构建公共财政制度框架过程中，为强化对财政资金使用的内部行政控制、提高财政资金使用绩效而推行的一系列预算管理制度变革。1999 年后的中国预算改革涉及预算编制、审批、执行、决算、报告等各个环节。

第一，预算编审机制改革——部门预算的引进。部门预算是市场经济国家财政预算管理的基本形式，指各预算部门依据国家有关政策规定及其行使职能的需要，由基层预算单位编制，逐级上报，再由主管部门按规定汇总，经财政部门审核后提交立法机关依法批准的涵盖部门各项收支的综合财政计划。相对于传统的功能预算，这种预算编制在编制的基础、范围、方法等方面都有较大进步。在编制原则上，保证了部门行使职能与财力可能之间的一致性；在编制内容上，涵盖了部门或单位所有收入和支出，包括预算外资金和政府性基金等；在编制方法上，部门基本支出实行定员定额管理，项目支出采用"项目库"管理方式，预算编制内容不断细化；在编制程序上部门作为预算编制的基础单元，财政预算从基层部门编起，通过逐级上报、审核，经单位和部门汇总形成。

第二，预算收支执行改革——国库集中收付制度改革。中国的国库集中收付制度改革正式启动于 2001 年 3 月，是一项涉及整个财政管理的基础性改革，贯穿于财政预算执行的全过程。明显有别于传统的国库分散支付模式，国库集中收付制度是指对预算资金实行集中收缴和支付的制度，其核心

323

是通过国库单一账户对现金进行集中管理，建立一个以单一账户为核心、资金缴拨以国库集中收付为主要形式的集中型国库管理制度。具体讲，是在账户集中、现金余额集中、会计处理集中和交易监管集中的基础上由财政部门对各个部门的收入收缴、支出决策和支出行为进行控制。通过信息网络全过程实时监测预算资金收缴和支付，从而控制和保障预算资金的安全和高效。在国库单一账户体系基础上，以信息系统为支撑，由"集中汇缴"方式为主变为"直接缴款"方式为主，规范收入收缴程序；健全非税收入收缴管理机制，进一步拓展国库集中收付制度改革的资金范围；规范支出拨付程序，逐步完善各类财政资金国库集中支付机制，支出在没有支付到实际收款人之前不流出国库单一账户体系。

第三，预算支出执行改革——政府采购制度的改革。相对于分散采购模式而言，政府集中采购由一个专门的政府采购机构负责本级政府的全部采购任务。根据《预算法》有关规定，财政部自 1999 年先后颁布了《政府采购管理暂行办法》、《政府采购招标投标管理暂行办法》和《政府采购合同监督暂行办法》等规章制度。2003 年 1 月 1 日《政府采购法》正式实施。这些法规为依法开展采购活动提供了制度保障，对政府采购的范围、管理机构、采购模式、采购资金拨付以及采购监督等有关问题作出了明确规定，并对准入条件、程序以及政府采购资金预算单列和支付形式等，都作了原则规定，标志着我国政府采购工作进入规范化、法制化轨道。

第四，预算收支管理改革——实行"收支两条线"管理的改革。2001年，国务院办公厅转发《财政部关于深化收支两条线改革进一步加强财政管理意见的通知》，要求以部门综合预算编制为出发点，以预算外资金管理为重点，以强调收支脱钩为中心，以国库管理制度改革为保障，明确提出进一步深化"收支两条线"改革的步骤与相关措施。2002 年，财政部进一步加大"收支两条线"管理工作力度，采取了以下措施：一是清理整顿现行收费、基金项目。财政部陆续将公安部等五部门的行政事业性收费及其他部门的 100 多项行政事业性收费全部纳入预算管理，将 26 项政府性基金纳入预算管理，实行彻底的收支脱钩。二是对中央部门区分不同情况，将预算外资金分别采取纳入预算或实行收支脱钩等办法加强预算管理。

第五，预算支出绩效改革——推进财政支出绩效考评。从 2003 年起，财政部开始研究制定财政支出绩效考评管理办法，组织部分中央部门开展预算支出绩效考评试点工作。2005 年，制定了《中央部门预算支出绩效考评管理办法（试行）》，对绩效考评的组织管理、工作程序、结果应用和考评经费来源等作了明确规定，确立了财政部门统一领导、预算部门具体组织实施的绩效考评分工体系。

第六，预算管理信息化改革——建设政府财政管理信息系统（GFMIS）。财政部在推进上述预算制度改革的同时，从1999年下半年开始着手规划建立政府财政管理信息系统（简称"金财工程"），利用先进的信息技术，构建以预算编制、国库集中收付和宏观经济预测为核心的政府财政管理综合信息系统。"金财工程"以财政系统纵横向三级网络为支撑，以细化的部门预算为基础，以所有财政收支全部进入国库单一账户为基本模式，以预算指标、用款计划和采购订单为预算执行的主要控制机制，以出纳环节高度集中并实现国库资金的有效调度为特征，以实现财政收支全过程监管、提高财政资金使用效益为目标。

第七，预算管理科目改革——积极推进政府收支分类改革。财政部从1999年年底开始启动政府收支分类改革研究工作，在认真借鉴国际政府收支分类经验的基础上，结合公共财政、部门预算、国库集中收付等改革对科目体系的要求，在全国人大、中央有关部门、地方财政部门等各有关方面的积极参与、支持和配合下，于2004年年底形成了《政府收支分类改革方案》，并于2007年在全国范围内实施。改革后的政府收支分类体系由"收入分类"、"支出功能分类"、"支出经济分类"三部分构成，初步建立适应市场经济和公共财政建设要求，符合国际通行口径的政府收支分类科目。

中国预算改革的评述。经过1999年以来的改革，中国基本上建立起一种"控制取向"的预算管理体系，将财政部门转变成真正意义的"核心预算机构"，由它集中资源配置权力，并在预算执行中对支出部门的支出行为施加"外部控制"。随着改革的不断深入，下一步预算改革的重点将集中于政府会计与政府财务报告、参与式预算、预算透明度等领域。

2014年后，根据中共中央政治局审议通过的财税配套改革方案，预算改革又在提高预算透明度，实行全口径预算，构建由一般预算、资本预算、社保预算和基金预算组成的预算体系，改进转移支付，对地方债"开明渠，增暗沟"实行阳光化规范管理，建立引入权责发生制的中期财政规制和跨年度滚动预算，形成政府财务报告制度，清理税收优惠和盘活存量资金等方面，采取了一系列举措。

参考文献：
王雍君：《中国的预算改革——评述与展望》，载于《经济社会体制比较》

2008 年第 1 期。

肖鹏：《新中国 60 年预算管理制度改革与总结》，引自马海涛、肖鹏：《财政改革与发展论》，经济科学出版社 2009 年版。

李燕：《政府预算管理》，北京大学出版社 2008 年版。

马骏：《中国公共预算改革的目标选择：近期目标与远期目标》，载于《中央财经大学学报》2005 年第 10 期。

（马海涛　肖鹏）

量入为出与量出为入
Expending According to Revenue and Levying According to Expenditure

量入为出与量出为入是两种相反但又相互补充、相互配合的理财思想。我国早在夏、商、周时期，就出现了量入为出的财政思想。《礼记·王制》记载"冢宰制国用，必与岁之杪，五谷皆入，然后制国用，用地大小，视年之丰耗。以三十年之通制国用，量入以为出"。量入为出是指在自然经济条件下，政府根据农业的收成和能组织到收入的多少，来安排财政支出，一般要求财政支出不得突破财政收入。量入为出的财政思想，即使在现代市场经济条件下，仍有积极借鉴意义，是政府财政管理的一条基本准则。在经济发展水平一定，政府所能组织的税收、规费、公债等财政收入已达到最大极限时，财政支出应坚持量入为出；否则，就会产生财政赤字，影响国民经济和社会的健康发展。在国际上，美国、欧盟等国债务危机频发，也从反面印证了量入为出的必要性。

量出为入也称为量出制入，即根据国家财政支出需要确定组织财政收入的数额。西汉初，量出制入原则已被应用。《汉书·食货志上》有"量吏禄，度官用，以赋于民"的说法。最早明确提出量出制入的是唐代的杨炎。他在奏行两税法时说："凡百役之费，一钱之敛，先度其数而赋于人，量出以制入"（《旧唐书·杨炎传》）。在实际财政管理中，安排财政支出不是消极的能组织多少收入，就安排多少财政支出，也要考虑政府履行职责，提供公共服务的需要。政府各项支出也是国家经济社会发展所必需的，特别是公债还本付息支出、社会保障支出、公务人员工资支出，是刚性支出，必须保证按期支付。当然，量出制入也不能超越经济发展水平的客观界限。因此，在财政管理中，需要将量入为出与量出为入相结合，管理政府收支，保持宏观经济的稳定与增长。

参考文献：

陈共：《财政学》，中国人民大学出版社 2009 年版。

苏明：《政府支出政策研究》，中国财政经济出版社 1999 年版。

雷良海：《政府支出增长与控制研究》，上海财经大学出版社 1997 年版。

高培勇、崔军：《公共部门经济学》，中国人民大学出版社 2004 年版。

孙翊刚：《中国财政问题源流考》，中国社会科学出版社 2001 年版。

温来成：《政府经济学》，国家行政学院出版社 2009 年版。

（马海涛　温来成）

全口径预算管理
Full-covered Budget Management （FCBM）

全口径预算管理是指全部政府性收支都纳入预算，实行统一、完整、全面、规范的预算管理。凡是政府获得的收入与所发生的一切支出，都纳入政府预算管理范围。

我国关于全口径预算管理的表述，最早出现于 2003 年 10 月中共十六届三中全会所通过的《中共中央关于完善社会主义市场经济体制若干问题的决定》第 21 条，提出"实行全口径预算管理和对或有负债的有效监控。加强各级人民代表大会对本级政府预算的审查和监督"。此后，国务院在《关于 2005 年深化经济体制改革的意见》中进一步提出"改革和完善非税收入收缴管理制度，逐步实行全口径预算管理"。

全口径预算管理的基本含义是，通过预算管理制度的改革充分实现政府预算的完整性，即在政府预算之外，不允许政府及其各个部门有任何收支活动，从而最大限度优化预算作为行政层面内部控制与立法层面外部控制的管理工具，最终使得以财政部门为财务统领的政府整体是能够对立法机构负责的，进而确保整个政府活动是对公民负责的（高培勇，2009）。

全口径预算是最大统计口径的财政收支，即"全部公共收支"，包括政府为履行公共职责直接或间接控制和管理的各种形式的资金收支，与预算原则中"全面性、综合性原则"的要求相一致，是保证预算透明和可问责的基石。

我国全部政府收支曾划分为预算内收支、预算外收支与制度外收支。所谓"预算内收支"，主要包括一般预算收支与政府性基金预算收支。政府性基金最初属于预算外收支范畴，直到 1996 年国务院颁发《关于进一步加强预算外资金管理的决定》，从 1997 年起，政府性基金开始逐步逐项地进入预算内，截至 2010 年，所有政府性基金均纳入预算管理。预算外资金，部分纳入"预算外财政专户"、按照"收支两条线"的资金管理办法管理；还有部分既没有纳入预算内管理也不上缴预算外财政专户管理，而是经财政部门核准批准、部门得以留用、以自收自支的形式按计划直接使用的预算外资金，体现在部门预算当中。制度外收支是指各级政府及部门凭借其行政权力，直接或间接掌握的，未通过正式预算管理程序、游离于财政预算管理和预算外资金管理范畴之外的政府性资金，包括"小金库"的资金。经过多年改革与加强管理的努力，我国预算内、预算外、制度外三个层次的资金已经过首先取消制度外空间，并入预算内式预算外（"三而二"），进而取消预算外资金范畴（"二而一"），实现了全口径预算管理的清晰制度框架。这一框架有些在 2014 年开始实施的财税配套改革中得到充分巩固。

参考文献：

高培勇：《中国财政政策报告 2008/2009：实行全口径预算管理》，中国财政经济出版社 2009 年版。

李冬妍：《全口径预算管理：制度演进与框架构建》，载于《郑州大学学报（哲学社会科学版）》2010 年第 1 期。

李冬妍：《打造公共财政框架下的全口径预算管理体系》，载于《财政研究》2010 年第 3 期。

（马海涛　肖鹏）

基金预算收支
Revenue and Expenditure of Fund Budget

　　基金预算是指独立于国家公共收支预算之外，以基金形式反映政府特定收支状况的一种预算制度模式。如以出让国有土地使用权、发行彩票等方式取得收入，并专项用于支出特定基础设施建设和社会事业发展的财政收支预算，是政府预算体系的重要组成部分。

　　基金预算收入包括按照规定收取、转入或通过当年财政安排，由财政管理且具有指定用途的政府性基金收入以及原属预算外的地方财政税费附加收入（《财政部关于将按预算外资金管理的收入纳入预算管理的通知》）。基金预算支出是指财政预算部门用基金预算收入安排的支出。

1996 年财政部颁布的《政府性基金预算管理办法》规定，从 1996 年起，将养路费、车辆购置费、铁路建设基金、电力建设基金、三峡工程建设基金、新菜地开发基金、公路建设基金、民航基础设施建设基金、农村教育费附加、邮电附加、港口建设费、市话初装基金、民航机场管理建设费等 13 项数额较大的政府性基金（收费）纳入政府预算管理。

2009 年，财政部发布的《政府性基金预算编制情况》显示，纳入政府性基金预算管理的基金共 43 项。按收入来源划分，向社会征收的基金有 31 项，包括铁路建设基金、民航基础设施建设基金、港口建设费、国家重大水利工程建设基金等。其他收入来源的基金 12 项，包括国有土地使用权出让收入、彩票公益金、政府住房基金等。按收入归属划分，属于中央收入的基金有 9 项，属于地方收入的基金有 20 项，属于中央与地方共享收入的基金有 14 项。按支出用途划分，用于公路、铁路、民航、港口等交通建设的基金有 9 项；用于水利建设的基金有 4 项；用于城市维护建设的基金有 8 项；用于教育、文化、体育等社会事业发展的基金有 7 项；用于移民和社会保障的基金有 5 项；用于生态环境建设的基金有 5 项；用于其他方面的基金有 5 项。

根据财政部 2012 年 7 月公布的《2011 年全国政府性基金收入决算表》和《2011 年全国政府性基金支出决算表》，2011 年全国政府性基金收入和支出主要包括 47 个项目，具体为：农网还贷资金、山西省煤炭可持续发展基金、山西省电源基地建设基金、铁路建设基金、福建省铁路建设附加费、民航基础设施建设基金、民航机场管理建设费、海南省高等级公路车辆通行附加费、转让政府还贷道路收费权、港口建设费、散装水泥专项资金、新型墙体材料专项基金、旅游发展基金、文化事业建设费、地方教育附加、江苏省地方教育基金、国家电影事业发展专项资金、新菜地开发建设基金、新增建设用地土地有偿使用费、育林基金、森林植被恢复费、水利建设基金、南水北调工程基金、山西省水资源补偿费、残疾人就业保障金、政府住房基金、城市公用事业附加、国有土地使用权出让金、国有土地收益基金、农业土地开发资金、大中型水库移民后期扶持基金、大中型水库库区基金、三峡水库库区基金、中央特别国债经营基金财务、彩票公益金、城市基础设施配套费、小型水库移民扶助基金、国家重大水利工程建设基金、车辆通行费、船舶港务费、贸促会收费、长江口航道维护、核电站乏燃料处理处置基金、铁路资产变现、电力改革预留资产变现、无线电频率占用费、其他政府性基金。

政府性基金预算的管理原则是"以收定支，专款专用，结余结转使用"。基金支出根据基金收入情况安排，自求平衡，不编制赤字预算。当年基金预算收入不足时，可使用以前年度结余资金安排支出；当年基金预算收入超出预算支出的，结余资金结转下年继续安排使用。各项基金按规定用途安排，不调剂使用。

2009年以来，财政部按照全国人大和国务院的要求，制定印发了《关于进一步完善政府性基金预算编制的工作方案》，明确了完善基金预算编制的主要目标和任务，并抓紧组织实施，逐步落实各项任务措施。2009年10月10日，财政部颁布了《关于进一步加强地方政府性基金预算管理的意见》，就进一步加强地方基金预算管理提出了指导意见。

（马海涛　白彦锋）

国有资本经营预算收支
Revenue and Expenditure of Budget for State Capital Operations

国有资本经营预算是指国家以所有者身份依法取得国有资本收益，并对所得收益进行分配而发生的各项收支预算，是政府预算的重要组成部分。往往简称"资本预算"。

2007年9月，国务院发布《国务院关于试行国有资本经营预算的意见》，决定试行国有资本经营预算，标志着我国开始正式建立国有资本经营预算制度。

2008年10月中华人民共和国第十一届全国人民代表大会常务委员会通过的《中华人民共和国企业国有资产法》第六章对国有资本经营预算制度作了特别规定，其中，第五十八条提出国家建立健全国有资本经营预算制度，对取得的国有资本收入及其支出实行预算管理。第十六条规定国有资本经营预算按年度单独编制，纳入本级人民政府预算，报本级人民代表大会批准。国有资本经营预算支出按照当年预算收入规模安排，不列赤字。第六十一条提出国务院和有关地方人民政府财政部门负责国有资本经营预算草案的编制工作，履行出资人职责的机构向财政部门提出由其向其履行出资人职责的国有资本经营预算建议草案。第六十二条提出对国有资本经营预算管理的具体办法和实施步骤，由国务院规定，报全国人民代表大会常务委员会备案。

国有资本经营预算收入由财政部门、国有资产监管机构组织收取，企业按规定及时足额上缴财政。收入项目主要包括：从国家出资企业分得的利润，国有资产转让收入，从国家出资企业取得的清算收入，其他国有资本收入。

纳入中央国有资本经营预算实施范围的中央企业税后利润的收取比例分为四类执行：第一类为烟草、石油石化、电力、电信、煤炭等具有资源垄断型特征的行业企业，收取比例15%；第二类为钢铁、运输、电子、贸易、施工等一般竞争性行业企业，收取比例10%；第三类为军工企业、转制科研院所、中国邮政集团公司、2011年和2012年新纳入中央国有资本经营预算实施范围的企业，收取比例5%；第四类为政策性公司，包括中国储备粮总公司、中国储备棉总公司，免交国有资本收益。符合小型微型企业规定标准的国有独资企业，应交利润不足10万元的，比照第四类处理。其后，央企税后利润收取（上缴）方案又有陆续的调整。2013年11月十八届三中全会通过的《中共中央关于全面深化改革若干重大问题的决定》中要求："提高国有资本收益上缴公共财政比例，2020年提高到30%，更多用于保障和改善民生。"

根据财政部发布的《2011年中央国有资本经营收入决算表》，中央国有资本经营预算收入项目主要包括：（1）利润收入：具体包括烟草企业利润、石油石化企业利润、电力企业利润、电信企业利润、煤炭企业利润、有色冶金采掘企业利润、钢铁企业利润、化工企业利润、运输企业利润等21类利润收入；（2）股利、股息收入；（3）产权转让收入：具体包括金融类国有股减持收入、其他国有股减持收入；（4）清算收入；（5）其他国有资本经营预算收入。

国有资本经营预算支出按照当年预算收入规模安排，不列赤字，由企业在经批准的预算范围内提出申请，报经财政部门审核后，按照财政国库管理制度的有关规定，直接拨付使用单位，主要用于国有经济和产业结构调整、中央企业灾后恢复生产重建、中央企业重大技术创新、节能减排、境外矿产资源权益投资以及改革重组补助支出等。

同样地，根据财政部发布的《2011年中央国有资本经营支出决算表》，按照用途方向划分，其预算支出项目主要包括：（1）教育：包括其他教育支出；（2）文化体育与传媒：具体包括文化、广播影视和新闻出版；（3）社会保障和就业：具体包括补充全国社会保障基金；（4）农林水事务；（5）交通运输：具体包括公路水路运输、民用航空运输以及邮政业支出；（6）资源勘探电力信息等事务：具体包括资源勘探开发和服务支出、制造业、建筑业、电力监管支出、工业和信息产业监管支出、其他资源勘探电力信息等事务支出项目；（7）商业服务业等事务：具体包括商业流通事务、旅游业管理和服务支出、涉外发展服务支出；（8）地震灾后恢复重建支出：具体包括工商企业恢复生产和重建；（9）转移性支出。

实行国有资本经营预算制度的必要性主要是：

第一，实行国有资本经营预算有利于国有资本出资人充分发挥其职能作用。国资委作为国有资本出资人代表，其职能定位为对国有资本的监督管理，包括国有资本的产权监管、运营监管和国有资本总量与结构的调控管理，但不能直接干预企业的生产经营活动。国有资本经营预算反映的预算期内国有资本经营的目标，是国有资本经营计划的财务安排，是国资委职能作用发挥的基础。

第二，有利于实现政府作为国有资本所有者的监管职能。在市场经济条件下，按照政资分离的原则下，公共预算的编制和实施体现着政府行使社会管理职能的需要；而国有资本经营预算则体现政府行使国有资本所有者职能的需要，其收入应主要来源于国家以国有资本所有者身份取得的各种国有资本收益，其支出必须用于国有资本的再投入。

第三，有利于国有资本出资人加强对国有资本经营者的约束与控制。在国有资产管理中，国资委与国有资本经营公司既是国有资本的出资人代表，又是国有资本的经营者。国资委要对国有资本经营公司的经营者进行约束控制，国有资本经营公司要对被其控制或参股公司的经营者进行产权约束。而约束与控制的一个重要手段就是分级建立国有资本经营预算。

第四，有利于强化对国有资产的规范化管理。国有资本所有权和经营权随着国有企业的改组和改制实现了分离后，政府与国有企业经营者之间就形成了一种"委托—代理"关系。由于信息不对称，代理人有可能发生损害所有者权益的"道德风险"。为了预防这种"道德风险"的发生，必须建立国有资本经营预算，以便对国有资本经营活动进行统筹规划，对国有企业经营者的业绩进行考核和评价，从而最大限度地减少"道德风险"，确保国有资本的保值增值。

第五，有利于完善我国预算制度体系。我国国家财政必须建立起包括公共预算、国有资本经营预算和社会保障预算等在内的预算制度体系，以进一步转变和优化国家财政职能，增强财政宏观调控能力，强化预算约束。可见，建立国有资本经营预算乃是深化我国财政体制改革，促进我国复式预算制度不断完善发展的需要。

参考文献：

国务院国有资产监督管理委员会研究中心课题组：《加快建立国有资本经营预算》，载于《证券时报》2007 年 6 月 16 日。

（马海涛　白彦锋）

社会保障预算收支
Revenue and Expenditure of Social Security Budget

社会保障预算是指国家为保障社会成员的基本生活权利而提供救助和补给，以便实现国家社会保障职能、完善社会保障制度而编制的预算。社会保障预算由社会保障预算收入和社会保障预算支出组成。

社会保障预算收入是指国家为实施社会保障事业，通过多种渠道参与国民收入分配而筹集的社会保障资金。社会保障预算支出是指国家和社会为实施社会保障事业，对干部、职工等社会成员因年老、疾病、伤残、失业、生育、死亡、自然灾害致使生活遇到困难时，为保证其基本生活而发生的各项支出。

早在 1996 年，财政部就开始积极研究建立社会保障预算问题，草拟了《关于建立社会保障预算的初步设想》，提出了社会保障预算编制的两种形式，即"板块式"社会保障预算方案和"一揽子"社会保障预算方案。此后，又在调研的基础上，对《初步设想》不断加以完善，提出应先行试编社会保险基金预算，在条件成熟时再编制社会保障预算的工作思路。2007年，按照党中央、全国人大、国务院要求，根据先建立社会保险基金预算，经过一段时间试行，待条件成熟后再将公共财政预算中用于社会保障的支出与社会保险基金预算合并建立完整的社会保障预算的思路，有关部门积极研究建立社会保险基金预算制度，起草了《国务院关于试行社会保险基金预算的意见（代拟稿）》。

在广泛征求全国人大预工委、中央有关部门及部分地方财政、人力资源社会保障部门以及部分高校和研究机构专家意见的基础上，经过数十次反复协商后，财政部和人力资源社会保障部于 2009 年 9 月初步达成共识，联合向国务院上报了《财政部、人力资源社会保障部关于试行社会保险基金预算的请示》。2009 年 12 月 9 日，《国务院关于试行社会保险基金预算的意见》经国务院常务会议审议通过并正式颁布实施，决定从 2010 年起在全国建立社会保险基金预算制度。

社会保险基金预算的编制原则包括：依法建立、规范统一；统筹编制、明确责任；专项基金、专款专用；相对独立、有机衔接；收支平衡、留有结余。

社会保险基金预算按险种分别编制，包括企业职工基本养老保险基金、失业保险基金、城镇职工基本医疗保险基金、工伤保险基金、生育保险基金等内容。

社会保险基金收入项目主要包括：基本养老保险费收入、失业保险费收入、基本医疗保险费收入、工伤保险费收入和生育保险费收入。社会保险基金收入预算的编制应综合考虑统筹地区上年度基金预算执行情况、本年度经济社会发展水平预测以及社会保险工作计划等因素。

社会保险基金支出项目主要包括：基本养老金支出、失业保险金支出、基本医疗保险待遇支出、工伤保险待遇支出和生育保险待遇支出。社会保险基金支出预算的编制应综合考虑统筹地区本年度享受社会保险待遇人数变动、经济社会发展状况、社会保险政策调整情况及社会保险待遇标准变动等因素。

（马海涛　白彦锋）

部门预算
Department Budget

部门预算是市场经济国家编制政府预算的一种制度和方法，作为公共财政管理框架的一个重要组成部分，能够使财政活动的公开性、透明性和完整性得到保证。

部门预算以部门为基础单元，各部门编制本部门预算、决算草案，组织和监督本部门预算执行，定期向本级财政部门报告预算执行情况。实行部门预算制度，需要将部门的各种财政性资金、部门所属单位收支全部纳入预算编制。部门预算收支既包括行政单位预算，也包括事业单位预算；既包括一般收支预算，也包括政府基金收支预算；既包括基本支出预算，也包括项目支出预算；既包括财政部门直接安排预算，也包括有预算分配权部门安排的预算。部门预算将预算管理的出发点和着力点转移到部门，可以有效提高政府宏观调控和各部门统筹安排资金的能力。

通俗地讲，部门预算就是一个部门一本预算。在我国部门预算改革中所谓的"部门"具有特定含义，是指那些与财政直接发生经费领拨关系的一级预算会计单位。具体而言，根据中央政府部门预算改革中有关基本支出和项目支出试行单位范围的说明，部门预算改革中所指"部门"应包括三类：一是开支行政管理费的部门，包括了人大、政协、政府机关、共产党机关、民主党派机关、社团机关；二是公检法司部门；三是依照公务员管理的事业单位。

作为国家财政管理的基本方法，部门预算是一个综合预算，以单位所有收入统筹安排、所有支出具体编制到项目为主要内容。我国采取自下而上的编制方式和"二上二下"的基本流程。"一上"指部门编报预算建议数，由基层预算单位编起，层层汇总，由一级预算单位审核汇编成部门预算建议数，上报财政部门；"一下"指财政部门下达预算控制数，由财政部门各业务主管机构对各部门上报的预算建议数进行初审，由预算主管机构审核平衡汇总成预算测算方案报同级人民政府，经批准后向各部门下达预算控制限额；"二上"指部门上报预算，部门根据财政部门下达的预算控制限额，编制部门预算草案上报财政部门。"二下"指财政部门批复预算，财政部门在对各部门上报的预算草案审核后，汇总成按功能编制的本级财政预算草案和部门预算，报经同级人民政府审批后，提交人代会审议，按法定程序批准后，预算主管机构统一向部门批复预算，各部门在财政部门批复本部门预算，批复所属各单位的预算，并负责具体执行。这样一个从基层预算单位编起、逐级汇总、所有支出项目落实到具体的预算单位的过程，避免了上级代编预算的随意性和盲目性。

我国的部门预算编制改革开始于 20 世纪 90 年代末。1999 年 9 月 20 日，经国务院批准，财政部在广泛征求相关部门意见的基础上，提出了《关于改进 2000 年中央预算编制的意见》，提出了具体的编制要求，主要包括：细化报送全国人大预算草案的内容；中央部门按财政部统一规定和标准表格，编制反映本部门所有收支情况的预算，初步构建了"一个部门一本预算"的部门预算基本框架；选择教育部、农业部、科技部和社会保障部 4 个部作为部门预算试点单位，向全国人大报送部门预算；统一规定预算编制、报送时间及需要各部门配合的其他事项。在 2000 年部门预算改革试点工作取得成功的基础上，部门预算改革逐年深入，如调整财政部内设机构及其职能来适应部门预算的管理要求，进一步延长预算编制时间，编制基本支出预算和项目支出预算，加大预算外资金纳入预算内管理力度等。

参考文献：

项怀诚：《中国财政管理》，中国财政经济出版社 2001 年版。

财政部预算司：《中央部门预算编制指南（2003）》，中国财政经济出版社 2002 年版。

（马海涛　王威）

国库集中收付制度
Centralized Treasury Payment System

国库集中收付制度是指对财政资金实行集中收缴和支付的制度，由财政部门代表政府设置国库单一账户体系，政府将所有的财政性资金均纳入国库单一账户体系收缴、支付和管理。

国库集中收付制度的核心是通过国库单一账户对现金进行集中管理，所以国际上又称作"国库单一账户制度（TSA）"。美国称这一账户为国库总账户或一般账户，法国则把它叫做国库公共会计账户。严格意义上的标准 TSA 包含五个关键元素：（1）支出部门（指本级政府的直属部门——现行预算体制下的"一级预算单位"）在中央银行开立账户作为国库账户的附属账户（Subsidiary Accounts）；（2）支出部门下属的支出机构要么在中央银行，要么在中央银行指定的商业银行（方便起见）开设账户，两种情况下账户的开设都必须得到国库的授权；（3）支出机构的账户是零余额账户——该账户的钱必须转移到那些已得到特别批准的付款账户上；（4）在银行具备必要的技术能力时，支出机构的账户每日终了必须自动结清；（5）中央银行每天终了应汇总反映政府的财务状况，包括所有政府账户的现金余额。

这一制度在市场经济国家已普遍实行，其基本特征包括：一是以国库单一账户体系为政府资金的运作基础。即所有的政府资金都要通过财政部门在银行开设的统一账户体系管理和核算，一级政府只能有一本收支账。二是以国库集中收缴和集中支付为政府资金收支运行的基本方式。我国按照财政国库管理制度的基本发展要求，所有财政性资金都纳入国库单一账户体系管理，收入通过国库单一账户体系直接缴入国库，支出通过国库单一账户体系直接支付到商品和劳务供应者或最终用款单位。三是实行高效的国库现金管理。即所有未支付的财政资金余额均由财政部门统一持有，并可在货币市场上进行安全投资运营。

国库集中收付制度具体包括收入收缴管理制度和国库集中支付制度。在我国，财政收入的收缴分为直接缴库和集中汇缴两种方式。直接缴库是指由缴款单位或缴款人按有关法律法规规定，直接将应缴收入缴入国库单一账户或预算外资金财政专户。直接缴库的税收收入，由纳税人或税务代理人提出纳税申报，经征收机关审核无误后，由纳税人通过开户银行将税款缴入国库单一账户。直接缴库的其他收入，比照上述程序缴入国库单一账户或预算外资金财政专户。集中汇缴是指由征收机关（有关法定单位）按有关法律规定，将所收的应缴收入汇总缴入国库单一账户或预算外资金财政专户。小额零散税收和法律另有规定的应缴收入，由征收机关于收缴收入的当日汇总缴入国库单一账户。非税收入中的现金缴款，比照此集中汇缴程序缴入国库单一账户或预算外资金财政专户。

在我国，财政性资金的支付实行财政直接支付和财政授权支付两种方式。财政直接支付是指由财政部门向中国人民银行和代理银行签发支付指令，代理银行根据支付指令通过国库单一账户体系将资金直接支付到收款人（即商品或劳务的供应商等）或用款单位（即具体申请和使用财政性资金的预算单位）账户。在财政直接支付程序中，预算单位按照批复的部门预算和资金使用计划，向财政国库支付执行机构提出支付申请，财政国库支付执行机构根据批复的部门预算和资金使用计划及相关要求对支付申请审核无误后，向代理银行发出支付令，并通知中国人民银行国库部门，通过代理银行进入全国银行清算系统实时清算，财政资金从国库单一账户划拨到收款人的银行账户。财政授权支付是指预算单位按照财政部门的授权，自行向代理银行签发支付指令，代理银行根据支付指令，在财政部门批准的预算单位的用款额度内，通过国库单一账户体系将资金支付到收款人账户。在财政授权支付程序中，预算单位按照批复的部门预算和资金使用计划，向财政国库支付执行机构申请授权支付的月度用款限额，财政国库支付执行机构将批准后的限额通知代理银行和预算单位，并通知中国人民银行国库部门。预算单位在月度用款限额内，自行开具支付令，通过财政国库支付执行机构转由代理银行向收款人付款，并与国库单一账户清算。

国库集中收付制度是建立公共财政框架的重要组成部分，促进了财政资金运转有序与结果高效的统一。按照国务院批准的财政国库管理制度改革方案，我国自 21 世纪初开始实施国库集中收付制度改革，经过十余年的时间已基本完成。国库集中收付制度的推行提高了政府财政资金的使用效率，减少了中间环节，降低了财政资金流失的可能性。国库集中收付制度的推行也有助于健全和完善财政收支监督，加强政府宏观调控能力。近年来，市场经济国家普遍结合信息技术的发展，不断改进财政国库管理制度的运行条件，完善国库单一账户的操作系统，在加强预算执行的监督控制、提高预算执行透明度和信息反馈效率以及降低财政筹资成本和提高财政资金运行效益方面，都取得了显著进展。

参考文献：

马海涛：《国库集中收付制度问题研究》，经济科学出版社 2004 年版。

（马海涛　王威）

政府采购
Government Procurement

政府采购即以政府为主体发生的采购，近些年在我国结合政府采购制度的改革，是特指各级国家机关、事业单位和团体组织，使用财政性资金采购依法制定的集中采购目录以内的或者采购限额标准以上的货物、工程和服务的行为。

现代意义上的政府采购最早形成于 18 世纪末 19 世纪初的自有资本主义时期。1782 年英国设立了政府文具公用局，作为采购政府部门所需办公用品的机构，其后发展为物资供应部，专门采购政府各部门所需物资。此后，西方各国都成立了专门的机构或通过相关的法律，确立了政府采购管理的重要地位。随着社会经济的发展，政府采购的适用范围逐步扩大，当今西方发达国家政府采购的含义已同过去大不相同了。可以说，真正完整意义上的政府采购，是现代市场经济发展的产物。

政府采购的特征包括：（1）公共性。包含两个方面的内容：一是政府采购资金来源的公共性，主要是以税收为主的财政性资金；二是政府采购的目标具有公共性，政府采购的物品是为政府履行其职能服务的，间接服务于公共利益。（2）经济主体性。政府采购直接表现为一种对商品物资的购买活动。政府在市场上与其他经济主体地位相同，都要遵循市场经济自愿平等的市场交易规则。从这个意义上说，政府采购是政府作为经济主体进行市场交易的经济行为。（3）经济性。政府采购的经济性是指政府采购追求效益最大化目标，这是由政府采购的经济主体性决定的。（4）非营利性。政府采购的非营利性是指政府采购活动本身并不以营利作为目的，这是由政府采购的公共性决定的。

政府采购的主要方式包括：

第一，公开招标采购。公开招标采购也称竞争性招标采购，即采购方根据已经确定的采购需求，提出招标采购项目条件，邀请所有有兴趣的供应商参与投标，最后由招标人通过对各投标人所提出的价格、质量、交货期限和该投标人的技术水平、财务状况等因素进行综合比较，确定其中最佳的投标人为中标人，并最终与其签订合同。

公开招标最大的特点为竞争性。有些采购产品不具有竞争性，不适用公开招标采购，总体说来可分以下三种情况：其一，采购的商品不存在竞争的情况或者要求采购的产品是独家产品；其二，不适合用竞争方式进行采购的情况，如采购物资价值太低时公开招标会增加成本，再如紧急采购的情况下公开招标会耗时太久，另外出于安全性的考虑，有些物资不宜公开采购；其三，排除竞争的情况，如研究和开发、工程扩建、采用计划价格的产品等。

公开招标采购的程序主要包括：招标、投标、开标、评标、决标、授予合同。

第二，邀请招标采购。邀请招标采购也称选择性招标，是指由采购人根据供应商或承包商的资信和业绩，选择一定数目的法人或其他组织（一般不能少于三家），向其发出招标邀请书，邀请他们参与投标竞争，从中选定中标的供应商。

邀请招标采购方式的缺点：由于邀请招标带有局限性，不利于充分竞争，而且一旦操作不当，容易出现舞弊行为等，因此一般情况下都限制邀请招标的使用，严格规定其适用条件，只有采购复杂的采购项目时才允许使用。

邀请招标的适用范围包括：其一，采购项目比较特殊，如保密和急需项目或者因高度专业性等因素使提供产品的潜在供应商较少，公开招标与不公开招标都不影响提供产品的供应商数量；其二，在采购一些价值较低的采购项目中，采用公开招标方式的费用占政府采购项目总价值的比例过大，在这种情况下，采购人只能通过邀请招标方式来达到经济和效益的目的；其三，邀请招标的适用范围是政府采购的货物和服务项目，不包括工程项目。

第三，竞争性谈判采购。竞争性谈判采购是指采购机关通过与多家供应商进行谈判，最后从中确定中标商的一种采购方式。

現代经济学大典（财政学分册）

竞争性谈判采购的优点包括：其一，缩短准备期，使采购项目更快地发挥作用；其二，减少工作量，省去了大量的开标、投标工作，提高了工作效率，减少了采购成本；其三，供求双方能够进行更为灵活的谈判；其四，更有利于对民族产业进行保护；其五，激励供应商自觉提高拟采购商品的性能，转移采购风险。

竞争性谈判采购的缺点包括：其一，无限制的独家谈判，容易造成厂商任意抬高价格；其二，有可能违反自由企业精神，助长企业垄断价格；其三，秘密洽谈，容易为作业人员提供串通舞弊的行为。

竞争性谈判采购的适用条件包括：其一，招标后没有供应商投标，或者没有合格标的，或者重新招标未能成立的；其二，技术复杂或者性质特殊，不能确定详细规格和具体要求的；其三，采用招标所需的时间不能满足用户紧急需要的；其四，不能事先计算出价格总额的。

第四，询价采购。询价采购也称货比三家，是指采购单位向国内外有关供应商（通常不少于三家）发出询价单，然后对供应商提供的报价进行比较，并确定中标供应商，以确保价格具有竞争性的采购方式。

询价采购的适用条件包括：其一，采购现成的而非按采购实体要求的特定规格、特别制造或提供的货物和服务；其二，采购合同的估计价值低于采购条例规定的数额。

第五，单一来源采购。单一来源采购也称直接采购，是指采购机关向供应商直接购买的采购方式。它是一种没有竞争的采购方式，是采购实体在适当的条件下向单一的供应商、承包商或服务提供者征求建议或报价来采购货物、工程或服务。

单一来源采购的优点包括：其一，采购环节相对较少，手续相对简单，过程相对简化；其二，程序简单，有很强的时效性，在紧急采购时能够很好地发挥作用。

单一来源采购的缺点包括：其一，缺乏必要竞争，采购方往往处于不利地位，可能增加采购方的采购成本；其二，供应商为了获得更多的利益，可能在谈判中贿赂采购方代表，容易滋生腐败现象。

单一来源采购的适用条件包括：其一，招标失败；其二，采购标的来源单一；其三，紧急采购时效的需要；其四，附加合同；其五，研究、实验或开发合同；其六，重复合同；其七，设计竞赛。

我国财政部从1995年开始结合财政支出改革对政府采购进行理论上的研究，1996年上海、河北、深圳等地启动了政府采购试点工作，2002年6

340

月 29 日第九届全国人民代表大会常务委员会第二十八次会议通过了《中华人民共和国政府采购法》，从制度上对政府采购进行了规范。

参考文献：

财政部国库司：《政府采购》，中国方正出版社 2004 年版。

苏明：《政府采购》，中国财政经济出版社 2003 年版。

高培勇：《政府采购管理》，经济科学出版社 2003 年版。

马海涛、姜爱华：《政府采购管理》，北京大学出版社 2008 年版。

冯秀华：《政府采购全书》，改革出版社 1998 年版。

（马海涛　姜爱华）

收支两条线管理
Divided Management on Incomings and Expenses

"收支两条线"是一种资金管理制度，指政府在对财政性资金的管理中将取得的收入与发生的支出相脱钩，即收入上缴国库或财政专户，支出则由财政根据各部门、各单位完成工作任务的需要审核批准，对收入、支出分别进行核定。

根据 2001 年国务院办公厅转发的《财政部关于深化"收支两条线"改革，进一步加强财政管理意见的通知》要求，2002 年开始选择部分单位进行"收支两条线"试点，改革内容包括：

第一，甄别性质，分类管理，清理整顿行政事业性收费、基金。中央按照"一清、二转、三改、四纳"的原则，对各项收费和基金区别情况，分类管理。"一清"是指根据政府职能及财政制度要求，在对现有收费进行全面清理整顿的基础上，取消不合法和不合理的收费项目；"二转"是按照政企职责分开的要求，将现有收费中一些不再体现政府职能的收费转为经营性收费，所得收入要依法纳税；"三改"是将一部分具有税收特征的收费，改为相应的税收；"四纳"是保留一些必要的行政事业性收费，并逐步纳入预算管理。与此同时，地方也加大了清理收费、基金的力度，通过清理整顿，摸清了家底。

第二，清理账户，严控票据，建立非税收入收缴分离制度。包括两项基本工作：一是清理账户，二是加强收费、罚款票据管理。

第三，强调脱钩，统筹支出，编制综合预算。中央及行政事业单位从

2002 年开始编制基本支出预算、项目支出预算和政府采购预算；地方在执行中央政策的基础上，也编制了各具特点的综合预算。

第四，总结经验，建章立制，促进规范化管理。一是中央和地方不断总结经验，完善制度，相继制定了以部门预算管理、银行代收代缴、财政票据管理、罚没收入管理、单位财务管理、财政性资金拨付等为主要内容的一系列管理制度和办法；二是根据资金管理方式的发展，不断修正了与新要求、新精神、新形势不符的制度、规章；三是各地普遍探索出了一些行之有效的管理方法和典型的资金管理模式。

第五，强化监督，依法办事，严厉查处违纪行为。中央及各地都多次组织专项检查，及时发现问题，纠正和解决问题，确保财政性资金应缴尽缴。

"收支两条线"改革的意义：第一，建立公共财政体制的需要。从政府可供利用的财力看，能够将大量游离于财政预算之外的预算外资金、制度外资金等非预算资金都逐渐纳入预算管理，大大增加政府可支配的收入规模；从财政体制的透明度来说，将部门的收入、支出通过一本明细账反映出来，高度透明；从财政的宏观调控看，可以实现财政部门对财政资金的统一协调权利，以更好的实现财政职能；从财政收入分配秩序看，严格预算外资金及罚没收支控管，规范了政府收入分配行为。第二，政府职能转变的需要。通过"收支两条线"管理，对不同收费确定合理的资金管理模式，将大大有利于促进政府与市场的合理分工。第三，建立社会主义市场经济体制的需要。通过深化"收支两条线"管理，严格核定各项行政事业性收费并不断加强收支脱钩管理，能够消除"设租寻租"式利益驱动和公权执行环节的行为扭曲，减少对微观主体生产经营行为的非理性干预，使市场和政府各司其职。通过规范收费资金管理，体现公平竞争要求，不断实现我国市场经济体制的法制化。第四，反腐倡廉的需要。通过"收支两条线"管理，规范了部门的财政性收支，建立了政府内部财政部门和其他部门之间的资金制约机制，增强了执收执罚的透明度，遏制了"三乱"收费，提高了财政透明度。

参考文献：

马海涛、李燕、石刚等：《收支两条线管理制度》，中国财政经济出版社 2003 年版。

中华人民共和国监察部办公室：《收支两条线工作——探索与实践》，中国方正出版社 1999 年版。

贾康、苏明：《部门预算编制问题研究》，经济科学出版社 2004 年版。

（马海涛　姜爱华）

政府收支分类改革
Government Revenue and Expenditure Classification Reform

"政府收支分类改革"特指我国从 2007 年 1 月 1 日起全面实施的针对收支类别和层次划分的预算管理制度改革。政府收支分类是对政府收入和支出进行类别和层次的划分，以求全面、准确、清晰地反映政府收支活动。政府收支分类科目是编制政府预决算、组织预算执行以及预算单位进行会计明细核算的重要依据。

随着公共财政体系的逐步建立和各项财政改革的深入推进，我国原有政府预算科目体系的弊端日益突出，极有必要进行改革。比如，作为反映政府职能活动需要的预算收支科目，如基本建设支出、企业挖潜改造支出、科技三项费用、流动资金等仍然是按照过去政府代替市场配置资源的思路设计的，既不能体现政府职能转变和公共财政发展的实际，也带来了一些不必要的冲突，影响各方面对我国市场经济体制的认识。

我国原有政府预算科目体系不能清晰地反映政府职能活动，反映公共需要，不利于强化公共监督。比如我国原预算支出类、款、项科目主要是按经费性质进行分类的，把各项支出划分为行政费、事业费等。这种分类方法使政府究竟办了什么事情在科目上看不出来，很多政府的重点工作支出如农业、教育、科技等都分散在各类科目中，形不成一个完整概念。由于科目不透明、不清楚，导致政府预算"外行看不懂，内行说不清"。

我国原有政府预算科目体系制约财政管理的科学化和信息化。按照国际通行做法，政府支出分类体系包括功能分类和经济分类。我国原有支出目级科目属于支出经济分类性质，但它涵盖的范围偏窄，财政预算中大多数资本性项目支出，以及用于转移支付和债务等方面的支出都没有经济分类科目反映。另外，原有目级科目也不够详细、规范和完整。这都对细化预算编制，加强预算单位财务会计核算，以及提高财政信息化水平，带来一些负面影响。

我国原有政府预算科目体系只反映财政预算内收支，不包括应纳入政府收支范围的预算外收支和社会保险基金收支等，给财政预算全面反映政府各

343

项收支活动、加强收支管理带来较大困难，尤其是不利于综合预算体系的建立，也不利于从制度上、源头上预防腐败。

我国原有政府预算科目体系与国民经济核算体系和国际通行做法不相适应，既不利于财政经济分析与决策，也不利于国际比较和交流。我国货币信贷统计核算体系以及国民经济核算体系均按国际通行标准作了调整，而政府预算收支科目体系与国际通行分类方法一直存在较大差别。尽管财政部门和国家统计部门每年都要做大量的口径调整和数据转换工作，但还是难以保证数据的准确性以及与其他国家之间的可比性。

为解决原预算科目体系存在的问题，财政部从 1999 年年底开始启动政府收支分类改革研究工作，2005 年选择了部分地方和部门进行模拟试点。2005 年 12 月 27 日，经国务院批准，政府收支分类改革正式进入实施阶段。

改革主要包括三方面内容：第一，对政府收入进行统一分类，全面、规范、明细地反映政府各项收入来源。在原来一般预算收入、政府性基金预算收入、债务预算收入的基础上，将预算外收入和社会保险基金收入纳入了政府收支分类范畴，并按照科学标准和国际通行做法重新划分。第二，确立新的政府支出功能分类，清晰反映政府职能活动的支出总量、结构与方向。新的支出功能分类不再按经费性质设置科目，而是按政府的职能设置，如国防、教育等。第三，确立新的政府支出经济分类，清晰反映政府各项支出的具体用途。如政府教育支出，究竟是盖了校舍、买了设备还是发了工资，可通过经济分类来反映。

为完整、准确地反映政府收支活动，进一步规范预算管理、强化预算监督，自 2007 年 1 月 1 日起，全面实施政府收支分类改革。改革后的政府收支分类体系由"收入分类"、"支出功能分类"、"支出经济分类"三部分构成。

收入分类主要反映政府收入的来源和性质。根据目前我国政府收入构成情况，结合国际通行的分类方法，将政府收入分为类、款、项、目四级。税收收入类分设 20 款：增值税、消费税、营业税、企业所得税、企业所得税退税、个人所得税、资源税、固定资产投资方向调节税、城市维护建设税、房产税、印花税、城镇土地使用税、土地增值税、车船使用和牌照税、船舶吨税、车辆购置税、关税、耕地占用税、契税、其他税收收入。社会保险基金收入类分设 6 款：基本养老保险基金收入、失业保险基金收入、基本医疗保险基金收入、工伤保险基金收入、生育保险基金收入、其他社会保险基金收入。非税收入类分设 8 款：政府性基金收入、专项收入、彩票资金收入、行政事业性收费收入、罚没收入、国有资本经营收入、国有资源（资产）有偿使用收入、其他收入。贷款转贷回收本金收入类分设 4 款：国内贷款回收本金收入、国外贷款回收本金收入、国内转贷回收本金收入、国外转贷回收本金收入。债务收入类分设 2 款：国内债务收入、国外债务收入。转移性收入类分设 8 款：返还性收入、财力性转移支付收入、专项转移支付收入、政府性基金转移收入、彩票公益金转移收入、预算外转移收入、上年结余收入、调入资金。

　　支出功能分类主要反映政府活动的不同功能和政策目标。根据社会主义市场经济条件下政府职能活动情况及国际通行做法，将政府支出分为类、款、项三级。其中，类、款两级科目设置情况如下。一般公共服务类分设 32 款：人大事务、政协事务、政府办公厅（室）及相关机构事务、发展与改革事务、统计信息事务、财政事务、税收事务、审计事务、海关事务、人事事务、纪检监察事务、人口与计划生育事务、商贸事务、知识产权事务、工商行政管理事务、食品和药品监督管理事务、质量技术监督与检验检疫事务、国土资源事务、海洋管理事务、测绘事务、地震事务、气象事务、民族事务、宗教事务、港澳台侨事务、档案事务、共产党事务、民主党派及工商联事务、群众团体事务、彩票事务、国债事务、其他一般公共服务支出。外交类分设 8 款：外交管理事务、驻外机构、对外援助、国际组织、对外合作与交流、对外宣传、边界勘界联检、其他外交支出。国防类分设 3 款：现役部队及国防后备力量、国防动员、其他国防支出。公共安全类分设 10 款：武装警察、公安、国家安全、检察、法院、司法、监狱、劳教、国家保密、其他公共安全支出。教育类分设 10 款：教育管理事务、普通教育、职业教育、成人教育、广播电视教育、留学教育、特殊教育、教师进修及干部继续教育、教育附加及基金支出、其他教育支出。科学技术类分设 9 款：科学技术管理事务、基础研究、应用研究、技术研究与开发、科技条件与服务、社会科学、科学技术普及、科技交流与合作、其他科学技术支出。文化体育与传媒类分设 6 款：文化、文物、体育、广播影视、新闻出版、其他文化体育与传媒支出。社会保障和就业类分设 17 款：社会保障和就业管理事务、民政管理事务、财政对社会保险基金的补助、补充全国社会保障基金、行政事业单位离退休、企业关闭破产补助、就业补助、抚恤、退役安置、社会福利、残疾人事业、城市居民最低生活保障、其他城镇社会救济、农村社会救济、自然灾害生活救助、红十字事业、其他社会保障和就业支出。社会保险基金支出类分设 6 款：基本养老保险基金支出、失业保险基金支出、基本医疗保险基金支出、工伤保险基金支出、生育保险基金支出、其他社会保险基金支出。医疗卫生类分设 10 款：医疗卫生管理事务、医疗服务、社区卫生服务、医疗保障、疾病预防控制、卫生监督、妇幼保健、农村卫生、中医药、其他医疗卫生支出。环境保护类分设 10 款：环境保护管理事务、环境监测与监察、污染防治、自然生态保护、天然林保护、退耕还林、风沙荒漠治理、退牧还草、已垦草原退耕还草、其他环境保护支出。城乡社区事务类分设 10 款：城乡社区管理事务、城乡社区规划与管理、城乡社区公共设施、城乡社区住宅、城乡社区环境卫生、建设市场管理与监督、政府住房基金支出、国有土地使用权出让金支出、城镇公用事业附加支出、其他城乡社区事务支出。农林水事务类分设 7 款：农业、林业、水利、南水北调、扶贫、农业综合开发、其他农林水事务支出。交通运输类分设 4 款：公路水路运输、铁路运输、民用航空运输、其他交通运输支出。工业商业金融等事务类分设 18 款：采掘业、制造业、建筑业、电力、信息产业、旅游业、涉外发展、粮油事务、商业流通事务、物资储备、金融业、烟草事务、安全生产、国有资产监管、中小企业事务、可再生能源、能源节约利用、其他工业商业金融等事务支出。其他支出类分设 4 款：预备费、年初预留、住房改革支出、其他支出。转移性支出类分设 8 款：返还性支出、财力性转移支付、专项转移支付、政府性基金转移支付、彩票公益金转移支付、预算外转移支出、调出资金、年终结余。

支出经济分类主要反映政府支出的经济性质和具体用途，支出经济分类设类、款两级。工资福利支出类分设 7 款：基本工资、津贴补贴、奖金、社会保障缴费、伙食费、伙食补助费、其他工资福利支出。商品和服务支出类分设 30 款：办公费、印刷费、咨询费、手续费、水费、电费、邮电费、取暖费、物业管理费、交通费、差旅费、出国费、维修（护）费、租赁费、会议费、培训费、招待费、专用材料费、装备购置费、工程建设费、作战费、军用油料费、军队其他运行维护费、被装购置费、专用燃料费、劳务费、委托业务费、工会经费、福利费、其他商品和服务支出。对个人和家庭的补助类分设 12 款：离休费、退休费、退职（役）费、抚恤金、生活补助、救济费、医疗费、助学金、奖励金、生产补贴、住房公积金、提租补贴、购房补贴、其他对个人和家庭的补助支出。对企事业单位的补贴类分设 4 款：企业政策性补贴、事业单位补贴、财政贴息、其他对企事业单位的补贴支出。转移性支出类分设 2 款：不同级政府间转移性支出、同级政府间转移性支出。赠与类下设 2 款：对国内的赠与、对国外的赠与。债务利息支出类分设 6 款：国库券付息、向国家银行借款付息、其他国内借款付息、向国外政府借款付息、向国际组织借款付息、其他国外借款付息。债务还本支出类下设 2 款：国内债务还本、国外债务还本。基本建设支出类分设 9 款：房屋建筑物购建、办公设备购置、专用设备购置、交通工具购置、基础设施建设、大型修缮、信息网络购建、物资储备、其他基本建设支出。其他资本性支出类分设 9 款：房屋建筑物购建、办公设备购置、专用设备购置、交通工具购置、基础设施建设、大型修缮、信息网络购建、物资储备、其他资本性支出。贷款转贷及产权参股类分设 6 款：国内贷款、国外贷款、国内转贷、国外转贷、产权参股、其他贷款转贷及产权参股支出。其他支出类分设 4 款：预备费、预留、补充全国社会保障基金、未划分的项目支出、其他支出。

参考文献：

财政部预算司：《实行政府收支分类改革的必要性》，财政部网站，2008 年 6 月 30 日，http：//www. mof. gov. cn/pub/yusuansi/zhuantilanmu/yusuanguanligaige/zfszflgg/200806/t20080630_55273. html。

财政部预算司：《政府收支分类科目设置情况》，财政部网站，2008 年 6 月 30 日，http：//www. mof. gov. cn/pub/yusuansi/zhuantilanmu/yusuanguanligaige/zfszflgg/200806/t20080630_55275. html。

（马海涛　任强）

中央预算稳定调节基金
Central Budget Stabilization Fund

中央预算稳定调节基金指中央财政通过超收安排的具有储备性质的基金，用于弥补短收年份预算收支缺口，以及视预算平衡情况，在安排年初预算时调入并安排使用，基金的安排使用接受全国人大及其常委会的监督。中央预算稳定调节基金单设科目，安排或补充基金时在支出中反映，调入使用基金时在收入中反映。我国中央预算稳定调节基金于 2006 年建立。2006 年中央财政建立中央预算稳定调节基金 500 亿元。2007 年中央财政安排中央预算稳定调节基金 1032 亿元。2008 年中央财政调入中央预算稳定调节基金 1100 亿元，安排中央预算稳定调节基金 192 亿元。2009 年中央财政调入中央预算稳定调节基金 505 亿元，安排中央预算稳定调节基金 101.13 亿元。

2010 年中央财政从中央预算稳定调节基金调入 100 亿元，安排中央预算稳定调节基金 2248 亿元。中央预算稳定调节基金 2010 年年底余额为 2368.13 亿元。

参考文献：

财政部：《中央预算稳定调节基金》，国家税务总局网站，2007 年 8 月 24 日，http：//www.chinatax.gov.cn/n480462/n480483/n480675/n6368230/ n6368245/6373143.html。

（马海涛　任强）

政府间财政关系

全国财政收入
National Government Revenue

全国财政收入系指各级政府部门（包括中央和地方各级政府部门）为履行其职能而取得的所有社会资源的总和。通常表现为各级政府部门在一定时期（一般为一个财政年度内）所取得的货币收入。

2001 年，国际货币基金组织（International Monetary Fund，IMF）提出了新的政府收入统计标准。这套体系是在总结近年来世界上一些主要市场经济国家政府财政统计制度和实践经验的基础上建立起来的，是政府财政统计领域的国际通用口径。IMF（2001）将增加广义政府部门净值的全部交易都划作收入，按照这种定义和口径，在政府财政统计中，政府财政收入是指由交易造成的政府权益增加，包括税收、社会保障缴款、赠与和其他收入。

IMF 的统计口径超过了我国官方统计意义上的全国财政收入。作为一个统计概念，官方数据中的"全国财政收入"仅仅涵盖政府一般公共预算收入，即进入一般公共预算的收入，并不包括政府性基金预算收入、社会保险基金预算收入和国有资本经营预算收入。

在我国政府统计年鉴中，将国家财政收入划分为各项税收收入和非税收收入。其中，各项税收包括：国内增值税、国内消费税、进口货物增值税和消费税、出口货物退增值税和消费税、营业税、企业所得税、个人所得税、资源税、城市维护建设税、房产税、印花税、城镇土地使用税、土地增值税、车船税、船舶吨税、车辆购置税、关税、耕地占用税、契税、烟叶税等。非税收入包括：专项收入、行政事业性收费、罚没收入和其他收入（《2011 年中国统计年鉴》）。

2010 年 6 月，我国财政部制发了《关于将按预算外资金管理的收入纳入预算管理的通知》，规定自 2011 年 1 月 1 日起，中央各部门各单位、地方各级财政部门的全部预算外收入纳入预算管理，相应修订了《政府收支分类科目》，取消全部预算外收支科目。

根据修订后的《2011 年政府收支分类科目》，收入具体分类情况是：

第一类：税收收入，下设增值税、消费税、营业税等 21 款；

第二类：社会保险基金收入，下设基本养老保险基金收入、失业保险基金收入、基本医疗保险基金收入等 9 款；

第三类：非税收入，下设政府性基金收入、专项收入、行政事业性收费收入等 9 款；

第四类：贷款转贷回收本金收入，下设国内贷款回收本金收入等 4 款；

第五类：债务收入，分设国内债务收入、国外债务收入 2 款；

第六类：转移性收入，分设返还性收入、一般性转移支付收入、专项转移支付收入等 11 款。

参考文献：

陈共：《财政学》，中国人民大学出版社 2009 年版。

财政部预算司：《政府收支分类改革问题解答》，中国财政经济出版社 2006 年版。

中华人民共和国财政部：《2011 年政府收支分类科目》，中国财政经济出版社 2010 年版。

中华人民共和国财政部：《中国财政年鉴（2011）》，中国财政杂志社 2011 年版。

（杨灿明　毛晖）

全国财政支出
National Government Expenditure

全国财政支出系指各级政府部门（包括中央和地方各级政府部门）为

履行其职能而支出的一切费用的总和。通常表现各级政府部门为提供公共物品和服务，把筹集到的财政资金按照一定的方式和渠道，有计划地用于社会生产与生活的各个方面，以满足经济建设和各项事业需要的分配活动。

我国现行政府支出分类采用了国际通行做法，即同时使用支出功能分类和支出经济分类两种方法对财政支出进行分类。支出功能分类是按政府主要职能活动进行的分类。支出经济分类是按支出的经济性质和具体用途所作的一种分类。在支出功能分类明确反映政府职能活动的基础上，支出经济分类明确反映了政府的钱究竟是怎么花出去的。支出经济分类与支出功能分类从不同侧面、以不同方式反映政府支出活动。

根据我国修订后的《2011年政府收支分类科目》，支出经济分类类级科目包括：工资福利支出、商品和服务支出、对个人和家庭的补助、对企事业单位的补贴、转移性支出、赠与、债务利息支出、债务还本支出、基本建设支出、其他资本性支出、贷款转贷及产权参股和其他支出等12类。支出功能分类类级科目包括：一般公共服务、外交、国防、公共安全、教育、科学技术、文化体育与传媒、社会保障和就业、社会保险基金支出、医疗卫生、环能节保、城乡社区事务、农林水事务、交通运输、资源勘探电力信息等事务、商业服务业等事务、金融监管等事务支出、地震灾后恢复重建支出、国土资源气象等事务、住房保障支出、粮油物资管理事务、储备事务支出、预备费、国债还本付息支出、其他支出和转移性支出等26类。

参考文献：
陈共：《财政学》，中国人民大学出版社2009年版。
中华人民共和国财政部：《2011年政府收支分类科目》，中国财政经济出版社2010年版。
中华人民共和国财政部：《中国财政年鉴（2011）》，中国财政杂志社2011年版。
财政部预算司：《政府收支分类改革问题解答》，中国财政经济出版社2006年版。

（杨灿明　毛晖）

中央财政收入
Central Government Revenue

中央财政收入是指按财政体制划分的属于中央政府的财政收入。

我国国家财政收入由中央财政收入和地方财政收入组成，在中央统一领导下，实行中央和地方财政分级管理。中央财政收入包括中央本级收入和地方上解收入。2009 年将地方上解收入与部分中央对地方税收返还作对冲处理后，中央财政收入即为中央本级收入。中央本级收入含划归中央财政的税收和非税收入，主体是税收收入。自 1994 年分税制改革开始，税收收入占中央财政收入的比重都在 90% 以上，主要包括消费税、关税等固定收入，增值税、企业所得税、个人所得税等共享收入部分。

1994 年实施分税制财政体制后，属于中央财政的收入主要包括：（1）地方财政的上缴；（2）中央各经济管理部门所属的企业，以及中央、地方双重领导而以中央管理为主的企业（如民航、外贸等企业）的缴款；（3）关税、海关代征消费税和增值税、消费税、中央企业所得税，地方银行和外资银行及非银行金融企业所得税，铁道、银行总行、保险总公司等集中缴纳的营业税、所得税和城市维护建设税、增值税 75% 的部分，海洋石油资源税 50% 的部分，证券交易印花税分享比例由 1997 年的中央 88%、地方 12%，自 2010 年 10 月 1 日起调整证券交易印花税中央与地方分享比例，分三年调整到中央 97%、地方 3%，即 2000 年中央 91%、地方 9%，2001 年中央 94%、地方 6%，从 2002 年起中央 97%、地方 3%；（4）银行结益的缴款、国债收入和其他收入等。

中央财政收入在我国财政收入中具有重要地位。它担负着保障国家具有全局意义的经济建设、文化建设、科学、国防、行政、外交等各项经费的供给，对支援少数民族地区、调节各级地方预算和救济地方重大自然灾害等，发挥着不可替代的重大作用。

改革开放之初，中央财政收入在全国财政收入之中的比重先上升后下降，从 1978 年的 15.5% 上升到 40.5%，再下降到 1993 年的 22%，如此大幅波动对国家功能的正常运转形成严重挑战。分税制改革扭转了上述趋势，并逐步开始形成稳定的中央地方收入分配格局。1994 年后中央财政收入占全国财政总收入的比重份额基本稳定在 50% 左右，为经济体制改革提供了宝贵的财政资金支持（见图 1）。

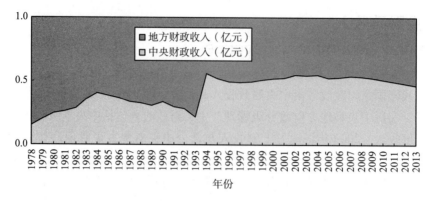

图 1　改革开放以来的中央地方收入相对规模（1978～2013 年）

参考文献：

中华人民共和国财政部：《中国财政年鉴（2011）》，中国财政杂志社 2011
　　年版。

财政部预算司：《政府收支分类改革问题解答》，中国财政经济出版社 2006
　　年版。

中央财经大学课题组：《中央与地方政府责任划分与支出分配研究》，载于
　　《经济体制改革》2006 年第 6 期。

《2010 年财政预算报告解读》，中华人民共和国财政部网站，2010 年 3 月 16
　　日，　http：//www. mof. gov. cn/zhuantihuigu/10 nianyusuanbaogao/mingci-
　　jieshi10/201003/t20100306_274717. html。

《2006 年财政预算报告解读》，中华人民共和国财政部网站，http：//www.
　　mof. gov. cn/zhuantihuigu/2006ysbgjd/tjsj/200805/t20080519_23351. html。

（杨灿明　毛晖）

中央财政支出
Central Government Expenditure

　　中央财政支出是指中央政府为履行其职能而支出的一切费用的总和。通
常表现为根据政府在经济和社会活动中的不同职责，划分中央和地方政府的
责权，然后按照各级政府的责权划归中央政府的年度支出。官方公布的中央
财政支出数据不包括中央对地方的税收返还和转移支付。

　　中央与地方财政支出划分的具体原则为：（1）受益原则。凡政府所提

供的服务，其受益对象是全国民众，则支出应属于中央政府；其受益对象是地方居民，则支出应属于地方政府。（2）行动原则。凡政府公共服务实施在行动上必须统一规划的领域或财政活动，则支出应属于中央政府；凡政府活动在实施过程中必须因地制宜的，则支出应属于地方政府。（3）技术原则。凡地方政府活动或公共工程，其规模庞大，需要高度技术才能完成的项目，则支出应属于中央政府；否则，则支出应属于地方政府。

中央财政和地方财政支出责任划分如表1所示。

表1　　　　　　　　　　中央财政和地方财政支出责任划分

中央政府	地方政府	中央政府和地方政府共同负责
国防支出	城市维护建设支出	基本建设支出
外交外事支出	武警部队支出	农林水事务支出
中央政府行政管理支出	地方政府行政管理支出	教育、科学支出
全国性交通支出	地方性交通支出	社会保障支出
国内外债还本付息支出	医疗卫生支出	资源勘探、电力、信息等事务支出
中央一级承担公检法司支出	公检法司支出	
	文化体育与传媒支出	

改革开放以来，中央财政支出在全国财政支出中的比重呈现出不断下降的趋势。1984年之前，中央地方支出的比重基本相同。到了2010年以后，中央支出的比重已经下降到20%以下（见图1）。在分税制改革以来中央和地方事权没有发生大的调整的背景下，这种中央财政支出比重的下降主要是由于政府职能的结构性调整所导致的。

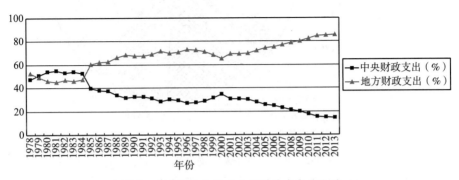

图1　中央财政支出占全国财政支出的比重

资料来源：国家统计局：《中国统计年鉴（2014）》，中国统计出版社2014年版。

中央财政支出主要包括：

一般公共服务支出，主要用于保障机关事业单位正常运转，支持各机关单位履行职能，保障各机关部门的项目支出需要，以及支持地方落实自主择业军转干部退役金等。

外交支出，反映政府外交事务，包括外交行政管理、驻外机构、对外援助、国际组织、对外合作与交流、边界勘界联检以及其他外交支出。

国防支出，指国家预算用于国防建设和保卫国家安全的支出，包括国防费、国防科研事业费、民兵建设以及专项工程支出等。

公共安全支出，反映政府维护社会公共安全方面的支出，包括武装警察、公安、国家安全、检查、法院、司法行政、监狱、劳教、国家保密、缉私警察等。

中央政府调整国民经济结构、协调地区发展、实施宏观调控的支出。

2010 年中央财政支出项目组成如图 2 所示。

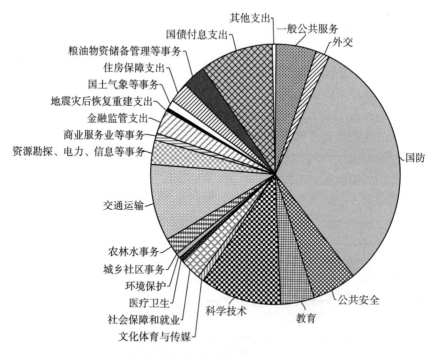

图 2　2010 年中央财政支出项目组成

资料来源：国家统计局：《中国统计年鉴（2011）》，中国统计出版社 2011 年版。

参考文献：

贾康：《中国财政改革：政府层级、事权、支出与税收安排思路》，载于《改革》2005 年第 2 期。

中华人民共和国财政部：《中国财政年鉴（2011）》，中国财政杂志社 2011 年版。

文政：《中央与地方事权划分》，中国经济出版社 2008 年版。

（杨灿明　毛晖）

地方财政收入
Local Government Revenue

地方财政收入是指按财政体制划分的属于地方政府的财政收入。在我国，它由省（自治区、直辖市）、县或市（自治州、自治县）的财政收入组成。地方财政收入含有两种含义：一是指地方经济中形成的可供中央与地方各级政府及其职能部门使用的财力；二是指地方政府及其职能部门占有和支配的财政资金数量。

按地方财政收入的项目可分为：

一是税收。包括地方固定税收收入和与中央共享税收收入，即营业税（不含铁道部门、各银行总行、各保险公司总公司集中交纳的营业税），地方企业上交利润，城市维护建设税（不含铁道部门、各银行总行、各保险公司总公司集中交纳的部分），房产税，城镇土地使用税，土地增值税，车船税，耕地占用税，契税，烟叶税，印花税，增值税 25% 部分，纳入共享范围的企业所得税 40% 部分，个人所得税 40% 部分，证券交易印花税 3% 部分，海洋石油资源税以外的其他资源税等。

二是地方政府收费。政府收费收入在地方政府财政收入中占有一定比重。政府收费是目前我国地方政府的重要收入来源之一，为地方政府履行公共管理职能提供了重要的财力保障。

三是地方债。在我国，《预算法》第 28 条明确规定，"地方各级预算按照量入为出、收支平衡的原则编制，不列赤字。除法律和国务院另有规定外，地方政府不得发行地方政府债券。"但在中国实施积极财政政策的过程中，采用的是由中央财政发行国债、再转贷给地方的做法。2014 年新通过的《预算法》赋予了地方政府有限的举债权，但早期的地方政府举债行为主要是用规范的地方债来置换原有的地方"政府性债务"。

影响地方财政收入的因素主要有：（1）经济因素，包括经济发展水平、产业结构、所有制结构、国民收入分配结构等；（2）社会因素，包括国民纳税意识、政府服务意识和年龄结构；（3）税制因素，包括税制结构调整、税制要素调整和税费制度改革；（4）体制因素，包括税种归属调整和转移支付制度；（5）政策性因素，包括经济政策调整和财政政策变化（财政部国库司编，2008）。

值得注意的是，中央对地方政府的转移支付也应当是地方财政收入的一种形式，但是目前并没有包含在官方口径的地方财政收入中。这一点可以从《中国统计年鉴（2014）》的地方财政收入数据中查到。在服务业营业税改征增值税之后，地方财政收入会迎来重构。

改革开放以来，伴随着全国财政收入的快速增长，地方财政收入保持了高速增长。分税制改革后，地方财政收入占国家财政收入的比重开始趋于稳定。

参考文献：

中华人民共和国财政部：《中国财政年鉴（2011）》，中国财政杂志社 2011年版。

国家统计局：《中国统计年鉴（2011）》，中国统计出版社 2011 年版。

（杨灿明　毛晖）

地方财政支出
Local Government Expenditure

地方财政支出是指地方政府为履行其职能而支出的一切费用的总和。通常表现地方政府为实现其职能，取得所需物品和劳务而进行的财政资金的支付。

通过地方财政支出，能够为地方政权建设提供物质基础；能够直接或间接地对地方经济资源进行配置，弥补市场经济的不足，实现资源的合理配置；能够对地方经济的运行和结构进行宏观调控促进地方经济持续、稳定、快速、健康的发展；能够提高低收入者实际支配资源的能力，缓解由市场机制带来的收入分配不均等，从而提高社会收入分配的公平。

按支出的项目分类，地方财政支出主要包括地方行政管理费，公检法经费，民兵事业费，地方统筹安排的基本建设投资，地方企业的改造和新产品试制经费，地方安排的农业支出，城市维护和建设经费，地方文化、教育、卫生等各项事业费以及其他支出。

按支出的具体用途分类，可将地方财政支出区分为经济建设费、社会文教费、行政管理费和其他支出四大类。

按支出最终用途分类可分为：（1）补偿性支出；（2）积累性支出，主要是基本建设拨款，以及新产品试制、支农、各项经济建设事业、城市公用事业等支出中增加固定资产的部分；（3）消费性支出，主要是科教科学卫生事业费、抚恤和社会救济费、行政管理费等项支出。

衡量地方财政支出规模的指标通常有绝对指标和相对指标。绝对指标是指以一国货币单位表示的地方财政支出的实际数额，使用绝对指标可以直观反映某一财政年度内地方政府支配的社会资源的总量。相对指标通常有两类，一是指地方财政支出占 GDP 的比重，二是指地方财政支出占全部财政支出的比重，这其中也蕴涵着地方财政支出与中央财政支出比例。改革开放以来，地方财政支出总额持续上升，说明地方政府控制的支配社会资源能力的加强，干预社会经济能力的提高。同时，地方财政支出的总额占全国财政支出总额的比重也在波动中稳步上升，说明了中国不断加大的财政支出分权趋势。

影响地方财政支出的因素有：（1）经济因素，体现在由于经济发展水平的提高引起了地方财政支出的增长；（2）政治因素，包括政府职能的扩大、政府机构的设置和政府的工作效率；（3）社会历史因素，如人口状态、文化背景等在一定程度上也会影响地方政府财政支出规模（孙开，2006）。

参考文献：

［美］费雪：《州与地方财政学》，中国人民大学出版社 2000 年版。

中央财经大学课题组：《中央与地方政府责任划分与支出分配研究》，载于《经济体制改革》2006 年第 6 期。

孙开：《公共产品供给与公共支出研究》，东北财经大学出版社 2006 年版。

（杨灿明　毛晖）

地方性公共物品
Local Public Goods

"地方性公共物品"（Local Public Goods），是指在地方层次上被消费者共同且平等地消费的物品，如城市的消防队、治安警察、路灯等。地方性公共物品一般而言只能满足某一特定区域（而非全国）范围内居民的公共消费需求。

地方性公共物品是与全国性公共物品相对应的一个概念，都属于公共物品的范畴。公共物品具有非排他性和非竞争性特征。现实中多数公共物品和服务都具有其特定的受益区域，这就意味着社会成员对公共物品的享用程度，要受到来自地理和空间等因素所产生的不可忽视的影响。这就导致了地方性公共物品的产生。

学者从不同的角度对地方性公共物品进行了界定：斯蒂格利茨（2005）从受益归宿和受益范围的角度，指出全国性公共物品是指全国居民都受益的公共物品，而地方性公共物品是指住在某个地方的人受益的公共物品。如国防是全国性公共物品，路灯和消防则是地方性公共物品。马斯格雷夫（2009）进一步指出受益归宿的空间范围是公共物品的关键特征，某些公共物品的受益范围是全国性的，而另一些则是有地理上限制的。鲍德威从消费的角度认为并不是所有公共物品都是在一国范围内共同消费的，某些公共物品的消费局限在指定的地理区域内，这些物品可称为地方性公共物品。

地方性公共物品除了具有公共物品的一般特征外，同时还具有自身的一些特征，主要表现为：一是地方公共物品的提供主体是地方各级政府，而不是中央政府；二是地方公共物品的受益范围基本上被限定在某一个区域之内，并且这种受益在这个区域内的分布相当均匀（至少，地方政府以此作为目标来提供）；三是地方性公共物品的受益者主要是本辖区内的居民。这种收益范围的锁定，往往导致财政支出分权。

作为地方性公共物品，其地方外溢性一般要多于全国性公共物品，因为全国性公共物品的外溢性在一国范围内实际上是被内部化了，而地方性公共物品的外溢性则因一国内部各行政辖区之间的经济文化联系、人口流动等因素的影响而在所难免且难以内部化。因此，往往需要上级地方政府甚至中央政府来加以协调，如建立费用分摊机制，有些公共物品由某一级地方政府负责提供，但所需经费则由多级政府按一定标准分担，常用的资金分担方式是政府间转移支付。

参考文献：

［美］斯蒂格利茨：《公共部门经济学》，中国人民大学出版社 2005 年版。

［美］鲍德威、威迪逊：《公共部门经济学》，中国人民大学出版社 2000

年版。

吴伟：《公共物品有效提供的经济学分析》，经济科学出版社 2008 年版。

［美］马斯格雷夫、［美］卡克皮尔：《经济学》，世界图书出版公司 2009
年版。

（杨灿明 李祥云）

财政联邦主义
Fiscal Federalism

财政联邦主义来源于对联邦制国家的研究。联邦制是处理中央政府与地方政府间财政关系的规范性制度之一。相对于单一制财政管理体制是人类历史演进的自然后果而言，联邦制从产生之初就具有明显的人为设计色彩。与单一制国家中央政府先于地方政府产生不同，联邦制国家州政权先于联邦政权而独立存在，拥有独立的主权和管理权，后经过部分主权让渡而结合成联邦政府。从联邦制国家产生的历史背景看，"财政联邦主义"一词强调的是联邦制国家的联邦政府而非作为地方政府应当发挥重要作用。从这个意义上讲，财政联邦主义强调的是联邦成员内部的集权而非分权。美国是第一个建立现代联邦制的国家。

与单一制国家的地方政府而言，联邦成员往往又具有更高的自主性，这一点是财政联邦主义研究的重要出发点。这是因为联邦成员政治权力和管理权的不完全让渡。相对于单一制国家的地方政府而言，一般来说联邦制国家的地方政府（州政府）具有税收立法权，从而可以自主制定地方税，具有更高程度的地方自治。实际上现代单一制国家在经历过 20 世纪 90 年代的大规模权力下放（Devolution）后，地方政府和地方议会也被授予了很大程度的税收立法权。例如，最典型的单一制国家英国在 1997 年改革后，就通过法案的形式将英国议会的立法权力，下放至英格兰、苏格兰、威尔士和北爱尔兰四个地方议会。

财政联邦主义提供了一组关于政府职能及其对应的财政收支在不同层级政府之间分配的分析框架。奥茨（Oates，1999）强调，财政联邦主义与"哪些功能和工具（Functions and Instruments）适用于用集权或者分权框架去理解"联系在一起，在上述论断中，功能对应财政支出，工具对应财政收入。政府间功能和资金的分配上自然会涉及政府间转移支付，所以转移支付的研究也是财政联邦主义的重要内容。

地方政府所具有的信息优势一直是财政联邦主义研究的核心。这种优势来自于三个方面：第一是地方政府更加理解本地居民的多样化偏好，从而能够更好地满足居民需求；第二居民的自由迁徙使得其能够寻找最大化本人效用和福利的公共产品和税负组合，从而使人口流动促进公共产品供给质量的提升（Tiebout，1956）；第三是通过居民选举地方政府而发挥"用手投票"机制，从而决定本地公共产品的适宜规模。

财政联邦主义研究的理论化扩展使其很快超越了联邦制国家，而走向分析一种特定的经济机制，这种机制提供了关于政府收入和支出在不同层级政府之间分配的框架。奥茨（1999）认为，无论是联邦制国家还是单一制国家，只要中央政府与地方政府的财政职能有明确的分工，地方政府财政有较大的自主性和独立性，这样的财政体制就属于财政联邦意义上的财政体制。这就涉及如何区分财政联邦主义和财政分权的问题，沙马（Sharma，2005）认为，财政联邦主义"集中于指导原则，它帮助设计全国性政府以及全国性级次以下政府之间的财政关系"，而财政分权仅仅是"应用这些原则的过程"。因为联邦制与非联邦制国家政府的政治与立法环境不同，应用这些原则的方式自然不同，从而具有了不同的财政分权。

"中国式财政联邦主义"（Federalism，Chinese Style）是中国学者对于财政联邦主义、财政学和海外研究中国地方政府驱动型发展模式最重要的理论解释。这种观点判断中国式财政联邦主义存在的五个基准是：（1）每一级政府都在各自管理范围内具有权威性；（2）地方政府对其辖区经济具有首决权（Primary Authority）；（3）中央政府致力于建立全国统一市场，促进商品和要素的跨区域流动；（4）由于政府间有限的收入分享和政府借债行为受限，各级政府面临"预算硬约束"（Hard Budget Constraint）；（5）中央政府和地方政府之间的权责划分具有制度化色彩，不会因为中央政府和地方政府的单边行为而改变（Montinola et al.，1995）。

"中国式财政联邦主义"认为，中国快速增长的原因在于实行了具有分权性质的财政包干制，这种激励模式有利于保护市场，形成"保护市场的财政联邦主义"（Market-preserving Federalism）。财政包干制实质上形成了地方政府对经济的控制与市场机制之间的微妙平衡，相对于计划经济时期高度集中的财政管理体制体，"包干制"给地方政府提供了更加明确的财政激励，使得地方政府必须通过自己的财政努力来实现收支平衡，从而不得不做大市场（Montinola et al.，1995；Qian and Weingast，1997）。

中国式联邦主义是"第二代财政联邦主义理论"（Second-Generation

Theory of Fiscal Federalism）的重要内容。第二代财政联邦主义强调政治和财政激励对政府行为的重要性，对政府和经济主体之间的一般关系研究视野更宽，已经远远超越了财政问题。相对于第一代财政联邦主义而言，新财政联邦主义的特点在于：（1）坚持了公共选择视角，放弃了仁慈型政府假设，强调政府的自利行为和适当的激励结构对于善治至关重要（Oates，2005）；（2）承认哈耶克的知识论，认为地方政府更容易获取与公共产品有关的知识和信息；（3）强调"用脚投票"的重要性，认为地方政府间的竞争和居民自由流动，会使得居民向更符合其偏好的社区流动，从而实现社会居民福利最大化；（4）与第一代财政联邦主义强调通过转移支付促进横向和纵向财力均等化不同，第二代财政联邦主义更加强调通过非线性转移支付制度设计同时实现财政均等化和对促进地方经济增长的激励（Weingast，2009）。

参考文献：

［美］华莱士·E·奥茨：《财政联邦主义》，译林出版社 2012 年版。

W. E. Oates, An Essay on Fiscal Federalism, *Journal of Economic Literature*, 37 （3），1999.

Sharma, Chanchal Kumar, The Federal Approach to Fiscal Decentralization: Conceptual Contours for Policy Makers, *Loyola Journal of Social Sciences*, XIX （2），2005.

G. Montinola, Y. Qian and B. Weingast, Federalism, Chinese Style: The Political Basis for Economic Success in China, *World Politics*, 48 （1），1995.

Y. Qian and R. Weingast, Federalism As a Commitment to Preserving Market Incentives, *Journal of Economic Perspectives*, 11 （4），1997.

C. Tiebout, A Pure Theory of Local Expenditures, *Journal of Political Economy*, 64, 1956.

W. E. Oates, Toward A Second-Generation Theory of Fiscal Federalism, *International Tax and Public Finance*, 12, 2005.

W. E. Oates, On The Evolution of Fiscal Federalism: Theory and Institutions, *National Tax Journal*, Vol. LXI, No. 2, 2008.

Barry R. Weingast, Second Generation Fiscal Federalism: The Implications of Fiscal Incentives, *Journal of Urban Economics*, Vol. 65, Issue 3, May, 2009.

（付敏杰）

361

财政分权
Fiscal Decentralization

财政分权是指给予地方政府一定的税收权力和支出责任范围并允许其自主决定预算支出规模与结构的一种体制类型。其目的是使处于基层的地方政府能自由选择其所需要的政策类型，提供更多更好的公共物品和服务。财政分权不仅在发达国家得到普遍的重视，许多发展中国家也将财政分权视为打破中央计划束缚，走上自我持续增长道路的重要手段。与财政联邦主义相比，财政分权更强调过程而非框架，所以并不要求分权的主体局限于联邦制国家。

如果中央政府能够完全根据居民的偏好、经济中的产品和服务总量以及资源禀赋供给公共物品，从而实现社会福利最大化，一个国家就不可能出现多级政府，也就没有必要讨论财政分权。然而，在现实中地方政府不仅实实在在地存在，且作用很大。为弥补新古典经济学原理不能解释地方政府客观存在这一缺陷，便产生了财政分权理论。

财政分权理论又分为传统的财政分权理论和现代财政分权理论。传统财政分权理论是以蒂伯特（Tiebout，1956）发表的《一个关于地方支出的纯理论》为代表，此后马斯格雷夫（Musgrave，1959）、奥茨（Oates，1957）等经济学家对此做出了补充和发展，主要用于解释和说明地方政府存在的合理性和必要性。钱颖一和温格斯特（Weingast，1997）等借助新厂商理论打开了政府这个"黑箱"，从而构建了现代财政分权理论。现代财政分权理论在主题思想上与传统的分权理论基本是一致的，只是在分析框架上引入了激励与机制设计学说。该理论主要关注两个问题：其一，政府本身尤其是地方政府本身的激励机制；其二，政府与经济当事人之间类似于委托—代理的经济关系。所谓"激励"，是指政府也有自身的物质利益方面的考虑；而财政分权至少会从两个方面使地方政府的激励机制与效率的改进挂钩：一是如果地方政府对经济活动干预太多，会使有价值的投资活动转向政府干预较少的区域，因此，地方之间的竞争会减少干预；二是由于地方财政收入与支出挂钩，会使地方政府有动力去促进本地区的经济繁荣。

分权优势主要表现在：地方政府提供的公共物品可以更符合当地居民的偏好；分权体制鼓励地方政府的竞争，而竞争可以增进效率；分权有利于制度的创新和缩小政府规模。财政分权的劣势主要是指：分权不利于形成规模经济，且难以克服跨地区外部性问题；财政分权容易滋生地方政府的腐败行为；财政分权在实现宏观经济稳定和解决收入分配问题上可能是无效或低效的。

20 世纪 80 年代以来，世界范围内的财政分权改革呈现出三个基本趋势。第一是财政收入集权，将更多地收入汇集到中央政府和联邦政府手中，以保证全国范围内的公共资源配置和国家功能的发挥。第二是财政支出分权，赋予地方政府更多的支出比重和支出自由，使其可以根据本地居民需求而提供更加地方化的公共服务。第三则是由于财政收入集权和财政支出分权导致的政府间转移支付规模膨胀，使其成为任何一个国家地方政府收入中的重要组成部分。

参考文献：

［美］查尔斯·蒂伯特：《一个关于地方支出的纯理论》，载于《经济社会体制比较》2003 年第 6 期。

［美］华莱士·E·奥茨：《财政联邦主义》，译林出版社 2012 年版。

Musgrave，R. A. ，*The Theory of Public Finance-A Study in Public Economy*，McGraw-Hill Press，1959.

Qian Yingyi and Weingast B. R. ，Federalism as a Commitment to Preserving Market Incentives，*Journal of Economic Perspectives*，Vol. 2，No. 4，1997.

（杨灿明　李祥云）

分权定理
Decentralization Theorem

"分权定理"又称"奥茨分权定理"，系传统财政分权理论之一。

1972 年，华莱士·奥茨（Wallace E. Oates）在《财政联邦主义》一书中通过一系列假定，提出了分散化提供公共物品的比较优势，即奥茨"分权定理"：对某种公共物品来说，如果对其消费涉及全部地域的所有人口的子集，并且关于该公共物品的单位供给成本对中央政府和地方政府都相同，那么让地方政府将一个帕累托有效的产出量提供给他们各自的选民，则总是要比中央政府向全体选民提供的任何特定的且一致的产出量有效率得多。因为与中央政府相比，地方政府更接近自己的公众，更了解其所管辖区选民的效用与需求。也就是说，如果下级政府能够和上级政府提供同样的公共物品，那么由下级政府提供则效率会更高。

奥茨分权定理是建立在偏好差异和中央政府等份供给公共物品的假定上，这些限制性条件在一定程度上有些牵强，难以令人信服，所以后续的研究对此进一步做出了说明。奥茨在 1999 年指出，在完全信息条件下，中央政府就很可能根据各地不同的需求提供不同的产出，以使社会福利最大化，此时也就无财政分权存在的必要性。但现实是，由于信息不对称的客观存在，地方政府对其辖区内居民的偏好、公共物品提供的成本比中央政府了解得多，更具有信息优势；而且政治压力的存在也限制了中央政府对某地提供相对于其他地方来说更多更好的公共物品和服务，这些因素使得中央政府等份提供公共物品的假定可以成立。另外，分权与地方政府之间对公共物品的需求差异以及供给成本的差异有关，即使政府供给公共物品的成本相同，只要需求不同，中央政府统一供给带来的福利损失将随着公共物品需求价格弹性的下降而增加，而大量实证研究表明，地方政府公共物品的需求价格弹性恰恰很低。

参考文献：

［美］华莱士·E·奥茨：《财政联邦主义》，译林出版社 2012 年版。

（杨灿明　李祥云）

标尺竞争
Yardstick Competition

标尺竞争，主要是指规制者（委托人）会比较提供相似产品或服务的代理人之间的效率，并按照比较结果直接决定代理人的收入；通过代理人之间的相互竞争达到减少成本、提高效率的目的。在满足一定的条件下，标尺竞争能够有效缓解委托人和代理人之间的信息不对称并对代理人形成有效的激励。由于具有上述的优点，标尺竞争在西方发达国家得到了广泛的应用。在英国的水产业、挪威的电力销售产业、日本的铁路产业、瑞典的汽车产业都已经实行了标尺竞争。

施莱弗（Shleifer，1985）是最早明确提出标尺竞争概念，并首先将标尺竞争理论应用于政府管制领域的学者。随着财政分权理论的发展，该理论也被用来分析地方政府间的竞争行为。对于地方政府间支出竞争的理论解释，早先主要使用"用脚投票"理论，从财政收支及居民福利变动对地区影响的角度出发，分析税收或支出政策趋同的现象及行为。然而，这一理论远不能解释类似于中国地方政府间在支出方面的竞争行为。中国现存的户籍制度严格限制了人的自由（或低成本）流动，主要的地方性公共物品差异性（如福利政策）也因户籍限制而无法对人口迁移起主要的影响作用，而且城乡迁移和地区迁移的主要诱因也不在于财政政策的差异性。其后，很多研究将"标尺竞争"理论（Besley and Case，1995）引入到分权框架下，从类似公共选择学派的角度解释地方政府的支出竞争及其影响。钱颖一和罗兰（Qian and Roland，2005）的研究就表明：任期限制将导致地方政府间比较和模仿行为，进而出现政策趋同的现象。可以看出，如果将官员的任期与选民对邻区观测的信息相联系，进而将任期引入官员的效用函数，任期就成为促使地方财政政策趋于一致的因素之一。

　　一段时间以来，中国政府官员的 GDP 考核体制，造就了自上而下的"标尺竞争"行为。上一级政府在任免下一级官员时的参考标准，在很大程度上导致了以 GDP 为标尺的地方竞争。各地方政府之间将会以相邻区域的 GDP 或其他相关考核标准为标尺进行财政政策的竞争。地理相邻或 GDP 水平相近的省份之间会出现生产性支出增长趋同的现象及地方财政支出结构严重扭曲的问题，包括低水平重复建设和产能过剩等问题（周黎安，2004；2007）。这种源于企业车间中的简单同质竞争，也成为中国推进国家治理的最大障碍。

　　随后，博迪格龙（Bordignon，2003）等在"标尺竞争"理论的基础上对意大利财产税设置问题进行了实证研究。他们在基本的税收模型中将"标尺竞争"理论与战略影响的理论相区别，提出选举的激励约束会影响地方官员的税率选择政策，并进一步揭示了地区间税收设置的相关性（如税率设置趋同）并非与空间相关性必然相连。

参考文献：

周黎安：《晋升博弈中政府官员的激励与合作——兼论我国地方保护主义和重复建设长期存在的原因》，载于《经济研究》2004 年第 6 期。

周黎安：《中国地方官员的晋升锦标赛模式研究》，载于《经济研究》2007 年第 7 期。

Andrei Shleifer, A Theory of Yardstick Competition, *The Rand Journal of Economics*, Vol. 16, No. 3, 1985.

Besley and Case, Incumbent Behavior: Vote Seeking, Tax Setting and Yardstick Compet ition, *American Economic Review*, 85, 1995.

Qian and Roland, Regional Decentralization and Fiscal Incentives: Federalism, Chinese Style, *Journal of Public Economics*, 89, 2005.

M. Bordignon, F. Cerniglia, F. Revelli, In Search of Yardstick Competition: A Spatial Analysis of Italian Municipality Property Tax, *Journal of Urban Economics*, 54, 2003.

（杨灿明　李祥云）

分税制
Tax-sharing System

分税制是指在国家各级政府之间，按照事权和财权相统一的原则，结合税种的特性，以划分各级政府事权为基础、以税收划分为核心相应明确各级财政收支范围和权限的一种分级财政管理体制。

实行分税制是市场经济国家的一般惯例。市场竞争要求财力相对分散，而宏观调控又要求财力相对集中，这种集中与分散的关系问题，反映到财政管理体制上就是中央政府与地方政府之间的集权与分权的关系问题。从历史上看，每个国家在其市场经济发展的过程中都曾遇到过这个问题，都曾经过了反复的探讨和实践；从现状看，不论采取什么形式的市场经济的国家，一般都是采用分税制的办法来解决中央集权与地方分权问题的。我国在清朝末期曾出现过分税制的萌芽，1994 年我国开始将分税制作为一种财政管理体制。

分税制的实质主要表现为：按照税种划分税权，分级管理。其中，税权是政府管理涉税事宜的所有权利的统称，主要包括税法立法权、司法权和执法权。其中，执法权主要包括税收组织征收管理权、税款所有权（支配权）。分税制就是要将这些税权（立法权、司法权、执法权）在中央及地方政府间进行分配。所以，分税制财政管理体制的实质，就是通过对不同税种的立法权、司法权、执法权在中央和地方政府进行分配，以求实现事权同财权的统一。

完善的分税制要求中央政府和地方政府根据自己的事权自主地决定所辖的税种。中央政府和地方政府有权根据自己的事权自主决定税法的立法、司法、执法事宜；划归地方政府征管的地方税税种，地方政府可以因地制宜、因时制宜地决定立法、开征、停征、减税、免税，确定税率和征收范围。

在税种设置合理的前提下，原则上应把收入大、对国民经济调控功能较强、与维护国家主权关系紧密、宜于中央集中掌握和征收管理的税种或税源划为中央税，把宜于发挥地方优势、税源分散不宜统一征收管理的税种或税源划为地方税；把征收面宽、与生产和流通直接相联系、税源波动较大、征管难度大、收入弹性大的税种划为中央地方共享税。这种以税种特性为依据划分中央税、地方税和中央地方共享税的方法，有利于加强税收的征收管理和强化税收功能。

中央税与地方税的划分，对于正确处理中央与地方政府之间的财政关系和税收分配关系，对于加强税制建设有着特殊的含义。其意义主要表现在：通过税收立法权、司法权和执法权在不同级政府之间的划分和让渡，能够体现出一国政府的行政管理方式、法制建设程度、民主建设程度、财政管理体制和税收管理体制的科学化程度。

1994年我国成功实施了分税制改革。分税制财政体制改革是我国政府间财政关系方面的一次重大制度创新。分税制确保了中央财政的稳定增长，为保证中央财政收入、增强中央的宏观调控能力、规范财政收入分配秩序、促进社会主义市场经济体制的建立和国民经济持续、快速、健康的发展作了很大贡献。但随着我国经济发展的市场化程度的不断深入，以及政府职能的转变，分税制财政体制在运行中也表现出了一些问题。主要表现在：

第一，事权和支出范围越位。目前实施的分税制没有重新界定政府职能，各级政府事权维持不甚明确的格局，存在越位与错位的现象，事权的错位与越位导致财政支出范围的错位与越位。

第二，收入划分不规范。现行分税制在收入划分上既有按税种、税目划分，又有按行业、隶属关系划分。企业所得税按隶属关系分别划归中央和地方，导致地方政府为追逐税收利益而大搞重复建设，结果各地结构趋同现象严重，严重阻碍着资产重组，制约着结构调整。

第三，地方税收体系不健全。目前，地方税种除营业税、所得税外，均为小额税种，县、乡级财政无稳定的税收来源，收入不稳定。地方税种的管理权限高度集中在中央，地方对地方税种的管理权限过小。

第四，省以下分税制财政管理体制不够完善。主要是地方各级政府间较少实行按事权划分财政收支的分权式财政管理体制。县级财政没有独立的税种收入，财政收入无保障。

第五，转移支付不规范。我国现行转移支付制度存在一些缺陷：政府间财政资金分配因保留包干制下的上解、补助办法，基本格局未变；采用基数法实行税收返还不合理；中央对地方专项补助发放的条件、程序、使用管理无法可依；地方政府之间如何转移支付不明确。

第六，财政管理体制层次过多。我国目前仍在实行中央、省、市、县、乡五级行政体制和与之配套的财政体制，过多的财政级次分割了政府间财政能力使各级政府之间的竞争与权力、责任安排难以达到稳定的均衡状态，并进一步加大了纳税人对政府的监督难度。

面对分税制面临的一系列困难，不同的学者提出了不同的观点，以贾康（2006）为代表的学者认为应继续推进分税制改革，在分税制的改革进程中解决面临的困难；但是也有学者对此提出了质疑。

第一，减少财政管理层级。从国际经验来看，一般来说，分税制的国家，就是三个层级左右，比如说实行联邦制的美国，还有实行单一制的英国；既有单一制特征，又有地方自治特征的日本也是三个层级。从我国目前省以下财政体制看，五级政府、五级财政造成基层财政困难、主体税种缺乏、难以进一步推进分税制改革等问题，应首先简化财政管理级次，这样做会使财政级次与政府级次出现一定时期、一定程度上的不对应，但从长远看是应该最终对应起来的。改革的方向是实行省、市、县三级财政管理体制，县市同级，乡财县管；简化财政级次之后，乡级政府随着事权的大量减少，一般应转为县级政府的派出机构，而市级政府由于其事权与财权同县级政府趋于一致，也需要改变原来的上下级关系，成为平级政府（贾康，2006）。

第二，完善转移支付制度。建立科学、规范的财政转移支付制度，不仅是分税制财政体制的题中之意，也是公共财政框架下调节地区差异、加速经济社会发展、全面建设小康社会的客观要求。规范和健全、完善转移支付制度，提高基层财政的公共服务水平，必须在改革、创新的基础上，重点加大以"因素法"为主要方式与手段的均等化转移支付的力度，尽快构建与分税制体制相适应的财政转移支付制度体系。一方面，要在确保中央财政财力分配主导地位和调控能力有效发挥的基础上，强化中央财政的再分配功能。另一方面，要在提高转移支付总量和增加转移支付规模的基础上，加大中央财政对中西部地区转移支付的力度和省级财政对县级财政转移支付的力度。

第三，改革税收征管体制，降低税收征管成本。从长远看，国税和地税应合并，但并不意味着否定分税制，回到分税制改革之前的状态，而是按照国际经验对分税制的完善。目前，已经有了成功的经验和创新的道路，这就是浙江省、上海市的经验。但要避免操之过急，在实践中稳步推进，不搞一刀切；根据各地的具体条件推进此项改革的进程。

参考文献：

胡鞍钢：《分税制：评价与建议》，载于《中国软科学》1996 年第 8 期。

贾康：《分税制改革需要继续深化》，载于《中国改革》2006 年第 2 期。

贾康、白景明：《县乡财政解困与财政体制创新》，载于《经济研究》2002 年第 2 期。

安体富、王海勇：《我国公共财政制度的完善》，载于《经济理论与经济管理》2005 年第 4 期。

赵云旗：《中国分税制财政体制研究》，经济科学出版社 2005 年版。

焦国华：《分税制：问题与对策》，载于《现代经济探讨》2003 年第 10 期。

（杨灿明　薛钢）

税收划分理论
Tax Assignment Theory

税收划分是指在分税制的财政体制下，根据财权与事权相适应的原则，如何合理划分税种、分配税权的一种税收理论。在复合税制条件下，各种不同的税收在组织收入与调控方面具有不同的功能和作用，中央税与地方税的划分，对于正确处理中央与地方政府之间的财政关系和税收分配关系，以及加强税制建设有着特殊的含义。

税收划分是一个政策性和理论性很强的问题，对税收在各级政府间如何划分，国外的学者从不同的角度提出了一些划分税种的原则。

美国财政学家塞利格曼（Seligman，1909）认为，税收划分应坚持以下三个原则：一是效率原则，即以征税效率的高低为标准来确定税种的归属。如果某种税由地方政府征收效率更高，就应将此税种作为地方税；相反，应划作中央税。二是适应原则，即以税基的宽窄作为中央与地方分税的标准，税基宽的税种应作为中央税，如印花税；税基窄的划为地方税，如房产税。三是恰当原则，即以税收负担公平与否作为分税的标准。为使全国居民公平地负担税收而设立的税种应划为中央税；反之，税源、纳税人只涉及部分地区和部分人群的税种应作为地方税。

美国经济学家马斯格雷夫认为，根据税收的公平权力与有效利用资源的准则，提出了中央与地方税种划分的七条原则：一是用于调节社会收入分配不公的累进性税收应归中央管理；二是作为经济稳定手段的税收归中央，带有周期性的税收归地方；三是地区间分布不规则的税源归中央；四是生产要素多变的税源归中央；五是依附于居住地的税收比如销售税等适合于地方管理；六是生产要素基本不变的税源归地方；七是与利益或使用相关的税种既适合中央也适合地方管理（Musgrave，1959）。

加拿大学者杰克·M·明孜也提出过税种划分的五条原则：一是效率原则：税收划分要尽量减少对资源优化配置的影响；二是简化原则：应使税制简化，便于公众理解和执行，提高税务行政效率；三是灵活标准：有利于各级政府灵活地运用包括预算支出、税收补贴等措施在内的一系列政策工具，使税收与事权相适应；四是责任标准：各级政府的支出与税收的责任关系应协调；五是公平标准：要使全国各地区间的税种结构、税基税率大体上平衡，即各地居民的税负应平衡（Mintz and Poschmann，1999）。

世界银行专家罗宾·鲍德威等在考察研究了世界各国的财税体制以后，提出了六条指导性建议：一是所得税关系到全社会的公平，应划归中央；二是为保证全国统一市场的形成和资源在全国范围内自由流动和优化配置，对与此相关的资本税、财产转移税等税种也划归中央；三是对资源课税涉及公平与效率目标之间的权衡，应由中央与地方共享；四是具有非流动性特征的税收是地方所辖市政府收入的理想来源；五是作为受益性税收的社会保障税，可由中央与地方协同征收管理；六是多环节征收的增值税、销售税应划归中央，单一销售税、零售税等较适宜于划归地方（Boadway and Wildasin，1984）。

世界上多数国家的中央与地方，以及地方各级之间的财政收入划分的主要形式是税种的划分，即以税种为依据划分各级政府之间的财政收入，把税种划分为中央税、地方税、中央地方共享税。综合与借鉴西方国家的税收划分理论与原则，按照市场经济效率和公平原则，我国税收在中央与地方各级政府之间的划分应遵循以下要求：具有再分配行政的累进税应该归中央征收；具有稳定经济职能的税收应该归中央征收；税基在各地区间分布高度不平衡的税收应该归中央征收；对在全国范围内能自由流动的生产要素的税收应该归中央征管；以居住为基础的税收适合于省级地方政府征收；对完全不流动要素的税收适合于地方政府征收；应按受益原则划分税种，即生产经营活动及其所得执意要受益于哪一级政府所提供的服务，其税收就应主要归该级财政。所以，该原则适用于利益税和使用费的收取（安体富、王海勇，2007）。

我国自1994年分税制改革以来，虽然在正确处理中央与地方财政之间的分配关系、建立新型财政体制方面，迈出了关键的一步，但财政体制依然存在缺陷和不足，主要表现为税收的立法权和管理权过分集中、税收划分不科学、地方政府缺乏主体税种等，已经成为我国财税体制有效运行的重要制约因素，离一个完整的、规范化的分税制财政体制目标要求还有一定差距（卢洪友、龚锋，2007）。

参考文献：

安体富、王海勇：《税权、税权划分及其理论依据》，载于《经济研究参考》2007 年第 55 期。

钟晓敏：《税收划分的理论和实践》，载于《财经论丛》1996 年第 3 期。

卢洪友、龚锋：《中国政府间税权分配的规范分析》，载于《经济评论》2007 年第 3 期。

Richard A. Musgrave, *The Theory of Public Finance*, New York：McGraw-Hill, 1959.

Seligman, *Principles of Economics*, London：Longmans, Green, and Co., 1909.

J. M. Mintz, F. Poschmann, *Tax Reform, Tax Reduction：The Missing Framework*, Toronto：CD Howe Institute, 1999.

R. W. Boadway, D. E. Wildasin, *Public Sector Economics*, Boston：Little Brown & Co., 1984.

（杨灿明　薛钢）

地方税制
Local Tax System

地方税制是相对于中央税制而言的，指划归地方负责征收管理并由地方政府支配使用，构成地方财政固定收入来源的那一部分税收收入的制度。它属于财政管理体制的范畴。

地方税制不仅仅是根据收入归属来进行划分的各地方税种，它还包含了税收管理权限等多方面的内容，税收管理权限包括税收立法权、税收执法权、税收解释权、税收减免权等。与此相适应，地方税制应包括各地方税种、征收管理以及司法保障在内的整个地方税的立法、执法和司法所组成的统一体。

地方税制作为财政管理体制的重要组成部分，与政府间支出责任的划分和政府间分税有密切联系。一方面，按照边际效用理论和偏好多样化理论的分析，由中央统一提供公共物品会造成效率损失，因此公共物品的提供必然是多层次性的；另一方面，从政府管理体制来看，由于受到管理能力和管理效率的制约，世界各国实行的都是多级政府体制。地方政府理应作为公共物品的提供主体，才能更有效地满足全社会的公共需要，从而达到或接近帕累托最优状态（许建国，1993。）

公共物品和服务的层次性，使财政的资源配置职能在中央政府和地方政府之间有必要进行相应的分配，使地方政府的财权基本满足一般性财政支出的需要。因此，以分税为基础在整个政府内部实行由中央向地方的放权，建立中央和地方两套税制，并确定各级政府相应的权限，从而使整个国家的税收权利在中央和地方之间进行分配。

对于地方税制的核心标准存在不同的判断：（1）基于税收立法权的判断强调地方税制应由地方政府立法；（2）基于税收征管权的判断强调地方税制应由地方政府征收；（3）基于税收归属使用权的判断强调收入全部归地方政府所有并由地方政府支配使用（白景明，1995）。

从税种划分的原则来看，作为地方税制的主体税种应该具备几个基本特征：一是税基具有非流动性，将税基具有流动性的税种作为主体税种容易导致各地方政府的税收纠纷和地方政府从本地区利益出发进行的低税竞争；二是基于受益原则进行课征，某些税种的征税对象收益的大小与地方政府提供的公共物品直接相关，纳税人所缴纳的税收与其享受的公共物品和服务是对称的；三是税基较宽，税源丰富，且具有增长潜力，其收入总量应在地方税体系中处于主体地位；四是具有稳定增长能力，与经济增长成正相关关系。

我国最早产生的地方税的萌芽当属清朝末年的厘金，此后，在北洋政府及国民党政府时期都先后颁布了有关地方税的法规。新中国成立后，我国地方税的发展历程与预算管理体制及预算调节方法密不可分。目前，我国的地方税制主要包括下列税种：营业税（不含铁道部门、各银行总行、各保险总公司集中缴纳的营业税）、地方企业所得税（不含上述地方银行和外资银行及非银行金融企业所得税）、个人所得税、城镇土地使用税、固定资产投资方向调节税、城市维护建设税（不含铁道部门、各银行总行、各保险总公司集中缴纳的部分）、房产税、车船税、印花税、耕地占用税、契税、土地增值税、地方教育费附加等。

1994年的分税制改革使我国初步奠定了地方税制与地方税体系的基础。然而，我国目前的地方税制建设与地方税体系的发达程度、调控力度、税种结构及运行成效等方面，尚未达到市场经济及分级财税管理体制的要求，主要表现在：现行地方税税源狭窄、收入规模小；地方税体系不健全、不到位、主体税种缺位；收费名目繁多、以费挤税现象严重等。因此进一步深化地方税改革和完善地方税体系是走向市场经济的税制改革的一个重要方面。

根据建设适合市场经济发展要求的财税体制原则与目标，我国今后地方税制建设的方向与路径选择应该是：正确处理好事权、财权与税权的关系；合理配置税种，明确地方税制建设中的主体税种，优化地方税制结构；规范地方政府的收费行为，清费立税拓宽税基，加强地方税制建设。

参考文献：

许建国：《重构我国地方税体系的几个理论问题》，载于《中南财经政法大学学报》1993 年第 6 期。

白景明：《究竟应该如何构造地方税体系》，载于《财贸经济》1995 年第 12 期。

汪孝德、尹音频：《分税制改革的实践与走向》，载于《财经科学》1999 年第 6 期。

中国税务学会《完善税制》课题组：《关于分步实施税制改革的具体建议》，载于《税务研究》2004 年第 3 期。

［美］费雪：《州和地方财政学》，中国人民大学出版社 2000 年版。

（杨灿明　薛钢）

财政体制
Fiscal System

财政体制是指国家通过规定各级政权管理财政收支的权限和各企事业单位在财务管理上的权限，以处理国家各级政权之间、国家与企事业之间的财政分配关系的管理制度。它是国家财政管理工作中的一项主要制度，是国民经济管理体制的组成部分。

财政体制是处理一国各级政府间财政关系的基本制度，其核心是各级政府预算收支范围和管理权限的划分以及相互间的制衡关系。确立财政体制的根本目的，是为了保证国家财力在各级政府间合理分配，保障各级政府行使职能的资金需要，提高财政资金管理和使用的效率。财政体制的主要内容包括政府财政管理级次的确定、财政收支范围的划分以及财政转移支付制度的安排等方面。

第一，政府财政管理级次。政府财政管理级次是政府分级管理体制的必然要求。迄今为止，世界绝大多数国家的政府都实行分级管理制度，即一个国家的政府不是由单一的或完全集中的一级组成，而是多级政府组成的政府体系。财政是以政府为主体的经济活动，是为实现政府职能服务的，因此，有一级政府就有一级财政，这就形成了多级政府间的财政分配关系。如何处理政府间的财政分配关系，则是一个关于财政分权的问题。无论是联邦制国家，还是单一制国家，与多级政府管理相适应，财政预算管理级次也呈多级化。

第二，财政收支范围的划分。财政收支范围的划分是为了确定各级政府的事权和财权，即如何进行财政分权的问题。财政收支范围划分是否合理，关系到财政体制的运行是否有效率，各级政府的职责能否充分实现，各层次的公共需要能否有效满足，因而是财政体制设计的核心问题。如何进行财政分权，西方财政理论认为，财政支出的划分应遵循三个原则：一是受益原则，即全国受益的支出应划归中央，地方受益的支出划归地方；二是行动原则，即必须在全国范围内实施的公共服务活动，其支出由中央承担，反之则由地方承担；三是技术原则，即投资大、受益广、协调难、技术难度高或者关系到国际竞争力的项目，列入中央支出，其他应由地方承担。财政收入的划分也应遵循三个原则：一是效率原则，即以征税效率的高低为标准划分各级财政收入；二是适应原则，即以税基的宽窄为标准划分各级财政收入；三是恰当原则，即以公平分享税收标准划分各级财政收入。

第三，财政转移支付制度。由于收支的划分遵循的标准不完全一致，以及地区间经济发展的非均衡性造成不同级次财政主体之间的收支不对称，因此，财政收支范围的划分并不能完全解决各级政府财政收支均衡的全部问题。为了实现各级政府事权与财权的最终统一，有必要在既定的财政收支范围划分的基础上进行收支水平的调节。这种调节包括上下级政府间的纵向调节即纵向转移支付，和同级政府间的横向调节即横向转移支付。政府间转移支付制度通过财政资金的无偿拨付，对各财政主体收支水平的调节，保证了财政资金的公平分配和有效使用，满足了各级政府履行事权的财力需要。

自从新中国成立以来，我国在财政体制的变革中进行了不断探索，从总体来看，大致分为以下四个阶段：

第一，统收统支的财政管理体制。新中国成立初期经济形势是通货膨胀严重，工人大量失业，国民经济处于崩溃的边缘；为促进国民经济的恢复发展，采取了统收统支的财政体制。该体制的基本特征是中央政府处于主导地位，并且中央政府统一制定所有收支项目管理办法，一切开支标准也同样由中央政府统一决定。地方政府组织的财政收入要全部上缴中央财政，地方政府所需的相关支出全部由中央财政另行拨付。因此，该体制也被称为"收支两条线"。

第二，分类分成的财政管理体制。分类分成的财政体制实行了三个时期，包括"一五"计划时期、"二五"计划时期的第一年（1958 年）和"六五"计划时期。为了完成"一五"计划确定的任务，即奠定我国社会主义工业化基础，以及确定我国农业、工业、资本主义工商业的社会主义改造的初步基础；必然要求变统收统支的财政体制为分类分成的财政体制。在1954 年实行的"统一领导、划分收支、分级管理、侧重集中"财政管理体制，即是所说的"分类分成"财政体制。

第三，总额分成的财政管理体制。为了克服分类分成的财政体制的一些不利方面，我国自 1959 年实行"收支下放、计划包干、地区调剂、总额分成、一年一变"的总额分成的财政管理体制。该体制的实行大致包括 1959 ~ 1967 年、1969 ~ 1970 年、1976 ~ 1979 年和 1986 ~ 1990年。总额分成在一定程度上调动了地方的积极性，使全国财政收入有一定比例的增长。

第四，分税制财政管理体制。随着改革开放进程的加速，分类分成和总额分成的财政管理体制已经无法满足经济发展的需要，其弊端不断出现。1992 年党的十四大明确提出了建立社会主义市场经济体制的目标。为了正确处理中央和地方的关系，调动一切积极因素加快社会主义市场经济体制的建立，实现社会主义现代化，在前期试点的基础上，于 1994 年 1 月 1 日起开始在全国推行分税制财政体制。

1994 年我国实行的分税制财政体制改革虽然基本建立了比较规范的中央政府与地方政府间的财政分配关系，但地方各级政府间的财政关系并未理顺，由此成为导致省以下地方财政困难的重要原因。

参考文献：

高培勇：《奔向公共化的中国财税改革——中国财税体制改革 30 年的回顾与展望》，载于《财贸经济》2008 年第 11 期。

贾康、赵全厚：《中国财政改革 30 年的路径与脉络》，载于《经济研究参考》2009 年第 2 期。

邓子基：《建立稳固、平衡、强大的国家财政与构建公共财政的基本框架》，载于《财贸经济》2002 年第 1 期。

戴毅：《中国财政体制改革路径探析》，载于《四川大学学报（哲学社会科学版）》2010 年第 5 期。

〔美〕理查·A·穆斯格雷夫、〔美〕皮吉·B·穆斯格雷夫：《美国财政理论与实践》，中国财政经济出版社 1987 年版。

Tiebuot, The Pure Theory of Public Expenditure, *Journal of Political Economy*, Vol. 64, No. 10, 1956.

W. E. Oates, *Fiscal Federalism*, New York: Harcourt Brace Jovanovich, Inc. 1972.

（杨灿明　薛钢）

预算管理体制
Budget Management System

预算管理体制是确定中央政府与地方政府以及地方各级政府之间各级预算管理的职责权限和预算收支范围的一项根本制度。它是国家预算编制、执行、决算以及实施预算监督的制度依据和法律依据，是财政管理体制的主导环节。

建立预算管理体制的基本任务，是通过正确划分各级政府预算收支范围，规定各级预算管理权限及相互间的制衡关系，使国家财力在各级政府及各地区间合理分配，保障相应级次或地区的政府行使职能的资金需要，提高财政资金管理和使用的效率。

预算管理体制的主要内容包括：（1）确定预算管理主体和级次，一般是一级政权即构成一级预算管理主体；（2）预算收支的划分原则和方法；（3）预算管理权限的划分；（4）预算调节制度和方法。预算体制的核心是，各级预算主体的独立自主程度以及集权和分权的关系问题。

作为处理国家财政体系中各级政府间财政分配关系的一项基本制度，预算管理体制的核心问题是各级政府预算收支范围及管理职权的划分和相互间的制衡关系。预算收支范围的划分决定国家财力在中央与地方，以及地方各级政府间的分配，而预算管理职权的界定则明确各级政府在掌握和控制国家财力上的权限和责任。预算管理体制体现着财政集权与分权关系的变化，具体体现在不同级次政府的收入权、支出权、政策制度制定权和管理权等方面。

预算管理体制的模式不是按收支划分方法区分，它的主要区别是各级预算主体的独立自主程度，核心问题是地方预算是否构成一级独立的预算主体。世界各国采用的财政管理体制模式都不完全相同，主要由其经济发展、政治制度、民族习惯、历史原因等多种因素决定，并且也不是固定不变的。按财政管理权限的集中或分散程度，可将预算管理体制分为不同的类型，如集中型体制、分散型体制、集中与分散相结合体制。预算管理体制类型的选择，不仅取决于制度设计中的技术因素，更重要的，是取决于一国的政治和经济管理制度。一般来说，在市场经济条件下，实行将中央和地方的财政管理权限作规范性的划分，把集中管理与分散管理按一定标准结合起来的分税分级预算管理体制，是较为普遍的现象。

联邦制国家的特点是地方财政独立性强，中央对地方的转移支付较少。而在中央集权制国家，中央政府财政集中程度高，地方虽有一定自主权，但在较大程度上依赖于中央财政的转移支付。在现代社会，各国财政体制正在逐步趋同。单纯集权型或单纯分散型财政体制，都在向集权和分权有机结合的类型发展，使单一制国家与联邦制国家在财政管理体制方面有了不少共同之处。过去比较集权的国家，如法国、日本等正在逐步走向权力的分散化，日本正在大量运用税收分享手段，法国也已形成了中央与地方各有独立财源的比较彻底的分税体制，地方政府有了较大的自主权。而过去财权分散的国家，如美国和澳大利亚，也出现了中央政府权力加强的现象。

参考文献：

陆百甫：《推进财政管理体制改革——学习十六届三中全会〈决定〉体会》，载于《财政研究》2003 年第 11 期。

钟守英：《改革预算管理制度 积极推行部门预算》，载于《湖北财税》2000 年第 24 期。

刘国光：《中国经济体制改革中计划与市场的关系问题》，载于《财贸经济》1981 年第 1 期。

王文华：《中央与地方政府财政关系的博弈行为分析》，载于《社会科学研究》1999 年第 2 期。

寇铁军、周波：《我国政府间事权财权划分的法治化选择》，载于《财经问题研究》2008 年第 5 期。

贾康：《财政体制改革视角下的政府间事权划分》，载于《21 世纪经济报道》2007 年 11 月 12 日。

（杨灿明　薛钢）

财政均等化
Fiscal Equalization

　　财政均等化是指基于实现社会性基本服务水平均等化目标，中央政府通过调整各级政府间财政关系，促进各级政府横向、纵向财政能力均衡，提高资源配置效率、缩小公共服务的供给差距、实现各级政府公共服务供给均衡的宏观调控过程。财政均等化的实质是中央政府向地方政府提供资金，以减轻各级政府通过自身能力取得收入的不均等程度，是政府加强社会均等化建设的有效手段，也是现代国家处理政府间财政分配关系、实现社会平等的财政平稳制度。

　　财政均等化的观点较早由布坎南等（Buchanan，1950）提出。布坎南致力于研究水平财政均等化，他指出，基于公平与效率的兼顾，财政政策应致力于财政均衡，使具有相同地位的人得到相同的净财政剩余，即每个人从公共物品获得的回报与其所承受的税负之差相等。在蒂伯特（Charles M. Tiebout，1956）模型中，居民可以用脚投票，由于对大多数公共服务的需求具有收入弹性，如果征收受益税，人们自然会倾向于迁移至偏好相同的地区，这种情况下的均等化政策可能会扭曲各地区公共服务的真实成本，抑制经济行为和人口在地区间的效率配置，即在贫困地区，均等化拨款使得公共服务的价格被人为降低；在富裕地区则刚好相反。格拉汉姆（Graham，1963）认为，公共服务因其整体性和不可分割性无法完全按照受益原则来提供，因此他主张设定尽可能高的基本公共服务最低标准。鲍德威（Boadway）、佛拉特斯（Flatters）和加拿大经济委员会合作完成的财政横向均衡模型指出，在对比了各州实际人均税收与平均人均税收后再进行均衡性转移支付，就能达到州际间人均财力的横向均衡，实现全国范围内公共服务的均等化。

　　财政能力决定社会性基础公共服务产品供给能力，财政均等化程度决定社会性基础公共产品供给均衡化程度，财政均等化在一定程度地实现公平的基础上，也会导致效率的损失。但世界上大多数国家，无论是单一制政体还是联邦制政体，都实行这种制度。

378

通常情况下，财政均等化按目标不同分为两类：水平公平均等化（HEE，以居民之间的公平为目标）、财政能力均等化（FCE，以地区间公平为目标）。选择哪种均等化模式，要根据各国整体结构、垂直和水平财政差异、均等化补助推广难度等因素。一般而言，单一制国家可推广 HEE 模式，如加拿大、德国，联邦制国家可推广 FCE 模式，如美国、澳大利亚。但中国虽然是单一制的政权国家，但政府间财政关系安排具有明显的联邦制特征。加之中国受幅员辽阔、人口众多、资源相对缺乏、人均收入水平较低、地区差异显著、财政分权不完善等国情约束，FCE 模式更有利于向各级政府提供足够的资金，确保贫困地区能满足最低标准的公共服务供给。因此，在我国，FCE 是财政均等化的显示模式选择。

我国已推行的分税制，理应以财政均等化理论为基础。在我国的国情约束下，在考虑税收输出和税收努力的前提下，建立以地区财政能力和支出需求为基础的公式化转移支付，加强对地方政府支出行为与绩效的监督，有助于财政均等化的实现。

参考文献：

谷成：《财政均等化：理论分析与政策引申》，载于《经济理论与经济管理》2007 年第 10 期。

孙红玲、王柯敏：《公共服务均等化与"标准人"财政分配模型》，载于《财政研究》2007 年第 8 期。

William H. Oakland, Fiscal Equalization: An Empty Box, *National Tax Journal*, Vol. 47, No. 1, 1994.

Charles M. Tiebout, A Pure Theory of Local Expenditures, *Journal of Political Economy*, Vol. 64, 1956.

Buchanan M. James, Federalism and Fiscal Equity, *American Economic Review*, Vol. 40, No. 4, 1950.

F. John Graham, International Fiscal Relationships: Fiscal Adjustment in a Federal Country, Canadian Tax Foundation Tax Papers, No. 40, 1964.

Scott D. Anthony, The Economic Goals of Federal Finance, *Public Finance*, 1964.

Boadway Robin, Frank R. Flatters, *Equalization in a Federal State: an Economic Analysis*, Ottawa: Economic Council of Canada, 1982.

（杨灿明　胡洪曙）

政府间补助（转移支付）
Intergovernmental Grants（Transfers）

政府间补助（转移支付），也称"预算转移支付"或"预算补助"，是指在既定的政府间支出责任和收入划分框架下，基于各级政府收入能力与支出需求不一致的情况，通过财政资金在政府间的无偿拨付，以弥补财政间的横向和纵向失衡，鼓励地方政府通过提供外溢性公共服务来实现基本公共服务均等化和特定政策目标的一项制度。

我国财政部对转移支付的定义为："中央政府按照有关法律、财政体制和政策规定，给予地方政府的补助资金。"

以转移支付为基础的财政转移支付制度是市场经济国家处理政府间财政关系时普遍采用的一种财政分配制度，广泛存在于多级政府体系国家中。它以法治作为制度基础和保障，是分税制基础上的财政调节制度，是协调中央和地方财政分配关系、强化中央政府宏观调控能力的重要手段，是规范政府间财政关系的制度安排，是各级政府间权责关系和利益协调关系的机制。

转移支付包括一般性转移支付和专项转移支付。转移支付立足于政府间财权事权划分和资金分配标准问题，是现代国家政府间财政运作的主要形式之一，其规模越来越大，甚至成为中央政府财政支付的主要形式。财政转移支付资金是财政转移支付的关键点，由于中央和地方政府的目标存在差异，因此其规模难以确定。如果规模过大，会导致地方政府降低税收努力，鼓励"懒惰"；但如果规模过小，中央政府难以实现其目标，不能达到均等化作用。与之相关的理论基础包括分级公共物品理论、财政宏观调控理论以及分权与制衡理论。

我国目前的财政转移支付制度是建立在 1994 年分税制改革基础上的具有过渡性质的一项制度安排。我国的政府间转移支付除了一般性转移支付和专项转移支付外，还有税收返还。总体来看，分税制改革后中央对地方的转移支付占地方预算内财力的比重在 50%～60% 之间，已经具有举足轻重的角色，2013 年的总规模接近 4.8 万亿元（见图 1）。按照"存量不动，增量调整，逐步提高中央的宏观调控能力，建立合理的财政分配机制"。通过分税制改革，调整财政收入增量，扭转过去中央财政收入占全部财政收入过低的局面，提高中央税收收入比重，增强中央政府宏观调控能力，建立一个有助于缩小地区财政不平衡差距的财政体制，推进基本公共服务均等化。分税制改革后，有利于中央通过财政转移支付的方式均衡各级政府财政能力。可以说，财政转移支付制度就是均衡各级预算主体间收支规模不对称的预算调解制度。同时，政府通过强制性税收以及发行公债等，使基本公共服务的供给成本得到不同程度的补偿，促进了基本公共服务的均等化。

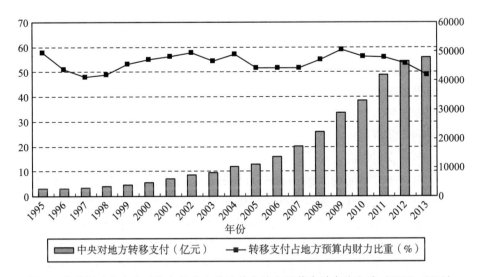

图1　分税制以来中央对地方转移支付及其占地方预算内财力的比重（1995～2013）

资料来源：《1995～2013年地方预算内财力、中央返还及上解情况》，载于《地方财政研究》2014年第12期。

参考文献：

卢现祥：《西方新制度经济学》，中国发展出版社2003年版。

[英] 阿尔弗雷德·马歇尔：《经济学原理》，人民日报出版社2009年版。

[美] 威廉姆·斯坦利·詹姆士：《政治经济学原理》，江苏人民出版社2009年版。

（杨灿明　胡洪曙）

一般性转移支付
Unconditional Grants

　　一般性转移支付是政府间最常见的资金补助模式。与专项转移支付相比，一般性转移支付的主要目标是促进地方基本财力和基本公共服务均等化。许多发达国家将一般性转移支付定位为保证本国公民在国内任何一个地区可以享受到无差别的公共服务的基本财力保证机制。与专项转移支付相比，国外一般性转移支付往往不限制转移支付资金的适用范围，允许地方政府可以按照本地居民的意愿来提供所需要的公共物品。对于地方政府来说，这种机制可以保证转移支付资金和地方税一样，成为地方稳定可靠的收入来源。

我国对一般性转移支付的定义为：中央政府对有财力缺口的地方政府（主要是中西部地区），按照规范的办法给予的补助。它包括均衡性转移支付、民族地区转移支付、农村税费改革转移支付、调整工资转移支付等，地方政府可以按照相关规定统筹安排和使用。

与专项转移支付相对，一般性转移支付能够发挥地方政府信息对称的优势，有利于实现因地制宜，更能满足地方需求。按照分税制财政体制的设计初衷，转移支付制度是一项弥补地方财政因分税制财政体制改革确定的财权事权之差，中央政府给予的一种财力性补助。随着地方财政支出结构的扩大，其主要功能已转变为向全社会提供均等化基础公共物品和服务。

我国在 1994 年分税制改革时，由于条件不充分，并未实行标准化的转移支付制度。作为分税制财政管理体制改革的配套措施，1995 年中央立足国情，借鉴成熟市场经济国家转移支付制度经验，制定了"过渡期财政转移支付方法"，奠定了中央对地方一般性转移支付制度的框架。其基本思路是：按照规范和公正的原则，根据客观因素测算各地区的标准财政收入和标准财政支出，以标准财政收支缺口为依据进行公式化分配。财政越困难的地区，补助程度越高。从 2002 年开始，过渡期转移支付改为一般性转移支付。十几年来，我国一般性转移支付制度在不断完善。目前的一般性转移支付制度，遵循"增加因素、调整系数"，以提高标准财政收入、标准财政支出的计算科学性。

一般性转移支付属于无条件补助，对各地区的补助规模采用公式法测算，是我国目前最规范最客观的补助项目，也是提高地方财力，增强公共服务水平的主要手段。实行分税制改革以来，我国一般性转移支付快速增长，已经成为中央对地方转移支付的主体，2013 年的总规模在 2.4 万亿元左右（见图 1）。地方政府对一般性转移支付资金有自主支配能力，而我国的一般性转移支付资金存在"粘蝇纸效应"，它在地方政府提供公共物品与服务方面具有正负两个作用。在多重目标，尤其是经济目标的压力下，一般性转移支付资金可能被挪用和挤占，上级政府实现公共服务均等化的政策意图难以达到预期的效果。因此，我国的转移支付制度需要进一步的完善。

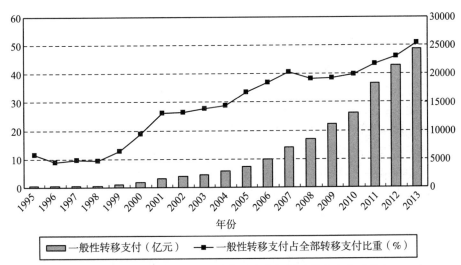

图 1　分税制改革以来一般性转移支付规模及其占中央对地方
转移支付总和的比重（1995~2013）

说明：转移支付总和包括税收返还、一般性转移支付和专项转移支付。

资料来源：《1995~2013 年地方预算内财力、中央返还及上解情况》，载于《地方财政研究》2014 年第 12 期。

参考文献：

方福前：《福利经济学》，人民出版社 1994 年版。

卢现祥：《西方新制度经济学》，中国发展出版社 2003 年版。

［英］阿尔弗雷德·马歇尔：《经济学原理》，人民日报出版社 2009 年版。

［美］威廉姆·斯坦利·詹姆士：《政治经济学原理》，江苏人民出版社
　2009 年版。

Arthur Cecil Pigou, Some Aspects of Welfare Economics, *American Economic Review*, 1932.

（杨灿明　胡洪曙）

专项转移支付
Categorical Grants, Conditional Grants

专项转移支付也称"专项补助"、"专项拨款"或"有条件补助"，也是普遍采用的政府间转移支付类型之一。与一般性转移支付强调的机会均等和地方自由支配相比，专项转移支付更多强调中央政府的政策意图和政治意图，从而会对资金使用施加特定的限制。但这并不表示其必须用于特定项

目，许多发达国家的专项转移支付只是用于规定地方政府在某个特定领域的最低支出水平，超过最低水平的资金依然由地方自由支配。

在我国，中央财政为实现特定的宏观政策及事业发展战略目标，以及对委托地方政府代理的一些事务或中央地方共同承担的事务进行补偿而设立的补助资金，重点用于教育、医疗卫生、社会保障、支农等公共服务领域，缩小区域、城乡差距、扶弱济困是专项转移支付资金宏观调控的主要目的。这也表示了重点支出需要的含义。财政部对专项转移支付的定义是：中央政府对承担委托事务、共同事务的地方政府，给予的具有指定用途的资金补助，以及对应由下级政府承担的事务，给予的具有指定用途的奖励或补助，主要用于教育、社会保障、农业等方面。

我国专项转移资金专款专用，是一种附加条件的政府间财政资金转移。上级政府基于特定的资金用途在某种范围和程度上指定资金的用途，下级政府必须按照规定使用这些资金。如果转移支付的目的在于增强受方提供某一种或者某几种特定公共物品的能力，运用专项转移支付通常会更直接有效，意识性掺杂更加明显，更具有政策性和福利性。

专项转移支付具有无偿性，可以说是块"诱人的牛排"。国外专项转移支付也大多采用公式拨款，但我国还没有做到这一点。如果其制度缺乏透明性和合理规范的申请与分配标准，在实际操作中会存在很多问题：如拨付效率较低、资金运行不规范、透明度不高，滋生寻租现象等。

在我国，受中央政府和地方政府的支出需求存在差异，中央集权约束财政分权，上级而非民众决定政治家升迁，地方人大和民众对政治家的监督相对较弱的国情影响，专项转移支付比重过高，"跑部钱进"的能力决定拨款额度，支付的随意性较大，难以真正实现平衡财力、公平分配。因此，减少专项转移支付规模成为我国财税体制改革过程中达成的共识之一。但专项转移支付制度对突发事件的快速支持，对民生及"三农"的资金支持，对弱势群体的扶助，对特定行业的发展都起到了不可否认的作用。尤其是自1994 年分税制改革以来，我国采取了以专项转移支付为主的制度，通过强化项目审查和加强绩效评估的手段来应对制度运行中存在的问题，它在实现国家政府宏观调控，缓解地方基层财政困难等方面发挥了重要作用。但是，专项转移支付为主的转移支付体系只是用于短期，从长期来看，加大一般性转移支付，减少专项转移支付，实现地区政府间的财力与事权的对称，实现地区间财力均衡，更有利于优化国家治理。

1995 年以来，专项转移支付规模迅速膨胀，目前占全部转移支付的

40%左右。自 2008 年以来,专项转移支付占全部转移支付的比重开始下降,2013 年在全面深化改革"清理、整合、规范专项转移支付项目"的背景下,专项转移支付的规模还出现了绝对下降,从 2012 年的 18886.2 亿元下降到 18609.8 亿元(见图 1)。

专项转移支付作为中央对地方补助的一种形式,优化转移支付制度,是财政部门的基本职责。我们不仅要加强各相关部门的参与性和项目实施透明度,加大监管力度和经济效益分析,中央政府还要在宏观布局和制度建设上起主导作用,以立法来规范专项转移支付制度及其资金分配,公开财政信息,接受各方监督,加强审计,问责到底,继续采用项目管理办法,削弱分配过程中的非正式制度安排,强化整个财政分配的动态管理,提高财政拨款的规范性和相关财政资金的使用效率。

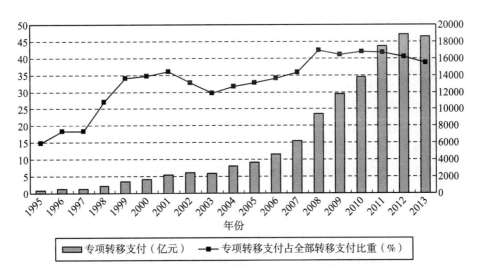

图 1　分税制改革以来专项转移支付规模及其占中央对地方
转移支付总和的比重(1995~2013)

说明:转移支付总和包括税收返还、一般性转移支付和专项转移支付。

资料来源:《1995~2013 年地方预算内财力、中央返还及上解情况》,载于《地方财政研究》2014 年第 12 期。

参考文献:

[美]威廉姆·斯坦利·詹姆士:《政治经济学原理》,江苏人民出版社 2009 年版。

方福前:《福利经济学》,人民出版社 1994 年版。

[英] 阿尔弗雷德·马歇尔：《经济学原理》，人民日报出版社 2009 年版。

卢现祥：《西方新制度经济学》，中国发展出版社 2003 年版。

Arthur Cecil Pigou, Some Aspects of Welfare Economics, *American Economic Review*, 1932.

（杨灿明　胡洪曙）

税收返还
Tax Return

税收返还是指中央返还地方的税收收入。在我国，它系针对地方财政收入减少的情况，在 1994 年分税制财政体制改革之后中央给予地方的一种财力补偿，属于对地方既得利益的保护。

税收返还包括两方面的含义：一是中央对地方的税收返还，该项税收返还制度就其性质而言属于转移支付的范畴；二是国家对人民的税收返还，尽管税收不能直接归还给每个具体的纳税人，但却具有整体意义上的返还性。

我国 1994 年实行分税制改革后，税收返还伴随着税收收入上划中央应运而生，并在分税制财政体制改革及后续的分税改革中作为一项过渡性措施发挥着重要作用。在表现形式上，主要包括增值税和消费税返还、所得税返还以及成品油价格和税费改革税收返还。从整体上看，无论是何种具体的税收返还方式，其直接原因都是由于税收归属的重新划分以及由此带来的地方收入的减少。

税收返还的总规模在 1994 年分税制改革、2002 年所得税分享改革和 2008 年成品油税费改革后上了三个台阶（见图 1）。"两税"返还是出于 1994 年分税制改革中将原属于地方的消费税和 75% 的增值税上划中央；所得税返还则是由于 2002 年除铁路运输、国家邮政、中国银行、中国工商银行、中国建设银行、中国农业银行、国家开发银行、中国农业发展银行、中国进出口银行、海洋石油天然气、中石油、中石化企业缴纳的企业所得税全部归属中央外，其余绝大部分的企业所得税和全部的个人所得税实行中央与地方分享；成品油价格和税费改革税收返还则是由于燃油消费税的开征代替了地方原有公路养路费等六费的征收。分税制改革改变了原有的中央与地方收入分配格局，而税收返还的设计体现了对地方既得利益的维护，有利于推进改革的顺利进行。

伴随着中国规范的政府间转移支付制度的建立，立足于保护地方既得利

益的税收返还占全部政府间转移支付的比重不断下降。1995 年两税返还的
总规模为 1867.3 亿元，占中央对地方全部转移支付的 73.72%。此后，伴
随着区域人均财力和基本公共服务均等化的推进，税收返还的相对规模快速
下降。截至 2013 年，中央对地方成品油税收返还的规模稳定为 1531.1 亿
元，所得税返还稳定为 910.2 亿元，两税返还基本稳定为 3949 亿元，合计
6390.3 亿元，占全部中央地方转移支付的 13.3%。

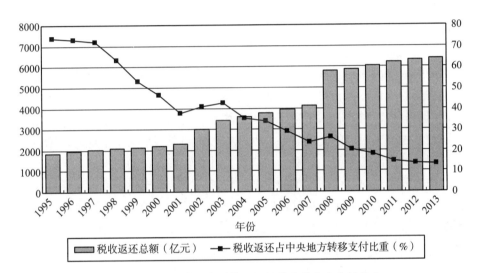

图 1　分税制改革以来税收返还规模及其占中央对地方
转移支付总和的比重（1995～2013）

说明：转移支付总和包括税收返还、一般性转移支付和专项转移支付。
资料来源：《1995～2013 年地方预算内财力、中央返还及上解情况》，载于《地方财政研究》
2014 年第 12 期。

参考文献：

谢旭人：《中国财政改革三十年》，中国财政经济出版社 2008 年版。

徐博：《关于分税制下税收返还问题的思考》，载于《财政研究》2010 年第
　　4 期。

（杨灿明　胡洪曙）

过渡期转移支付
Transfer Payment in Transitional Period

　　过渡期转移支付是我国分税制改革初期基于中央财政用于转移支付的财

力有限且规范的财政转移支付制度尚未完全建立起来的背景下所实施的财政转移支付政策。它是中国为建立现代政府间转移支付制度而进行的最早努力，目标是逐步向规范化的转移支付制度靠拢。过渡期转移支付制度包括一般性转移支付和民族优惠政策转移支付两部分。

1994年分税制改革后，为解决地方财力上收所带来的财力不足的困难，中央对地方实施财政转移支付。但由于中央财政可用于转移支付的财力有限，且在转移支付制度的设计方面，还面临着诸如统计数据不完整、测算方法不完备等技术性问题，难以建立规范的转移支付制度。因此，1995年财政部开始制定和实施《过渡期财政转移支付办法》，主要内容包括：一是按照影响财政支出的因素核定各地的标准支出数额，凡地方财力能够满足标准支出需要的中央不再转移支付。对地方不能满足支出需要的，再对财政收入进行因素分析，财政收入未达到全国平均水平的地区，收入不足的部分由地方通过增收解决相应的支出需要；财政收入达到全国平均水平或通过增收仍不能解决其支出需要的，其财力缺口作为计算转移支付的依据。

作为分税制财政体制改革的重要组成部分，转移支付制度改革始终受到各界的普遍关注，《过渡期财政转移支付办法》自1995年出台以来，得到不断的规范和完善，从而推动了我国规范性财政转移支付制度的构建。同时，过渡期转移支付并未触动地方既得利益，保持了分税制的相对稳定，进而保护了地方政府发展经济、组织财政收入的积极性。

参考文献：

谢旭人：《中国财政改革三十年》，中国财政经济出版社2008年版。

钟晓敏：《地方财政学》，中国人民大学出版社2001年版。

寇铁军、汪洋：《完善我国过渡期财政转移支付的对策》，载于《财经问题研究》2003年第8期。

（杨灿明　胡洪曙）

粘蝇纸效应
Fly Paper Effect

粘蝇纸效应是与财政转移支付制度密切相关的经济现象。特指由于参与公共决策的人的偏好及其在公共决策中的影响力不同，其可以通过对公共决策的影响，使得中央政府对地方政府拨付的无条件的转移支付资金"粘"

在它所到达的地方部门，从而增加该地方政府的财政支出，且增加的支出水平大于辖区税收收入增加带来的地方政府公共支出水平。通俗地讲，地方公共部门更倾向于将中央的转移支付资金留存在公共部门，且地方政府获得的财力的增加会以不恰当的比例用于公共支出，而不是通过合理地削减地方税等形式让利于辖区居民。

粘蝇纸效应是作为布莱德福德和奥茨所提出的分权化定理的反论而建立起来的概念，最初被用来解释等额的财政拨款与税收减免对地方政府支出的不同影响。根据公共经济学的一般性理论，倘若地方政府的支出模式真正反映了辖区绝大多数居民的主观偏好，那么上级政府对该地方政府的无条件拨款与一笔等额的直接给予该地方政府所辖居民的拨款（抑或税收减免）对受补政府的支出影响应该是相同的。然而，20 世纪 60 年代以来的大量实证研究发现，上级政府对地方政府的无条件的转移支付对地方政府公共支出的扩大效应更为显著，两者并不等效。该现象即被称为"粘蝇纸效应"或"归宿的粘蝇纸理论"，即钱被粘在它所到达的地方。"粘蝇纸效应"也是当前我国实证财政学的重要研究内容，许多研究表明中国地方政府规模的膨胀和转移支付资金规模有关。

财政幻觉理论、官僚行为模型以及利益集团游说模型均可以用来解释粘蝇纸效应的成因。其中，个人决策与集体决策的差异则是粘蝇纸效应的根源所在，而政府官员与辖区居民双方之间的利益差异则是导致该现象出现的直接原因。

参考文献：

钟晓敏：《地方财政学》，中国人民大学出版社 2001 年版。

钟晓敏：《政府间财政转移支付论》，立信会计出版社 1998 年版。

胡洪曙：《粘蝇纸效应及其对公共物品最优供给的影响》，载于《经济学动态》2011 年第 6 期。

（杨灿明　胡洪曙）

分权化政府的财政自主、问责与约束
Financial Autonomy，Accountability and Constraint of Decentralized Government

通过制度契约划分权力后，政府有权管理本层级财政资金收支活动，同时对其经济活动承担相应的责任，接受相应的规制，即所谓分权化政府的财政自主、问责与约束。

我国政府自 20 世纪 80 年代起逐渐将经济管理的权力下放给地方政府，使其拥有更多自主经济决策权。财政分权可以看成是广义的政治性分权的一个环节，它以财政包干为主要内容，中央将财权下放到地方，实现中央地方财政收入的分享。分权化改革是释放地方政府与地方治理能量的制度基础，从总体上为地方治理以及地方政府创新提供了制度平台（张毅，2010）。

分权化政府的财政自主是行政性放权的结果，分权后的地方财政拥有自主筹集、分配、使用本级财政资金的权限。在中央的统一领导下，根据分级管理的原则，地方拥有财政自主权，一般包括：（1）财政收入自主权，政府可以自主筹集财政资金，在中央授予地方资金调入权的体制下，地方可以按规定将本级预算外资金调入预算内分配使用，但只限于弥补财政赤字，超越这个范围的，需报经财政部核准；（2）财政支出自主权，在中央对预算支出指标实行总额控制的体制下，地方财政对支出有调剂权；在中央对地方实行收支挂钩，财政包干的体制下，地方财政有根据收入安排支出的权限，多收可以多支，结余留用不上缴；在中央允许地方提留机动财力的体制下，地方对获得的机动财力有自主安排使用权；（3）财政管理自主权，在中央授予地方制定实施办法的体制下，地方对中央颁发的各项收支制度，在不违背总政策的条件下，有权因地制宜地制定具体实施办法和细则（何盛明等，1990）。

对分权化政府的财政约束，就是运用财政手段来规范政府行为。对财政约束问题的研究，最早出现在公共选择理论的文献中。该理论认为，政府官员和政治家均为理性经济人，他们"天然"有一种扩大政府权力的倾向，而这种权力的泛化和异化是以牺牲社会、公民以及其他利益集团的合法利益为代价的，并导致寻租活动和腐败行为盛行。因此，对政府行为进行约束是有其必要性的。一般表现在财政收入约束、财政支出约束和预算原则约束三个方面。

（1）财政收入约束。政府提供公共物品，须有相应的财力保障，即财政收入。但政府不能随意地取得收入，其组织收入的行为要受制于以下因素：其一，财政收入规模的约束。如果政府的财政收入规模过大，意味着公众为公共物品支付了过高的价格，这会损害经济的效率，并可能会招致公众的抵制；相反，如果财政收入规模过小，则无法保证政府机构的正常运转。其二，财政收入形式的约束。政府可以通过多种形式取得财政收入，比如税收、收费、举债以及铸币税等。在特定的历史时期，每一种都会产生不同的社会经济效应。如果政府职能部门不受限制地选择对自己有利的收入实现形式，很可能会给整个社会带来不可估量的效率损失。其三，对政府取得收入权力的约束。政府有权为其所提供的公共物品融资，但并不是所有的政府部门都可以自行组织收入。最后，在分税制财政体制下，不同级次的政府享有不同的征税权，各自拥有自己的收入来源，彼此之间的收入权力界限应该受到规范。（2）财政支出约束。第一，财政支出的数量要适度，如果财政支出的规模过大，政府可能会挤占市场有效发挥作用的空间；同时，过量的公共物品供给会使公众承受过重的财政负担；相反，如果财政支出的规模过小，会导致公共物品的供给数量不足，甚至会削弱公众对政府的合法性支持。第二，财政支出要讲究质量。公众要能够从政府提供的公共物品中受益，而不是从中获得负效应。第三，财政支出责任的约束，根据财政分权理论，在公共物品的提供过程中，各级政府承担着不同的财政支出职责，其中受益范围主要是地方的公共物品则由地方政府来提供。（3）预算原则约束。预算约束的软化会导致巨额的财政赤字和债务规模，并由此引发了财政风险甚至是财政危机。为了防范风险，各国政府都开始重新思考预算平衡原则的重要性，并在实践中都将财政收支平衡作为一个理想的目标来追求。政府财政预算作为一种约束政府的责任性工具和政府财政收支管理的工具，已经扩张为实施经济政策的工具（冯海波，2005）。

分权化政府财政约束的有效实行有赖于监督机制的建立，既包含政府部门的内控，也包括外部监督财政问责制度的建立健全。财政问责制是行政问责制在财政资金管理上的具体体现，本着"谁用款、谁负责"的原则，对政府的财政活动建立有效的外部监督，设立一套有效的制度确保政府财政活动对公众负责。

参考文献：

张毅：《地方政府创新的分权化制度供给模式》，载于《科学与管理》2010年第 3 期。

何盛明等：《财经大辞典》，中国财政经济出版社 1990 年版。

冯海波：《财政约束软化：表现、后果及其治理》，载于《中央财经大学学报》2005 年第 7 期。

（杨灿明　李波）

财政兜底
The Ultimate Request of Public Finance

财政兜底指当对于某项目的实际支出超过项目预算时，政府将对额外产生的支出部分予以补贴，即政府间财政关系中的预算软约束。

由于制度上、客观上和合理的因素造成的缺口，财政可以"兜"；对于管理上、主观上和不合理因素造成社会养老资金缺口的，财政就不该"兜"，也不能"兜"。只有区别情况，保障重点，才能使现有的财力发挥大的效益，促进经济协调、持续、稳定地发展，体现效率与公平的原则（梁争平、李敏，2004）。

从财政兜底的资金接受主体与资金给予主体的关系来看，它的产生实际上是这两个主体之间的动态博弈。如果上级政府能够让下级政府认定它不会救助超支项目，那么效率就会增进，下级政府就会在项目的资金预算与用度上进行更加精细化的管理。

20世纪70年代末，匈牙利籍经济学家科尔奈率先提出"预算软约束"的概念，用以描述匈牙利从传统计划经济向市场经济转型时期，由于总是受到财政补贴或其他形式的救助，长期亏损的国有企业不能被市场淘汰，不仅严重削弱市场机制，而且腐蚀整个市场机体（谭志武，2006）。

政府预算软约束的表现形式很多，诸如随意调剂使用或者截留、挤占、挪用预算资金，其结果是——政府该管的没有足够的财政资金支持，不该管的却插手管，即政府越位与缺位并存。这一问题产生的根本原因在于制度供给不足，主要表现有二：一是政府预算制度本身存在制度缺陷，政府预算无法对政府行为形成有力约束；二是配套制度不健全，导致各级政府间财权与事权关系失衡。

在我国，要硬化政府预算约束，从制度层面讲，必须完善国家的预算管理制度，深化分税制的财政管理体制改革。实行预算硬约束意味着下级政府（地方政府）在获得财政自主权的同时，也必须保证实现预算的自身平衡，不能在预算年度末向上级政府（中央政府）申请用以弥补赤字的补助金，只有这样才能实现预算硬约束。

参考文献：
梁争平、李敏：《浅谈"财政兜底"》，载于《山西财税》2004年第3期。

谭志武：《政府预算软约束的制度分析》，载于《审计研究》2006 年第
1 期。

（杨灿明　李波）

"分灶吃饭"
Eating at Different Pots

　　"分灶吃饭"体制是对 1980 年实行的分级财政体制的一种形象称呼，
是相对 1980 年以前统收统支财政体制而言的。

　　从 1980 年起，我国财政部门采用"划分收支，分级包干"的新体制，该
体制也被称为"分灶吃饭"的财政体制。原来的统收统支办法就好像中央财
政一家烧饭，然后分给各地方吃一样，所以称为吃"大锅饭"的财政体制。
1981 年改革后，实行了分级财政，中央与地方之间明确划分财政收支，各自
平衡自己的预算。这样，各地方就不再是在中央这个大锅中一块吃饭了，而
是各烧各的饭，各吃各的，故称为"分灶吃饭"体制（马洪、孙尚清，
1988）。

　　其主要内容是：按照经济管理体制规定的隶属关系，明确划分中央和地
方财政的收支范围，中央所属企业的收入、关税收入和中央其他收入作为中
央财政的固定收入；中央的基本建设投资、中央企业的流动资金、国防费、
中央级的事业费等由中央支出；地方所属企业的收入、盐税、工商所得税和
地方其他收入作为地方财政的固定收入；地方的基本建设投资、地方企业流
动资金、地方各项事业费及行政费等，由地方财政支出。

　　分灶吃饭财政体制具有以下几个特点：（1）由过去全国"一灶吃饭"，
改变为"分灶吃饭"，地方财政收支的平衡也由过去中央一家平衡，改变为
各地自求平衡。（2）各项财政支出，不再由中央归口下达。（3）包干比例
和补助数额改为一定五年不变。（4）明确划分中央和地方的收支范围，以
1979 年各地方的财政收支数为基础，核定地方收支包干的基数，对收入大
于支出的地区，规定收入按一定比例上缴，对支出大于收入的地区，将工商
税按一定比例留给地方，作为调集收入；工商税全部留给地方后仍收不抵支
的，再由中央给予定额补助。收入分成比例或补助支出数额确定后，五年不
变。地方多收可以多支，少收可以少支，中央不再增加补助，地方财政必须
自求平衡。（5）基于调动地方积极性和转嫁中央财政负担的考虑，中央政
府逐步下放与地方经济自身发展事业密切相关的若干权力，一些原由中央部

393

委管辖的企业也下放给地方政府管理，同时，地方政府逐步负责地方性公共物品的提供。

由于做到了财权、事权统一，收支挂钩，所以"分灶吃饭"改变了吃财政"大锅饭"的现象，形成了以划分收支为基础的分级包干和自求平衡的中央与地方财政关系，更好地调动了地方的积极性。但是在执行中也存在一些问题：中央财政的负担较重，收支难以平衡，没有充分考虑到在中央与地方财力分配上中央要有适当的集中。财政体制改革与经济体制改革没有同步进行，而是先行一步。实行"划分收支、分级包干"的办法后，一些地方为了争取财源盲目建设，从而影响了整个国民经济效益。

财政承包制度的大面积推行逐步改变了政府预算财政的增长格局和中央财政的相对地位，集中表现在财政预算收入的增长开始出现落后于 GDP 增长的趋势，中央财政也出现相对下降的趋势。"分灶吃饭"财政体制侧重划分收入（财权），而中央和地方的职责（事权）却交错不清。其次，收入划分没有摆脱行政隶属关系的制约，地方在与中央的利益博弈中，总能争取主动，如在 1986 年以前实行总额分成阶段，许多地方特别是留成率低的地方的税收减免和"税前还贷"急剧增长，而在 1988 年之后实行"边际增长分成"虽然可以抑制地方"藏富于民"，但又必然造成中央财政收入比重下降；"财政包干"对于地方政府来说是一种软约束，常常是"包收不包支"、"包而不干"，使中央政府面临巨大的财政支出压力和风险；地方政府在与中央"讨价还价"中，倾向于增加支出基数，压缩收入基数，以提高分成比例；而且，地方在财政利益的刺激下，生产高税产品和预期价高产品，重复建设严重，地区产业结构趋同，地区间相互封锁，盲目竞争，阻碍了"统一市场"的形成（张军，2008）。

参考文献：

马洪、孙尚清：《经济社会管理知识全书》，经济管理出版社 1988 年版。

张军：《分灶吃饭》，经济观察网，2008 年 2 月 25 日，http：//www. eeo. com. cn/observer/special/2008/02/25/92839. shtml。

（杨灿明　李波）

大包干
All-Round Responsibility System

"大包干"财政体制的正式名称是"划分收支,定额包干"财政管理体制。即中央对地方确定固定数额实行财政包干的预算管理体制,是财政包干体制的一种形式。

自1980年起,我国财政部门采用"划分收支,分级包干"的新体制。这一体制的特点是明确划分中央和地方的收支范围,地方财政必须自求平衡。这种办法改变了吃"大锅饭"的现象,所以又被称为"分灶吃饭"的财政体制。

1985年和1988年进行了两次调整,调整的内容主要体现在包干方法上,从1988年开始对37个省、自治区、直辖市和计划单列市分别实行边际增长分成、收入递增包干、总额分成、总额分成加收入递增包干、上解额递增包干、定额上解和定额补助等包干办法。从1989年起,又调整基数,实行"划分税种,核定收支,分级包干"的体制,使得财政包干制度更加完善。

包干方法有几种模式:(1)大部分地区实行"划分税种、核定收支、分级包干"的财政体制,基本上按照利改税第二步改革以后的税种设置,按隶属关系划分中央财政收支和地方财政收支,根据地方的收支基数,计算确定地方新的收入分成比例和上解、补助数额,一定五年不变。(2)福建、广东两省实行"大包干"的体制。国务院决定从1980年起,福建省实行"划分收支、定额补助、五年不变";在广东省实行"划分收支、定额上交、五年不变"的体制。(3)在财政收支方面,除中央直属企业、事业单位的收支和关税划归中央外,其余收支均由地方管理。"划分税种、核定收支、分级包干"的财政管理体制调动了地方的积极性,但也存在一些问题,主要是收入较多、上交比例大的地区组织收入的积极性不高,个别地区甚至出现收入下降的情况。因此,从1988年起,国务院对收入上交较多的13个省、市,实行"财政包干、一定三年不变"的办法,以便进一步调动这些地方的积极性。

财政大包干制度指地方的年度预算收支指标经中央核定后,由地方包干负责完成,超支不补,结余留用,地方自求平衡,对少数民族地区,中央予以特殊照顾。其具体办法在不同年度不同,财政包干的方法从1971年开始实行,在当时情况下被证明是一种传统有效的方法。它扩大了地方的财政收支范围和管理权限，调动了地方筹集财政基金的积极性，有利于国家财政的综合平衡。

1980 年广东、福建两省实行这种特殊体制。具体办法是，以 1979 年预算收支数字为基数，确定包干定额。对收大于支的广东省，确定一个上缴任务数；对支大于收的福建省，确定一个中央补助数。上缴或补助数确定后，按绝对数包干五年不变。执行中增收节支部分全部留归两省支配使用。民族自治区的体制也属于这种类型（何盛明等，1990）。

但随着市场在资源配置中的作用不断扩大，财政大包干制度弊端日益明显：税收调节功能弱化，影响统一市场的行程和产业结构优化；国家财力偏于分散，制约财政收入合理增长，特别是中央财政收入比重不断下降，弱化了中央政府的宏观调控能力。在此背景下，我国的财政管理体制进行了相应改革，1993 年 12 月 15 日国务院发布《关于实行分税制财政管理体制的决定》。从 1994 年开始，我国开始实行分税制财政管理体制。

参考文献：
何盛明等：《财经大辞典》，中国财政经济出版社 1990 年版。
董再平：《中国财政分权改革的历程考察和问题分析》，载于《生产力研究》
 2007 年第 21 期。

（杨灿明　李波）

1994 年财政体制改革
Fiscal Reform of 1994 in China

专指我国 1994 年所进行财政管理体制改革。为贯彻党的十四届三中全会通过的《中共中央关于建立社会主义市场经济体制若干问题的决定》中有关建立符合市场经济体制要求的财政体制要求精神，我国于 1994 年进行了以"分税制"为主要内容的财政体制改革，此次改革是新中国成立以来范围最广、调整力度最强、意义最为深远的一次财政体制改革（孙开，2004）。

分税制是市场经济国家普遍实行的财税制度，是处理中央政府与地方政府间分配关系的规范方法，大致做法是：按税种划分收入；中央集中必要的财力实施宏观调控；中央和地方分设税务机构分别征税；有一套科学、完整的中央对地方收入转移支付制度。通过这次改革，使新中国财政体制有飞跃式的发展，基本建立了符合社会主义市场经济体制要求规范的财政体系。但从我国当时国情来看，在短期内建立分税制财政体制的理想模式还缺乏必要条件，随着市场经济体制改革的深化和社会经济事业的发展，暴露出许多问题和矛盾，因此整个改革在循序渐进，逐步到位下推进并予以完善。

此次改革的具体内容主要有几个方面（谢旭人，2008）：

第一，支出划分。按照中央政府和地方政府各自的事权，划分各级财政的支出范围，这也是分税制财政体制的重要内容。此次改革划分的原则是：中央财政主要承担国家安全、外交和中央国家机关运转所需经费，调整国民经济结构，协调地区发展，实施宏观调控所必需的支出，以及由中央直接管理的事业发展支出；地方财政主要承担本地区政权机关运转以及本地区经济、事业发展所需的支出。

第二，收入划分。根据财权、事权相统一的原则，合理划分中央和地方收入。按照税制改革后的税种设置和各税种的特点，将维护国家权益、实施宏观调控所必需的税种划为中央税；将适宜于地方征管的税种划为地方税；将与经济发展直接相关的主要税种划为中央与地方共享税。

第三，税收返还制度。为使新旧制度平稳转换，保证地方政府既得利益，制定税收返还办法：中央财政对地方税收返还数额以 1993 年为基期年核定，当年返还分税后地方上划中央的税额，1994 年 8 月以后，税收返还额在 1993 年基数上逐年递增，递增率按各地区缴入中央金库的增值税和消费税增长率的 1∶0.3 系数确定。这部分收入从本质上讲是地方的收入而不是中央对地方的转移支付。增量共享是中国分税制改革的一个创造，有鲜明的中国特色。

第四，妥善处理原体制中央补助、地方上解以及有关结算事项。原体制中央对地方的补助继续按规定执行。原体制地方上解仍按不同体制类型处理；实行递增上解的地区，按原规定继续递增上解（1995 年一律改为按 1994 年实际上解额定额上解）；实行定额上解的地区，按原规定的上解额继续定额上解；实行总额分成地区和原分税制试点地区按 1993 年实际上解数和递增额，并核定一个递增率，每年递增上解（1995 年改为定额上解以 1994 年为基数）。原中央对地方下拨的一些专款继续下拨。

第五，建立中央对地方的转移支付制度。在不调整地方既得利益的情况下，兼顾效率和公平，中央财政从收入增量中拿出部分资金逐步调整地区分配格局，转移支付具体数额的计算采用公式法，分别计算各地的标准财政收入、标准财政支出，根据转移支付系数确定中央对地方的转移支付额。

改革主要方面的同时，也进行必要的配套改革，主要有国企利润分配、税收管理体制、预算、国库体系、省及以下分税配套改革等方面。

1994 年分税制财政体制改革基本上理顺了市场经济中两大宏观基本经济关系，即中央与省一级政府的利益分配关系和政府与企业尤其是国有企业的利益分配关系。增强了中央政府按照市场经济体制要求进行政策引导调节、宏观经济调控的能力。同时通过破除财政包干体制运行以来的各地市场割据局面，促进了全国统一、开放、竞争、有序大市场的形成，为全社会资源的充分整合与要素的自由流动提供了富有效率的"载体"。

参考文献：

孙开：《财政体制改革问题研究》，经济科学出版社 2004 年版。

谢旭人：《中国财政改革三十年》，中国财政经济出版社 2008 年版。

刘积斌：《我国财政体制改革研究》，中国民主法制出版社 2008 年版。

（杨灿明　王敏）

省直管县财政体制改革
Finance System Reform of Administration between Province and County

"省管县"是相对于 1982 年以来的"市管县"而提出的新的体制改革思路。

之所以提倡"省管县"财政体制改革，究其根源，是因为分税制财政体制并未彻底所致。1994 年之后，省以下四个层级实际上没有进入真正的分税制状态。基层财政事权过大、财权过小，事权与财权不相匹配，政府间财政关系不规范成为基层财政困难的最直接根源。因此，必须通过财政体制创新，才能解决基层财政困难问题，即应取消"市管县"，推行"省管县"财政体制，同时推进乡镇体制变革，使我国的政府级次由原来的五级精简为三级，并以这三级财政为基础，来重新设计财政体制。

"省管县"财政体制改革是新时期进一步深化我国财政体制改革的需要；也是由管制型政府向服务型政府转变的需要。它的实施有利于政府组织结构的扁平化，可以有效地降低协调运行成本，提高政府效率；对于富民强县，建设社会主义新农村具有十分重要的意义。

"省管县"财政体制改革的一个难点是如何处理好市级的利益得失问

题。从短期来看，市级财政会有一定的损失。但是从城乡统筹发展来讲，市县分治不但有利于阻止农村资源外流，还有利于实现"工业反哺农业、城市支持农村"，增强县级财政能力和农村经济发展，农村经济的发展可以为城市经济的发展提供更充足的资源、更广阔的市场，市级利益的短期的损失可以从城乡统筹发展中获得更长远与持久的回报（黎雄辉等，2011）。

"省管县"以后，行政与公共事务按照原来的体制运行，产生的开支仍由市级财政负担，而市级财政被弱化不能从县级财政得到补偿，这样等于把行政运行的成本全部由省级财政来负担。财权与事权不统一，不仅会给市级财政造成压力，更严重的是会给省直管县财政体制改革造成很大的阻力，最终会影响到改革的实施。为了确保市县财政各自的利益，合理承受财政负担，市县两级政府的事权就必须科学、合理地予以划分，按照行政职能及社会事业的利益关联度来确定财政收入的分享比例，理顺财政收入分配关系，使市县两级财政的利益都能得到保障（黎雄辉，2011）。

在改革的过程中，要结合地方实情，注意三个方面的问题：首先，"省管县"财政体制改革不能一哄而上，现在我国并不是所有的省份都具备了实施省直管县财政体制改革的条件，那些省域范围较大、县级数量众多、省级自身调控能力有限的省份要反复权衡，慎重出台，不宜各省一哄而上。其次，"省管县"财政体制改革不能一刀切。各个省份都有自己的特点，在改革推进的过程中要摸索出适合自己的模式，如浙江、湖北、广东等省份在改革实施过程中，都探索出了与自己条件相适合的具有各自特色的改革模式，取得了很好的效果。最后，还要考虑到本地区行政体制与区域调整能否按照改革的要求得到同步推进，如果现在行政体制与区域调整达不到改革的要求，省管县改革最终也无法进行下去（黎雄辉等，2011）。

参考文献：

黎雄辉：《省管县财政体制改革研究》，载于《才智》2011 年第 5 期。

（杨灿明　王敏）

土地财政
Land Finance

"土地财政"是对我国地方政府利用土地所有权和管理权从土地开发及相关领域取得收益模式的一种形象表述。

严格说来，土地财政与现行政府预算格局下的"财政"并无重要关联。从其收入来源来看，所谓"土地财政"收入主要包括与土地有关的政府非税收入，如土地出让金、土地租金、新增建设用地有偿使用费、耕地开垦费、新菜地建设基金等。这些收入系政府性基金预算的收入来源，而非进入一般公共预算。在当前的中国，只有一般公共预算政府收入才是真正具有可统筹意义加以安排的财政收入。至于政府性基金预算收入，则一般归属特定政府部门支配，在相当程度上还具有政府部门"私房钱"性质，难以基于全局需要而在全国范围内作统筹安排。所以，它系有别于规范性的财政收入的一种非规范性的政府收入来源。

我国改革开放之前实行的是计划经济体制，城市土地基本上采取无偿、无限期、无流转性使用制度，故基本不存在"土地财政"的可能。直到1978年中外合资企业在我国出现，土地有偿使用才第一次以"三资"企业的场地使用费的形式产生，从此孕育了"土地财政"。1990年国务院颁布《中华人民共和国城镇国有土地使用权出让和转让暂行条例》，宣告了我国土地出让金制度的确立，但之后的十多年里，行政划拨仍是最主要的供地方式，在出让土地中，协议出让占据了主导地位。直到2002年国土资源部发布《招标拍卖挂牌出让国有土地使用权规定》，引入市场竞争机制，将经营性土地、工业用地纳入"招拍挂"范围，协议出让的比重才明显有了下降，以拍卖、挂牌出让的土地比重逐渐上升。

土地财政已成为地方政府财力的重要组成部分。国土资源部公布的数据显示，2009年全国土地出让金收入同比增加63.4%，相当于地方一般公共预算收入的48.8%。

土地财政是种现实，本身无所谓好与不好（刘尚希，2011）。近些年土地财政的过度膨胀主要有两个方面的原因：现行土地管理制度是其内因。政府有关部门既负责土地管理，又负责国有土地的经营，所谓集"裁判员"与"运动员"于一身。经营是市场主体的活动，具体到国有土地的经营，就是要保值增值，追求土地收益最大化。把这个作为政府的职责，客观上使各级地方政府成了市场竞争的主体，这是土地财政形成的主要制度基础。近些年发生的许多土地问题，也都是由此派生出来的。以GDP增长率为核心的干部考核标准和选拔办法，仍未根本改变，这也是导致干部片面追求土地财政的重要内因。1994年分税制改革之后地方政府财权、事权的不匹配，加剧了地方政府财力压力，是导致土地财政扩张的外因。

在我国工业化、城市化的进程中，土地财政发挥过重要的、积极的作用。地方政府通过经营土地，积聚了大量建设资金促进了城市经济的飞速发展，市民生活质量的不断提高，很大程度上没有土地财政，也就不会有中国快速的城市化。但随着改革的深入，其制度弊端也越来越突出。第一，土地财政恶化了国民收入分配，抑制了民间投资。政府收入占 GDP 比重过高，一方面导致居民特别是农民收入增长缓慢，另一方面抑制了社会投资。虽然中央采取了许多措施，大力调整国民收入分配格局，但迄今并未根本改变。第二，政府投资影响了产业结构调整，加剧了产能过剩。政府掌握的大量资金投向哪里，对产业结构的变化有重要的引导作用。地方政府的土地出让收入主要投向城市建设，刺激了建筑业、房地产业的大繁荣，带动了建材、民用电器、民用五金、民用化工等产业的发展，生产能力严重过剩。第三，更不能忽视的是资源、资金的严重浪费。土地出让收入由本级政府"自收自支"，长期缺乏收支规范与监督机制。近些年来，各地搞了不少"楼、堂、馆、所"和"政绩工程"，攀比之风愈演愈烈，老百姓深恶痛绝。在此过程中，少数党政干部财大气粗，挥金如土，为所欲为；同时"土地寻租"活动愈演愈烈，公款化为个人"灰色收入"的现象屡见不鲜，公众反应强烈。第四，土地财政机制不改变，保护耕地、保护农民的合法土地权益，只能流于空谈。同时，土地财政使地方政府的收入过分依赖房地产开发商。而在中国现实中，由于集体土地不能开发房地产，现有的开发商其实处于天然垄断地位，这使其有可能大肆抬高房价，广大中低收入市民的住房问题，很难得到解决（黄小虎，2010）。

参考文献：

黄小虎：《解析土地财政》，载于《中国改革》2010 年第 10 期。

刘尚希：《土地财政是一种现实　本身无所谓好与不好》，凤凰网财经，2011 年 3 月 8 日，http：//finance. ifeng. com/news/special/tudicaizheng/20110308/3605143. shtml。

（杨灿明　王敏）

乡财县管乡用
Fiscal System of Township Finance Managed by County

"乡财县管乡用"是在现行财政体制和政策不变的前提下，对乡（镇）

财政实行"预算共编、账户统设、集中收付、采购统办、票据统管"的预算管理方式，做到所有权、使用权与管理权、核算权相分离，由县（市、区）财政部门直接管理并监督乡镇财政收支。

新中国成立60多年来，县级财政制度变革大致经历了三个阶段。1993年以前以"财政包干"为主；1994年以后比照中央与省级的分税制实行了分税的模式；2003年农业税制度改革以后开始实行"省直管县"和"乡财县管"的体制调整。

2003年农村税费制度改革在全国范围内试行，各省开始逐步降低农业税税率。2006年，全国所有的省（自治区、直辖市）全面取消了面向农民征收的农业税，农民彻底告别了几千年来缴纳"皇粮国税"的历史。然而农业税的取消加重了县级财政的困难，县级财政一般预算收入通常分为三个部分：一是国税收入；二是地税收入；三是财政部门收取的农业税费部分。对于以农业为主的地区，农业税一般占到当地财政收入的30%以上，个别县达到70%~80%。取消农业税后，必然使得这些地方的财政更加困难，更加依赖上级财政的转移支付。所以，取消农业税后，农业税占财政收入比重较大的地区，在总体的财力中，上级财政补助的收入比重不断上升，已经从"吃饭财政"沦为名副其实的"要饭财政"。"乡财县管"是为了配合农村税费制度改革而推出的在基层财政内部的一项改革举措（马昊、庞力，2010）。

其基本原则，主要是坚持"三权"不变：第一，乡镇预算管理权不变。按照《预算法》规定，继续实行一级政府一级预算，县乡财政之间的收入范围和支出责任仍按县乡财政体制划分。在此基础上，乡镇财政在县级政府财政主管部门的直接指导和监督下，编制本级预算、决算草案和本级预算的调整方案，组织本级预算的执行。第二，乡镇资金所有权和使用权不变。乡镇财政资金的所有权和使用权归乡镇，资金结余归乡镇所有，乡镇原有的各项债权债务仍由乡镇享有和承担。第三，财政审批权不变。属于乡镇财权和事权范围内的支出，仍由乡镇按规定程序审批（牛世斌、王甲午，2007）。

其主要内容包括：一是预算共编。即县级财政部门要按年度经济社会发展规划、有关政策和财力情况，提出乡镇财政预算安排指导意见并报同级政府审批，明确乡镇财政预算安排顺序和重点。乡镇政府根据县级财政部门具体指导意见编制本级预算草案并按程序报批。在年度预算执行中，乡镇政府提出的预算调整方案，需报县级财政部门审批，调整数额较大的需向县政府报告。二是账户统设。即取消乡镇财政总预算会计，由县级财政部门代理，核算乡镇各项会计业务。同时相应取消乡镇财政在各银行和金融机构的所有账户，由县级财政部门在各乡镇金融机构统一开设财政专户，并设立"结算专户"、"工资专户"、"支出专户"、"村级资金专户"和"预算外专户"，分别核算乡镇经济往来业务。三是支付统一。即全面推行综合预算管理制度，乡镇财政收入直接缴入县级国库，乡镇预算外收入全部缴入县级财政设立的"结算专户"。由财政按照收入类别和科目，分乡镇单独进行核算。支出拨付以乡镇年度预算为依据，将资金直接拨入县财政设立的各乡镇专户。县级财政必须搞好资金调度，切实保障乡镇支出，不能挤占乡镇资金用于县级支出。建立乡镇公用经费支出备用金制度，方便乡镇及时用款。四是票据统管。即乡镇使用的行政事业性收费等所有票据，其管理权全部上收到县级财政部门，由各乡镇财务经办员统一到县财政结算中心办理票据领、缴、销，做到票据同行，以票管收，严禁坐收坐支，严禁转移和隐匿各项收入。五是采购统办。即乡镇物资采购业务须报请县级集中采购部门批准，其管理权全部收到县级财政部门，由县级财政部门统一办理。六是强化管理。即乡镇财政所，根据授权管理或协助管理的要求，代理本辖区由县财政管理的所有单位的财政管理事项，各项业务的具体管理方式按财政局制定的相关办法执行。乡镇财政所作为财政局的派出机构，人、财、物上划到县财政局，业务由财政局和乡镇共同管理。

参考文献：

马昊、庞力：《中国县级财政制度的历史变迁与改革思路》，载于《湖南师范大学社会科学学报》2010 年第 5 期。

牛世斌、王甲午：《农村"乡财县管乡用"改革与实践》，载于《安徽农业科学》2007 年第 36 期。

（杨灿明　王敏）

财政政策

财政政策
Fiscal Policy

　　财政政策通常是用作政府以调整财政收支水平与结构来影响经济活动和

社会生活，实现经济社会稳定和经济增长等目标的一系列措施的总称。

财政政策是市场经济条件下宏观政策体系的重要组成部分。在 20 世纪 30 年代前的近 200 年时间里，因受自由放任思想的影响，政府财政政策的作用有限；而伴随着西方国家 1929～1933 年的"大萧条"和股市崩盘，拯救西方世界经济的"药方"出炉——凯恩斯财政政策思想形成，要求政府全面干预经济运行。到了 20 世纪 70 年代以后，随着新自由主义思潮的盛行，各国又开始限制政府的规模和作用。而到 2008 年世界金融危机爆发后，西方发达国家又重启更加积极的财政政策。

各国政府之所以在经济不景气时大力实施财政政策，是因为财政政策可以在短期内增加总需求，其理论来源是凯恩斯于 1936 年出版的《就业、利息和货币通论》所形成的基于有效需求原理的需求管理政策主张。下列国民收入核算基本方程式可以说明财政政策的作用机理。

$$GDP = C + I + G + NX$$

式中，GDP 代表国内生产总值，即一国在一定时期内生产的全部最终商品和服务的价值；C 代表私人消费支出，I 代表私人投资支出，G 代表政府购买性支出，NX 代表出口减进口后的净出口，它们都是总支出或总需求的组成部分。显然，政府可以通过直接控制购买性支出（G）及通过改变税收和支出（包括购买性支出和转移性支出）间接影响私人消费支出（C）、私人投资支出（I）和净出口（NX），调控经济活动，影响 GDP 的大小。

根据财政政策调节总需求的作用性质，财政政策可区分为扩张性财政政策、紧缩性财政政策和中性财政政策。扩张性财政政策是指通过改变财政收支水平来增加和刺激社会总需求，主要手段有减税（降低税率）和（或）增加支出。一般来说，减税可以增加居民可支配收入，在财政支出规模不变的情况下，可以扩大社会总需求。购买性财政支出是社会总需求的直接构成因素，增加支出会直接增加总需求。在减税与增加支出并举的情况下，扩张性财政政策一般会导致财政赤字，从这个意义上说，扩张性财政政策等同于赤字财政政策。紧缩性财政政策是指通过改变财政收支水平来减少和抑制总需求，主要手段是增税（提高税率）和（或）减少支出。增加税收可以减少居民可支配收入，降低其消费需求；减少支出可以降低政府的消费需求和投资需求。所以，无论是增税还是减支，都具有减少和抑制社会总需求的效应。如果在一定经济状态下，增税与减支同时并举，财政盈余就有可能出现。在一定程度上说，紧缩性财政政策等同于盈余财政政策。中性财政政策是指财政收支水平对社会总需求的影响保持中性。在一般情况下，这种政策要求财政收支要保持平衡。

　　根据财政政策调节总需求的作用机制，财政政策可分为自动稳定的财政政策和相机抉择的财政政策。自动稳定的财政政策指政府设计的财政制度体系能够根据经济波动情况自动发生稳定作用，无须借助外力就可直接产生调控效果。比如实行超额累进税率制度的个人所得税和通过社会保障制度发生的转移性支出，都是典型的"自动稳定器"。相机抉择的财政政策指政府根据经济形势变化，采用一系列新的财政措施，以消除通货膨胀缺口或通货紧缩缺口，是政府稳定经济运行的主动行为，其中包括汲水政策（Pump Priming Policy）和补偿政策（Compensatory Policy）。汲水政策是对付经济波动的财政政策，在经济萧条时采取增加一定数额的公共投资使经济自动恢复其活力。补偿政策是政府根据民间（私人）需求总量的短缺或过剩状况而大力度地采取财政措施，以达到熨平经济波动的目的。在经济繁荣时期，为了减轻通货膨胀压力，政府通过增收减支等政策以抑制和减少民间的过剩需求；而在经济萧条时期，为了减轻通货紧缩压力，政府又通过增支减收等政策来增加消费和投资需求，谋求整个社会经济有效需求的增加。

　　我国自 1992 年确立社会主义市场经济体制目标模式以来，政府根据宏观经济形势的变化和经济运行的需要，先后实施过三种财政政策，即适度从紧的财政政策、积极财政政策和稳健财政政策。适度从紧的财政政策属于紧缩性财政政策，是轻度紧缩，旨在抑制总需求膨胀，又不至于对总供给产生消极影响。在 1992 年和 1993 年国内生产总值增速分别为 14.2% 和 13.5%、固定资产投资增速分别为 42.6% 和 58.6%、造成 1993 年和 1994 年全国商品零售价格指数分别上升 13.2% 和 21.7% 的经济过热与严重通货膨胀情况下，1994 年中央经济工作会议提出实行适度从紧的财政政策，促成其后几年我国经济成功实现了"软着陆"。然而，1997 年亚洲金融危机的爆发，导致我国从 1998 年上半年开始出口需求锐减，外商投资下滑，国内消费需求增长缓慢，投资需求增长乏力，出现严重的经济不景气。为应对这种情况，我国从 1998 年第二季度开始，实施了积极财政政策。积极财政政策从理论上说可能是扩张性财政政策，也可能是紧缩性财政政策。而从现实来看，我国当时实施的积极财政政策，显然是一种扩张性的财政政策，而且主要以增发长期建设国债为筹资手段，以增加基础设施投资为主要措施，辅以结构性减税，以实现增加投资、促进消费、扩大出口、刺激经济增长的目标。在实施了 7 年的扩张性积极财政政策后，2004 年年底中央经济工作会议提出实行稳健的财政政策。稳健财政政策接近于理论上的中性财政政策，其核心是松紧适度，既要控制投资需求膨胀，又要扩大消费需求，既要抑制部分行业的投资过热，又要支持经济社会发展中的薄弱环节。具体来说，稳健财政政策体现为"控制赤字、调整结构、推进改革、增收节支"十六个字，其核心特征是"有增有减，有保有压"，既要控制固定资产投资规模过快增长，又要加大对农业、就业、社会保障、环境和生态建设、公共卫生、教育等领域的投入。2008 年之后，为应对金融危机的冲击，中国再次实行了扩张性积极财政政策。

现实生活中，积极财政政策也可以配合政府的收入分配政策、区域发展政策、产业和技术经济政策等的实施，发挥其调节作用。

参考文献：

[英] 约翰·梅纳德·凯恩斯：《就业、利息和货币通论》，华夏出版社 2005 年版。

（郭庆旺）

积极财政政策
Procative Fiscal Policy

参见"财政政策"。

稳健财政政策
Prudent Fiscal Policy

参见"财政政策"。

适度从紧的财政政策
Moderately Tight Fiscal Policy

参见"财政政策"。

货币主义视角下的财政政策
Fiscal Policy from the Perspective of Monetarism

货币主义作为一个学派，混合了包括经济理论、哲学信念和政策建议在内的多种内容。因此即使自称货币主义者的学者，观点也不尽相同。不过，以下几点对于货币主义来说是至关重要的。第一，货币数量论，即认为在货币流通速度相对稳定的情况下，货币供给是影响名义 GDP（实际 GDP 与物价水平的乘积）的主要因素。如果增加货币供给，而实际 GDP 不能相应增长的话，就一定会导致通货膨胀。第二，"自由放任"，即相信市场经济是高度稳定的，除非政府干预扰乱了这种稳定性。第三，货币政策当局必须具有固定的货币政策目标，相机抉择的货币政策对经济有百害而无一利。第四，财政政策相对于货币政策而言是次要的，一个小政府才是一个好政府。强调财政政策的作用，只会造就膨胀的官僚机构、不必要的社会项目和巨额赤字。总之，货币主义者对财政政策作为需求管理工具提出质疑，认为政府支出和税收的变化只能对总需求、产出和就业产生暂时性影响。

因此，货币主义对财政政策的轻视，与凯恩斯主义对财政政策的重视形成了鲜明对比。货币主义由于相信市场的高度稳定性，因此假设短期总供给曲线是陡峭的，但凯恩斯主义则认为总供给曲线很有可能是水平的，在这种情况下，只有调节总需求的财政政策才有效。

货币主义与凯恩斯主义在财政政策问题上相左的两种意见，在实践中不断受到检验。从其发源地美国的情况看，货币主义基本上已经输掉了这场论争。货币主义的一个基本假设是货币流通速度稳定，否则货币总量就会丧失与名义 GDP 的关联性。但美国自 20 世纪 80 年代后，货币流通速度高度不稳定，增减变化难以预期。因此，在 1979 年宣布以货币总量为重点执行货币政策仅仅三年后，美联储就不得不宣布放弃货币总量目标，转向利率目标。到 90 年代，美联储采用的主要是控制利率的"泰勒规则"。在这一规则下，货币主义所强调的"货币"基本上对宏观经济没有任何显著影响。目前，货币主义者将关注的重点从短期转向了长期，即关注货币数量与长期经济增长之间的关系。这就为在短期政策中主张财政政策发挥主导作用的观点提供了充分理由。

中国改革开放后所形成的市场经济，具有明显的转轨经济特征，市场的稳定性极其脆弱，从而极不对应货币主义的另一条基本假设，使得货币政策难以发挥理论上的应有效果。1998 年爆发亚洲金融危机前后，突出表明了财政政策相对于货币政策的有效性。在 1996 年 5 月至 1998 年 7 月两年多的时间内，中央银行一度奉行积极扩张的货币政策。连续 5 次降低存贷款利率，存款利率平均降低 4.23%，贷款利率平均降低 5.17%，并在 1998 年年初取消了国有商业银行的贷款限额控制，一次性降低存款准备金率 5 个百分点，颁布了积极实行贷款支持的指导意见等措施，以求扩大企业贷款需求，刺激投资。但1998年上半年的各项统计数据表明，国民经济多项指标并未好转，物价下降幅度超过降息幅度，实际利率不降反升。在这种情况下，1998年年中，财政部正式提出了以增加财政赤字和大规模发行国债为特征的"积极财政政策"。此后六年中，"积极的财政政策"和"适当的（稳健的）货币政策"就成为中国经济政策的固定政策搭配模式。从政策角度看，财政政策在今后一段时期中仍将是中国实现经济政策的主导力量。但随着市场经济的逐步完善，市场稳定性的增加，货币主义原则下的货币政策或将有发挥作用的更大空间。

（郭庆旺　刘晓路）

新兴古典宏观经济学视角下的财政政策
Fiscal Policy from the Perspective of New Classical Macro-economics

新兴古典宏观经济学与货币主义，都是在20世纪70年代西方发达国家陷入滞胀时，因反对和试图替代凯恩斯主义的性质而受到学术界的重视。两者具有相同的信念基础，即相信市场经济具有自我稳定性，政府的频繁干预只会破坏这种稳定性，而不可能加强它。凯恩斯主义之所以强调政府干预的必要性，是因为凯恩斯否认完全市场和充分理性的存在。而新兴古典宏观经济学则在这两点上持坚定的古典主义立场，并将市场出清与理性预期作为自己的理论基础。

市场出清的理论假设，与经济周期性波动的现象明显有差距。新兴古典宏观经济学对此进行的解释是，造成这种波动的原因不是市场，而是来自供求两方面的意外冲击，如财政货币政策对需求的冲击和技术变动对供给的冲击。好的冲击会造成经济繁荣，坏的冲击会导致经济衰退，但不论是在繁荣时期还是衰退时期，市场都是有效的。之所以萧条时会出现大批失业，是因为对于失业者来说，失业尽管使他们不高兴，但仍是其在当下最好的选择。既然是最好的选择，因而就不存在"非自愿失业"这一凯恩斯主义的常用术语，市场自然是出清的。

理性预期是指人们可以从经验中学习，从而纠正过去预期中的错误。因此社会中不可能存在持久的和系统性的错误预期。换言之，政府的经济政策只有在人们尚未认识到其原理时才可能发挥意料中的作用，一旦人们了解了这一原理，市场就会将政府政策的效果完全吸收，使得政策无效。譬如说，扩张性的财政政策之所以可以增加就业，一方面是因为价格出乎意料的上涨，使企业误以为增加生产可以提升利润；另一方面是因为失业者误以为高工资就意味着高购买力，所以尽快就业。但事实上，通货膨胀会侵蚀利润和购买力。因此，在认识到自己的错误后，企业和失业者都会调整自己的预期，不再对扩张性的财政政策做出反应。

应当注意的是，新兴古典宏观经济学的"政策无效论"观点，不是说财政政策没有作用，拿财政支出来说，作为政府实际的花费，不可能不对GDP与就业产生作用。"政策无效论"主要局限于否认政府债务（包括国债和基础货币）能对通货膨胀产生实际影响。著名的"李嘉图等价定理"就认为，当前的政府债务就是未来的政府税收，两者没有本质上的区别。纳税人起初会认为政府支出的增加少于税收的增加，对自己是有利的，但他们很快就会意识到，政府未来偿还债务时势必会增加税收，因此有必要将与当前政府债务等值的收入储蓄起来，以应对未来税收的增加。其结果就是，在社会总支出水平上，政府支出的增加被居民支出的减少所抵消，从而对总需求没有扩张作用。

根据上述两个基础理论假设，认为政府利用财政政策来有意识地调节经济，既无必要，也无可能：财政政策不能调节出清的市场，只能对其产生冲击，而冲击的后果是由市场自身决定的，政府的政策意图只要被市场所了解了，就会归于无效。但在现实中，即使属于这个学派的经济学家，也不会提出如此简单的政策主张。一方面，新兴古典宏观经济学改变了决策者对于财政政策的看法，将理性预期和公众对于政策规则的反应纳入到考虑因素中来，从而促成了一种动态的政策思想，即财政政策不仅要解决当前的问题，还要影响人们对于未来的判断。另一方面，大多数经济学家都相信市场不大可能迅速出清，这就为短期中财政政策发挥作用提供了基础。

（郭庆旺　刘晓路）

自动稳定器
Automatic Stabilizer

自动稳定器又称自动财政稳定器（Automatic Fiscal Stabilizers）或内在稳定器（Built-in Stabilizer），通常指存在于预算结构之中伴随经济周期变化而自动作出反应的机制，是一种无须政府直接干预而有助于减轻收入和价格波动的减震器。比如，在经济繁荣时期，税收收入将增加，失业保险（救济）金将下降，减少有效需求；而在经济下滑或经济衰退时期，税收收入将下降而失业保险（救济）金将增加，增加有效需求。正因为无须政府公开采取措施，故自动稳定器属于自动稳定的财政政策或非相机抉择的财政政策。

从预算结构来看，自动稳定器可分为税收自动稳定器和支出自动稳定器。税收自动稳定器是内在财政稳定器的基础。在课税范围和税率保持不变的情况下，税收收入会随着国民收入的变化而变化，即税收收入是国民收入的一个函数，并存在三种函数关系：单位函数关系——税收收入增长率与国民收入增长率相同，税收收入占国民收入的比率不变；递增函数关系——税收收入增长率高于国民收入增长率，税收收入占国民收入的比率上升；递减函数关系——税收收入增长率低于国民收入增长率，税收收入占国民收入的比率下降。显然，具有后两种函数关系的税制或税种会起到明显的内在稳定作用。因此，税收自动稳定器的作用大小取决于税种性质和税率结构。个人所得税不仅直接对家庭所得征税，而且一般都实行超额累进税率，这意味着在繁荣（萧条）时期，家庭收入将上升（下降）且缴纳的所得税额占其收入的比例将提高（降低）；企业所得税尽管一般都实行比例税率，但因基于利润而非收入征税，而在繁荣（萧条）时期，利润比收入增加（减少）得更快；其他流转税如增值税、营业税、消费税等，不管是对增值额征税，还是对营业额或消费额征税，在繁荣（萧条）时期都将趋于增加（减少）。可见，当来自私人部门的税收收入在周期上升期间的增长速度快于国民收入增长速度时，税收收入占国民收入的比率将会提高，其结果将对私人部门的购买力产生一种"抑制"作用（Dampening Effect），有利于实现充分就业，减轻可能出现的通货膨胀压力。相反，在周期下降期间，国民收入下降，税收收入的下降速度可能快于国民收入的下降速度，相对地给私人部门留下更多的购买力，从而对萧条时期的经济产生一种"减震"作用（Cushioning Effect）。支出自动稳定器主要是转移支付计划，如公共救济款、对有儿童家庭的援助等社会福利计划以及失业救济金。在周期下降期间，由于国民收入下降，失业人数增加，转移支付数额就要增加。这就使得国民收入的下降不会像没有转移支付计划时那么大，从而对经济体系产生一种减震作用。相反，在周期上升期间，越来越多的人得到了工作，国民收入随之增加，失业救济金等支出减少。这将对经济体系产生一种抑制作用，从而使国民收入的增加不会像在失业救济金不变的情况下那么多。

从对可支配收入产生影响的程度来看，自动稳定器可分为直接自动稳定器和间接自动稳定器。直接自动稳定器是指对可支配收入产生直接影响的自动稳定器，有时也称为"一类"自动稳定器。相对来说，直接自动稳定器比间接自动稳定器更为重要，其中包括个人所得税、就业（工资）税、失业救济金。个人所得税在预算的收入一方作为重要的自动稳定器，而失业救济金在预算的支出一方作为重要的自动稳定器，二者在经济周期波动中相互配合，具有强大的减震作用。在周期上升期间，随着劳动就业的增加，个人所得税收入增加，而失业救济金下降，从而相对地使私人部门的购买力下降，抑制了货币通货膨胀。另一方面，在周期下降期间，随着非自愿性失业工人的增加，个人所得税收入下降，而失业救济金增加，从而通过增加私人部门的购买力，对经济衰退产生一种减震作用。间接自动稳定器是指对可支配收入产生间接影响的自动稳定器，有时也称为"二类"自动稳定器。间接自动稳定器主要包括公司所得税和各项消费税。间接自动稳定器在不严重的衰退期间作用很小，因为它们使私人支出增加的数量比它们使政府预算收入减少的数量实际上要少。

从自动稳定器的影响效果来看，充其量只能使经济波动的幅度减小，也就是说，财政制度的内在可变性或自动反应，不可能彻底地消除经济的不稳定性，只是有助于经济稳定的实现，或缓冲了经济活动的波动幅度。尤其在经济处于萧条时期，自动稳定器的反应比较缓慢，而且刺激效果不强，阻碍了就业的恢复，应采取相机抉择的财政政策。

（郭庆旺）

财政乘数
Fiscal Multiplier

财政乘数通常指财政收支的外生变化对总产出的影响程度或倍数。

乘数理论是由英国经济学家 R. F. 卡恩 1931 年在其所著《国内投资与失业的关系》中首次提出并将其应用于经济分析。后来，凯恩斯对这一概念加以利用，用来研究投资变动对总收入的倍增作用，形成投资乘数——投资增加引起收入增加，而收入的增加将是若干倍于投资量。以后，西方经济学家根据这一基本概念，提出了许多专门的乘数，如出口乘数——出口增加引起的 GDP 增加的倍数、货币乘数——货币供给量增加引起的基础货币增加的倍数等。财政乘数研究财政收支变化对国民收入的影响作用，其中包括财政支出乘数、税收乘数和平衡预算乘数。

国民收入决定理论是推导和理解财政乘数的基础。为了简化起见，假定在封闭性经济条件下，以支出法核算的简单国民收入决定模型可写为：

$$Y = C + I + G \tag{1}$$

式中，Y 代表国民收入，C 代表家庭（个人）消费支出，I 代表私人投资支出，G 代表政府购买性支出。其中，

$$C = C_a + bY_d \tag{2}$$

式中，C_a 代表消费函数中的常数，也就是说，人们即使在短期没有收入也要消费，这可能就需要动用原有资产（如储蓄）或借债等。b 代表边际消费倾向，Y_d 代表可支配收入，即扣除税收（T）后的收入：

$$Y_d = Y - T \tag{3}$$

把（2）式和（3）式代入（1）式可得：

$$\begin{aligned} Y &= C_a + b(Y - T) + I + G \\ &= C_a + bY - bT + I + G \\ &= \frac{C_a - bT + I + G}{1 - b} \end{aligned} \tag{4}$$

根据（4）式，就可以求得简单的财政政策乘数。

税收乘数指政府税收增加（减少）而引起的国民生产总值或国民收入减少（增加）的倍数。求（4）式对 T 的偏导数，税收乘数为：

$$\frac{\partial Y}{\partial T} = -\frac{b}{1 - b} \tag{5}$$

从（5）式看出：（1）税收乘数是负值，说明税收增减与国民产出呈反方向变动；（2）政府增税时，国民产出减少，减少量为税收增量的 $b/(1 - b)$ 倍。假定边际消费倾向（b）为 0.8，则税收乘数为 -4。可见，若政府采取减税政策，虽然会减少财政收入，但将会成倍地刺激社会有效需求，有利于民间经济的增长。

购买性支出乘数指政府购买性支出的增加（减少）所引起的国民生产总值或国民收入增加（减少）的倍数。求（4）式对 G 的偏导数，购买性支出乘数为：

$$\frac{\partial Y}{\partial G} = \frac{1}{1 - b} \tag{6}$$

从（6）式看出：（1）支出乘数是正值，说明购买性支出的增减与国民产出呈正方向变动；（2）政府增支时，国民产出增加，增加量为支出增量的 $1/(1 - b)$ 倍。假定边际消费倾向为 0.8，则购买性支出乘数为 5；（3）同税

收乘数相比，支出乘数大于税收乘数，这说明，增加财政支出政策对经济增长的作用大于减税政策。

平衡预算乘数指政府支出与税收同时且相等的变化而引起的国民生产总值或国民收入减少或增加的倍数。将（5）式和（6）式相加，得到平衡预算乘数：

$$\frac{\partial Y}{\partial G} + \frac{\partial Y}{\partial T} = \frac{1}{1-b} - \frac{b}{1-b} = 1 \tag{7}$$

平衡预算乘数说明，即使增加税收会减少国民收入，但若同时等额地增加支出，国民产出也会等额地增加。换言之，即使实行平衡预算政策，仍具有扩张效应。

财政乘数与一般乘数理论一样，具有很多局限性。比如经济运行状况的约束，倘若经济运行已处于充分就业状态，财政乘数的作用只会引起物价上涨，不会增加实际收入；在经济尚未实现充分就业的情况下，随着经济的扩张，充分就业日趋接近，财政支出增加所代表的有效需求的提高，一部分被物价的上涨所抵消，使得实际收入的增加滞后于货币收入的增加。又如相关变量的约束，上述乘数的推导是局部均衡分析，没有考虑各相关变量同时变化的综合影响。

参考文献：

R. Kahn，The Relation of Home Investment to Unemployment，*Economic Journal*，
   Vol. 41，No. 162，1931.

（郭庆旺）

IS-LM 模型及其政策含义
IS-LM Model and its Policy Implication

IS-LM 模型又称投资—储蓄与流动性偏好—货币供给（Investment-saving/Liquidity Preference-money Supply）模型，是阐释商品市场和货币市场中利率与实际产出关系的一个宏观经济分析工具。

IS-LM 模型是凯恩斯主义的经典表述形式，最早由希克斯（Hicks）于1937年提出。该模型主要由 IS 和 LM 两条曲线构成。IS 指的是在封闭的没有政府部门的经济中，商品市场实现均衡的条件是投资（Investment）等于储蓄（Saving）。LM 指的是在同样背景中，货币市场实现均衡的条件是流动

性偏好（Liquidity Preference）等于货币供给（Money Supply）。因此，IS 曲线与 LM 曲线的交点，意味着商品市场与货币市场的共同均衡决定了均衡产出与均衡利率，如图 1 所示。

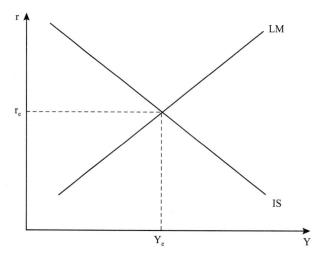

图 1　IS-LM 模型的一般形式

IS 曲线是在既定的政府收支水平和预期下画出的，因此扩张性的财政政策（增支、减收和乐观的经济前景）能够将 IS 曲线向右上方移动，紧缩性的财政政策则将 IS 曲线向左下方移动。LM 曲线是在既定的货币供给、价格水平和预期下画出的，因此扩张性的货币政策（增加货币供给）能够将 LM 曲线向右下方移动，紧缩性的货币政策能够将 LM 曲线向左上方移动（见图 2）。

尽管财政政策与货币政策都可以影响总产出水平及就业水平，但两者的有效性取决于 IS 曲线与 LM 曲线的斜率的相对大小。凯恩斯主义认为，由于货币需求对利率变动非常敏感，因此，LM 曲线比较平坦，而投资对利率变化却不太敏感，因此 IS 曲线比较陡峭。在这种情况下，财政政策的效果要比货币政策的效果好得多。

凯恩斯主义对财政政策的强调，在 20 世纪 70 年代受到了货币主义的挑战。货币主义者认为扩张性的财政政策会产生排挤效应，即利率升高导致私人投资被公共投资所代替，从而减弱了财政政策对总需求、收入和就业的影响能力。凯恩斯主义者则提出了政府债券融资的财富效应来加以反驳。

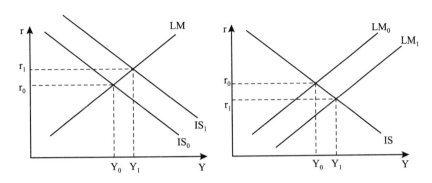

图 2 扩张性的财政政策与货币政策

在图 3 的下半部分，G 是财政支出，与税收 T 是相互独立的变量。产出为 Y_0 时，财政收支平衡，没有赤字。当政府通过增支的手段来实行扩张性的财政政策时，IS_0 曲线被移动到 IS_1 的位置，同时 G_0 移动到 G_1 的位置，导致在 Y_1 产出水平上，出现了赤字 AB。政府通过发债来弥补赤字，导致私人部门由于持有债券而产生财富效应，进而增加私人部门的消费和货币需

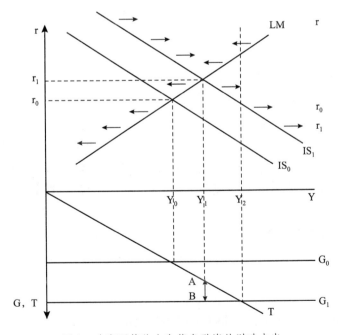

图 3 政府预算约束和债务融资的财政支出

求。财富效应导致的消费增加推动 IS 曲线向右移动的效果，如果超过了货币需求增加推动 LM 曲线向左移动的效果，则长期产出可以扩大到 Y_2，此时财政收支再次出现平衡，挤出效应也就消失了。

针对凯恩斯主义对财政政策有效性的辩护，新兴古典主义宏观经济学重提"李嘉图等价定理"。该定理认为，在理性预期的作用下，私人部门会认识到当前的债务等价于未来的税收，因此政府发债时，私人部门会为今后支付更多的税收而增加储蓄，政府的债务融资因而不会增加总支出，公共部门支出的增加会被私人部门支出的减少所抵消。因此，系统性的财政政策会由于理性预期而失效。不过，由于理性预期对于现实来说是个较为严苛的假设，因此并未对政府的财政政策实践产生重大影响，只是对其方式方法产生了一定的修正作用。

（郭庆旺　刘晓路）

蒙代尔—弗莱明模型及其政策含义
Mundell-Fleming Model and its Policy Implication

蒙代尔—弗莱明模型又称投资—储蓄、流动性偏好—货币供给与国际收支（Investment-saving/Liquidity preference-money supply/Balance of Payments，IS-LM-BP）模型，是由蒙代尔和弗莱明于 20 世纪 60 年代将 IS-LM 模型扩展到开放经济条件下的一个经济模型。

在开放经济条件下，IS 曲线比封闭条件下要陡峭一些，因为开放经济意味着总需求中除了消费、投资和政府支出外，还包括了净出口（出口与进口之差）。也就是说，当收入增加时，一部分需求会转化成进口，漏出到国外去，从而减小了对投资的拉动作用。另外，一切能够影响净出口的因素，都能导致 IS 曲线向右下或左上移动。在开放经济条件下，如果采用的是浮动汇率制度，外汇市场会自动出清，国际收支既不会盈余也不会赤字，LM 曲线与封闭经济条件下就是完全一样的。但如果采用的是固定汇率制度，国际收支盈余会导致本国居民将外汇出售给货币当局，从而引起货币当局外汇储备的增加和本国货币供给的增加，这就会将 LM 曲线推向右方。反之，国际收支赤字则会将 LM 曲线推向左方。

蒙代尔—弗莱明模型与 IS-LM 模型最大的区别是增加了一条 BP 曲线，即小型开放经济的总体均衡，需要 IS、LM 和 BP 三条曲线交于一点，如图 1 所示。其中 BP 指的是小型开放经济中，国际收支实现均衡的条件为经常账户和资本账户之和为零。该曲线向右上方倾斜，因为国内收入的增加（减少）会恶化（改善）国际收支的经常账户，要想保持国际收支均衡，就必须提高（降低）利率来改善（恶化）国际收支的资本账户。BP 曲线的左面是国际收支盈余的区域，BP 曲线的右面则是国际收支赤字的区域。BP 曲线的斜率取决于进口的边际倾向和国际资本流动的利率弹性。进口的边际倾向越小，资本流动的利率弹性越大，BP 曲线就越平坦，反之则越陡峭。BP 曲线是在既定的世界收入水平、利率和价格水平，以及汇率和本国价格水平的基础上画出的，任何能够对这些因素的影响，都会导致 BP 曲线的移动。

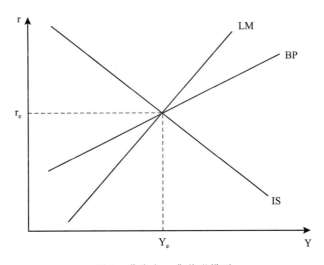

图 1　蒙代尔—弗莱明模型

在固定汇率制度下，财政政策的效果会因 LM 曲线与 BP 曲线的相对斜率大小而有所不同。图 2（a）中 LM 曲线比 BP 曲线更陡峭，图 2（b）则相反。其结果是扩张性的财政政策，在（a）中产生了国际收支盈余（B 点在 BP 曲线左面），在（b）中则产生了国际收支赤字（B 点出现在了 BP 曲线右面）。图 2（a）中的国际收支盈余会导致 LM 曲线向右方移动，C 点将成为新的均衡点。在这一点上，商品市场、货币市场和国际收支都达到了均衡。

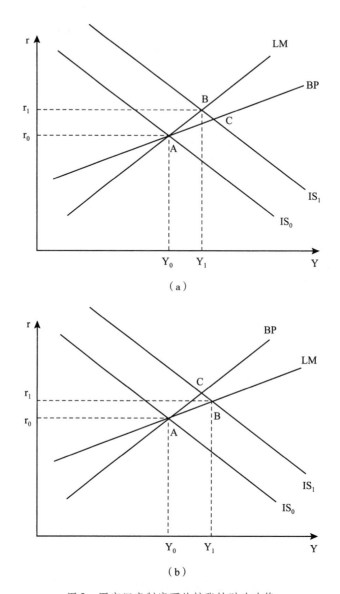

（a）

（b）

图 2　固定汇率制度下的扩张性财政政策

　　和财政政策相比，固定汇率制度下货币政策效果要糟得多。如图 3 所示，经济初始处于 IS、LM_0 和 BP 曲线相交的均衡点 A，扩张性的货币政策使 LM_0 曲线移动到 LM_1 的位置，形成新的均衡点 B。此时利率由 r_0 降低到 r_1，产出由 Y_0 增加到 Y_1，对于国际收支来说，前者使得资本账户恶化，后者使得经常账户恶化。因此，不论 LM 曲线和 BP 曲线的斜率大小如何，扩张性的货币政策都只会造成国际收支赤字。在前面财政政策的类似讨论中，B 点最终会被 C 点的最终均衡取代，实现了对产出的扩张作用。但在货币政策的情形下，B 点的国际收支赤字导致货币供给收缩，LM$_1$ 会回到 LM$_0$ 的位置，新的均衡点仍旧是 A，因此，货币政策对于扩张经济是无效的。

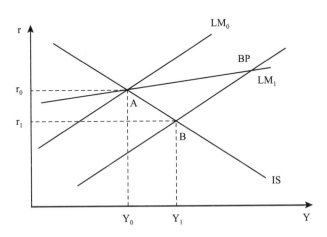

图 3 固定汇率制度下的扩张性货币政策

在浮动汇率制度下，财政政策的效果同样受到 LM 曲线与 BP 曲线的相对斜率大小的影响。图 4（a）中 LM 曲线比 BP 曲线更陡峭，图 4（b）则相反。在（a）的情形中，扩张性财政政策将 IS$_0$ 向右移动到 IS$_1$，新的均衡点 B 意味着国际收支赤字的出现。在浮动汇率制度下，国际收支赤字会导致外汇市场上本币贬值，从而推动 IS$_1$ 和 BP$_0$ 沿着 LM 曲线向右移动到 IS$_2$ 和 BP$_1$ 的位置，由此形成新的均衡点 C。财政政策的扩张效果因为外汇市场的变动而更加显著。在（b）的情形中，扩张性财政政策将 IS$_0$ 向右移动到 IS$_1$，新的均衡点 B 意味着国际收支盈余的出现。在浮动汇率制度下，国际收支盈余会导致外汇市场上本币升值，从而推动 IS$_1$ 和 BP$_0$ 沿着 LM 曲线向左移动到 IS$_2$ 和 BP$_1$ 的位置，由此形成新的均衡点 C。显然，财政政策的扩张效果被本币升值带来的后果抵消了一部分。

在浮动汇率制度下，货币政策的效果如图 5 所示。扩张性的货币政策将 LM$_0$ 移动到 LM$_1$ 的位置，与 IS$_0$ 形成新的均衡点 B。由于 B 点在 BP$_0$ 曲线的右面，意味着国际收支赤字。在浮动汇率制度下，本币通过贬值来恢复国际收支平衡，这就推动了 IS$_0$ 和 BP$_0$ 沿着 LM$_1$ 曲线向右移动到 IS$_1$ 和 BP$_1$ 的位置，由此形成新的均衡点 C。因此，本币贬值加强了货币政策的扩张效果。

　　综上所述，在固定汇率制度下，财政政策能够影响总产出，而货币政策无效；在浮动汇率制度下，财政政策和货币政策都能够影响总产出，同时引起汇率升值或贬值。

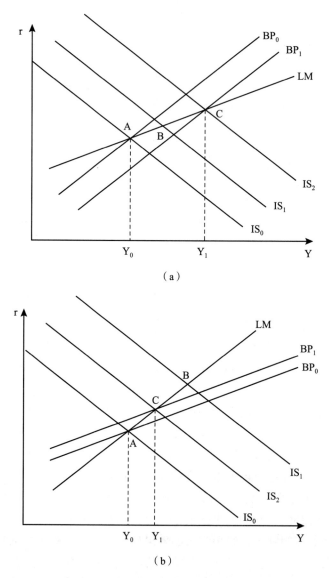

（a）

（b）

图 4　浮动汇率制度下的扩张性财政政策

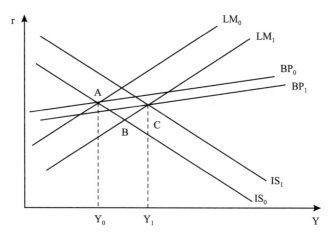

图 5　浮动汇率制度下的扩张性货币政策

参考文献：

J. M. Fleming, Domestic Financial Policies under Fixed and under Floating Exchange Rates, Staff Papers, International Monetary Fund, Vol. 9, No. 3, 1962.

R. A. Mundell, The Appropriate Use of Monetary and Fiscal Policy under Fixed Exchange Rates, Staff Papers, International Monetary Fund, Vol. 9, 1962.

（郭庆旺　刘晓路）

财政分配的"三元悖论"
Impossible Trinity of Financial Distribution

中国学者贾康、苏京春在 2012 年明确提出了财政分配的"三元悖论"。这一概念是比照蒙代尔、克鲁格曼的"不可能三角"与"三元悖论"形式，考察财政分配的内在制约，认为可以于常规限定条件下得出财政分配的"三元悖论"，即在财政经常性支出的管理水平、政府的行政成本水平和政府举债资金融资乘数既定情况下，财政分配中减少税收、增加公共福利和控制政府债务及赤字水平三大目标，至多只能同时实现其中两项，而不可能全部实现。如图 1、图 2 所示。

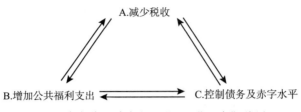

图1　限定条件下财政分配"不可能三角"的图示

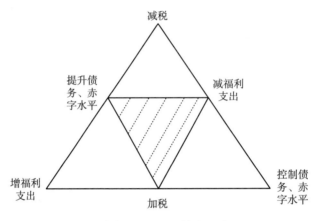

图2　财政分配"三元悖论"的图示

　　图示所关联的分配关系在现实生活中表现为：A. 减税可减少企业、居民负担，因而会受到广泛欢迎；B. 增加公共服务方面的福利性支出会增加社会成员的实惠，因而也会受到广泛欢迎；但这两者并行恰会扩大政府收支缺口，必带来第三个表现——C. 增加赤字，从而提升为弥补赤字而必须举借的政府债务的总水平——这便涉及"安全问题"——其实公众对这个问题也并不缺少"常识"：因为一说到政府债台高筑，又往往会有公众广泛的忧虑与不满。所以可知，"巧妇难为无米之炊"，"鱼与熊掌不可兼得"的常识，在财政分配中不过是说：税为收入，福利为支出，两者必须是顺向匹配的。一般情况下，加则同加，减则同减，如果一定要顺向增加福利而逆向削减税收，那就必须找到另一个收入项——举债，来顺向地提高它以支撑原来的匹配关系。前述A、B、C三者中，要同时保A、B，就必须放弃对C项的控制，但这又会遇到公共风险的客观制约。若想三全其美，则绝没有可能。这里体现的约束是客观规律，并一定会引申、联通到整个经济社会生活"可持续"概念下的终极约束。

以上分析可归结出一个基本认识：虽然公众福利的增进是经济社会发展的出发点与归宿，但在某一经济体发展的任一特定阶段、具体条件下，公众福利的水平（可以用公共福利支出规模为代表）却并非越高越好，高过了一定点，对于经济发展的支撑作用会迅速降低，甚至导致经济增长过程不可持续。福利支出水平带来的福利增进对于经济发展的正面效应及其转变，在直角坐标系上可简明表示为图 3。

图 3 中横轴表示公共福利水平（以公共福利支出水平为代表），纵轴表示福利增进对于经济可持续发展的正面效应或支撑作用（也可按一定数值单位量化），在原点 O，假设无福利，其正面效应当然无从谈起，其右方一旦有一定的公共福利，便会随其水平上升迅速表现为对经济成长的正面支撑效应的上升（现实生活中常被称为人民群众的积极性，因为基于物质利益原则的激发与调动等措施而促成经济活力的上升），一直可上升到对应于横轴上"O′"的曲线上 T 这一最高点（最佳值）。但若还一味继续增进福利，其正面效应的下滑（现实生活中表现为经济体成长活力的迅速滑落）将迅速导致 O″点上正面效应丧失殆尽而进入负值区间（可与拉美式"中等收入陷阱"案例比照），而 O′–O″的距离是相当短的。也就是说，公共福利水平一旦超出最佳值，其对一国经济可持续发展的正面支撑作用会很快转变为迅速下滑后的负面效应，所以从调控当局而言，必须精心、审慎地把状态控制在接近或达到峰值，但不超过临界点的区间内。

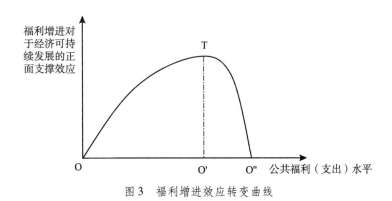

图 3　福利增进效应转变曲线

这一福利增进效应转变曲线与贾康于 20 世纪 90 年代提出的国债规模正面效应变化曲线十分相似，两者的内在逻辑完全一致，在某种意义上可认为是同一演变过程的不同角度表述。

423

　　两位作者在以上认识基础上还展开了一系列相关的深化分析，如美元"世界霸权"范式下这一"三元悖论"形式上的放松及终极适用性等，特别是针对与"中等收入陷阱"相关联的经济社会矛盾提出相关的政策主张取向。基于财政分配的"三元悖论"制约是在一定限定条件下即既定的财政支出管理水平、政府行政成本水平和政府举债资金乘数效应之下的一般认识，且存在正负相关性，即财政支出管理水平越高，行政成本水平越低，融资乘数越大，则越有利于减少税收、增加公共福利和控制债务及赤字水平，因此，加入对政府职能转型、机制创新、深化改革的思考角度，缓解财政分配"三元悖论"制约的可能途径主要可从以下四方面考虑：（1）切实提高财政支出管理水平——"少花钱，多办事"；（2）有效降低政府行政成本——"用好钱，办实事"；（3）扩大政府举债资金融资乘数——"少借钱，多办事"；（4）实质转变政府职能类型——"扩财源，优事权"。

参考文献：

贾康、苏京春：《财政分配"三元悖论"制约及其缓解路径分析》，引自《收入分配与政策优化、制度变革》，经济科学出版社 2012 年版。

贾康：《关于我国国债适度规模的认识》，载于《财政研究》1996 年第 10 期。

贾康、赵全厚：《国债适度规模与我国国债的现实规模》，载于《经济研究》2000 年第 10 期。

（贾康　苏京春）

财政赤字
Fiscal Deficit

　　财政赤字通常指政府在一个财政年度内的总支出大于总收入的差额。政府在参与社会经济活动的情况下，公共部门范围的大小不同，财政赤字的界定也不一样。如果公共部门仅指中央政府（或联邦政府），财政赤字是指中央政府（或联邦政府）的赤字；如果公共部门包括中央（或联邦）政府和地方政府，则财政赤字是指这两级政府的赤字总和，可称为国家财政赤字或一般政府财政赤字；如果公共部门的范围不仅包括这两级政府，而且还包括国有企业（或公共企业），财政赤字则既包括国家财政赤字，又包括国有企业的亏损，可称为公共部门财政赤字。一般来说，财政赤字指的是中央

（联邦）政府的财政赤字，但研究中国的情况时，一般是指国家财政赤字，因为中国的国家预算是包括中央预算和地方预算两个层面的汇总预算。

由于分析财政赤字问题的角度不同，财政赤字的分类也多种多样。比如，从公债收支的处理方法来看，可分为明显赤字（即国家预算中不包括债务收入，财政收支相抵之后存在的赤字）、隐蔽赤字（即是把国债收入当做财政收入的一部分，财政收支相抵基本平衡，财政赤字由国债全部抵补）、净赤字或硬赤字（即用公债收入抵消了一部分收支差额之后仍存在的赤字，只能用发行货币来弥补）。又如，从财政赤字与通货膨胀的关系来看，可分为名义赤字（Nominal Deficit）和实际赤字（Real Deficit），前者是指没有扣除通货膨胀因素的赤字，后者是指针对通货膨胀而进行调整后的赤字，也称通货膨胀调整赤字（Inflation-adjusted Deficit）。在财政赤字的经济分析中，最常见的分类有两种，一种是从计算方法角度，把财政赤字分为总赤字与原始赤字；另一种是从财政赤字与经济运行状况相关的角度，把财政赤字分为周期性赤字与结构性赤字。

原始赤字（Primary Deficit）又称基本赤字（Basic Deficit）指不含债务还本付息支出的财政支出大于收入的差额；总赤字则指基本赤字加上债务本息支出。区分总赤字与基本赤字非常重要。首先，总赤字容易使人们对相机抉择政策产生错误认识，因为它包括了一个非常重要的非相机抉择因素——未偿债务的本息支付，而此项开支是由以前的赤字规模预先决定的。其次，货币政策可能影响利率，故利息支付不受当期财政政策控制。再次，基本赤字更能准确反映政府部门吸纳的实际资源，当估价财政刺激程度时，它对政策的指导意义更大。最后，基本赤字反映政府的当期相机抉择措施对债务余额产生怎样的影响，在估价财政赤字的可持续性时起很重要的作用。

周期性赤字（Cyclical Deficit）指经济运行的周期性引起的赤字。在经济衰退期间，财政支出增加而税收收入减少，"自动稳定器"的作用在经济衰退中又使赤字更趋恶化，所以周期性赤字是经济衰退的产物。结构性赤字（Structural Deficit）又称高度就业赤字（High-employment Deficit）或充分就业赤字（Full-employment Deficit），指非周期性因素引起的财政赤字；换言之，结构性赤字是指其他条件不变，经济活动保持在某种"潜在"水平时，预算赤字依然存在的情况。这种赤字剔除了经济周期对财政赤字的影响。可以看出：（1）结构性赤字是在特定的失业水平的情况下计算出来的赤字，而标准化的失业水平通常设定为 5% ~ 6%；（2）结构性赤字是在剔除经济活动偏离其基点高度就业水平的影响之后，反映政府收入与支出之间的基本结构不平衡的赤字；（3）结构性赤字有时是政府在一定时期内实施减税和（或）增加支出等措施的结果，是政府扩张性财政政策的结果；（4）结构性赤字和周期性赤字构成现实赤字，或者说，结构性赤字是现实赤字与周期性赤字之差。

古往今来，财政赤字的出现总是有一定的原因和目的的。一般而言，政府出于下列三种目的而求助于财政赤字：（1）为战争经费筹资融资；（2）拯救经济衰退；（3）促进经济与社会发展。我国在 1950～2011 年的 62 年里，国家财政出现赤字的年份有 42 年，或者说有 68% 的年份存在财政赤字。改革开放前的 28 年里，财政赤字年份有 11 年，占 39%；而近 34 年里，财政赤字年份有 31 年，占 91%。我国改革开放以来的连年财政赤字，既不主要是为拯救经济衰退更不主要是为战争经费筹资融资，而是为了促进经济与社会发展。

（郭庆旺）

排挤效应
Crowding-out Effect

排挤效应又称挤出效应，通常指政府支出的增加（或赤字支出）导致私人投资减少，或导致私人部门对利率具有敏感性的支出减少。在一般情况下，一种旨在增加财政支出和保持税收收入不变的政策，将使支撑民间部门投资的储蓄转用于购买政府债券，而这些债券的发行又是为了弥补赤字；与此同时，在货币供给量不变的情况下，赤字支出导致利率水平提高，从而产生对民间部门投资的"排挤效应"。总之，财政赤字排挤效应的是否生成，在于赤字支出是否导致利率上扬或国民收入降低。

假定 ΔG 代表财政支出的增加，ΔZ 代表民间部门支出的减少。排挤效应可分为三种类型：（1）如果 $|\Delta G| = |\Delta Z|$，这种排挤是一种完全排挤；（2）如果 $|\Delta G| > |\Delta Z|$，这是一种部分排挤；（3）如果 $|\Delta G| > |\Delta Z| = 0$，则这是一种零排挤。如果从政府支出乘数的大小来看，当政府支出乘数等于零时，排挤效应是一种完全排挤；当政府支出乘数小于 1 时，排挤效应是一种过度排挤；当政府支出乘数大于零但小于 1 时，排挤效应是一种部分排挤。其实，这三种类型也正是财政理论界对赤字排挤效应问题展开激烈争论的三种观点。

各种排挤效应理论都是基于 IS-LM 模型进行分析的。比如，古典完全排挤论依据古典经济理论分析了排挤现象，认为财政赤字具有完全的排挤效应。根据古典理论，货币需求函数对利率完全无弹性。因此，在 IS-LM 分析框架里，LM 曲线是完全垂直的（见图 1）。利用公债融资的财政支出水平的提高，将使 IS 曲线从 IS′ 向右移至 IS″。均衡利率从 i′ 上升至 i″，而实际国民收入水平和收入流通速度未变。在这种情况下，利率的提高将导致民间部门投资支出和私人消费支出降低，它们正好抵消了财政支出的增加，排挤效应是完全的。而零排挤论则依据早期的凯恩斯理论，商品市场不存在利率的影响，所以，IS 曲线是完全垂直的，但与古典理论不同的是，LM 曲线有正的斜率（见图 2）。

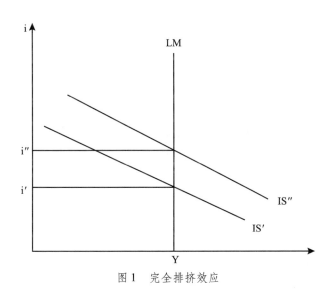

图 1 完全排挤效应

在图 2 中，与初始 IS-LM 均衡相对应的利率为 i′，实际国民收入水平为 Y′，IS 曲线是 IS′ 曲线。如果财政支出增加，并只利用公债融资，则 IS 曲线向右移动至 IS″，实际国民收入水平增至 Y″，利率水平升至 i″。但在商品市场的利息无弹性的情况下，这种扩张财政政策导致的利率水平的提高，不会影响（即不降低）民间部门支出。因此，民间部门支出丝毫不会被扩张性财政政策所排挤。即使考虑到总体价格水平提高对 LM 曲线有影响，早期凯恩斯的零排挤结论也不会改变。这是因为，在早期凯恩斯理论下，当价格水平提高时，LM 曲线趋于向上移动，IS-LM 均衡依然相对应于相同的新的实际国民收入水平，即实际国民收入水平 Y″。

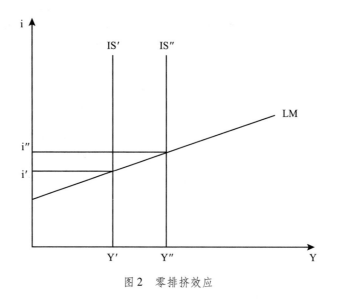

图 2　零排挤效应

　　部分排挤效应是在 LM 曲线的斜率是正的、IS 曲线的斜率是负的情况下产生的，是因为由于利率提高对民间部门支出产生抑制作用所致。比如，在图 3 所示的初始经济均衡中，利率为 i′，实际国民收入水平为 Y^*。假定政府增加财政支出，并以发行公债予以融资。

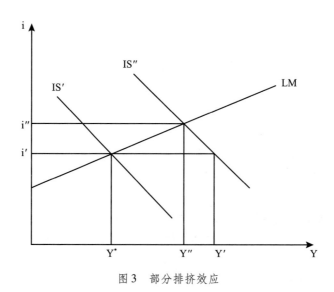

图 3　部分排挤效应

财政支出增加使 IS 曲线从 IS′向右移至 IS″。当国民收入开始增加时，交易货币需求增加，货币总需求也增加。而货币总需求增加会抬高利率，使得经济沿着 LM 曲线从坐标值（Y^*, i'）移至坐标值（Y'', i''），最终提高了利率水平，抑制了投资和消费。倘若没有部分排挤效应，国民收入的变化应为（$Y' - Y^*$），而国民收入的实际变化为（$Y'' - Y^*$）。因此，这种部分排挤效应的数量为：$Y' - Y'' = (Y' - Y^*) - (Y'' - Y^*)$。显然，部分排挤效应的程度主要取决于 IS 曲线和 LM 曲线的相对斜率。

可以看出，排挤效应是否存在以及程度大小，主要取决于货币需求或投资需求对利率变化的灵敏度以及利率的变化。也就是说，扩张性财政政策是否造成排挤效应，要视利率的变化而定。一般而言，造成排挤效应的赤字不是周期性赤字，而是结构性赤字。结构性赤字是经济处于潜在产出水平状态下依然存在的赤字。在经济繁荣时期，政府如仍以赤字扩大支出刺激经济，势必造成货币需求增加，利率水平上升；利率不断攀升，无疑要使民间部门支出减少一定数量。

（郭庆旺）

李嘉图等价定理
Ricardian Equivalence Theorem

李嘉图等价定理通常指政府选择征收一次总付税（Lump-sum Tax）还是发行政府公债为政府支出筹措资金，对社会总需求水平的影响是相同的。换言之，从最终的经济效应来看，政府为其支出筹措资金而选择增税还是发债无关紧要。古典政治经济学家大卫·李嘉图早在 19 世纪初就表达了政府征税与举债在经济影响上的这种看法。100 年后，罗伯特·巴罗于 1974 年发表的《政府债券是净财富吗?》论证了李嘉图的这种思想，但直至 1976 年，公共选择理论的主要奠基人詹姆斯·布坎南在《巴罗论李嘉图等价定理》中，才首次使用了"李嘉图等价定理"这一术语，并掀起了经济学界对这一理论的大讨论。

李嘉图在《政治经济学及赋税原理》第 17 章中讨论了政府征税与举债的基本关系，认为个人在税收与公债面前所做出的反应是相同的。他说"如果为了一年的战费支出而以发行公债的办法征集 2000 万英镑，这就是从国家的生产资本中取去了 2000 万英镑。每年为偿付这种公债利息而征课的 100 万英镑，只不过是由付这 100 万英镑的人手中转移到收这 100 万英镑的人手中，也就是由纳税人手中转移到公债债权人手中。实际的开支是那 2000 万英镑，而不是为那 2000 万英镑必须支付的利息。付不付利息都不会使国家增富或变穷。政府可以通过赋税的方式一次征收 2000 万英镑；在这种情形下，就不必每年征课 100 万英镑，但这样做并不会改变这一问题的性质"。

李嘉图的这段话至少表达了三层意思：（1）在政府为战争筹资的情况下，征收 2000 万英镑的一次总付税与发行 2000 万英镑的公债，都会使一国的生产资本减少 2000 万英镑。（2）在发行公债的情况下，政府每年偿付的利息不会使一国财富发生增减变化。（3）无论是征税还是举债都会使一国净损失 2000 万英镑，减少社会需求支出。李嘉图认为，在发债取代增税的情况下，尽管纳税人现在持有的货币相对较多，但他们认识到将来必须支付更多的税，因而把没有被征税拿走的钱存起来，以备支付未来增加的税收。所以，政府发债对当期需求的影响恰好与征税的影响相同。对政府（纳税人）来说，只是现在征（纳）税（Tax Now）与以后征（纳）税（Tax Later）之间的选择。

尽管现代经济学家分别站在政府和个人角度，利用跨期政府预算约束分析和生命周期假说或永久收入假说分析，论证了李嘉图等价定理成立的基本原理。但在论证李嘉图等价定理成立的过程中，设定了许多前提条件，其中包括：（1）不论是用税收还是用公债融资，初始时期的政府支出是不变的。（2）初始时期发行的公债必须用以后时期课征的税收收入来偿还。（3）资本市场是完全的，而且个人与政府的借贷利率是相同的。（4）个人对现在和将来的收入流量预期是确定的。（5）个人作为现行纳税人和将来的潜在纳税人，其行为就好像能永远生存下去一样。（6）个人能完全预见包含在公债发行中的将来时期的纳税义务。（7）所有税收都是一次总付税。

许多经济学家正是从这些假设条件的局限性出发，对李嘉图等价定理提出质疑。

李嘉图等价定理不但要求消费者是世代利他主义者，而且要求他们留给后代的遗产净值必须是正的。这些条件是非常苛刻的，在现实中往往不成立。首先，上一代遗留下来的遗产，不一定是出于利他动机，也可能是因遗赠人意外夭折所致，或者是因遗赠人就有积攒财产的嗜好，而且更有可能的是谁都想积攒一些财产防老而不知道自己去世的确切时间。因此，在通常情况下，人人都有可能有一些遗产。其次，遗产净值不一定是正的。在现实生活中可能会存在这样的情况：消费者的子女可能比消费者本人更富有，消费

430

者可以从子女那里取得资源来满足本人消费而不影响子女的效用。在这种情况下，处于政府举债取代课税时期的消费者，如果偿还公债的支出所需要的税收在他去世后才征收，他就会增加自己的当期消费。

李嘉图等价定理隐含的假定条件是以举债取代征税不会发生再分配效应，而且消费者的边际消费倾向都相同。可是，实际上，以举债取代征税可能会引起收入再分配，并且在边际消费倾向不同的情况下，社会总消费水平会发生变化。如果所有消费者都具有相同的边际消费倾向，举债取代征税不会影响总消费和总资本积累；如果得益者的边际消费倾向大于其余消费者的边际消费倾向，总消费就会增加。无论如何，只要所有消费者的边际消费倾向不一样，举债代替征税就会影响消费者的消费行为。

李嘉图等价定理成立的一个前提条件是政府所课征的税收是一次总付税。一次总付税意味着政府所增加的税收将由所有消费者等量地承担。可是，一般情况下，税收是根据经济活动而征收的，而且大多数国家的税制都或多或少地具有累进性。因此，以举债取代征税而引起的税收上的变化，无疑会引起消费者相应地调整其经济行为和消费行为。

李嘉图等价定理的实质是当人们选择他们的消费时，他们理性地预见到政府的债务隐含着将来的税收。可是，人们是短视的，或许是因为他们没有充分理解政府预算赤字将会意味着什么，或许他们在决定储蓄多少时采用的是简单的不尽合理的粗估法。他们没有考虑现在的财政政策会意味着将来的税收变化。债务融资的减税将导致人们认为其永久收入增加了，即使其实没有增加。因此，减税将导致其消费增加，国民储蓄降低。

总之，李嘉图等价定理在现实经济生活中很难成立。正因为如此，政府在筹措公共收入和调控经济运行时，要依据当时的经济运行状况和宏观经济政策目标的要求，正确选择征税或举债。

参考文献：

[英] 大卫·李嘉图：《政治经济学及赋税原理》，华夏出版社 2005 年版。

R. J. Barro，Are Government Bonds Net Wealth? *Journal of Political Economy* Vol. 86，No. 6，1974.

J. M. Buchanan，Barro on the Ricardian Equivalence Theorem，*Journal of Political Economy*，Vol. 84. No. 2，1976.

（郭庆旺）

财政风险
Fiscal Risk

财政风险通常是指由于不当的财政行为和财政政策以及经济、社会和政治发展的各种不确定因素导致的财政状况出现持续恶化进而爆发财政危机的债务因素。

财政风险产生的原因和形成机理较为复杂，概括起来，无外乎两个层面：一是财政系统自身各种不利因素，包括财政收入来源不稳定、财政支出过度扩张、财政管理效率低下以及财政制度缺陷等带来的财政清偿能力的持续恶化；二是经济、社会和政治发展的不确定性，包括宏观经济失衡、社会冲突加剧以及政局不稳定等导致的财政状况恶化。无论是什么原因所导致，财政风险的主要表现都是巨额的财政赤字和债务危机。

世界银行专家白海娜（Brixi）和希克（Schick）提出一个财政风险矩阵的概念，对政府可能存在的各种财政风险进行了系统分类。具体而言，从两个角度将政府负债划分为四类，即直接显性负债、直接隐性负债和或有显性负债、或有隐性负债。其中，直接负债和或有负债是依据政府负债的不确定性程度进行划分的：直接负债是在任何条件下都存在的政府负债责任，例如，公债；或有负债是基于某些特定事件的发生而带来的政府负债责任，其规模难以预测，具有很大的不确定性。显性负债和隐性负债则主要依据的是政府负债有无法律依据划分的。显性负债是由法律和合约确定的政府负债，隐性负债是由于公众和利益集团压力带来的政府道义上的负债责任，如社会养老金缺口。这四类债务几乎涵盖了政府当前和未来时期可能承担的所有负债责任和潜在的财政风险压力。

由于政府往往担负着经济和社会风险的最后兜底责任，因此财政风险不仅对财政本身也对整个国家经济和社会健康发展以及政治稳定造成严重冲击，所以世界各国都非常重视财政风险的预警和控制。不过，由于缺乏较高质量的财政高频数据，目前的财政风险预警更多的是基于年度数据，通过设定一套尽可能全面反映经济、财政、金融、政策和制度等各种风险的指标体系，采用指标对比分析方法来判断财政风险的程度，尚未构建出高效的财政风险预警系统。财政风险控制是一项系统工程，不仅需要规范政府行为、完善财政体制、加强财政和债务管理，在适度范围内控制财政赤字和政府债务规模，更为关键的是要能够有效促进经济的健康持续发展，在发展中更好地化解财政风险。

改革开放以来，中国的财政赤字和政府债务规模总体上处于低风险状况。但潜在的财政风险压力仍然存在，特别是政府隐性负债与或有负债的大量增加可能会形成财政风险的累积效应，需要重点加以防范。

参考文献：

H. P. Brixi and A. Schick（Edited），Government at Risk：Contingent Liabilities and Fiscal Risk，World Bank，2002.

（郭庆旺　贾俊雪）

财政可持续性
Fiscal Sustainability

财政可持续性通常指政府在确保具有良好财政清偿能力的同时，能够保持财政收支及其他政策安排的相关风险长期处于可承受状态的能力。

财政是否具有可持续性，不仅取决于财政赤字规模的大小，进而与一国的财政收支计划和财政政策有关，还取决于财政赤字的弥补方式，进而取决于一些财政当局并不能直接控制的因素，例如，公债的利率、潜在产出增长率和通货膨胀率等。对一个开放经济体而言，当其存在外债时，财政可持续性还与该经济体的出口增长率、汇率和世界利率水平等因素有关。从理论上讲，存在着一个确保财政可持续性（即保持长期政府债务压力可承受）的最大财政赤字规模以及三种可持续的财政赤字弥补方式：（1）当一国的潜在产出增长率大于国内利率时，政府可以通过增加内债来弥补财政赤字，此时财政赤字和内债规模的暂时增加并不会改变政府债务规模的长期稳态水平；（2）当出口增长率大于世界利率与本国汇率贬值之和时，政府可以借助外债来弥补财政赤字，此时财政赤字和外债规模的暂时增加也不会改变政府债务规模的长期稳态水平；（3）政府也可以通过适度的货币创造来弥补暂时增加的财政赤字。

当一国的财政赤字规模过大并超出了其可持续水平或者采取的财政赤字弥补方式不合理，从而导致政府债务规模出现激增时，那么财政是不可持续的。此时意味着：（1）财政收支计划必须予以调整，削减财政赤字规模以使财政具有可持续性；（2）财政赤字的弥补方式必须加以调整，包括调整公债（包括内债和外债）政策、汇率政策以及货币政策，以使财政具有可持续性。因此，实现财政可持续性需要多种政策特别是财政政策与货币政策

433

的协调配合。

具体实践中，经济学家们提出了各种财政可持续性指标。确切地说，这些指标度量的是实现财政可持续性所需的财政调整或财政稳固（Fiscal Con-solidation）的力度。常见的指标包括原始赤字缺口（即现实原始赤字与可持续原始赤字规模之间的差距）、财政收入缺口（即现实财政收入与可持续财政收入规模之间的差距）和政府债务缺口（即现实政府债务与可持续政府债务规模之间的差距）等。这些指标既可以是短期（即当年）的也可以是长期的。原始赤字缺口直接给出了财政赤字规模的调整幅度，因而看起来更为直观也更具吸引力。但是，这一指标往往忽略了人口变化等结构性因素带来的财政支出压力，因此现实经济中使用更为普遍的指标是财政收入缺口。例如，欧洲委员会使用的财政可持续性指标为长期税收缺口。需要注意的是，实现财政可持续性还涉及一个非常重要的问题，即采取何种财政调整或财政稳固策略是有效的。由于增加财政收入往往面临着较大的政治阻力，因此，一般而言，削减财政支出比增加财政收入更容易实现财政稳固。

改革开放以来，中国在 2004 年出现了一次较为明显的财政稳固过程。为了削减 1998 年积极财政政策以来累积的较大规模的政府债务，中国政府在 2004 年实施了稳健的财政政策，采取了以增加财政收入为主、削减财政支出为辅的财政调整策略，在实现财政可持续性方面取得明显成效。

（郭庆旺　贾俊雪）

财政清偿能力
Fiscal Solvency

财政清偿能力通常指政府偿还到期债务（包括本金和利息）的能力，是反映一国财政状况好坏的重要指标。当一国政府具有良好的清偿能力时，其财政是稳健的、可持续的；反之，其财政是不可持续的，有爆发债务危机甚至是"破产"的可能性。

清偿能力这一概念来源于公司财务理论，主要用于反映企业财务状况与经营能力，当企业的净财富（即资产减去负债）为负时意味着其不具有清偿能力。财政清偿能力是清偿能力概念在政府（公共）部门的拓展和应用。目前，经常使用的度量指标为政府当年债务的还本付息额占当年中央财政收入的比率。该比率越低，说明中央政府的财政清偿能力越强；该比率越高，说明中央政府的财政清偿能力越弱。

从理论上讲，为了确保政府具有良好的财政清偿能力，要求政府跨时预算约束方程和非蓬齐约束条件必须得到满足，即以现值计算的未来政府债务余额（债务余额的极限水平）为零。这意味着，以现值计算的未来政府支出必须等于以现值计算的未来政府收入。换言之，政府在短期内可以存在较大规模的财政赤字，但从动态角度来看必须保持长期的财政平衡。因此，一国政府是否具有良好的财政清偿能力，主要取决于财政赤字和政府债务规模的大小，进而与政府的财政管理能力包括财政支出控制能力和财政收入筹措能力有关。一般而言，为了确保政府具有良好的财政清偿能力，要求政府必须将财政赤字和政府债务规模控制在一个适度的范围内。例如，欧盟1992年制定的《马斯特里赫特条约》规定成员国必须将财政赤字率（即财政赤字占GDP的比值）和国债负担率（即国债余额占GDP的比值）分别控制在3％和60％以内。不过，一国财政赤字和政府债务的适度规模还在很大程度上取决于财政赤字和政府债务对经济增长的影响以及货币政策的态势，进而与一国的产出增长率和实际利率水平有关：如果财政赤字和政府债务未能有效促进经济增长以及实际利率水平明显高于产出增长率时，财政赤字和政府债务规模的适度规模应小一些；反之，财政赤字和政府债务规模可大一些。

改革开放以来，虽然20世纪90年代中后期因实施积极财政政策导致国债规模出现了较快增长，但由于基数低因而总体上仍然处在一个较低的水平上财政赤字率始终低于3％。而且，中国政府利用财政赤字和国债有效地动员了社会资源，不仅支持了国有企业和价格制度改革，也在促进经济持续高速增长中发挥了积极作用。特别是在此期间，中国财政收入规模持续快速增长，政府财力得到明显增强。因此，中国政府总体上具有较好的财政清偿能力，财政状况较为稳健。

（郭庆旺　贾俊雪）

地方政府的隐性负债
Implicit Debt of Local Government

地方政府的隐性负债通常指由于潜规则融资、公众预期、政治压力和政府道义责任等因素造成的地方政府需要承担的负债，反映的是地方政府承担的非法律和非合同义务的负债，即并非由法律或政府合同所规定的负债，主要包括地方政府"融资平台"的举债，以及负有担保责任以及债务人出现偿债困难时进行救助所产生的各种负债。

现代经济社会中，地方政府不仅是一个重要的公共主体，也是一个重要的经济主体。这种双主体属性决定了地方政府需要承担因法律义务、合同义务以及公众预期和政治道义等原因形成的多种支出责任，由这些支出责任而产生的负债共同构成了地方政府的负债。其中，由法律和合同义务所产生的支出责任属于地方政府的显性负债，而潜规则融资、公众预期和政治道义带来的支出责任属于地方政府的隐性负债，包括地方政府的直接隐性负债和或有隐性负债。

地方政府的直接隐性负债是指在经济发展过程中地方政府在政绩追求、公众和政治压力下必须承担的各种直接债务责任，例如，未来用于"融资平台"债务还本付息的支出、改善义务教育质量和经济基础设施状况的支出、未来用于弥补社会保障资金缺口的支出以及公共事业的未来经常性维护费用等。虽然这些未来可能发生的支出并没有直接反映在当前的财政预算中，但它们随时都可能会转化为现实的财政支出，从而成为地方政府的直接隐性负债。地方政府的或有隐性负债是一种推定的政府责任，是否会成为现实取决于某一或有事项是否会发生以及由此引发的债务是否最终由地方政府来承担。只有在一些特定情况下，地方政府迫于公众压力或者是出于维护社会稳定的目的，才有可能会接受这些非法律和非合同义务的债务责任。地方政府的或有隐性负债包括地方性国有银行和其他金融机构不良资产的处置成本以及地方国有企业破产救助成本等。目前，世界各国的地方政府都较为普遍地存在着各种隐性负债，地方政府的隐性负债业已成为一个世界性现象。

1994 年颁布的《中华人民共和国预算法》明确规定，除国务院特批之外各级地方政府均不能通过借债来编制赤字预算。但在现实经济中，由于各种原因，中国的各级地方政府都普遍存在着较大规模的债务。其中，很大一部分属于隐性负债，成为我国地方财政乃至于全国财政安全的一个重大隐患，对整个国民经济的健康运行形成了一定的负面影响。根据国家审计署的调查，截止到 2010 年年底，全国省、市、县三级地方政府性债务余额达到 10.7 万亿元。其中，可以划归为地方政府隐性直接负债的金额总计约为 4 万亿元，占整个地方政府性债务余额的比重为 37.4%。因此，加强法制化和制度化建设，逐步构建管理规范、运行高效的地方政府债务管理制度，有效控制地方政府负债规模，将是我国完善财政管理制度的一项重要内容。

（郭庆旺　贾俊雪）

主权债务
Sovereign Debt

主权债务通常指一国政府为满足其支出需要而向其他国家或外国投资者以外币计值出售债券形成的债务。

理解主权债务概念，首先要了解另外两个术语，即主权债券（Sovereign Bond）和政府债券（Government Bond），二者的主要差异在于发行货币上。当政府缺钱时，它就会以本币或国际货币发行债券。如果债券是以本币发行的，就称为政府债券。主权债券是以国际货币发行的，可以卖给其他国家或外国投资者。主权债务与外债或对外债务（External Debt or Foreign Debt）是有区别的。按照国家外汇管理局发布的《外债统计监测暂行规定》和《外债统计监测实施细则》的规定，外债是指中国境内的机关、团体、企业、事业单位、金融机构或者其他机构对中国境外的国际金融组织、外国政府、金融机构、企业或者其他机构用外国货币承担的具有契约性偿还义务的全部债务。可见，主权债务与外债的区别主要表现在两个方面。第一，债务主体范围不同。主权债务主体是政府，而对外债务主体不仅有政府，还有其他各类主体。第二，主权债务主要是通过发行主权债券形成的，而举借不仅可以使用主权债务形式，也可以使用对外借款等形式。

主权债务是政府债务的一部分。政府债务（Government Debt）也称公债或国债（Public Debt or National Debt），是一国各级政府所欠的债务，可分为政府内债（Internal Public Debt）和政府外债（External Public Debt）。而主权债务则是政府外债的一部分，是专指政府以外币发行债券形成的外债。不过，国外有些学者也把主权债务与政府债务（或公债）视为同一范畴，时有互用。

人们通常比较喜欢购买政府发行的债券，是因为它具有高安全性和高流动性，是一种典型的固定收益工具。但也有迹象表明，如果是发展中国家的主权债务，购买其主权债券并不一定是安全的投资，也可能是一种有风险的投资。历史经验表明，从1820年到20世纪末，世界经历了5次债务违约周期，66个样本国家和地区中平均约有40%的国家和地区出现过债务违约，其中不乏发达国家（Reinhart，C. M. and K. S. Rogoff，2009）。特别是 2008 年爆发金融危机后，欧洲许多发达国家都出现了债务违约。当评估投资于主权债务的风险时，发行主权债券的政府的稳定性、该国经济增长状况和财政可持续性是要考虑的重要因素，而主权信用评级有助于投资者评估这种风险。

参考文献：

C. M. Reinhart and K. S. Rogoff，*This Time is Different*：*A Panoramic View of Eight Centuries of Financial Crises*，Princeton University Press，2009.

（郭庆旺）

债务违约
Debt Default

债务违约在财政事务中特指主权债务违约，通常是指一国政府无法按照合同约定或承诺严格履行到期偿债义务，从而导致债权人无法按时收回全部本金和利息的现象。

债务违约既可能是对国内债权人的债务违约，也可能是对国外债权人的债务违约。一般而言，由于国内债务是以国家财富作为担保，而且一国政府可以通过增加货币发行来偿还内债，因而出现内债违约的风险较小。债务违约更多的是表现为对国外债务的违约。对一些主要发达国家而言，由于其货币通常是世界各国普遍接受的清偿手段，因此从理论上讲这些国家也可以通过增加货币发行来偿还其外债，因而发生外债违约的风险同样较小。但货币超发会导致通货膨胀以及本国货币贬值等问题，因此对于任何国家而言，其主权债务总额都存在上限。当一国的主权债务规模过高并超过其财政清偿能力时，出现债务违约的风险就会增加，这对国内经济较为脆弱的发展中国家以及一些部分丧失货币主权的欧元区国家而言往往表现得更加明显。

从近 200 多年的历史来看，债务违约现象时有发生，似乎形成了有规律性的债务违约周期（见图 1）。拿破仑战争时期，在所考察的 66 个样本国家和地区中有大约 27% 的国家和地区出现债务违约；1820 年到 19 世纪年代末，样本国家和地区中大约有一半出现债务违约。到 20 世纪末，经历了 5 次债务违约周期；如果考虑到 2008 年爆发金融危机后许多国家出现的债务违约，已是第 6 次债务违约周期。

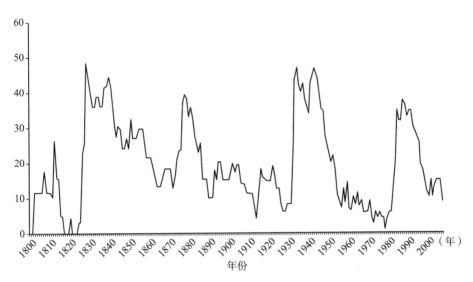

图 1　66 个发生 "主权" 外债违约国家和地区所占比例 （1800 ~ 2006 年）

资料来源：Reinhart，C. M. and K. S. Rogoff，2009。

　　目前，国际上主要是通过考察主权信用违约掉期的担保成本、主权债券的风险溢价水平（即主权债券的贴现率与无风险利率的差）以及主权信用评级，对一国是否会发生债务违约进行风险评估。一国的主权信用评级越低、违约掉期的担保成本和风险溢价水平越高，该国发生债务违约的风险就越大。一旦出现债务违约，违约国通常会采取三种方式来解决，即债务重组、债务资本化以及寻求国际组织（如世界银行、国际货币基金组织）的贷款救助。其中，债务重组是指违约国与债权人进行协商以达到延期偿还本息或减免本息的目的，债务资本化则是指违约国通过将债权转化为股权以及债务置换等方式将部分外债转变为对本国的直接投资从而达到减少外债的目的，而寻求国际组织的贷款往往面临着较为苛刻的救助条件。因此，无论是采取哪一种解决方式，都会给债权人的权益带来较大损失，同时也会对违约国的政府声誉和经济产生严重负面影响。债务违约会导致违约国的政府信誉和主权信用评级下降，投资者不愿购买该国的主权债券，增加该国未来的融资难度和融资成本。同时，债务违约也会导致违约国的外国直接投资下降，加剧该国金融体系的系统性风险。这些影响往往会带来连锁反应，从而对整个世界经济造成不利冲击。

　　中国政府自改革开放以来才重新发行国债，而且长期以来一直对国债特别是外债保持着非常审慎的态度，中国国债总体规模保持在一个较低水平上，外债规模更是远远低于国际公认的警戒水平。经过 30 多年的经济快速发展，中国积累了大量外汇储备，因此，中国目前的主权信用评级较高，发生债务违约的概率很小。

参考文献：

C. M. Reinhart and K. S. Rogoff, *This Time is Different：A Panoramic View of Eight Centuries of Financial Crises*, Princeton University Press, 2009.

（郭庆旺　贾俊雪）

出口退税
Export Duty Refund

出口退税是指各国政府为了实现消费地课税原则，对本国出口的商品退还其在生产和流通环节所缴纳的商品税的一种制度。

世界各国采用的商品课税管辖权原则不尽相同，主要分为产地原则和消费地原则两种。所谓产地原则，就是一国政府有权对产自本国的所有商品征税，不论这些商品是在本国消费还是在外国消费。所谓消费地原则，就是一国政府有权对在本国消费的所有商品征税，不论这些商品产自本国还是他国。如果两个商品课税管辖权原则不同的国家间发生了商品贸易，会造成重复征税问题。例如，当出口国实行产地原则、进口国实行消费地原则时，两个国家都有权对贸易商品征税，这一商品在进口国市场上就会因为税负高于本地商品而难以进行公平竞争。

为了避免重复征税，在国际贸易中有必要使用统一的商品课税原则。如果各国国内的商品课税实行的都是单一税率，而且汇率可以自由调整，那么不管是产地原则还是消费地原则，都可以在避免重复征税的同时，保持各国之间的生产比较优势，从而不会对国际分工产生扭曲性影响。但如果上述两个条件不能成立，产地原则就会较明显地改变国际分工格局。在这种情况下，消费地原则就是更优的选择。

落实消费地原则，要求各国只对在本国消费的商品征税，因此对于在商品出口前已经在制造或其他环节上负担了的税收，要在出口时予以退还。《关贸总协定》第 6 条第 4 款规定，一缔约国的产品输入到另一缔约国，进口国不得因产品在出口国已经退税便对它征收反倾销税或反补贴税。第 16

条的补充规定也指出，退还与所缴纳数量相等的国内税，不能视为出口补贴。这些都反映出对出口退税合理性的认可。

1994 年，中国在实行新的增值税制度之初，出口货物增值税的退税率曾按货物的适用税率退税，以保证实现出口环节的零税率。但从 1995 年 7 月 1 日之后，退税率便一直低于国内适用税率。这种不完全退税的情况，最初是由进口环节征税与出口环节退税的不平衡引起的。由于我国常常处于贸易顺差状态，加上出口骗税活动猖獗，导致进出口活动中征税少、退税多，在财政收入吃紧的情况下，不得不降低退税率来减轻财政负担。这种做法导致出口商品在国际市场上竞争力下降。

正是由于我国出口退税水平与出口额之间存在密切关联性，使得出口退税率的调整具有了政策性功能。1997 年东南亚金融危机爆发后，我国在"人民币不贬值"承诺下，提高了部分商品出口退税率以促进出口。2004 年经济形势好转后，又降低了部分商品的出口退税率，其目的既是减轻财政的退税负担，也是缓解贸易顺差过大带来的诸多矛盾。2008 年美国金融危机爆发后，为缓解其对我国实体经济的冲击，又采取了提高出口退税率的政策。这些出口退税水平的调整表明，在具体的政策实践中，出口退税不仅仅是消费地课税原则的落实，也是能够对实体经济加以干预和调整的重要政策工具。

（郭庆旺　刘晓路）

矫正性税收
Corrective Tax

矫正性税收通常指对产生负外部性的市场活动课征的税收。由于这种税使负外部性制造者的边际私人成本等于边际社会成本，使其承担了真实的社会成本和社会收益，故而得名矫正性税收。因英国经济学家庇古在 1920 年出版的著作《福利经济学》中首先提出了这一作用机理并使用了这一名词，故也常称其为"庇古税"（Pigouvian Taxes）。从经济学角度来看，现在通常所说的环境税（或环境保护税）、生态税、污染税、碳税等，都是依据矫正性税收原理所进行的税制或税种设计。

由于负外部性的制造者对于其所引起的不良后果不承担任何成本，故矫正性税收就是政府通过征税的方式对负外部性定价来使负外部性的社会成本在其制造者身上内部化。如图 1 所示，比如一家企业为了实现利润最大化，根据私人边际成本（MPC）等于私人边际收益（MPB）来决定最优产量 X。然而由于生产过程会产生负外部性（比如说污染），使得社会成本大于私人成本，因此社会最优的产量是 X^*。设定一个恰当的税率 t^* 对该企业征税，企业的成本上升，企业根据利润最大化原则决定的最优产量将等同于社会最优的 X^*。这个 t^* 就是我们所说的矫正性税收，它促使企业在进行私人生产决策时将社会成本考虑在内，实现了负外部性的内部化。

如图1所示，在社会最优产量 X^* 上，矫正性税收的税率等同于负外部性造成的边际社会损失。在存在多个负外部性来源的情况下，比如每家钢铁厂都向空气中排放同样的污染物，决定社会矫正税税率大小的就是所有钢铁厂在社会最优产量下排放的污染物的边际社会损失。换言之，最优税率仅与污染物排放的总和有关，与单个钢铁厂无关。

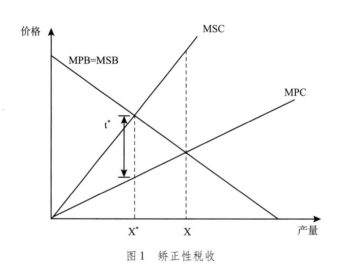

图1 矫正性税收

根据边际社会损失来确定税率也意味着，矫正性税收必须以污染物本身作为征税对象。譬如说，一家企业排放的气体中含有水银，因此具有了负外部性。如果以气体的体积作为征税对象，企业就可能通过对气体进行干燥的方式，减小其体积，从而避税。但实际上气体中水银的浓度提高了，水银的排放量没有改变，因此水银造成的边际社会损失并未被充分内部化。但在现实中，监控污染物排放的成本很高。另外，即便是同样的污染物，造成的社会损失也不一样，排入海洋的污水所导致的损失显然小于排入湖泊的污水，因此同样的污染物在不同的地区面对的税率也应有所不同。

在实践中，最大的问题在于估算边际社会损失的大小。确定某种产品的社会最优产量已经十分困难，而在此基础上测算边际社会损失则可以说是不可能的，特别是在这类损失中还包括了心理损失。一般来说，政府能做的只是确立一个社会能够接受的负外部性的最低标准，根据这一标准来确定税率。

减少负外部性造成的社会损失，除了降低产量外，还可以通过引导企业采用更"清洁"的技术来实现。但减少污染排放获得的减税收益未必能够超过企业转换技术所需的成本，所以往往需要与鼓励采用新技术的补贴配合使用。

参考文献：

[英] A. C. 庇古：《福利经济学》，华夏出版社 2007 年版。

（郭庆旺　刘晓路）